咨询工程师（投资）职业资格考试参考教材之二

工程项目组织与管理

GONGCHENG XIANGMU ZUZHI YU GUANLI

全国咨询工程师（投资）职业资格考试参考教材编写委员会 编著

（2019年版）

图书在版编目(CIP)数据

工程项目组织与管理 / 全国咨询工程师(投资)职业资格考试参考教材编写委员会编著. —— 北京 :中国统计出版社，2018.12(2019.11 重印)

2019 年版咨询工程师(投资)职业资格考试参考教材

ISBN 978－7－5037－8101－8

Ⅰ. ①工… Ⅱ. ①全… Ⅲ. ①基本建设项目—项目管理—资格考试—自学参考资料 Ⅳ. ①F284

中国版本图书馆 CIP 数据核字(2018)第 264484 号

工程项目组织与管理

作　　者/全国咨询工程师(投资)职业资格考试参考教材编写委员会
责任编辑/郭　栋　徐　涛　张　洁
封面设计/黄　晨
出版发行/中国统计出版社
通信地址/北京市丰台区西三环南路甲 6 号　邮政编码/100073
电　　话/邮购(010)63376909　书店(010)68783171
网　　址/http://www.zgtjcbs.com/
印　　刷/三河市双峰印刷装订有限公司
开　　本/787mm×1092mm　1/16
字　　数/612 千字
印　　张/25.5
印　　数/42001－44000 册
版　　别/2018 年 12 月第 1 版
版　　次/2019 年 11 月第 3 次印刷
定　　价/92.00 元

全国咨询工程师（投资）职业资格考试

《工程项目组织与管理》编写组

组　长： 王雪青

副组长： 高会晋

成　员：（以姓氏笔画为序）

王永银　孙利国　杨秋波　张连营　周福全

林之毅　董红梅

前　言

自2001年我国设立咨询工程师（投资）执业资格制度以来，咨询工程师（投资）资格经历了从准入类到水平评价类的转变，但是咨询工程师（投资）作为工程咨询行业骨干核心力量的地位没有变。2004年，我国开始组织第一次咨询工程师（投资）资格考试，参加咨询工程师（投资）资格考试自此成为取得咨询工程师（投资）资格证书的唯一途径。十几年中，全国共有759960人报名考试，457690人参加考试，93766人取得咨询工程师（投资）资格证书，一支以咨询工程师（投资）为核心的高素质工程咨询专业技术人才队伍已经形成，在为政府、社会和企业提供咨询服务的过程中，展现出了良好的职业素养和较高的业务水平，为我国经济社会发展做出了重要贡献。

根据考试工作需要，中国工程咨询协会组织成立的考试参考教材编写委员会，依据不同时期的考试大纲，适应不断变化的新形势和新要求，先后组织编写了2003年版、2008年版、2012年版和2017年版咨询工程师（投资）职业资格考试参考教材，为帮助考生备考和专家命题发挥了积极的作用。

在习近平新时代中国特色社会主义思想指导下，近年来，我国各领域"放管服"改革进一步深化，使得工程咨询业所处的政策、法律以及经济社会环境发生了重大变化，工程咨询业管理体制以及与之相适应的咨询工程师（投资）管理制度发生了重大变革，工程咨询服务的范围、内容、方式、技术方法和要求等也有了新的发展。

为满足新时期咨询工程师（投资）考试工作的需要，在人力资源社会保障部、国家发展和改革委员会的指导下，全国咨询工程师（投资）职业资格考试专家委员会组织编制了2019年版《咨询工程师（投资）职业资格考试大纲》。依据新的考试大纲，教材编写委员会组织业内专家和学者在2017年版参考教材的基础上，修订出版了2019年版《咨询工程师（投资）职业资格考试参考教材》。

新版《咨询工程师（投资）职业资格考试参考教材》在沿用2017年版考试参考教材体系并继承历年版考试参考教材内容精华的基础上，以习近平新时代中国特色社会主义思想为指导，按照新时期工程咨询管理体制和咨询工程师管理制度的新特点和新要求，充分反映了工程咨询服务内容、服务方式和技术方法的新变化。

一、在政策依据上，突出与时俱进。根据党的十八大尤其是党的十九大以来国家各领域改革的最新发展以及与工程咨询行业相关的各类法律法规、标准规范和政策文件的最新要求，对工程咨询行业如何按照习近平新时代中国特色社会主义思想贯彻新发展理念，做了最新阐述。

二、在内容编排上，理论与实践并重。对有关科目存在的内容交叉重复的部分，进行了调整；对涉及到的方法体系，按照全过程工程咨询服务的理念重新进行了梳理；广泛吸收国内外有关工程咨询的最新理论成果和最佳实践经验，对相关案例进行了调整，使之更加贴近实际工作需要。

三、在篇幅结构上，适当进行压缩。对内容相近的部分进行了合并，对已经完成的各类规划、已废止执行的各项政策规定以及陈旧过时的内容进行了删除，对部分过于专业和复杂、考试中很难涉及的内容也进行了压减。

这次修订出版的《咨询工程师（投资）职业资格考试参考教材》，可作为2019年及其以后年份咨询工程师（投资）考试命题、考前辅导和考生复习备考的参考用书，也可供投资建设领域相关业务主管部门的人员以及工程咨询从业人员在工作中选择性使用，还可作为有关高等院校、科研机构的专业教学和研究用书。

2019年版《咨询工程师（投资）职业资格考试参考教材》，全套共4册，与考试科目一一对应，分别由各科目编写组撰写、修改，最后由教材编写委员会组织终审、定稿。在修订过程中，吴萨、孙彦明、马念君、汪文祥、何晓光、杨晓春、石国虎、王艳华、杨克磊、陶黎敏等同志，或参与了提纲讨论，或提出了修改意见，或给予了其他帮助；不少作者编写的相关著作、论文和工作成果，也提供了有价值的观点和资料，在此一并表示衷心感谢。

我们正处在深化改革的时代，与工程咨询相关的新政策不断出台，加上本次修订工作量大、时间紧，新版考试参考教材难免有不尽人意之处，欢迎广大读者予以指正。

全国咨询工程师（投资）职业资格考试
参考教材编写委员会
二〇一八年十二月

目　录

第一章　概　述

工程咨询主要是围绕工程项目展开的。工程项目管理是我国工程咨询单位的服务范围之一。项目管理水平高低直接关系到工程项目投资建设的成败。因此，每位咨询工程师都要努力提高项目管理水平。本章从总体上介绍工程项目管理的基础知识、基本原理、管理模式和相关规定等。

第一节　工程项目的概念、特征及其分类

一、工程项目的概念

在我国投资建设活动中，不同管理部门和项目管理阶段，对项目有不同的称谓。常用的有投资项目、建设项目、工程项目，它们之间既有相同的含义，又有一些区别。投资项目即固定资产投资项目的简称，是指为实现某种特定目的，投入资金和资源，在规定的期限内建造或购置固定资产的一整套活动。投资项目包括两类：一类是兴工动土的建造工程，如工厂、铁路、公路、矿山、水电站；一类是单纯设备购置，如购买飞机、车船等。建设项目是指按照一个主体设计进行建设并能独立发挥作用的工程实体。建设项目依次划分为单项工程、单位工程、分部工程、分项工程。

本书所讲工程项目，主要是指为了形成特定的生产能力或使用效能而进行投资和建设，并形成固定资产的各类项目，包含建筑安装工程和设备购置。

二、工程项目的特征

1. 工程项目的基本特征

（1）独特性。尽管某些工程项目所提供的产品或服务具有高度的相似性，但由于每个工程项目都具有特定的建设时间、地点和条件，其实施都会涉及到某些以前没有做过的事情。所以，它总是独特的。例如，尽管建造了成千上万座的住宅楼，但每一座楼都是独特的。

（2）一次性。每个工程项目都有确定的起点和终点，所有工程项目的实施都将达到其终点，而不是持续不断的工作。从这个意义来讲，项目都是一次性的。当一个工程项目的目标已经实现，或者已经明确知道该工程项目的目标不再需要或不可能实现时，该工程项目即达到了它的终点。一次性并不意味着时间短，实际上许多工程项目要经历若干年。

“独特性”和“一次性”有时也分别被称为“唯一性”和“临时性”，这两点是

工程项目和非工程项目共有的特征。

（3）固定性。工程项目都含有建筑安装工程，并固定在一定的地点，是不可移动的。工程项目都受所在地点资源、气候、地质等条件的制约，这是工程项目区别于非工程项目的最主要的特征。

（4）整体性。一个工程项目往往由多个单项工程和多个单位工程组成，彼此之间紧密相关，结合到一起才能发挥工程项目产品的整体功能和效益。

（5）不可逆转性。工程项目实施完成后，在其寿命期内一般不会推倒重来，那将造成很大的损失。因此，工程项目具有不可逆转性。

（6）不确定性大。一个工程项目从策划到建设完成往往需要几年时间，有的甚至更长，建设过程中涉及面广，各种情况复杂多变，不确定性大。不确定性会给既定的建设目标带来风险。

2. 工程项目的复杂性

工程项目特别是大型工程项目，投资建设周期长，影响因素多，有些因素具有不确定性和突发性，后果严重，从而导致工程项目的复杂性。工程项目的复杂性主要表现为：

（1）工程项目交易及生产过程的复杂性

工程项目交易不同于一般商品的交易，具有先交易、后生产的典型特征。由于工程项目各参与方沟通中存在“信息孤岛”等问题，相关因素的不确定性和风险，业主期望的不明确性、工程设计的局限性、工程技术的复杂程度不断增大造成的施工过程的难度等原因，导致工程项目交易及生产过程的复杂性。

（2）工程项目组织的复杂性

由于工程项目的目标多，涉及面广，群体作业，因而参与项目工作的组织和人员也多。直接参与管理者除了项目建设单位的人员外，还有咨询单位的咨询工程师，设计机构的设计人员，勘察单位的勘察人员，设备制造商相关人员，施工承包和分包单位的人员，工程监理单位的人员，而且各方可能来自不同的国家或地区，存在一定的文化差异。此外，还涉及政府、金融、保险等机构，以及项目所在地的社会组织和相关群体等。这些都是项目的利益相关方，对项目的成效关系重大，也增加了项目管理的难度和复杂性。

（3）工程项目环境的复杂性

工程项目的建设周期长，其间国际国内政治局势、社会、经济、法律、文化方面可能发生变化。另外，工程项目团队的上级组织和合作伙伴的组织也有可能发生变化，项目的建设条件和自然条件也可能发生变化，如地震、灾害等。所有这些环境的变化，都会增加项目管理的复杂性。

三、工程项目的分类

依据不同的标准，工程项目有着不同的分类方式。按投资来源，分为政府投资项目、企业投资项目、利用外资项目及其他投资项目；按建设性质，分为新建项目、改建项目、扩建项目和更新改造项目；按项目用途，分为生产性项目和非生产性项目；按产业领域，分为工业项目、交通运输项目、农林水利项目和社会事业项目等；按照项目经济特征，分为经营性项目、公益项目和其他项目。政府主管部门根据市场监管的需要，依据一定标准将工程项目分为大型、中型和小型项目。不同类别的工程项目，在管理上既有共性要求，又存在一些差别。

国际上对项目分类主要以项目的产出物性质、服务对象、主要效益特点、对社会的贡献、资金来源等几个方面为依据。

（1）生产类项目（Productive Sector Projects）：包括工业和农业类。这类项目的主要特点有：项目直接为社会生产物质产品；在为社会提供产品的同时，为社会提供财政税收和直接积累；此类项目可以完全市场化运作；项目财务效益明显；投资资金来源可以完全由资本市场筹集，一般无需动用政府预算或财政资金，主要依靠资本市场融资。但是，农业项目则比较特殊，产品对社会十分重要，但往往财务效益较差，加之农业的从业人员多，社会影响大，许多国家都对本国农业采取特殊的资助政策。

（2）基础设施类项目（Infrastructure Sector Projects）：包括交通、通信、供电、供气、供排水设施等项目。此类项目的特点是：项目为生产类行业和人民生活提供服务，一般没有直接的物质产品产出；此类项目垄断性较强，只能在特定条件下参照市场模式运作；这类项目财务效益不明显，但社会效益显著；项目的资金来源主要是政府预算和其他资金。

（3）社会发展和人力资源开发类项目（Social Development and Human Resources Development Sector Projects）：包括社会公共设施、环境保护、文化体育、教育培训、医疗卫生、社会福利等行业项目。这类项目主要特点是：项目直接为改善和提高人民生活质量的公共事业服务；一般无财务效益，属于非盈利性行业，不能提供财政税收和社会积累；此类项目的运营在政府直接监管下运作，不能完全市场化；项目的产出主要是社会效益；项目资金来源一般全部来自政府预算资金和公共资金。此类项目是政府关注、投入和监管的重中之重。

第二节　工程项目周期

一、工程项目周期及阶段划分

工程项目周期也称投资建设周期，是指从提出投资设想，经过前期论证、投资决策、建设准备、建设实施、竣工验收直至投产运营所经历的全过程。为了顺利完成工程项目的投资建设，通常要把一个工程项目划分成若干个工作阶段，以便更好地进行管理。阶段划分的数量和必要性及每个阶段所需的控制程度，取决于项目的规模、复杂程度和潜在影响。可交付成果是指在某一过程、阶段或项目完成时，必须产出的任何独特并可核实的产品、成果或服务能力。项目阶段通常都与特定的主要可交付成果的形成相关。通常，工程项目周期可划分为四个阶段：前期阶段、准备阶段、实施阶段和投产运营阶段，如图 1—1 所示。

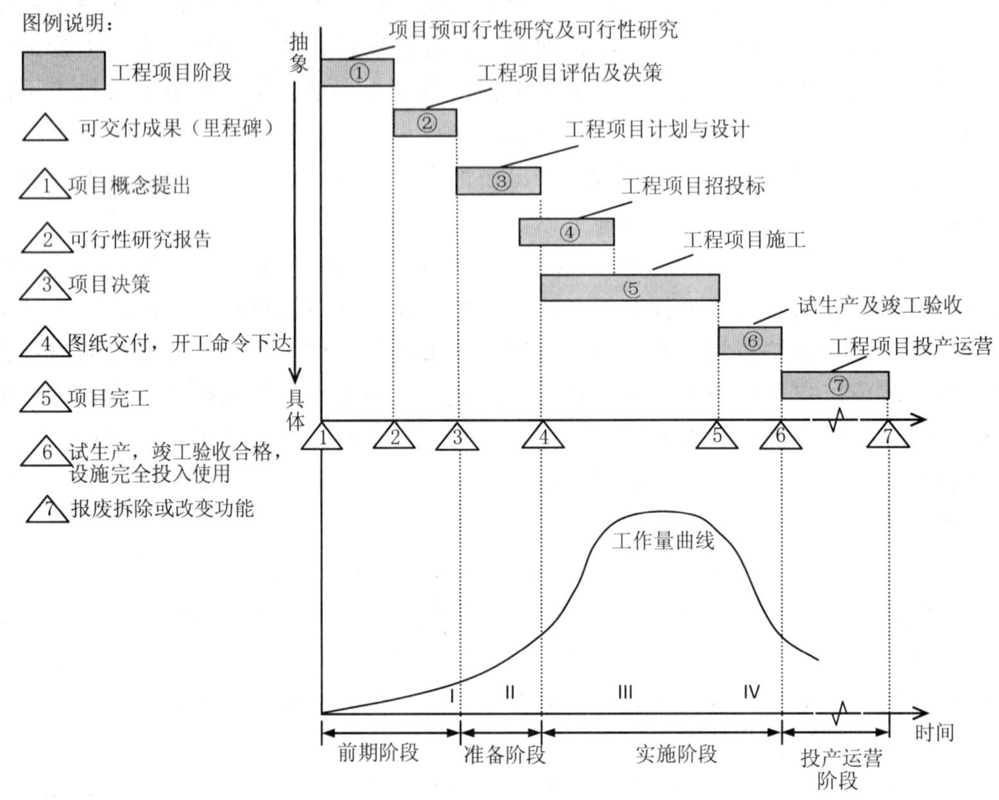

图 1—1　工程项目周期及阶段

二、工程项目各阶段主要工作内容

工程项目管理随项目周期的全过程次第展开。项目周期的不同阶段，由于工作内容和要求不同，管理工作的重点也不同。

1. 工程项目前期阶段

这一阶段的主要工作包括：投资机会研究、初步可行性研究、可行性研究、项目评估及决策等。该阶段的主要任务是对工程项目投资的必要性、可能性、可行性、合理性，以及何时投资、在何地建设、如何实施等重大问题，进行科学论证和多方案比较。本阶段虽然投入少，但对项目效益影响大，前期决策的失误往往会导致重大的投资损失。为保证工程项目决策的科学性，可行性研究和项目评估工作应委托具有相应能力的咨询公司独立进行，涉及多专业领域的应由不同的专业咨询公司来完成。该阶段的工作重点是对项目投资建设的必要性和可行性进行分析论证，提出指标性目标，并作出科学决策。

2. 工程项目准备阶段

该阶段的主要工作包括：工程项目的初步设计和施工图设计，工程项目征地及建设条件的准备，工程招标并与承包人签订承包合同，获得相关工程建设行政许可，货物采购等。本阶段是战略决策的具体化，为落实可行性研究提出的指标性目标制定实施计划，在很大程度上决定了工程项目实施的成败及能否高效率地达到预期目标。该阶段的工作重点是准备和安排工程项目所需建设条件，以工程项目开工建设为结束。

3. 工程项目实施阶段

该阶段的主要任务是将建设投入要素进行组合，形成工程实物形态，实现投资决策目标。在这一阶段，通过施工、采购等活动，在规定的工程内容、工期、费用、质量范围内，按设计要求高效率地实现工程项目目标。此阶段的主要工作包括：工程项目施工、联动试车、试生产、竣工验收等。工程项目试生产正常并经业主验收后，工程项目实施阶段即告结束。本阶段在工程项目建设周期中工作量最大，投入的人力、物力和财力最多，工程项目管理的难度也最大。

4. 工程项目投产运营阶段

该阶段的工作不同于上述三个阶段，主要工作由业主单位自行完成或者成立专门的项目公司承担。对于经营性工程项目，如高速公路、垃圾处理厂等，其运营阶段工作较为复杂，包括经营和维护两大任务。对于非经营性工程项目，如住宅地产等，运营阶段主要通过鉴定、修缮、加固、拆除等活动，保证工程项目的功能、性能能够满足正常使用的要求。

运营是通过开展持续的活动生产规定产品或提供服务的一种组织职能。项目是指为创造独特的产品、服务或成果而进行的临时性工作。项目管理与运营管理存在着本质的差别。工程项目运营一般不包括在项目管理的范畴，但在工程项目管理的全过程中必须考虑到运营问题，因为工程项目管理的成果最终是为项目运营服务的。

从工程项目管理的角度看，在项目运营期间，主要工作有工程的保修、回访、相关后续服务、项目后评价等。项目后评价是指对已经完成的项目的目的、执行过程、效益、作用和影响所进行的系统的、客观的分析，一般在项目竣工验收后2—3年内进行。它通过对项目实施过程、结果及其影响进行调查研究和全面系统回顾，与项目决策时确定的预期目标以及技术、经济、环境、社会等相关指标进行对比，找出差别和变化，分析原因，总结经验，汲取教训，得到启示，提出对策建议，通过信息反馈，改善投资管理和决策，达到提高投资效益的目的。

根据工程项目复杂程度和实际管理的需要，工程项目阶段划分还可以逐级分解。

第三节 工程项目管理的含义及利益相关方

一、工程项目管理的含义

工程项目管理是运用科学的理念、程序和方法，采用先进的管理技术和现代化管理手段，对工程项目投资建设进行策划、组织、协调和控制的系列活动。工程项目管理的任务是通过选择合适的管理方式，构建科学的管理体系，进行规范有序的管理，力求项目决策和实施各阶段、各环节的工作协调、顺畅、高效，以达到工程项目的投资建设目标，实现项目建设投资省、质量优、效果好。

工程项目管理可从主体、客体和环境三个维度进行分析。

（一）工程项目管理的主体

工程项目管理是一种多主体的管理。作为工程项目的责任者，工程项目业主对工程项目进行管理；作为公共管理机构和政府投资项目的投资者，政府必须对工程项目进行管理；作为工程项目的参与者，咨询、勘察设计单位、施工、材料设备供应单位参与工程项目管理或提供相关服务。

工程项目管理按行为主体分为项目内部管理和外部管理两个层次。两者的管理角度和内容各有侧重，相辅相成，互为依托。

工程项目内部管理是指项目业主、工程承包单位和项目管理服务单位，对工程项目投资建设活动实施的管理。工程项目内部管理按管理阶段分为：项目前期阶段的策划和决策管理，建设准备阶段的勘察、设计、采购、融资管理，建设实施阶段的施工、监理、竣工验收管理，投产运营阶段的总结评价管理；按管理层面分为：项目决策层管理、项目执行层管理；按管理要素分为：资源、人力、资金、技术、进度、质量、风险、职业健康、安全、环保等管理。工程项目内部管理主要是通过建立和运行科学的管理体系实现。

工程项目外部管理主要是指各级政府部门按职能分工，对工程项目进行的行政管理。外部管理方式和内容因投资主体不同而不同，主要是从工程项目的外部性影响和约束方面进行管理。外部性管理侧重于工程项目建设方案和建设实施是否满足宏观规划、产业政策、技术政策、市场准入、土地利用、征地拆迁、移民安置、资源利用、节能减排、环境保护、项目开工等管理要求。政府部门主要通过法律、法规、规章、规定和行政许可对工程项目实施管理，具有强制约束作用。

业主方的项目管理是工程项目管理的核心。业主是工程项目管理的总策划者、总组织者和总集成者。随着业主方项目建设管理观念和水平的逐步提高，将对项目建设的参与者提出更高的要求，这些要求也必将促进工程项目管理思想、技术和工具的变化和发展，成为推动工程项目管理创新的动力。

（二）工程项目管理的客体

前述工程项目投资建设周期内的各项任务和内容是工程项目管理的客体。各参与方涉及项目管理的客体不尽相同，业主方项目管理的客体是项目从提出设想到竣工、交付使用全过程所涉及到的全部工作；承包人项目管理的客体是所承包工程项目的范围，其范围与业主要求有关，取决于业主选择的发包方式，并在承包合同中加以明确；设计方项目管理的客体是工程设计项目的范围，旨在实现合同约定目标和国家强制性规范目标，大多数情况下只涉及工程项目的设计阶段，但也可以根据需要将项目范围前后延伸。

（三）工程项目管理的环境

工程项目管理的环境分为内部环境和外部环境。内部环境包括组织文化，结构和流程，人力资源状况（如员工的结构、技能、素养与知识），人事管理制度（如员工招聘、考绩与培训、激励与奖惩等制度），内部沟通渠道，组织信息化程度等。外部环境范围较广，工程项目管理处于多种因素构成的复杂环境中，工程项目管理团队对于这个扩展的范畴必须要有正确的了解和熟悉。特别是国际工程项目，其参与各方来自不同的国家或地区，其技术标准、规范和规程相当庞杂；国际工程的合同主体是多国的，因此国际工程项目必须按照严格的合同条件和国际惯例进行管理；国际工程项目也常常产生矛盾和纠纷，当争端出现时，处理起来比较复杂和困难；此外，国际工程由于是跨国的经济活动，工程项目受到所在国社会、经济、文化、政治、法律等因素的影响明显增多，风险相对增大，所以国际工程项目管理者不仅要关心工程项目本身的问题，而且也要非常关注工程项目所处的国际环境变化可能给工程项目带来的影响。

任何一个工程项目管理团队仅仅对工程项目本身的日常活动进行管理是远远不够的，必须考虑多方面的影响，主要有如下因素：

（1）上级组织的影响。工程项目管理团队一般是更高层次组织的下属组织。即使当工程项目管理团队本身就是更高层次组织，该工程项目管理团队仍然受到组建它的单个组织或多个组织的影响。工程项目管理团队应当敏感地认识到上级组织管理系统将对本工程项目产生的影响，同时，还应重视组织文化常常对工程项目管理团队起到的约束或激励作用。

（2）社会、经济、文化、政治和法律等方面的影响。工程项目管理团队必须认识到社会、经济、文化、政治、法律等方面的现状和发展趋势可能会对他们的工程项目产生重要的影响。有的工程项目会出现“蝴蝶效应”，一个很小的变化经过一段时间可能会对工程项目产生巨大影响。

（3）标准、规范和规程的约束。各个国家或地区对于项目的投资建设，都有许多标准、规范和规程，在项目建设过程中必须遵循。咨询工程师必须熟悉这些标准、规范和规程。

二、工程项目的主要利益相关方及其要求和期望

工程项目管理的目标就是综合运用各种知识、技能、手段和方法去满足或超出利益相关者对某个工程项目的合理要求及期望。因此，首先要认真识别和理解同工程项目密切相关各方的不同要求和期望（包括范围、进度、费用、质量以及其他目标）。相关各方总体利益是一致的，但关注的焦点不同，有时还在一些问题上有冲突，需要加以协调。至少需要从以下五个层面来理解：一是工程项目具有哪些利益相关方；二是他们具有哪些方面的要求和期望；三是他们每一个方面的具体要求和期望是什么；四是这些要求和期望具有什么样的冲突；五是如何运用各种知识、技能、手段和方法去协调这些冲突，并满足或超出他们的合理要求及期望。本书主要对前两个层面进行讨论。

（一）工程项目利益相关方

工程项目利益相关方是指影响项目目标的实现，或者受到项目实施过程影响的

所有个体、群体和组织。工程项目管理团队必须清楚谁是本工程项目的利益相关方，明确他们的要求和期望是什么，然后对这些要求和期望进行管理和施加影响，确保工程项目获得成功。工程项目利益相关方有许多不同的名称和类型，对利益相关方的命名和分组可以帮助识别主要利益相关方，图1－2列出了工程项目的主要利益相关方。

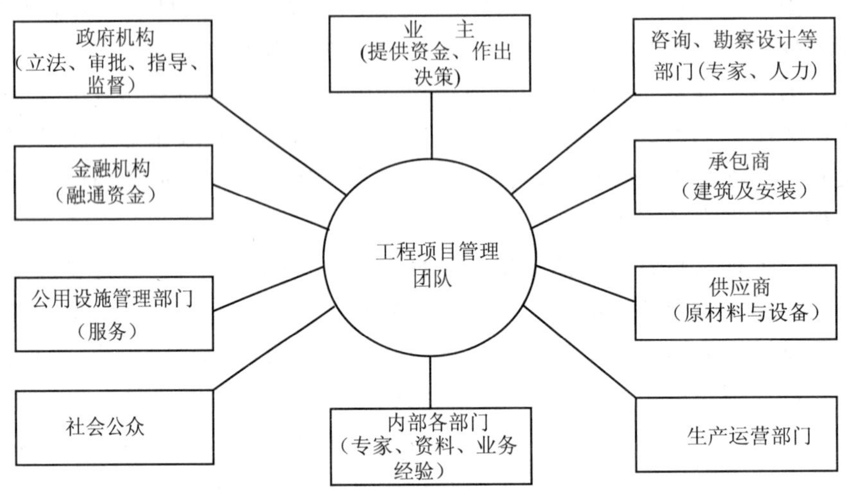

图1－2　工程项目的主要利益相关方

（二）工程项目主要利益相关方的要求和期望

一般情况下，各主要利益相关方的要求和期望如下：

（1）业主——投资少，收益高，时间短，质量合格。

（2）咨询、勘察设计等部门——合理的报酬，松弛的工作进度表，迅速提供信息，迅速决策，按时支付工作报酬。

（3）承包商——优厚的利润，及时提供施工图纸，最小限度的变动，原材料和设备及时送达工地，公众无抱怨，可自己选择施工方法，不受其他承包商的干扰，按时支付工程进度款，迅速批准开工，及时提供服务。

（4）供应商——规格明确，从订货到发货的时间充裕，有较高的利润率，最低限度的非标准件使用量，质量要求合理。

（5）生产运营部门——按质量要求、按时或提前形成综合生产能力，提供更好的运营条件，培训了合格的生产人员，建立了合理的操作规程和管理制度，能保证正常运营。

（6）政府机构——与整个国家的目标、政策和立法相一致。

（7）金融机构——贷款安全，按预定日期支付，项目能提供较高的回报，按期清偿债务。

（8）公用设施管理部门——及时提出对服务的要求，将工程项目建设的干扰降至最低限度。

（9）社会公众——工程建设期无社会风险，无污染及公害，在工程项目运行期内对外部环境不产生有害的影响，工程项目有社会效益，产出品或提供的服务质量优良、价格合理。

(10) 内部各部门——松弛的工作进度表，优良的工作环境，有足够信息资源、人力资源和物资资源。

第四节　工程项目管理的知识体系与基本原理

一、国际上常用的工程项目管理知识体系

项目管理知识体系是由权威组织总结提出，并得到广泛认可的由项目管理知识、项目管理工作内容和项目管理工作流程标准化文件构成的项目管理知识整体。项目管理知识体系确立了项目管理领域的知识基础，规范了项目管理领域的内容和范围，为项目管理的理论研究和实践活动提供了必要的平台，并且是项目管理专业组织开展项目管理专业人员资格认证活动的依据。目前国际上广为流行的项目管理知识体系主要有 PMBOK、PRINCE2 和 ICB。

(一) PMBOK

PMBOK 是 Project Management Body of Knowledge 的缩写，即项目管理知识体系，是美国项目管理协会（Project Management Institute，简称 PMI）为全球项目管理专业人士制定的行业标准。PMBOK 的主要目的在于系统的定义和描述项目管理知识体系中那些已被普遍接受的知识体系，另一个目的是希望提供一个项目管理专业通用的词典，以便对项目管理进行讨论，并为对项目管理专业有兴趣的人员提供一个基本参考书。PMI 项目管理知识体系对项目管理学科的最大贡献是它首次提出了项目管理知识体系的概念，首次为项目管理学科建立了理论和实践的标准、规范。

PMBOK 使用了“知识领域”（Knowledge Areas）的概念，将项目管理需要的知识分为 10 个相对独立的部分：项目整合管理、项目范围管理、项目时间管理、项目成本管理、项目质量管理、项目人力资源管理、项目沟通管理、项目风险管理、项目采购管理和项目干系人管理。上述每个知识领域包含若干过程（Processes），这些知识领域以及过程组成整个项目管理知识体系框架的一个方面；另一个方面就是项目管理的管理过程，包括启动（Initiating）、计划（Planning）、执行（Executing）、控制（Controlling）、收尾（Closing）。

(二) PRINCE2

PRINCE 是 Project In Controlled Environment（受控环境下的项目）的简称。PRINCE2 描述了以一种逻辑性的、有组织的方法，按照明确的步骤对项目进行管理的方法。它不是一种工具也不是一种技巧，而是结构化的项目管理流程。20 世纪 70 年代，英国政府就要求所有政府的信息系统项目必须采用统一的标准进行管理。PRINCE2 最初是为 IT 行业开发的，现在已发展成为通用于各个领域、各种项目的管理方法。

PRINCE2 中涉及 8 类管理要素（component）、8 个管理过程（process）以及 4 种管理技术（technology）。管理要素包括组织（Organization）、计划（Plans）、控制（Controls）、项目阶段（Stages）、风险管理（Management of Risk）、在项目环境中的质量（Quality in a project environment）、配置管理（Configuration Management）以及变化控制（Change Control）等。8 类管理要素是 PRINCE2 管理的主要内容，其管理贯穿于 8 个管理过程中。PRINCE2 提供从项目开始到项目结束覆盖整个项目生命周期的基于过程（process－based）的结构化的项目管理方法，共包括 8 个过程，每个过程描述了项目为何重要（Why）、项目的预期目标何在（What）、项目活动由谁负责（Who）以及这些活动何时被执行（When）。这 8 个过程是：指导项目 Directing a Project（DP）、开始项目 Starting up a Project（SU）、启动项目 Initiating a Project（IP）、管理项目阶段边线 Managing Stage Boundaries（SB）、控制一个阶段 Controlling a Stage（CS）、管理产品交付 Managing Product Delivery（MP）、结束项目 Closing a Project（CP）、计划 Planning（PL）。其中，DP 和 PL 过程贯穿于项目始终，支持其他 6 个过程。项目管理过程中常用到的一些技术主要有基于产品的计划（Product－based planning）、变化控制方法（Change Control approach）、质量评审技术（Quality Review technique）以及项目文档化技术（Project filing techniques）。

（三）ICB

ICB（International Competence Baseline，国际项目管理资质标准）是国际项目管理协会（International Project Management Association，简称 IPMA）建立的知识体系。IPMA 委员会在 1987 年 7 月 14 日 Ljubljana 会议上，确认了 IPMA 项目管理人员专业资质认证全球通用体系（ICB）的概念。ICB 说明了对项目经理、大型项目计划经理、项目群经理及项目管理人员的知识与经验的要求，包括在一个成功的项目管理理论与实践中所运用得到的基础术语、任务、实践、技能、功能、管理过程、方法、技术与工具等，以及在具体环境中应用专业知识与经验进行恰当的、创造性的、先进的实践活动。IPMA 于 2015 年发布了 ICB 的最新版本——ICB4.0，作为一个全球范围内所有成员国认证机构的通用基础，该版本允许各成员国有一定的空间，通过结合本国特色，制定本国认证国际项目管理专业能力素质的国家标准（NCB）。

为了评价项目管理人员在实践中应用项目管理的总体专业能力，ICB3.0 将项目管理专业能力基准要素分为技术能力、行为能力和环境能力，其中技术能力要素 20 个，涉及专业人员从事项目管理所进行的工作内容；行为能力要素 15 个，涉及管理项目、大型项目和项目组合中个人以及团体之间的人际关系；环境能力要素 11 个，涉及项目管理与项目环境，尤其是长期性组织间的交互作用。ICB4.0 则将项目管理的能力要素压缩至 29 个，分为人（people）、实践（practice）、洞察力（perspective）三个维度。人这一维度涵盖个体与人际层面能力，包括：①自我反思与自我管理，②正直与可靠，③沟通，④关系与参与，⑤领导力，⑥团队精神，⑦冲突与危机，⑧智谋，⑨谈判，⑩结果导向等10个能力要素。实践这一维度涵盖项目实施过程中所需要的特殊方法、工具与技术，包括：①设计，②要求、目标与利益，③范围，④时间，⑤组织与信息，⑥质量，⑦财务，⑧资源，⑨采购与合作，⑩计划与控制，⑪风险与机会，⑫利益相关者，⑬变化与变革，⑭选择与均衡等14个能力要素。洞察力这一维度涵盖个体与项目环境的交互，以引导相关人员、组织和社会对项目成功提供支付，包括：①战略，②治理、结构与过程，③遵从、标准与规章，④权力与利益，⑤文化与价值共5个能力要素。

二、工程项目管理的基本原理

工程项目管理需要运用各种知识、技能、手段和方法实现预定的项目目标。工程项目管理的知识、技能、手段和方法很多，并不断发展，但工程项目管理的基本原理主要是系统管理和过程管理。

（一）工程项目的系统管理原理

系统是由若干个相互作用和相互依赖的要素组合而成，且有特定功能的整体。任何一个项目都是一个系统，具有鲜明的系统特征，它是由技术、物质、组织、行为和信息等要素组成的复杂系统。从系统视角来看，工程项目管理是以项目为对象，运用系统管理方法，通过一个临时性的专门的柔性组织，对项目进行高效率的计划、组织、指导和控制，以实现项目全过程的动态管理和项目目标综合协调和优化的组织管理活动。系统思想和方法是项目管理理论形成与发展的重要基础，其科学基础是系统论，哲学基础是事物的整体观。

1. 系统管理的理论基础

系统管理的理论基础是系统工程（Systems Engineering）。系统工程是系统科学的实际应用，是以大型复杂系统为研究对象，应用近代的数学方法和工具，按一定目的进行设计、开发、管理与控制，以期达到总体效果最优的理论与方法。系统工程既是一个技术过程，也是一个管理过程。项目管理中常用的关键路径法、图形网络技术等工具便属于系统工程的范畴。

项目管理是一种综合性工作，要求每一个项目和产品过程都同其他过程恰当地配合与联系，以便彼此协调。在一个过程中采取的行动通常会对这一过程和其他相关过程产生影响。例如，项目范围变更通常会影响项目成本，但不一定会影响沟通计划或产品质量。各过程间的相互作用往往要求在项目要求（目标）之间进行权衡。究竟如何权衡，会因项目和组织而异。成功的项目管理包括积极地管理过程间的相互作用，以满足发起人、客户和其他干系人的需求。在某些情况下，为得到所需结果，需要反复数次实施某个过程或某组过程。工程项目管理过程中，必须确立系统观念，系统观念体现于集成管理、全寿命周期管理和界面管理等活动之中。

2. 工程项目系统的总体框架

工程项目系统主要包括目标系统、行为系统、组织系统和管理系统等，各系统之间存在着错综复杂的内在联系，构成了一个完整的项目系统。

(1) 工程项目目标系统。目标系统是工程项目所要达到的最终状态的描述系统。由于项目管理采用目标管理方法，因此在前期策划过程中就应建立目标系统，并将其贯穿于项目全过程。

1) 工程项目目标系统的建立过程。如图1—3所示，包括工程项目构思、识别需求、提出项目目标和建立目标系统等工作。

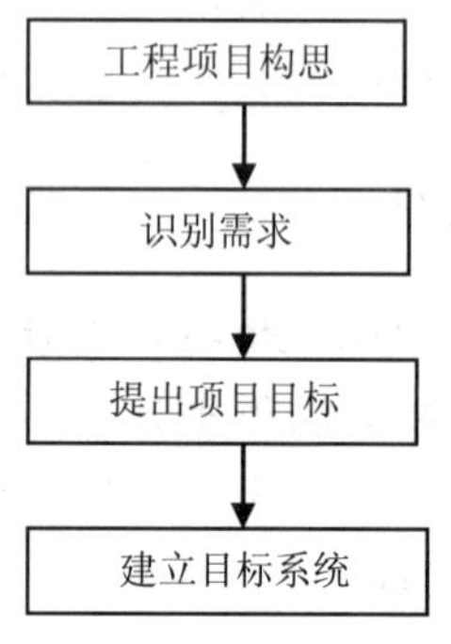

图1—3 目标系统建立过程

①工程项目构思。任何一个工程项目都是从构思开始的，中央政府、地方政府、部门或企业为实现其发展战略都可能需要建造某些工程项目，这就是工程项目构思。

工程项目构思常常是下列的一个或多个因素导致的结果。

a) 市场需求：如一个石化公司为解决汽油市场短缺问题而兴建一座新的炼油厂；

b) 经营需要：如一个石油公司为谋求自身发展，与他国公司合作开发新的油田项目；

c) 客户要求：如电力公司应客户要求批准建立一个为新工业园区服务的配电项目；

d) 技术进步：如某公司为提高劳动生产率、降低产品费用而进行技术改造项目；

e) 法律要求：如由于新环境保护法律的制定和实施，批准兴建污水处理项目；

f) 国家为了解决社会问题：如政府为了解决某一地区的洪水灾害，批准兴建一座水坝。

②识别需求。在工程项目构思的基础上，需要对工程项目投资方的具体需求进行识别和评价，形成理性的目标概念，使投资方的需求更加合理化。

③提出项目目标。通过对工程项目本身和工程项目环境的分析，确定符合实际情况的需求目标。分析的具体内容包括：

a) 工程项目拟提供的产品或服务的市场现状分析和前景预测；

b) 投资方的发展战略、现状和能力分析；

c) 工程项目环境分析，包括政治、法律、经济、技术、社会文化、自然环境分析等。

通过上述分析，可以发现阻碍满足需求的问题，解决这些问题的程度就是工程项目的各个目标。

④建立目标系统。工程项目目标系统是一种层次结构，将工程项目的总目标分解成子目标，子目标再分解成可执行的第三级目标，如此一直分解下去，形成层次性的目标结构。目标系统至少由系统目标、子目标和可执行目标三个层次构成。如图 1—4 所示。

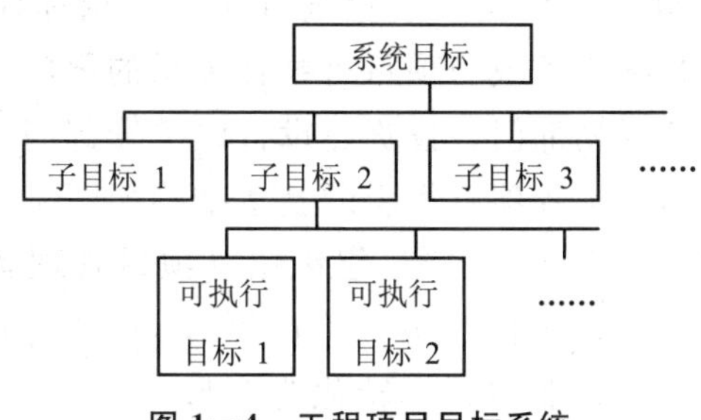

图 1—4 工程项目目标系统

a）系统目标，即整个工程项目的总目标。系统目标通常可以分为工程项目功能目标、技术目标、经济目标、社会目标和生态目标等。

b）子目标。由系统目标分解得到。仅适用于工程项目的某一方面，相当于目标系统中的子系统目标。

c）可执行目标。该级目标应具有可操作性，也称作操作目标，用于确定工程项目的详细构成。更细的目标分解，一般在可行性研究以及技术设计和计划中形成，并得到进一步解释和定量化，逐渐转化为具体的工作任务。

2）工程项目目标系统建立的依据。

①业主的需求说明。即业主对工程项目使用功能的要求，包括建设工程项目的目的、拟建规模、建设地点、产品方案、技术要求的初步设想、资源情况、建设条件等。

②国家、地方政府颁布的法律、法规、规章等。

③国家和行业颁布的强制性标准、规范、规程等。

④其他资料。如与本工程项目性质类似的历史数据，与本工程项目相关的最新技术发展资料等。

3）工程项目目标系统的建立方法。可以采用工作分解结构（WBS）方法建立工程项目的目标系统。WBS 是一种层次化的树状结构，是将工程项目划分为可以管理的工程项目单元，通过控制这些单元的费用、进度和质量目标，达到控制整个工程项目的目的。

（2）工程项目行为系统。工程项目的行为系统是由实现项目目标、完成工程建设任务所有必需的工程活动构成的，包括各种设计、施工、采购和管理等工作。这些活动之间存在各种各样的逻辑关系，构成一个有序的动态的工作过程。项目的行为系统的基本要求有：①应包括实现项目目标系统必需的所有工作，并将它们纳入计划和控制过程中；②保证项目实施过程程序化、合理化，均衡地利用资源（如劳动力、材料、设备），保持现场秩序；③保证各分部实施和各专业工程活动之间良好的协调。

（3）工程项目组织系统。工程项目组织系统是由主要负责完成项目工作分解结构（WBS）中各项工作任务的个人、单位和部门所构成，包括建设单位（业主）、承包商（包括施工单位、材料和设备的供货商、分包商等）和工程咨询单位（包括项目前期咨询单位、项目管理单位、勘察设计单位、招标代理单位、监理单位），有时还包括为项目提供某种服务或与项目有某种关系的部门，如银行、担保公司等金融机构，鉴定机构以及规划部门、投资建设行政主管部门、质量监督部门、安全生产部门等政府监管部门，工程项目组织的基本结构如图1—5所示。从纵向来看，项目组织包括项目所有者（业主）、项目组织层（项目管理者）和项目操作层（项目具体任务的承担者，如设计单位、施工单位等）。美国土木工程师学会将“工程项目管理模式”定义为：为将业主目标转化为有形“产品”，项目参与各方实施项目的组织方式。工程项目组织的范围与联系由工程项目管理模式界定。

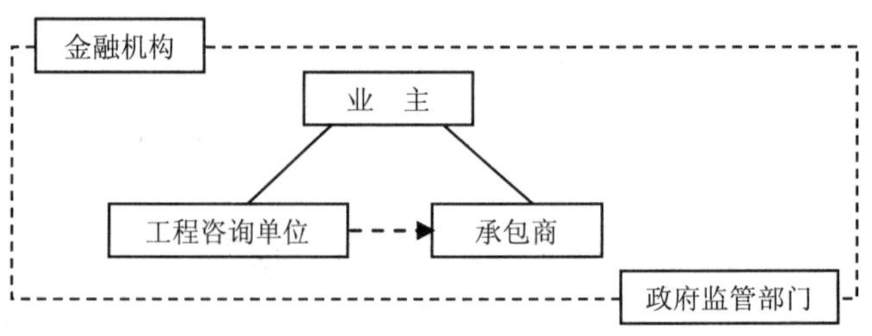

图1—5　工程项目组织的基本结构

（4）工程项目管理系统。项目管理系统是由项目管理的组织、方法、措施、信息和工作过程形成的系统。项目管理系统从总体上完成如下工作：①对项目的目标系统进行策划、论证和控制，通过项目和项目管理过程保证项目目标的实现；②对项目的目标系统和行为系统进行计划和控制；③对项目组织系统进行沟通、协调和指挥。

（二）工程项目的过程管理原理

过程概念是现代组织管理最基本的概念之一，在ISO9000：2015《质量管理体系 基础和术语》中，将过程定义为：“利用输入产生预期结果的相互关联或相互作用的一组活动。”过程的任务在于将输入转化为预期成果，转化的条件是资源，通常包括人力、设备设施、物料和环境等资源。增值是对过程的期望，为了获得稳定和最大化的增值，组织应当对过程进行策划，建立过程绩效测量指标和过程控制方法，并持续改进和创新，通过过程中的监督、检查、评价、纠正，把不协调、不合格项及时处理在过程中。过程（Process）不同于阶段（Phase），在项目管理过程中，过程是针对管理而言，阶段是面向产品而言。

1. 工程项目过程的分类

项目过程分为两大类：一类是创造项目产品的过程。创造项目产品的过程因产品的不同而各异，创造工程项目产品的典型过程为前期筹划—设计—采购—施工—验收—总结评价，这些过程关注实现项目产品的特性、功能和质量。另一类是项目管理过程，不因产品不同而各异，它们的典型过程是启动—计划—执行—控制—收尾，这些过程所产生的结果相互关联——一个过程的结果往往成为另一个过程的输入和依据。上述两类项目过程在项目中是相互依存、不可分离的。创造项目产品的过程是项目的基础，是项目管理的对象。项目管理过程是对创造项目产品过程的管理。创造项目产品的过程只能保证项目产品的功能特性，而项目管理的过程则是利用项目管理的先进技术和工具保证项目的效率和效益。

2. 工程项目的过程管理

过程管理是指使用一组实践方法、技术和工具来策划、控制和改进过程的效果、效率和适应性。过程管理的理论基础是控制论，贝塔朗菲将其定义为"以系统与环境之间和在系统内部的通信（信息传递），以及系统对环境作用的控制（反馈）为基础的一种控制系统的理论"。控制论的一般原理应用到项目管理之中，可以描述为：控制＝计划＋监督＋纠正措施。国际标准化组织（ISO）和国际咨询工程师联合会（FIDIC）推荐采用国际通用的 PDCA（Plan－Do－Check－Act）循环方法。

（1）计划（Plan）。计划是指为完成项目目标而编制一个可操作的运转程序和作业计划。主要工作内容包括：①明确工作目标并按工作分解结构（WBS）原理将工作层层分解，确立每项作业的具体目标；②明确实现目标的具体操作过程；③确定过程顺序和相互作用；④为运行和控制过程确定准则和方法；⑤明确保证必需的资源和信息以有效支持过程运行；⑥在以上工作的基础上作出详细工作计划；⑦对工程项目计划进行评审、批准。

（2）实施（Do）。实施过程就是资源投入到成果实现的过程，主要就是协调人力和其他资源以执行工程项目计划。在这个过程中，工程项目管理团队必须对存在于工程项目中的各种技术和组织界面进行管理；并做好记录，包括人力和其他资源的投入、活动过程、成果的评审、确认等记录。

（3）检查（Check）。检查就是通过对进展情况进行不断的监测和分析，发现和找出实施偏差，以预防质量不合格、工期延误、费用超支，确保工程项目目标的实现。

（4）处理（Act）。处理措施包括两方面。一方面是客观情况变化或实施发生偏差，必须采取必要的措施调整计划，特别是当变化影响到费用、进度、质量、风险等方面时，必须做出相应的变更。另一方面，通过分析发现管理工作的缺陷，应提出改进管理的措施，使管理工作持续进行。

PDCA 循环实际上是有效进行任何一项工作的合乎逻辑的工作程序，PDCA 四个过程不是运行一次就完结，而是要周而复始地进行。工程项目的 PDCA 循环呈现阶梯式上升的趋势，如图 1－6 所示。PDCA 循环不是在同一水平上循环，每循环一次，就解决一部分问题，取得一部分成果，工作就前进一步。到了下一次循环，又有了新的目标和内容。

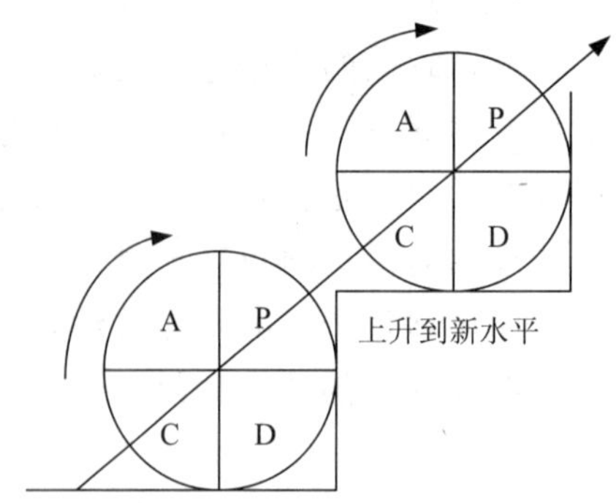

图 1—6 工程项目 PDCA 循环阶梯式上升的过程

需要指出的是，在过程管理过程中，上述的 PDCA 循环规则着重说明管理工作是一个持续改进的过程，它没有包括项目的启动和收尾两个子过程，实际全过程可以用图 1—7 表示。

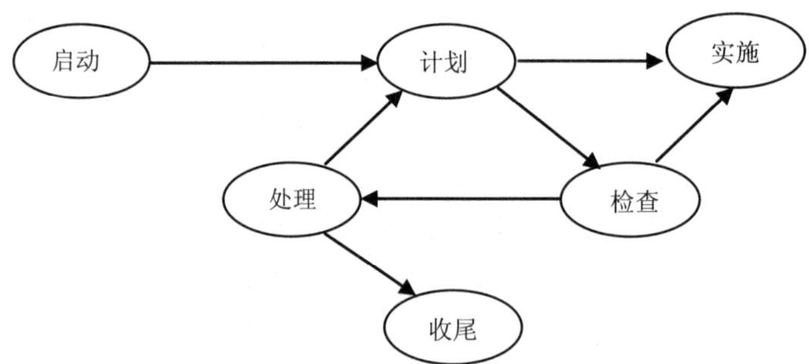

图 1—7 工程项目阶段内各个过程的相互关系

工程项目的实现过程不是一个单一的过程，而是许多分过程和子过程的集合体。有些过程是顺序性的，前一过程的结束是后一过程的开始，而相当多的过程是可以并行交叉的，有不少过程还是相互渗透、相互结合的。因此工程项目的过程控制，实际上是对结合在一起的互动过程进行网络管理。每个过程和过程网络的控制，都可以采用 PDCA 循环的动态管理模式。通过循环管理达到以下目的：①选择最佳路径；②确定过程有效运行条件、控制关键点和方法；③明确各过程的联系，界定过程间的接口；④协调各过程活动；⑤确定监视、测量、分析过程的方法和步骤；⑥确保持续改进。

3. 工程项目过程的动态控制

工程项目具有一次性、固定性、诸多因素带有不确定性等特点，决定了其过程控制的动态特征，必须在项目实施过程中根据情况的变化进行项目目标的动态控制。动态控制广泛应用于工程项目的进度控制、费用控制和质量控制等过程中，其基本原理如图 1—8 所示。计划过程确定目标和细节，作为管理和控制的基准。控制过程则保证项目按计划进行或进行必要调整。工程项目动态控制的纠偏措施主要有组织措施、管理措施、经济措施、技术措施等。

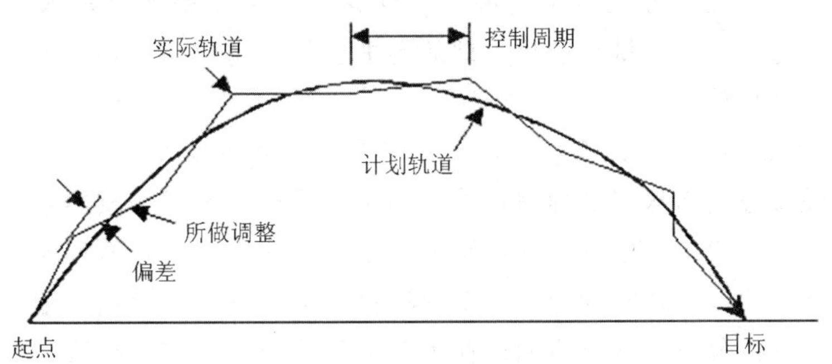

图1—8 项目动态控制基本原理图

第五节 工程项目的管理模式

工程项目管理模式的选择是项目策划阶段的重要工作之一，它规定了工程项目投资建设的基本组织模式，以及在完成项目过程中各参与方所扮演的角色及合同关系，在某些情况下，还要规定工程项目完成后的运营方式。工程项目的管理模式确定了工程项目管理的总体框架、项目参与各方的职责、义务和风险分担，因而在很大程度上决定了项目的合同管理方式，以及建设速度、工程质量和造价。管理模式可以从不同角度进行分类，有时有些模式则兼而有之。本书依据项目管理客体的不同，将工程项目的管理模式分为业主方管理模式和承发包管理模式。

政府和社会资本合作（PPP）模式是指政府为增强公共产品和服务供给能力、提高供给效率，通过特许经营、购买服务、股权合作等方式，与社会资本建立的利益共享、风险分担及长期合作关系。20 世纪 80 年代，我国就开始在基础设施领域引入 PPP 模式，经过 30 多年发展，为持续提高我国基础设施水平发挥了积极作用。

一、工程项目业主方管理模式

业主是工程项目的总策划者、总组织者和总集成者，因此其管理模式很大程度上决定了项目管理的总体框架。根据业主方项目管理的能力水平以及工程项目的复杂程度，业主的管理模式可分为业主自行管理模式和委托管理模式。

（一）业主自行管理模式

业主自行管理模式即业主方主要依靠自身力量进行工程项目管理，在项目策划及实施过程中，也经常聘用投资咨询公司、监理公司等协助进行部分管理，但主要工作由业主方自行完成。自行管理方式可以充分保障业主方对工程项目的控制，可以随时采取措施以保障业主利益的最大化，但也具有组织机构庞大、专业力量不足、管理资源利用率低等缺点，对于缺少连续性项目的业主而言，不利于管理经验的积累等。

（二）业主委托管理模式

近年来，由于社会分工体系的进一步深化，以及工程项目技术含量的不断增大，工程项目管理对高质量专业化管理的要求也越来越迫切，委托专业机构进行项目管理成为一种趋势。

1. 项目管理（Project Management，PM）服务模式

项目管理服务是指从事工程项目管理的企业受业主委托，按照合同约定，代表业主对工程项目的组织实施进行全过程或若干阶段或部分内容的管理和服务。

项目管理企业按照合同约定，在工程项目决策阶段，可为业主编制可行性研究报告，进行可行性分析和项目策划；在工程项目的准备和实施阶段，可为业主提供招标代理、设计管理、采购管理、工程监理、施工管理和试运行（竣工验收）等服务，代表业主对工程项目进行质量、安全、进度、费用、合同、信息等管理和控制。项目管理企业不直接与该工程项目的总承包企业或勘察、设计、供货、施工等企业签订合同。项目管理企业一般应按照合同约定承担相应的管理责任。

该模式由项目管理企业按合同约定管理内容代替业主进行管理与协调，即代行发包人（业主）的管理职责。一般情况下，从项目建设一开始就对项目全过程进行管理，可以充分发挥项目管理企业经理的专业经验和优势，做到专业的人做专业的事，且管理思路前后统一，确保项目目标的一致性和有效持续；当业主同时开发多个项目时，可以避免本单位项目管理人员经验不足的缺陷，有效避免失误和损失；业主方可以比较方便的提出必要的设计和施工方面的变更，通过专业的项目管理人员与设计单位沟通，可提高沟通效率和质量。但该模式也会出现一些问题，例如，对于没有合约管理经验的业主在签署合同时，往往对项目管理企业的职责不易明确，管理过程中出现问题难以追究责任。因而，目前委托项目管理模式主要用于大型项目或复杂项目，特别适用于业主管理能力不强的项目。

2. 项目管理承包（Project Management Contracting，PMC）模式

PMC 模式是指由业主通过招标方式聘请项目管理承包商，作为业主代表或业主的延伸，对项目全过程进行集成化管理。该模式下，PMC 承包商须与业主签订合同，并与业主聘用的咨询单位、专业咨询顾问密切合作，对工程进行计划、管理、协调和控制。业主一般不与施工单位和材料、设备供应商签订合同，但对某些专业性很强的工程内容和工程专用材料、设备，业主可直接与施工单位和材料、设备供应商签订合同。业主与 PMC 承包商所签订的合同既包括管理服务的内容，也包括工程施工承包的内容。

PMC 作为一种项目管理模式，并没有取代原有的项目前期工作和项目实施工作。其本质上只是受业主委托，代表业主对原有的项目前期工作和项目实施进行管理、监督和指导，是工程公司或项目管理公司利用其管理经验、人才优势在项目管理领域的拓展。

PMC 模式可充分发挥管理承包商在项目管理方面的专业技能，统一协调和管理项目的设计与施工，减少矛盾；管理承包商负责管理整个施工前阶段和施工阶

段，有利于减少设计变更；业主与管理承包商的合同关系简单、组织协调比较有利，可以提早开工，可采用快速路径法施工，缩短项目工期。其缺点是，由于业主与施工承包商没有合同关系，控制施工难度较大；业主对工程费用也不能直接控制，存在很大风险。

3. **代理型 CM（Construction Management）模式**

CM 模式又称阶段发包方式（Phased Construction Method）或快速轨道方式（Fast Track Method），与设计图纸全部完成之后才进行招标的传统的连续建设模式（Sequential Construction Approach）不同，其特点是：由业主委托的 CM 方式项目负责人（Construction Manager，以下简称 CM 经理）与设计单位、咨询工程师组成一个联合小组，共同负责组织和管理工程的规划、设计和施工。在项目的总体规划、布局和设计时，要考虑到控制项目的总投资，在主体设计方案确定后，完成一部分工程的设计，即对这一部分工程进行招标，发包给一家承包商施工，由业主直接与承包商签订施工承包合同。传统的连续建设模式的招标发包方式与阶段发包方式的比较如图 1－9 所示。

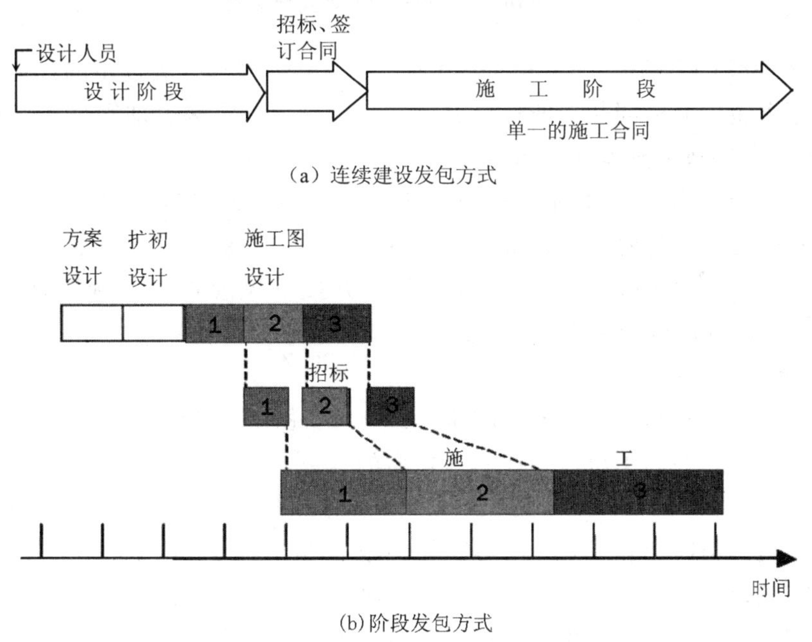

图 1－9 连续建设发包方式和阶段发包方式对比图

CM 模式可以缩短工程项目从规划、设计到竣工的周期，整个工程可以提前投产，节约投资，减少投资风险，较早地取得收益；CM 单位或 CM 经理早期即介入设计管理，因而设计者可听取 CM 经理的建议，预先考虑施工因素，以改进设计的可施工性，还可运用价值工程改进设计，以节省投资；可以先进行分项设计，分项竞争性招标，并及时施工，因而设计变更较少。但分项招标可能导致承包费用较高，因而要做好分析比较，研究项目分项的多少，充分发挥专业分包商的专长。

CM模式根据实现形式的不同，可分为代理型和风险型两种，见图1—10。

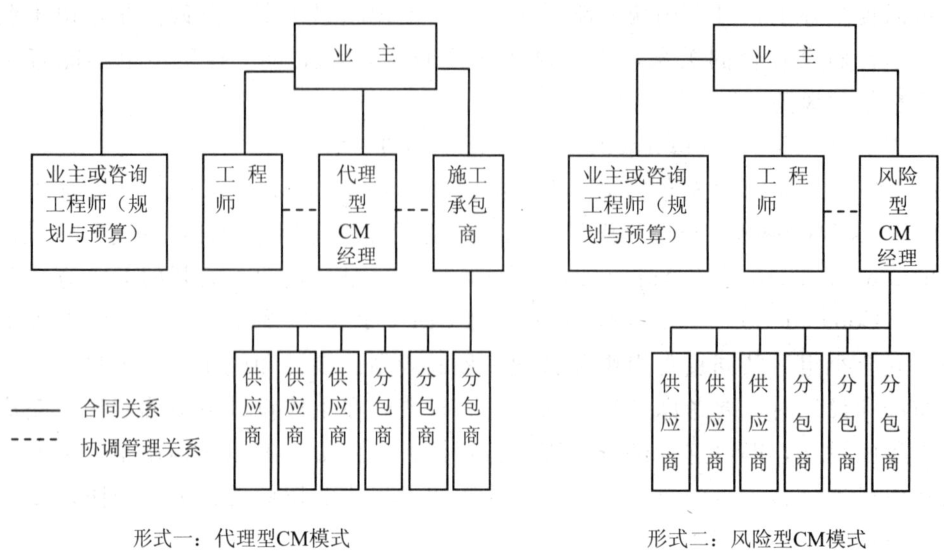

图1—10　CM模式的两种实现形式

采用代理型CM模式（“Agency”CM）时，CM经理作为业主的代理，按照项目规模、服务范围和时间长短收取服务费，一般采用固定酬金加管理费（成本补偿合同）。业主在各施工阶段和承包商签订工程施工合同。在代理型CM模式的情况下，业主可自由选定建筑师/工程师进行设计；在招标前可确定完整的工作范围和项目原则；也可以有完善的管理与技术支持。但是在明确整个项目的成本之前，投入较大；索赔与变更的费用可能较高，业主方投资风险很大；由于分阶段招标，CM经理不可能对进度和成本作出保证。

4. 风险型CM模式

对于风险型CM模式（“At—Risk”CM）来说，CM经理在开发和设计阶段相当于业主的顾问，在施工阶段担任总承包商的角色，一般业主要求CM经理提出保证最大工程费用（Guaranteed Maximum Price，GMP）以保证业主的投资控制。如工程结算超过GMP，由CM经理的公司赔偿；如果低于GMP，节约的投资归业主，但可按约定给予CM经理公司一定比例的奖励性提成。GMP包括工程的预算总成本和CM经理的酬金，但不包括业主方的不可预见费、管理费、设计费、土地费、拆迁费和其他业主自行采购、发包的工作费用等。

5. “代建制” 模式

1993年开始，针对政府投资项目投资部门、管理部门与建设单位三方之间存在的利益矛盾冲突，以及由此导致的投资质量效益不佳、过程无法有效控制等问题，我国部分省市通过采用招标或直接委托等方式，将一些基础设施和社会公益性的政府投资项目委托给一些有实力的专业公司，由这些公司代替业主对项目实施管理，并在改革中不断对这种方法加以完善，逐步发展成为现在的项目代建制度。《国务院关于投资体制改革的决定》（国发〔2004〕20号）指出：对非经营性政府投资项目加快推行“代建制”，即通过招标等方式，选择专业化的项目管理单位负责建设实施，严格控制项目投资、质量和工期，竣工验收后移交给使用单位。

“代建制”是指投资方通过规定的程序，委托或聘用具有相应资质的工程管理公司或具备相应工程管理能力的其他企业，代理投资人或建设单位组织和管理项目建设的模式。“代建制”是一种特殊的项目管理方式。“代建制”除项目管理的内容外，还包括项目策划，报批，办理规划、土地、环评、消防、市政、人防、绿化、开工等手续，采购施工承包商和监理服务单位等内容。目前，“代建制”的运作模式主要有两种：

(1)“委托代理合同”模式。由“项目法人”(或“项目业主”)采用招标投标方式选定一个工程管理单位作为“代建单位”，与“代建单位”(受托方)签订“代建合同”。由代建单位代行项目业主的职能，依据国家有关法律、法规，办理有关审批手续，自主选择工程服务商和承包商并与其签署相关合同。项目建成后协助委托人组织项目的验收。

(2)以常设性事业单位为主，实行相对集中的专业化管理。即成立政府投资项目建设管理机构，全权负责公益性项目的建设实施，建成后移交使用单位。如深圳市借鉴香港做法，成立工务局，作为负责政府投资的市政工程和其他重要公共工程建设专门管理机构，代表政府行使项目业主职能。

从工程项目的代建范围来划分，“代建制”的实施方式分为全过程代建和两阶段代建。

(1)全过程代建。即委托单位根据批准的项目建议书，面向社会招标选择代建单位，由代建单位根据批准的项目建议书，从项目的可研报告开始介入，负责可研报告、初步设计、施工图设计、招标采购、建设实施乃至于竣工验收的全过程管理。

(2)两阶段代建。即将建设项目分为项目前期工作阶段代建和项目建设实施阶段代建。

1)前期代建。由投资人直接委托或招标选择前期代理单位，根据批准的项目建议书，协助编制可行性研究报告，完成项目报批手续，通过招标落实设计单位，办理并取得规划许可证和土地使用证，协助完成土地使用拆迁工作，以及初步设计概算的批复等代建管理工作。

2)实施期工程代建。根据批准的初步设计概算，对施工图设计、授权代建人办理开工申请报告，办理并取得施工许可证，通过招标选择施工单位、监理单位等，组织管理协调工程的施工建设实施，履行工程如期竣工验收和移交等交付使用的代建管理工作职责。负责组织签署保修合同，以确保工程项目在保修期内的正常使用。

依据《基本建设项目建设成本管理规定》(财建〔2016〕504号)，政府设立(或授权)、政府招标产生的代建制项目，代建管理费由同级财政部门根据代建内容和要求，按照不高于项目建设管理费标准核定，计入项目建设成本。对于建设地点分散、点多面广以及使用新技术、新工艺等的项目，代建管理费确需超过本规定确定的开支标准的，应按照有关权限进行审核批准与备案。代建管理费核定和支付应当与工程进度、建设质量结合，与代建内容、代建绩效挂钩，实行奖优罚劣。同时满足按时完成项目代建任务、工程质量优良、项目投资控制在批准概算总投资范围3个条件的，可以支付代建单位利润或奖励资金，代建单位利润或奖励资金一般不得超过代建管理费的10%，需使用财政资金支付的，应当事前报同级财政部门审核批准；未完成代建任务的，应当扣减代建管理费。

6. 设计一管理（Design—Management）模式

设计一管理模式通常是指由同一单位向业主提供设计和施工管理服务的项目管理方式。设计一管理模式可以通过两种形式实施，如图1—11。业主与设计一管理公司和施工总承包商分别签订合同，由设计一管理公司负责设计并对项目实施进行管理。该模式通常以设计单位为主，可对总承包商或分包商采用阶段发包方式，从而加快工程进度。设计一管理公司的设计能力相对较强，能充分发挥其在设计方面的长项；但施工管理能力较差，因此无法有效管理施工承包商。

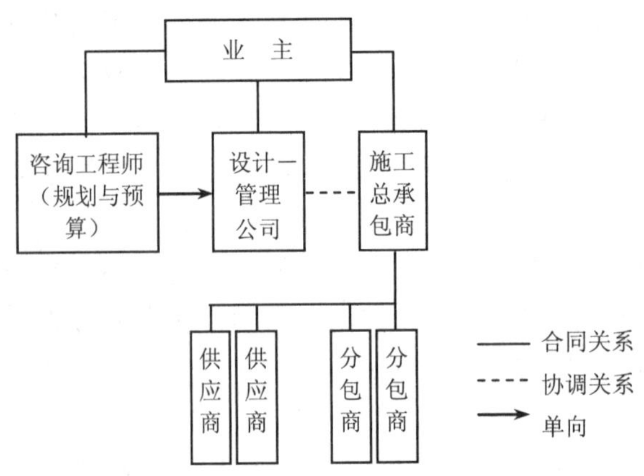

图1—11　设计一管理模式的实现形式

二、工程项目承发包管理模式

工程项目承发包管理模式是指业主单位向项目实施单位购买产品或服务的方式。根据工程项目设计与施工工作的一体化程度，可以对工程项目的承发包方式进行分类。

1. 传统的发包模式

传统的发包模式即是DBB（Design—Bid—Build，设计一招标一建造）模式，将设计、施工分别委托不同单位承担。该模式的核心组织为“业主—咨询工程师—承包商”。我国自1984年学习鲁布革水电站引水系统工程项目管理经验以来，先后实施的“招标投标制”“建设监理制”“合同管理制”等均参照这种传统模式。目前我国大部分工程项目采用这种模式。

这种模式由业主委托咨询工程师进行前期的可行性研究等工作，待项目立项后再进行设计，设计基本完成后通过招标选择承包商。业主和承包商签订工程施工合同和设备供应合同，由承包商分别与分包商和供应商单独订立分包及材料的供应合同并组织实施。业主单位一般指派业主代表（可由本单位选派，或从其他公司聘用）与咨询方和承包商联系，负责有关的项目管理工作。施工阶段的质量控制和安全控制等工作一般授权监理工程师进行。

从业主方的视角而言，该模式的优缺点如下：

（1）优点：

1）由于这种模式长期、广泛地在世界各地采用，因而管理方法成熟，各方对有关程序熟悉；

2）业主可自由选择设计人员，便于控制设计要求，施工阶段也比较容易掌控设计变更；

3）可自由选择监理人员监理工程；

4）可采用各方均熟悉的标准合同文本（如 FIDIC“施工合同条件”），有利于合同管理和风险管理。

（2）缺点：

1）项目设计—招投标—建造的周期较长，监理工程师对项目的工期不易控制；

2）管理和协调工作较复杂，业主管理费较高，前期投入较高；

3）对工程总投资不易控制，特别在设计过程中对“可施工性”（Constructability）考虑不够时，容易产生变更，从而引起较多的索赔；

4）出现质量事故时，设计和施工双方容易互相推诿责任。

2. DB（Design－Build，设计—建造）模式

DB 模式是指工程总承包企业按照合同约定，承担工程项目设计和施工，以及大多数材料和工程设备的采购，但业主可能保留对部分重要工程设备和特殊材料的采购权。该模式通常采用总价合同，但允许价格调整，也允许某些部分采用单价合同。业主聘用咨询单位进行项目管理，管理的内容包括设计管理和施工监理等。该模式由于采用总价合同，承包商承担了大部分责任和风险，常用于房屋建筑和大中型土木、电力、水利、机械等工程项目。由于设计工作由承包商负责，减少了索赔；施工经验能够融入设计过程中，有利于提高可建造性；对投资和完工日期有实质的保障。但业主无法参与设计单位的选择，对最终设计和细节的控制能力降低，总价包干可能影响项目的设计和施工质量。

3. EPC/T（Engineer－Procurement－Construction/Turnkey，设计—采购—施工/交钥匙）模式

EPC/T 模式指工程总承包企业按照合同约定，承担工程项目的设计、采购、施工、试运行服务等工作，并对承包工程的质量、安全、工期、造价全面负责，使业主获得一个现成的工程，由业主“转动钥匙”就可以运行。1999 年国际咨询工程师联合会（FIDIC）在对原有的合同文本进行全面修订的基础上，出版了《设计采购施工/交钥匙工程合同条件》（Conditions of Contract EPC /Turnkey Projects,

银皮书)。EPC 工程管理模式代表了现代西方工程项目管理的主流。EPC 模式的重要特点是充分发挥市场机制的作用，促使承包商、设计师、建筑师共同寻求最经济、最有效的方法实施工程项目。当然在项目竣工验收时，仍然要按合同的要求对工程项目及其中的设备进行相应的严格检查与验收。EPC 模式为我国现有的工程项目建设管理模式的改革提供了新的变革动力。通过 EPC 工程项目公司的总承包，可以比较容易地解决设计、采购、施工、试运转整个过程的不同环节中存在的突出矛盾，使工程项目实施获得优质、高效、低成本的效果。EPC 模式主要适用于化工、冶金、电站、铁路等专业性强、技术复杂的大型基础设施工程，以及含有机电设备的采购和安装的工程项目等。

4. DBO（Design－Build－Operate，设计—施工—运营）模式

DBO 模式是指由一个承包商设计并建设一个公共设施或基础设施，并且运营该设施，满足在工程使用期间公共部门的运作要求。承包商负责设施的维修保养，以及更换在合同期内已经超过其使用期的资产。该合同期满后，资产所有权移交给公共部门。该模式目前通常应用于污水处理领域，FIDIC 于 2008 年发行了第一版《设计一施工一运营合同条件》(金皮书)。DBO 模式的合同关系和协调管理关系如图 1－12 所示。

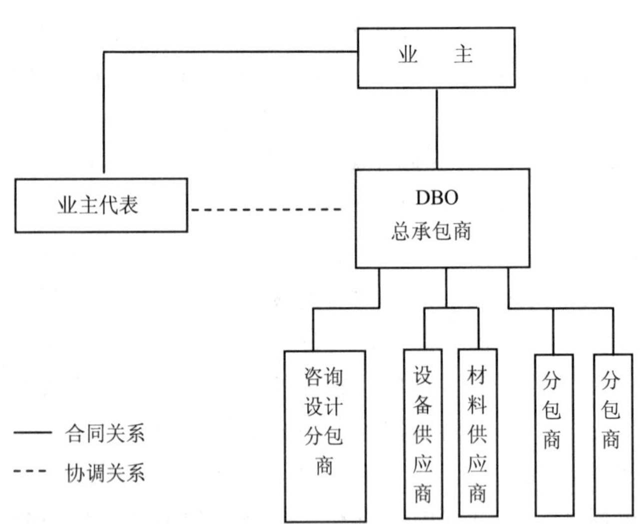

图 1－12　DBO 模式的合同关系和协调管理关系

相比传统的发包模式，该模式下承包商不仅承担工程的设计施工，在移交给业主之前的一段时间内还要负责其所建设工程的运营。DBO 模式不涉及项目融资，承包商收回成本的唯一途径就是公共部门的付款，项目所有权始终归公共部门所有。设计和施工成本在竣工时由政府全额支付（或者有些情况下在竣工后分期支付)，运营期间由政府部门对承包商的运营服务付费。

DBO 模式下，责任主体比较单一，比较明确，风险全部转移给 DBO 的主体，设计、施工、运营三个过程均由一个责任主体来完成。DBO 模式也可以优化项目

的全寿命周期成本。从时间角度看，DBO 合同可以减少不必要的延误，使施工的周期更为合理；从质量角度看，DBO 合同可以保证项目质量长期的可靠性；从财务角度看，DBO 合同下仅需要承担简单的责任而同时拥有长期的承诺保障。但是 DBO 模式责任范围的界定容易引起较多争议，招标的过程也较长，需要专业的咨询公司的介入。

三、工程项目管理模式的选择

多种工程项目管理模式是在国内外长期实践中形成的，并得到普遍认可的一系列惯例。这些模式还在不断地得到创新和完善。

每一种模式都有其优势和局限性，适应于不同种类的工程项目。项目管理者可根据工程项目的特点选择合适的工程项目管理模式。

业主方在选择工程项目管理模式时，应考虑的主要因素包括：(1) 项目的复杂性和对项目的进度、质量、投资等方面的要求；(2) 资金来源，融资有关各方对项目的特殊要求；(3) 法律法规、部门规章以及项目所在地政府的要求；(4) 项目管理者和参与者对该管理模式认知和熟悉的程度；(5) 项目的风险分担，即项目各方承担风险的能力和管理风险的水平。(6) 项目实施所在地建设市场的适应性，在市场上能否找到合格的实施单位（承包商、管理分包商等）。

一个项目也可以选择多种项目管理模式。当业主方的项目管理能力比较强时，可将一个工程建设项目划分为几个部分，分别采用不同的项目管理模式。一般说来，工程项目的管理模式由业主方选定，但总承包商也可选用一些其需要的项目管理模式。工程咨询方也应充分了解和熟悉国际上通用的和新发展的项目管理模式，为业主选择项目管理模式当好顾问，在项目实施过程中协助业主方做好项目管理或提供项目管理服务。

第二章　工程项目主要参与方的项目管理

工程项目涉及多个利益关系方，这些利益关系方在不同程度上都需要了解或参与工程项目的管理。本章主要论述项目业主、政府、承包商和以银行为代表的承贷金融机构在工程项目管理中的位置和任务，以便咨询工程师在承担咨询任务时，更好地识别主要参与方的要求和期望，完成好咨询工作。其中关于各主要参与方在具体项目中的工作内容会随着项目的具体模式和委托合同的不同而有所变化，本文论述的是在通用模式下的一般情况。

第一节　项目业主对工程项目的管理

一、项目业主管理的目的和特点

（一）项目业主的含义

项目业主通常是指项目在法律意义上的所有人，可以是单一的投资主体（即投资者，可以是自然人、法人、政府部门或机构，具有一定资金来源，享有投资权、责、利的统一体），也可以是各投资主体依照一定法律关系组成的法人形式。

业主对工程项目的管理，是指项目业主为实现投资目标，运用所有者的权力组织或委托有关单位，对建设项目进行筹划和实施的有关计划、组织、指挥、协调等过程活动。

（二）业主管理的目的

工程项目业主对工程项目进行管理的主要目的是：

1. 实现投资主体的投资目标和期望。投资主体将资金投入工程项目中，期望通过项目管理保证工程项目能按预定计划建成和投入使用，实现投资的经济效益与社会效益。

2. 将工程项目投资控制在预定或可接受的范围之内。工程项目建设通常需要较长的时间和较大的投入，建设过程中不确定因素很多，如果控制不好，很容易突破投资的预算。为了保证投资者的预期收益，必须对工程项目投资进行有效的控制。

3. 保证工程项目建成后达到项目功能和质量目标。不同的工程建设项目都有其各自的功能和质量要求，这是保证工程项目在运营期内有效、安全和高质量运行，实现项目建设目标与业主的投资目标的基本前提，因此也是业主对工程项目进行管理的重要目的。

（三）业主管理的特点

业主对工程项目管理的特点是由业主在工程项目中的特殊地位决定的，主要有以下几个方面：

1. 业主对工程项目的管理代表投资主体对项目的要求。它集中反映了各投资主体对工程项目的利益要求，代表各所有者协调一切对外关系，包括与政府和社会各有关单位之间的各项关系。因此业主在项目管理中一方面要协调各投资主体之间的关系，另一方面要协调项目与社会各方的关系，保证项目建设的顺利进行。

2. 业主是对工程项目进行全面管理的中心。按照“谁投资、谁决策、谁收益、谁承担风险”的原则，投资主体在国家法律法规许可的范围内有充分的投资自主权。业主既是工程项目的决策者，又是工程项目实施的主持者；既是未来收益的获得者，也是可能风险的承担者。业主与工程项目之间利益关系的紧密程度是其他任何一方参与者所不能比拟的，业主对项目管理和项目成败负有全面责任。工程项目完成得好，最大与最直接的受益者应该是项目业主，反之如果工程项目出现问题，最大与最直接的损失方也是项目业主。

3. 从管理方式上看，在项目建设过程中业主对工程项目的管理大都采用间接而非直接方式。工程项目建设涉及到各个领域和诸多专业，业主往往由于自身时间、精力和专业等方面的限制，不可能将全部管理工作由自己来完成。业主通过各种委托协议和合同，把工程项目的各项任务、管理职责以及各项风险分解到各参与策划和实施的有关机构，项目业主进行总体协调和控制，保证项目如期、按质建成，并尽可能节省投资。

二、业主管理的主要任务

在工程项目的不同阶段内，业主对工程项目管理的主要任务各有不同。

（一）项目前期阶段的主要任务

业主在工程项目前期阶段的主要工作任务是围绕项目策划、项目投资机会研究、初步可行性研究、项目建议书、项目可行性研究、项目核准、项目备案、资金筹措与申请及相关报批工作开展项目的管理工作，主要有：

1. 对投资方向和内容作初步构想，择优聘请有资质、信誉好的专业咨询机构对企业或行业、地区等进行深入分析，开展专题研究及投资机会研究工作，并编制企业发展战略或规划。

2. 选择好咨询机构。在上述工作的基础上，正式选择合格的咨询机构开展项目的前期工作。包括对项目的建设规模、产品方案、工程技术方案等进行研究、比选，根据需要进行项目财务评价、社会评价、国民经济评价和风险评价，编制项目建议书和可行性研究报告，组织对项目建议书和可行性研究报告进行评审，为科学决策提供依据。

3. 与有关投资者和贷款方进行沟通，并落实项目资金、建设用地、技术设备、配套设施等建设相关条件。

4. 根据项目建设内容、建设规模、建设地点和国家有关规定对项目进行决策，按国家和地方政府有关要求报请有关部门审批、核准或备案。

（二）项目准备阶段的主要任务

1. 备齐项目选址、资源利用、环境保护等方面的批准文件，协商并取得原料、燃料、水、电等供应以及运输等方面的协议文件。

2. 依据可行性研究决策文件，明确勘察设计的范围和设计深度，选择有信誉和合格资质的勘察、设计单位签订合同，进行勘察、设计。

3. 办理有关设计文件的审批工作。

4. 组织落实项目建设用地，办理土地征用、拆迁补偿及施工场地的平整等工作。

5. 组织开展设备采购与工程施工招标及评标等工作，择优选定合格的承包商，并签订合同。

6. 按有关规定为设计人员在施工现场工作提供必要的生活与物质保障。

7. 选派合格的现场代表，并选定适宜的工程监理机构。

（三）项目实施阶段的主要任务

在项目实施阶段，业主的主要工作是按合同规定为项目实施提供必要的条件，并在实施过程中督促检查并协调有关各方的工作，定期对项目进展情况进行研究分析。主要有：

1. 需由业主出面办理的各项批准手续，如施工许可证，施工过程中可能损坏道路、管线、电力、通讯等公共设施等方面，需取得法律、法规规定的申请批准手续等。

2. 协商解决施工所需的水、电、通讯线路等必备条件。

3. 解决施工现场与城乡公共道路的通道，以及专用条款约定的应由业主解决的施工场地内主要交通干道，满足施工运输的需要。

4. 向承包方提供施工现场及毗邻区域的工程地质和地下管线、相邻建筑物和构筑物、地下工程、气象和水文观测等资料，保证数据真实。

5. 聘请监理机构，督促监理工程师及时到位履行职责。

6. 协调设计与施工、监理与施工等方面的关系，组织承包方和设计单位进行图纸会审和设计交底。

7. 确定水准点和坐标控制点，以书面形式交给承包方，并进行现场交验。

8. 组织或者委托监理工程师对施工组织设计进行审查。

9. 协调处理施工现场周围地下管线和邻近建筑物、构筑物，及有关文物、古树等的保护工作，并承担相应费用。

10. 督促设备制造商按合同要求及时提供质量合格的设备，并组织运到现场。

11. 督促检查合同执行情况，按合同规定及时支付各项款项，并协调处理出现的问题和矛盾冲突。

（四）竣工验收的主要任务

1. 组织进行试运行；

2. 组织有关方面对施工单位拟交付的工程进行竣工验收和工程决算；

3. 办理工程接收手续；

4. 做好项目有关资料的收集和接收与管理工作；

5. 安排有关管理与技术人员的培训，并及时接管工程；

6. 进一步明确项目运营后与施工方、咨询工程师等各方的关系。

第二节　政府对工程项目的管理

一、政府管理的作用与特点

（一）政府管理的作用

政府对社会经济活动进行宏观指导和调控的目的是为了保证社会经济健康、有序和持续发展。对工程项目进行管理的主要作用是：

1. 保证投资方向符合国家产业政策的要求。为保证投资项目符合国家经济社会持续发展的需要，国家通过政府有关部门发布国家在某一时期的中长期发展规划和各项专业规划，以及产业政策，明确国家鼓励、限制和禁止类别的项目，同时政府部门在审批、核准项目时也依据这一政策进行控制。

2. 保证工程项目符合国家经济社会发展规划和环境与生态等的要求。除国民经济发展规划外，还有一些其他方面的规划，如国土规划、主体功能区规划、区域规划、城乡发展规划等等，政府通过对项目的管理程序保证这些规划能够得到切实执行。

3. 引导投资规模达到合理经济规模。为保证国家经济社会的健康发展，对某些类型项目的建设规模、标准进行一定的控制与引导。

4. 保证国家整体投资规模与外债规模在合理的可控制的范围内进行。除了上述方面的内容外，国家对使用外债的项目也有一定的审批程序，以保证国家总外债规模控制在　个合理的范围内。

5. 保证国家经济安全与公共利益，防止垄断。为维护国家经济社会安全和合理利用国家资源，对于关键领域的投资或相关重大投资，在投资规模、项目布点、建设时间、节约资源、市场准入等方面采取一定的引导或限制措施。与此同时，国家还要保护公共利益不受侵害，防止为了少数人利益的取得，损害了公共利益；通过调整相关政策，创造公平的竞争环境与投资环境，制止不正当竞争，防止垄断。

（二）政府管理的特点

政府对工程项目的管理有以下特点：

1. 具有行政权威性。由于政府的特殊地位与身份，使其对工程项目管理具有较大的权威性。人们会以政府对项目的要求为标准，以政府的指令和号召为方向来考虑项目的内容与规模等相关问题。政府对项目管理的权威性要求其对项目的管理不可随意，以免产生副作用。

2. 具有法律严肃性。政府是法规的制定者，也是执行的监督者。政府对工程项目的管理可以通过立法、发布命令、制定政策等方式，要求项目单位必须达到某种要求。政府的这些管理活动不能朝令夕改，必须保持相当的严肃性。

3. 可采用的管理手段是多方面的。政府对工程项目管理的手段是多样的，有行政命令等行政手段，也有法律法规等法律手段，还可以使用税收、金融杠杆等各种经济手段。在参与工程项目管理者当中，政府可使用的管理手段是最多的。

二、政府对项目管理的主要方面

政府对项目管理主要表现在以下几方面：

（一）制订宏观经济政策与相关发展规划，引导和调控投资项目

政府通过制订各种宏观经济政策来引导和调控工程项目的投资方向和规模，用宏观统率微观。宏观经济政策主要有：货币政策、财政政策、投资政策、产业政策、税收政策、价格管理政策、人口与就业政策、国际收支与管理政策等。

政府通过发挥宏观规划、产业政策、行业标准等对投资活动的引导作用，为政府监管提供依据。政府制订国民经济与社会发展中长期规划、主体功能区规划，以及教育、科技、卫生、交通、能源、农业、林业、水利、生态环境、战略资源开发等重要领域的专项规划，明确发展的指导思想、战略目标和总体布局，把发展规划作为引导投资方向，稳定投资运行，规范项目准入，优化项目布局，合理配置资金、土地（海域）、能源资源、人力资源等要素的重要手段。完善产业结构调整指导目录、外商投资产业指导目录等，为各类投资活动提供依据和指导。

政府还在构建更加科学、更加完善、更具操作性的行业准入标准体系，加快制定修订能耗、水耗、用地、碳排放、污染物排放、安全生产等技术标准，实施能效和排污强度“领跑者”制度，鼓励各地区结合实际依法制定更加严格的地方标准，防止低水平重复建设。

（二）制订相关规定，界定投资管理权限

《国务院关于投资体制改革的决定》和《中共中央 国务院关于深化投融资体制改革的意见》提出，建立完善企业自主决策、融资渠道畅通、职能转变到位、政府行为规范，宏观调控有效、法制保障健全的新型投融资体制。政府投资的项目，实行审批制管理程序；建立企业投资管理负面清单制度、权力清单制度和责任清单制度，除国家法律、法规和国务院专门规定禁止投资的项目外，企业投资建设项目实行核准制管理程序和备案制管理程序。企业不使用政府投资的建设项目的市场前景、经济效益、资金来源和产品技术方案等均由企业自主决策、自担风险，并依法办理环境保护、土地使用、资源利用、安全生产、城市规划等许可手续和减免税手续。

1. 不使用政府投资的国内投资建设项目

2016 年 11 月国务院颁布《企业投资项目核准和备案管理条例》。对关系国家安全、涉及全国重大生产力布局、战略性资源开发和重大公共利益等项目，实行核准管理。具体项目范围以及核准机关、核准权限依照政府核准的投资项目目录执行。

企业、事业单位、社会团体等投资建设固定资产投资项目都按此执行。

对政府核准的投资项目目录规定以外的项目，实行备案管理。除国务院另有规定的，实行备案管理的项目按照属地原则备案，备案机关及其权限由省、自治区、直辖市和计划单列市人民政府规定。

企业投资建设产业政策禁止投资建设项目的，由县级以上人民政府投资主管部门责令停止建设或者责令停产并恢复原状，对企业处项目总投资额5‰以上10‰以下的罚款；对直接负责的主管人员和其他直接责任人员处5万元以上10万元以下的罚款，属于国家工作人员的，依法给予处分。

(1)《政府核准的投资项目目录》内的项目

除涉及国家秘密的项目外，项目核准通过国家建立的项目在线监管平台办理。企业办理项目核准手续，应当向核准机关提交项目申请书，并对项目申请书内容的真实性负责。由国务院核准的项目，向国务院投资主管部门提交项目申请书。

1）项目申请书内容。项目申请书应当包括：①企业基本情况；②项目情况，包括项目名称、建设地点、建设规模、建设内容等；③项目利用资源情况分析以及对生态环境的影响分析；④项目对经济和社会的影响分析。

项目申请书由企业自主组织编制，任何单位和个人不得强制企业委托中介服务机构编制项目申请书。

2）项目核准机关对项目进行审查。审查主要根据以下条件：①是否危害经济安全、社会安全、生态安全等国家安全；②是否符合相关发展建设规划、技术标准和产业政策；③是否合理开发并有效利用资源；④是否对重大公共利益产生不利影响。

项目涉及有关部门或者项目所在地地方人民政府职责的，核准机关应当书面征求其意见，被征求意见单位应当及时书面回复。

核准机关对项目予以核准的，应当向企业出具核准文件；不予核准的，应当书面通知企业并说明理由。由国务院核准的项目，由国务院投资主管部门根据国务院的决定向企业出具核准文件或者不予核准的书面通知。

3）项目核准程序。

由国务院有关部门核准的项目，企业可以通过项目所在地省、自治区、直辖市和计划单列市人民政府有关部门（以下称地方人民政府有关部门）转送项目申请书，地方人民政府有关部门应当自收到项目申请书之日起5个工作日内转送核准机关。

由国务院核准的项目，企业通过地方人民政府有关部门转送项目申请书的，地方人民政府有关部门应当在前款规定的期限内将项目申请书转送国务院投资主管部门，由国务院投资主管部门审核后报国务院核准。

对于同意核准的项目，项目核准机关应当出具项目核准文件；对于不同意核准的项目，项目核准机关应当出具不予核准决定书，说明不予核准的理由。

属于国务院核准权限的项目，由国家发展和改革委员会根据国务院的意见出具项目核准文件或者不予核准决定书。

项目核准机关出具项目核准文件或者不予核准决定书应当抄送同级行业管理、城乡规划、国土资源、环境保护、节能审查等相关部门和下级项目核准、初审机关。

项目单位对项目核准机关的核准决定有异议的，可以依法申请行政复议或者提起行政诉讼。

4）项目核准时限要求。

①申报材料不齐全或者不符合有关要求的，项目核准机关应当在收到申报材料后5个工作日内一次告知项目单位补正。

项目核准机关受理或者不予受理申报材料，都应当出具加盖本机关专用印章并注明日期的书面凭证。对于受理的申报材料，书面凭证应注明编号，项目单位可以根据编号在线查询、监督核准过程和结果。

②项目核准机关在正式受理申报材料后，如有必要，应在4个工作日内按照有关规定委托工程咨询机构进行评估。除项目情况复杂的，评估时限不得超过30个工作日。评估费用由核准机关承担。

③对于涉及有关行业管理部门职能的项目，项目核准机关应当商请有关行业管理部门在7个工作日内出具书面审查意见。有关行业管理部门逾期没有反馈书面审查意见的，视为同意。

④对于可能会对公众利益构成重大影响的项目，项目核准机关应当采取适当方式征求公众意见。对于特别重大的项目，可以实行专家评议制度。

⑤项目核准机关应当在正式受理申报材料后20个工作日内做出是否予以核准的决定，项目情况复杂或者需要征求有关单位意见的，经本机关主要负责人批准，可以延长核准期限，但延长的期限不得超过40个工作日。

核准机关委托中介服务机构对项目进行评估的，评估时间不计入核准期限。

5）核准文件的有效期及调整。

①项目核准文件有效期自项目核准机关作出予以核准决定或者同意变更决定之日起2年；②2年内未开工建设，需要延期开工建设的，企业应当在2年期限届满的30个工作日前，向核准机关申请延期开工建设。核准机关应当自受理申请之日起20个工作日内，作出是否同意延期开工建设的决定。开工建设只能延期一次，期限最长不得超过1年。③在有效期内未开工建设也未按照规定向原项目核准机关申请延期的，原项目核准文件自动失效。

取得项目核准文件的项目，有下列情形之一的，项目单位应当及时以书面形式向原项目核准机关提出调整申请。原项目核准机关应当根据项目具体情况，出具书面确认意见或者要求其重新办理核准手续。①建设地点发生变更的；②建设规模发生较大变化的；③建设内容发生较大变化的。

6）核准后管理。

实行核准管理的项目，企业未依照规定办理核准手续开工建设或者未按照核准的建设地点、建设规模、建设内容等进行建设的，由核准机关责令停止建设或者责令停产，对企业处项目总投资额1‰以上5‰以下的罚款；对直接负责的主管人员和其他直接责任人员处2万元以上5万元以下的罚款。

以欺骗、贿赂等不正当手段取得项目核准文件，尚未开工建设的，由核准机关撤销核准文件，处项目总投资额1‰以上5‰以下的罚款；已经开工建设的，依照前款规定予以处罚；构成犯罪的，依法追究刑事责任。

（2）备案类项目

除涉及国家秘密的项目外，项目备案通过国家建立的项目在线监管平台办理。实行备案管理的项目，企业应当在开工建设前通过在线平台将有关信息告知备案机关，包括：①企业基本情况；②项目名称、建设地点、建设规模、建设内容；③项目总投资额；④项目符合产业政策的声明。

企业告知的信息不齐全的，备案机关应当指导企业补正。

已备案项目信息发生较大变更的，企业应当及时告知备案机关。

备案机关发现已备案项目属于产业政策禁止投资建设或者实行核准管理的，应当及时告知企业予以纠正或者依法办理核准手续，并通知有关部门。

（3）企业使用政府补助、贴息投资建设的项目

1）使用投资补助和贴息资金的重点领域。对于市场不能有效配置资源、需要政府支持的经济和社会领域，中央政府安排预算内资金给予投资补助或贷款利息补贴。具体包括：①社会公益服务和公共基础设施；②农业和农村；③生态环境保护和修复；④重大科技进步；⑤社会管理和国家安全；⑥符合国家有关规定的其他公共领域。

2）补助和贴息资金申请。申请投资补助或者贴息资金的项目，应当列入三年滚动投资计划，并通过投资项目在线审批监管平台完成审批、核准或备案程序（地方政府投资项目应完成项目可行性研究报告或者初步设计审批），并提交资金申请报告。

3）资金申请报告的编写与报送。资金申请报告应当包括以下内容：①项目单位的基本情况；②项目的基本情况，包括在线平台生成的项目代码、建设内容、总投资及资金来源、建设条件落实情况等；③项目列入三年滚动投资计划，并通过在线平台完成审批（核准、备案）情况；④申请投资补助或者贴息资金的主要理由和政策依据；⑤国家发展改革委安排投资补助和贴息项目时专项工作方案或管理办法要求提供的其他内容。

项目单位应对所提交的资金申请报告内容的真实性负责。

资金申请报告由需要申请投资补助或者贴息资金的项目单位提出，按程序报送项目汇总申报单位。

各省、自治区、直辖市和计划单列市、新疆生产建设兵团发展改革委（以下简称省级发展改革委）、计划单列企业集团和中央管理企业等为项目汇总申报单位。项目汇总申报单位应当对资金申请报告的相关事项进行审核，并对审核结果和申报

材料的真实性、合规性负责。相关事项包括：①符合《中央预算内投资补助和贴息项目管理办法》规定的资金投向和申请程序；②符合有关专项工作方案或管理办法的要求；③项目的主要建设条件基本落实；④项目已经列入三年滚动投资计划，并通过在线平台完成审批（核准、备案）。

项目汇总申报单位应当对资金申请报告提出审核意见，并汇总报送国家发展改革委。资金申请报告可以单独报送，或者与年度投资计划申请合并报送。

4）项目实施管理。使用投资补助和贴息资金的项目，应当严格执行国家有关政策要求，不得擅自改变主要建设内容和建设标准，严禁转移、侵占或者挪用投资补助和贴息资金。

项目汇总申报单位应当定期组织调度已下达投资补助和贴息项目的有关实施情况，并按时通过在线平台向国家发展改革委报告。包括：①项目实际开竣工时间；②项目资金到位、支付和投资完成情况；③项目的主要建设内容；④项目工程形象进度；⑤存在的问题。

因不能开工建设或者建设规模、标准和内容发生较大变化等情况，导致项目不能完成既定建设目标的，项目单位和项目汇总申报单位应当及时报告情况和原因，国家发展改革委可以根据具体情况进行相应调整。打捆和切块下达年度投资计划的项目由省级发展改革委调整，调整结果应当及时通过在线平台报备。

2. 外商投资项目核准和备案管理

外商投资项目包括中外合资、中外合作、外商独资、外商投资合伙、外商并购境内企业、外商投资企业增资及再投资项目等各类外商投资项目。外商投资项目，依据国家发展改革委颁布的《外商投资项目核准和备案管理办法》（国家发展和改革委 2014 年第 12 号令）进行管理。外商投资项目管理分为核准和备案两种方式。

（1）实行核准制与备案的外商投资项目的范围

1）境外投资者不得作为个体工商户、个人独资企业投资人、农民专业合作社成员，从事投资经营活动。

2）境外投资者不得投资《外商投资准入负面清单》中禁止外商投资的领域；投资《外商投资准入负面清单》之内的非禁止投资领域，须进行外资准入许可；投资有股权要求的领域，不得设立外商投资合伙企业。

3）上述规定之外的属于《核准目录》所列的外商投资项目，按照《核准目录》的规定核准。

4）由地方政府核准的项目，省级政府可以根据本地实际情况具体划分地方各级政府的核准权限。由省级政府核准的项目，核准权限不得下放。

5）上述范围以外的外商投资项目由地方政府投资主管部门备案。

（2）核准的内容与条件

1）核准申请报告

拟申请核准的外商投资项目应按国家有关要求编制项目申请报告。项目申请报告应包括：①项目及投资方情况；②资源利用和生态环境影响分析；③经济和社会影响分析。

外国投资者并购境内企业项目申请报告应包括并购方情况、并购安排、融资方案和被并购方情况、被并购后经营方式、范围和股权结构、所得收入的使用安排等。

项目申请报告应附以下文件：①中外投资各方的企业注册证明材料及经审计的最新企业财务报表（包括资产负债表、利润表和现金流量表）、开户银行出具的资金信用证明；②投资意向书，增资、并购项目的公司董事会决议；③城乡规划行政主管部门出具的选址意见书（仅指以划拨方式提供国有土地使用权的项目）；④国土资源行政主管部门出具的用地预审意见（不涉及新增用地，在已批准的建设用地范围内进行改扩建的项目，可以不进行用地预审）；⑤环境保护行政主管部门出具的环境影响评价审批文件；⑥节能审查机关出具的节能审查意见；⑦以国有资产出资的，需由有关主管部门出具的确认文件；⑧根据有关法律法规的规定应当提交的其他文件。

2）核准程序与时限

按核准权限属于国家发展和改革委员会核准的项目，由项目所在地省级发展改革部门提出初审意见后，向国家发展和改革委员会报送项目申请报告；计划单列企业集团和中央管理企业可直接向国家发展和改革委员会报送项目申请报告，并附项目所在地省级发展改革部门的意见。

项目申报材料不齐全或者不符合有关要求的，项目核准机关应当在收到申报材料后 5 个工作日内一次告知项目申报单位补正。

对于涉及有关行业主管部门职能的项目，项目核准机关应当商请有关行业主管部门在 7 个工作日内出具书面审查意见。有关行业主管部门逾期没有反馈书面审查意见的，视为同意。

项目核准机关在受理项目申请报告之日起 4 个工作日内，对需要进行评估论证的重点问题委托有资质的咨询机构进行评估论证，接受委托的咨询机构应在规定的时间内提出评估报告。

对于可能会对公共利益造成重大影响的项目，项目核准机关在进行核准时应采取适当方式征求公众意见。对于特别重大的项目，可以实行专家评议制度。

项目核准机关自受理项目核准申请之日起 20 个工作日内，完成对项目申请报告的核准。如 20 个工作日内（委托咨询评估和进行专家评议所需的时间不计算在内）不能做出核准决定的，由本部门负责人批准延长 10 个工作日，并将延长期限的理由告知项目申报单位。

（3）外商投资项目的核准条件

政府对外商投资项目的核准条件是：1）符合国家有关法律法规和《外商投资产业指导目录》、《中西部地区外商投资优势产业目录》的规定；2）符合发展规划、产业政策及准入标准；3）合理开发并有效利用了资源；4）不影响国家安全和生态安全；5）对公众利益不产生重大不利影响；6）符合国家资本项目管理、外债管理的有关规定。

（4）项目备案

外商投资项目备案需符合国家有关法律法规、发展规划、产业政策及准入标准，符合《外商投资产业指导目录》、《中西部地区外商投资优势产业目录》。

拟申请备案的外商投资项目需由项目申报单位提交项目和投资方基本情况等信息，并附中外投资各方的企业注册证明材料、投资意向书及增资、并购项目的公司董事会决议等其他相关材料；对不予备案的外商投资项目，地方投资主管部门应在7个工作日内出具书面意见并说明理由。

（5）项目变更

经核准或备案的项目如出现下列情形之一的，需向原批准机关申请变更：①项目地点发生变化；②投资方或股权发生变化；③项目主要建设内容发生变化；④有关法律法规和产业政策规定需要变更的其他情况。

（6）核准及备案的有效期

核准或备案文件应规定文件的有效期。在有效期内未开工建设的，项目申报单位应当在有效期届满前30个工作日向原核准和备案机关提出延期申请。在有效期内未开工建设且未提出延期申请的，原核准文件期满后自动失效。

3. 政府投资项目

（1）政府投资资金种类与管理

政府投资项目是指在我国境内使用政府性资金的固定资产投资项目。政府性资金来源于财政预算内投资资金、各类专项建设基金、国家主权外债资金和其他政府性资金。不同来源资金，采取不同的管理方式。

财政预算内投资资金（含国债资金）是指各级政府在财政预算中列支的建设资金，由各级发展改革部门安排用于固定资产投资项目。这些预算内资金列入各级政府年度财政预算，并按财政收支科目和程序管理。

各类专项建设基金是指经国务院或财政部批准，向社会特定对象征收的专门用于某方面建设的资金。例如，水利建设基金，三峡工程建设基金，南水北调工程建设基金，铁路、民航、港口建设基金等。各类专项建设基金纳入财政预算管理，实行定向征收，定向使用，专户管理。

国家主权外债资金是指以国家主权信用为担保的国外贷款。例如，从世界银行、亚洲开发银行等国际金融组织的借款，从国外政府借款及其赠款等。国外贷款按使用政府投资资金进行管理。

其他政府性资金是指除各类专项建设基金外，各级政府向社会不同对象征收并全部或部分用于工程项目建设的资金，种类较多。例如，征收土地出让费及新增建设用地有偿使用费等。

政府投资资金只投向市场不能有效配置资源的社会公益服务、公共基础设施、农业农村、生态环境保护和修复、重大科技进步、社会管理、国家安全等公共领域的项目，以非经营性项目为主，原则上不支持经营性项目。要建立政府投资范围定期评估调整机制，不断优化投资方向和结构，提高投资效率。国务院对政府资金投向另有规定的，从其规定。符合政府投资使用规定的项目，法人和其他组织可以申请政府投资资金。县级以上政府发展改革部门为政府投资主管部门，其他部门履行规定权限的投资管理职责。

（2）政府投资项目的管理

政府投资项目实行审批制。政府投资资金可分别采取直接投资、资本金注入、投资补助、转贷和贷款贴息等方式。政府投资资金按项目安排，以直接投资方式为主。对确需支持的经营性项目，主要采取资本金注入方式投入，也可适当采取投资补助、贷款贴息等方式进行引导。政府以资本金注入方式投入的，要确定出资人代表。

依据国民经济和社会发展规划及国家宏观调控总体要求，政府组织编制三年滚动政府投资计划，在此基础上编制政府投资年度计划，合理安排政府投资。建立覆盖各地区各部门的政府投资项目库，未入库项目原则上不予安排政府投资。

对采用直接投资和资本金注入方式的项目，对经济社会发展、社会公众利益有重大影响或者投资规模较大的，要在咨询机构评估、公众参与、专家评议、风险评估等科学论证基础上，严格审批项目建议书、可行性研究报告、初步设计。经国务院及有关部门批准的专项规划、区域规划中已经明确的项目，部分改扩建项目，以及建设内容单一、投资规模较小、技术方案简单的项目，可以简化相关文件内容和审批程序。

4. 境外投资项目管理

对于中华人民共和国境内企业（下称“投资主体”，包括各种类型的非金融企业和金融企业）直接或通过其控制的境外企业，以投入资产、权益或提供融资、担保等方式，获得境外所有权、控制权（指直接或间接拥有企业半数以上表决权，或虽不拥有半数以上表决权，但能够支配企业的经营、财务、人事、技术等重要事项）、经营管理权及其他相关权益的投资活动，要按照国家发展和改革委员会2017年第11号令《企业境外投资管理办法》要求，履行境外投资项目（以下称“项目”）核准、备案等手续，报告有关信息，配合监督检查。

境外投资活动主要包括但不限于下列情形：

①获得境外土地所有权、使用权等权益；

②获得境外自然资源勘探、开发特许权等权益；

③获得境外基础设施所有权、经营管理权等权益；

④获得境外企业或资产所有权、经营管理权等权益；

⑤新建或改扩建境外固定资产；

⑥新建境外企业或向既有境外企业增加投资；

⑦新设或参股境外股权投资基金；

⑧通过协议、信托等方式控制境外企业或资产。

投资主体可以通过国家发展改革委建立的境外投资管理和服务网络系统（以下

称“网络系统”）履行核准和备案手续、报告有关信息；涉及国家秘密或不适宜使用网络系统的事项，投资主体可以另行使用纸质材料提交。

两个以上投资主体共同开展的项目，应当由投资额较大一方在征求其他投资方书面同意后提出核准、备案申请。如各方投资额相等，应当协商一致后由其中一方提出核准、备案申请。

（1）核准管理

1）核准范围

投资主体直接或通过其控制的境外企业开展的敏感类项目实行核准管理。核准机关是国家发展改革委。

敏感类项目包括：①涉及敏感国家和地区的项目；②涉及敏感行业的项目。

敏感国家和地区包括：①与我国未建交的国家和地区；②发生战争、内乱的国家和地区；③根据我国缔结或参加的国际条约、协定等，需要限制企业对其投资的国家和地区；④其他敏感国家和地区。

敏感行业包括：①武器装备的研制生产维修；②跨境水资源开发利用；③新闻传媒；④根据我国法律法规和有关调控政策，需要限制企业境外投资的行业。

2）核准程序

实行核准管理的项目，投资主体应当通过网络系统向核准机关提交项目申请报告并附具有关文件。其中，投资主体是中央管理企业的，由其集团公司或总公司向核准机关提交；投资主体是地方企业的，由其直接向核准机关提交。

项目申请报告应当包括以下内容：

①投资主体情况；

②项目情况，包括项目名称、投资目的地、主要内容和规模、中方投资额等；

③项目对我国国家利益和国家安全的影响分析；

④投资主体关于项目真实性的声明。

项目申请报告可以由投资主体自行编写，也可以由投资主体自主委托具有相关经验和能力的中介服务机构编写。

3）核准工作及工作时限

项目申请报告或附件不齐全、不符合法定形式的，核准机关应当在收到项目申请报告之日起5个工作日内一次性告知投资主体需要补正的内容。逾期不告知的，自收到项目申请报告之日起即为受理。

核准机关受理或不予受理项目申请报告，都应当通过网络系统告知投资主体。投资主体需要受理或不予受理凭证的，可以通过网络系统自行打印或要求核准机关出具。

项目涉及有关部门职责的，核准机关应当商请有关部门在7个工作日内出具书面审查意见。有关部门逾期没有反馈书面审查意见的，视为同意。

核准机关在受理项目申请报告后，如确有必要，应当在4个工作日内委托咨询机构进行评估。除项目情况复杂的，评估时限不得超过30个工作日。项目情况复杂的，经核准机关同意，可以延长评估时限，但延长的时限不得超过60个工作日。

核准机关应当将咨询机构进行评估所需的时间告知投资主体。接受委托的咨询机构应当在规定时限内提出评估报告，并对评估结论承担责任。评估费用由核准机关承担，咨询机构及其工作人员不得收取投资主体任何费用。

核准机关可以结合有关单位意见、评估意见等，建议投资主体对项目申请报告有关内容进行调整，或要求投资主体对有关情况或材料作进一步澄清、补充。

核准机关应当在受理项目申请报告后20个工作日内作出是否予以核准的决定。项目情况复杂或需要征求有关单位意见的，经核准机关负责人批准，可以延长核准时限，但延长的核准时限不得超过10个工作日，并应当将延长时限的理由告知投资主体。核准时限包括征求有关单位意见的时间，不包括咨询机构评估的时间。

4）核准条件

核准机关对项目予以核准的条件为：

①不违反我国法律法规；

②不违反我国有关发展规划、宏观调控政策、产业政策和对外开放政策；

③不违反我国缔结或参加的国际条约、协定；

④不威胁、不损害我国国家利益和国家安全。

对符合核准条件的项目，核准机关应当予以核准，并向投资主体出具书面核准文件。对不符合核准条件的项目，核准机关应当出具不予核准书面通知，并说明不予核准的理由。

项目违反有关法律法规、违反有关规划或政策、违反有关国际条约或协定、威胁或损害我国国家利益和国家安全的，核准机关可以不经过征求意见、委托评估等程序，直接作出不予核准的决定。

（2）备案管理

1）备案范围

投资主体直接开展的非敏感类项目，也即涉及投资主体直接投入资产、权益或提供融资、担保的非敏感类项目实行备案管理。其中，投资主体是中央管理企业（含中央管理金融企业、国务院或国务院所属机构直接管理的企业，下同）的，备案机关是国家发展改革委；投资主体是地方企业，且中方投资额3亿美元及以上的，备案机关是国家发展改革委；投资主体是地方企业，且中方投资额3亿美元以下的，备案机关是投资主体注册地的省级政府发展改革部门。省级政府发展改革部门，包括各省、自治区、直辖市及计划单列市人民政府发展改革部门和新疆生产建设兵团发展改革部门。

非敏感类项目是指不涉及敏感国家和地区且不涉及敏感行业的项目。

中方投资额，是指投资主体直接以及通过其控制的境外企业为项目投入的货币、证券、实物、技术、知识产权、股权、债权等资产、权益以及提供融资、担保的总额。对项目所需前期费用（包括履约保证金、保函手续费、中介服务费、资源勘探费等）规模较大的，投资主体可以参照规定对项目前期费用提出核准、备案申请。经核准或备案的项目前期费用计入项目中方投资额。

2）备案程序和时限

实行备案管理的项目，投资主体应当通过网络系统向备案机关提交项目备案表并附具有关文件。其中，投资主体是中央管理企业的，由其集团公司或总公司向备案机关提交；投资主体是地方企业的，由其直接向备案机关提交。

项目备案表或附件不齐全、项目备案表或附件不符合法定形式、项目不属于备案管理范围、项目不属于备案机关管理权限的，备案机关应当在收到项目备案表之日起5个工作日内一次性告知投资主体。逾期不告知的，自收到项目备案表之日起即为受理。

备案机关受理或不予受理项目备案表，都应当通过网络系统告知投资主体。投资主体需要受理或不予受理凭证的，可以通过网络系统自行打印或要求备案机关出具。

备案机关在受理项目备案表之日起7个工作日内向投资主体出具备案通知书。

备案机关发现项目违反有关法律法规、违反有关规划或政策、违反有关国际条约或协定、威胁或损害我国国家利益和国家安全的，应当在受理项目备案表之日起7个工作日内向投资主体出具不予备案书面通知，并说明不予备案的理由。

（3）核准、备案的变更

已核准、备案的项目，发生下列情形之一的，投资主体应当在有关情形发生前向出具该项目核准文件或备案通知书的机关提出变更申请：

①投资主体增加或减少；

②投资地点发生重大变化；

③主要内容和规模发生重大变化；

④中方投资额变化幅度达到或超过原核准、备案金额的20%，或中方投资额变化1亿美元及以上；

⑤需要对项目核准文件或备案通知书有关内容进行重大调整的其他情形。

核准机关应当在受理变更申请之日起20个工作日内作出是否同意变更核准的书面决定。备案机关应当在受理变更申请之日起7个工作日内作出是否同意变更备案的书面决定。

（4）核准、备案的效力和延期

属于核准、备案管理范围的项目，投资主体应当在项目实施前取得项目核准文件或备案通知书。项目实施前，是指投资主体或其控制的境外企业为项目投入资产、权益（已按照《企业境外投资管理办法》第十七条办理核准、备案的项目前期费用除外）或提供融资、担保之前。

属于核准、备案管理范围的项目，投资主体未取得有效核准文件或备案通知书的，外汇管理、海关等有关部门依法不予办理相关手续，金融企业依法不予办理相关资金结算和融资业务。

核准文件、备案通知书有效期2年。确需延长有效期的，投资主体应当在有效期届满的 30 个工作日前向出具该项目核准文件或备案通知书的机关提出延长有效期的申请。

核准机关应当在受理延期申请之日起 20 个工作日内作出是否同意延长核准文件有效期的书面决定。备案机关应当在受理延期申请之日起 7 个工作日内作出是否同意延长备案通知书有效期的书面决定。

（三）维护经济安全

所谓经济安全是指国家经济在整体上基础稳固，做到健康运行与成长，保证持续发展，使其在国际经济生活中具有一定的自主性、自卫力和竞争力，不致因某些问题的出现和演化使整个经济受到过大的打击或使国民经济利益受到过多的损失，从而能够避免或化解可能发生的局部或全局性的经济危机。为维护国家的经济安全，对于关系到国计民生的重大项目的投资，特别是关系到国家关键性战略，如能源战略等，国家在进行建设投资规划与项目审核时予以必要的控制。

在国家发展和改革委员会关于实行核准制的《项目申请报告通用文本》中明确规定，《项目申请报告》要有《经济影响分析》的章节。主要内容包括：

（1）经济费用效益或费用效果分析。从社会资源优化配置的角度，通过经济费用效益或费用效果分析，评价拟建项目的经济合理性。

（2）行业影响分析。阐述行业现状的基本情况以及企业在行业中所处地位，分析拟建项目对所在行业及关联产业发展的影响，并对是否可能导致垄断等进行论证。

（3）区域经济影响分析。对于区域经济可能产生重大影响的项目，应从区域经济发展、产业空间布局、当地财政收支、社会收入分配、市场竞争结构等角度进行分析论证。

（4）宏观经济影响分析。投资规模巨大、对国民经济有重大影响的项目，应进行宏观经济影响分析。涉及国家经济安全的项目，应分析拟建项目对经济安全的影响，提出维护经济安全的措施。

（四）优化布局

对于关系国家经济与社会安全等关键性的重大项目，将从国家全局的角度进行布局优化，以保证社会资源的最佳合理利用和整体的社会与经济效益更好。这类项目主要包括重大农林水利工程、能源、交通、邮电、通讯、大型矿藏开发等。

对于因征地拆迁等可能产生重要社会影响的项目，以及扶贫、区域综合开发、文化教育、公共卫生等具有明显社会发展目标的项目，应从维护公共利益、构建和谐社会、落实以人为本的科学发展观等角度，进行社会影响分析评价。

政府从“以人为本”的科学发展观和构建社会主义和谐社会的角度出发，高度重视工程项目建设与当地社会的相互适应性，维护社会稳定。因此，工程项目管理过程中，必须重视项目建设与当地社会之间的利益关系，考虑项目建设将面临的社会条件约束。

工程项目的社会条件约束，表现为项目所在地受项目影响的相关利益群体对项目的反应和影响程度。项目建设导致征地、拆迁、环境污染引发的社会矛盾和冲突，是影响项目建设的主要社会因素。工程项目的建设务必注意与当地社会不同利益群体之间的利益平衡问题，关注妇女、儿童、少数民族、贫困人口等弱势群体的利益。特别是水利工程、铁路交通工程、矿区开发工程等移民拆迁安置量大的项目以及容易污染环境的工业项目，尤其应妥善处理这些社会关系。

在国家发展和改革委员会关于实行核准制的《项目申请报告通用文本》中明确规定，《项目申请报告》要有《社会影响分析》的章节，主要内容包括：

(1) 社会影响效果分析。阐述拟建项目的建设及运营活动对项目所在地可能产生的社会影响和社会效益。

(2) 社会适应性分析。分析拟建项目能否为当地的社会环境、人文条件所接纳，评价该项目与当地社会环境的相互适应性。

(3) 社会风险及对策分析。针对项目建设所涉及的各种社会因素进行社会风险分析，提出协调项目与当地社会关系、规避社会风险、促进项目顺利实施的措施方案。

(五) 加强重要资源的管理

1. 土地资源的管理

为了保证国家土地资源的合理利用，国家对工程项目中国有土地与集体土地的使用都做了具体的规定。对土地的取得方式、程序，土地的使用年限、税收等都有相关规定，为防止土地资源的浪费，对工程建设项目取得开工许可证后土地的闲置时间也做了具体限制。

我国土地归国家和集体所有，任何个人不得私自买卖、转让土地所有权。工程项目建设用地通过两种方式获得：一是有偿转让，即公开挂牌，经过招标、拍卖程序或协议转让等有偿方式，由政府出让给用地者；二是无偿划拨，即根据国家土地政策规定，为特定类型项目划拨土地。土地使用性质由规划确定，城市以及农村集体土地均不得随意改变土地用途。耕地，特别是基本农田保护区内的耕地不得随意侵占，如占用需履行审批和管理程序，并且实行占补平衡。

工程项目建设用地，需经国土资源管理部门审查、批准。国土资源管理部门以经济社会发展规划、土地利用规划、用地目录、土地性质等多方面依据，对建设用地进行审查。项目单位必须到国土资源管理部门办理建设用地批准手续，方可建设项目。

在国家发展和改革委员会关于实行核准制的《项目申请报告通用文本》中明确规定，《项目申请报告》要有《建设用地、征地拆迁及移民安置分析》的章节。主要内容包括：

(1) 项目选址及用地方案。包括项目建设地点、占地面积、土地利用状况、占用耕地情况等内容。分析项目选址是否会造成相关不利影响，如是否压覆矿床和文物，是否有利于防洪和排涝，是否影响通航及军事设施等。

(2) 土地利用合理性分析。分析拟建项目是否符合土地利用规划要求，占地规模是否合理，是否符合集约和有效使用土地的要求，耕地占用补充方案是否可行等。

(3) 征地拆迁和移民安置规划方案。对拟建项目的征地拆迁影响进行调查分析，依法提出拆迁补偿的原则、范围和方式，制定移民安置规划方案，并对是否符合保障移民合法权益、满足移民生存及发展需要等要求进行分析论证。

2. 水资源的管理

我国水资源短缺，合理分配、节约用水是长期的战略方针。2012 年国务院发布了《国务院关于实行最严格水资源管理制度的意见》（国发〔2012〕3 号），确立了水资源开发利用控制红线，到 2030 年全国用水总量控制在 7000 亿立方米以内；确立用水效率控制红线，到 2030 年用水效率达到或接近世界先进水平，万元工业增加值用水量（以 2000 年不变价计，下同）降低到 40 立方米以下，农田灌溉水有效利用系数提高到 0.6 以上；确立水功能区限制纳污红线，到 2030 年主要污染物入河湖总量控制在水功能区纳污能力范围之内，水功能区水质达标率提高到 95%以上。

(1) 加强水资源开发利用控制红线管理，严格实行用水总量控制

1) 严格规划管理和水资源论证。开发利用水资源，应当符合主体功能区的要求，按照流域和区域统一制定规划，充分发挥水资源的多种功能和综合效益。建设水工程，必须符合流域综合规划和防洪规划，由有关水行政主管部门或流域管理机构按照管理权限进行审查并签署意见。加强相关规划和项目建设布局水资源论证工作，国民经济和社会发展规划以及城市总体规划的编制、重大建设项目的布局，应当与当地水资源条件和防洪要求相适应。严格执行建设项目水资源论证制度，对未依法完成水资源论证工作的建设项目，审批机关不予批准，建设单位不得擅自开工建设和投产使用，对违反规定的，一律责令停止。

2) 严格控制流域和区域取用水总量。加快制定主要江河流域水量分配方案，建立覆盖流域和省市县三级行政区域的取用水总量控制指标体系，实施流域和区域取用水总量控制。各省、自治区、直辖市要按照江河流域水量分配方案或取用水总量控制指标，制定年度用水计划，依法对本行政区域内的年度用水实行总量管理。

3) 严格实施取水许可。严格规范取水许可审批管理，对取用水总量已达到或超过控制指标的地区，暂停审批建设项目新增取水；对取用水总量接近控制指标的地区，限制审批建设项目新增取水。对不符合国家产业政策或列入国家产业结构调整指导目录中淘汰类的，产品不符合行业用水定额标准的，在城市公共供水管网能够满足用水需要却通过自备取水设施取用地下水的，以及地下水已严重超采的地区取用地下水的建设项目取水申请，审批机关不予批准。

4) 严格水资源有偿使用。合理调整水资源费征收标准，扩大征收范围，严格水资源费征收、使用和管理。各省、自治区、直辖市要抓紧完善水资源费征收、使用和管理的规章制度，严格按照规定的征收范围、对象、标准和程序征收，确保应收尽收，任何单位和个人不得擅自减免、缓征或停征水资源费。水资源费主要用于

水资源节约、保护和管理，严格依法查处挤占挪用水资源费的行为。

5）严格地下水管理和保护。加强地下水动态监测，实行地下水取用水总量控制和水位控制。在地下水超采区，禁止农业、工业建设项目和服务业新增取用地下水，并逐步削减超采量，实现地下水采补平衡。深层承压地下水原则上只能作为应急和战略储备水源。依法规范机井建设审批管理，限期关闭在城市公共供水管网覆盖范围内的自备水井。

6）强化水资源统一调度。流域管理机构和县级以上地方人民政府水行政主管部门要依法制订和完善水资源调度方案、应急调度预案和调度计划，对水资源实行统一调度。区域水资源调度应当服从流域水资源统一调度，水力发电、供水、航运等调度应当服从流域水资源统一调度。水资源调度方案、应急调度预案和调度计划一经批准，有关地方人民政府和部门等必须服从。

（2）加强用水效率控制红线管理，全面推进节水型社会建设

1）全面加强节约用水管理。各项引水、调水、取水、供用水工程建设必须首先考虑节水要求。水资源短缺、生态脆弱地区要严格控制城市规模过度扩张，限制高耗水工业项目建设和高耗水服务业发展，遏制农业粗放用水。

2）强化用水定额管理。加快制定高耗水工业和服务业用水定额国家标准。对纳入取水许可管理的单位和其他用水大户实行计划用水管理，建立用水单位重点监控名录，强化用水监控管理。新建、扩建和改建建设项目应制订节水措施方案，保证节水设施与主体工程同时设计、同时施工、同时投产（即“三同时”制度），对违反“三同时”制度的，由县级以上地方人民政府有关部门或流域管理机构责令停止取用水并限期整改。

3）加快推进节水技术改造。制定节水强制性标准，逐步实行用水产品用水效率标识管理，禁止生产和销售不符合节水强制性标准的产品。加大工业节水技术改造，建设工业节水示范工程。充分考虑不同工业行业和工业企业的用水状况和节水潜力，合理确定节水目标。逐步淘汰公共建筑中不符合节水标准的用水设备及产品，大力推广使用生活节水器具，着力降低供水管网漏损率。鼓励并积极发展污水处理回用、雨水和微咸水开发利用、海水淡化和直接利用等非常规水源开发利用。加快城市污水处理回用管网建设，逐步提高城市污水处理回用比例。非常规水源开发利用纳入水资源统一配置。

（3）加强水功能区限制纳污红线管理，严格控制入河湖排污总量

1）严格水功能区监督管理。完善水功能区监督管理制度，建立水功能区水质达标评价体系。要把限制排污总量作为水污染防治和污染减排工作的重要依据。切实加强水污染防控，加强工业污染源控制，加大主要污染物减排力度，提高城市污水处理率，改善重点流域水环境质量，防治江河湖库富营养化。流域管理机构要加强重要江河湖泊的省界水质水量监测。严格入河湖排污口监督管理，对排污量超出水功能区限排总量的地区，限制审批新增取水和入河湖排污口。

2）加强饮用水水源保护。禁止在饮用水水源保护区内设置排污口，对已设置

的，由县级以上地方人民政府责令限期拆除。县级以上地方人民政府要完善饮用水水源地核准和安全评估制度，公布重要饮用水水源地名录。加快实施全国城市饮用水水源地安全保障规划和农村饮水安全工程规划。加强水土流失治理，防治面源污染，禁止破坏水源涵养林。强化饮用水水源应急管理，完善饮用水水源地突发事件应急预案，建立备用水源。

3）推进水生态系统保护与修复。开发利用水资源应维持河流合理流量和湖泊、水库以及地下水的合理水位，充分考虑基本生态用水需求，维护河湖健康生态。编制全国水生态系统保护与修复规划，加强重要生态保护区、水源涵养区、江河源头区和湿地的保护，开展内源污染整治，推进生态脆弱河流和地区水生态修复。研究建立生态用水及河流生态评价指标体系，定期组织开展全国重要河湖健康评估，建立健全水生态补偿机制。

3. 矿产资源管理

矿产资源开发类项目和消耗自然资源量较大的工程项目，尤其要认真对待资源约束，从建设资源节约型社会的角度，科学开发、合理利用和节约自然资源。

在国家发展和改革委员会关于实行核准制的《项目申请报告通用文本》中明确规定，《项目申请报告》要有《资源开发及综合利用分析》《节能方案分析》的章节，主要内容包括：

（1）资源开发方案。资源开发类项目，包括对金属矿、煤矿、石油天然气矿、建材矿以及水（力）、森林等资源的开发，应分析拟开发资源的可开发量、自然品质、赋存条件、开发价值等，评价是否符合资源综合利用的要求。

（2）资源利用方案。包括项目需要占用的重要资源品种、数量及来源情况；多金属、多用途化学元素共生矿、伴生矿以及油气混合矿等的资源综合利用方案；通过对单位生产能力主要资源消耗量指标的对比分析，评价资源利用效率的先进程度；分析评价项目建设是否会对地表（下）水等其他资源造成不利影响。

4. 对自然资源合理利用的管理

为了提高自然资源的利用率，对涉及到矿产资源开发利用与消耗大量重要自然资源的工程项目，国家规定了相应的审批程序与批准条件，对开采技术的先进程度、资源利用率、资源开发后自然环境恢复等都有明确要求。同时国家还通过资金、税收等方面进行政策调整，鼓励资源的节约与综合利用，大力发展循环经济，保证国民经济长期可持续发展。

5. 对外汇的管理

为了保证国家经济的健康发展，国家对国内资金进行总量平衡，调控信贷规模。外资、外债规模与增长速度也必须控制在一定的合理范围内，避免由于外债规模过大，特别是短期外债规模过大而对国民经济的发展产生影响。为此涉及到外资、外债的项目，将根据外资、外债的不同规模与种类报国家有关部门审批。

国外贷款投资项目，包括借用世界银行、亚洲开发银行、国际农业发展基金会等国际金融组织贷款及与贷款混合使用的赠款、联合融资等投资项目，在列入国外贷款备选项目规划后，方可进入相应的报批程序。国外贷款备选项目规划是项目对外开展工作的依据。国家发展改革委根据国民经济和社会发展规划、产业政策、外债管理及国外贷款使用原则和要求，编制国外贷款备选项目规划（备选项目库），并根据此制定和下达年度项目签约计划。国务院行业主管部门、省级发展改革部门、计划单列企业集团和中央管理企业应按规定程序，向国家发展改革委申报纳入国外贷款规划的备选项目。

纳入国外贷款备选项目规划的项目，应区别不同情况履行审批、核准或备案手续：由中央统借统还的项目，按照中央政府直接投资项目进行管理；由省级政府负责偿还或提供还款担保的项目，按照省级政府直接投资项目进行管理，其项目审批权限，按国务院及国家发展改革委的有关规定执行，审批权限不得下放；由项目用款单位自行偿还且不需政府担保的项目，参照《政府核准的投资项目目录》规定办理；《政府核准的投资项目目录》之外的项目，报项目所在地省级发展改革部门备案。

6. 能源节约

根据《国家发展改革委关于加强固定资产投资项目节能评估和审查工作的通知》要求，国家发展改革委审批、核准和报请国务院审批、核准的投资项目，可行性研究报告或项目申请报告必须包括节能分析篇（章）；咨询评估单位的评估报告必须包括对节能分析篇（章）的评估意见；国家发展改革委的批复文件或报国务院的请示文件必须包括对节能分析篇（章）的批复或请示内容。地方政府有关部门参照国家发展改革委的要求，制定相应办法开展节能评估和审查工作。对未进行节能审查或未通过节能审查的项目一律不予审批、核准，更不得开工建设；并要求加强项目建设和运行过程中的监督检查，确保节能措施与能效指标的落实。

在国家发展和改革委员会关于实行核准制的《项目申请报告通用文本》中明确规定，《项目申请报告》要有《节能方案分析》的章节。主要内容包括：

（1）资源节约措施。阐述项目方案中作为原材料的各类金属矿、非金属矿及水资源节约的主要措施方案。对拟建项目的资源消耗指标进行分析，阐述在提高资源利用效率、降低资源消耗等方面的主要措施，论证是否符合资源节约和有效利用的相关要求。

（2）用能标准和节能规范。阐述拟建项目所遵循的国家和地方的合理用能标准及节能设计规范。

（3）能耗状况和能耗指标分析。阐述项目所在地的能源供应状况，分析拟建项目的能源消耗种类和数量。根据项目特点选择计算各类能耗指标，与国际国内先进水平进行对比分析，阐述是否符合能耗准入标准的要求。

（4）节能措施和节能效果分析。阐述拟建项目为了优化用能结构、满足相关技术政策和设计标准而采用的主要节能降耗措施，对节能效果进行分析论证。

（六）环境保护

为了保护和改善环境，减少污染物排放，推进生态文明建设，保证国家可持续发展战略的实施，预防因规划和建设项目实施后对环境造成不良影响，促进经济、社会和环境协调发展，全国人大通过并颁布了《中华人民共和国环境保护税法》、《中华人民共和国环境影响评价法》，国务院制定了《建设项目环境保护管理条例》（2017年第682号令）、《规划环境影响评价条例》（2009年第559号令），2009年国家环境保护部下发施行《建设项目环境影响评价文件分级审批规定》，并在2015年下发《环境保护部审批环境影响评价文件的建设项目目录（2015年本）》等法规。

1. 规划环境影响评价

国务院有关部门、设区的市级以上地方人民政府及其有关部门，对其组织编制综合性规划或专项规划，都应开展规划环境影响评价文件（包括编写环境影响篇章或者说明）的编制工作。

（1）综合性规划。国务院有关部门、设区的市级以上地方人民政府及其有关部门，对其组织编制的土地利用的有关规划，区域、流域、海域的建设、开发利用规划，应当在规划编制过程中组织进行环境影响评价，编写该规划有关环境影响的篇章或者说明，作为规划草案的组成部分一并报送规划审批机关。

未编写有关环境影响的篇章或者说明的规划草案，审批机关不予审批。

环境影响篇章或者说明应当包括下列内容：①规划实施对环境可能造成影响的分析、预测和评估。主要包括资源环境承载能力分析、不良环境影响的分析和预测以及与相关规划的环境协调性分析；②预防或者减轻不良环境影响的对策和措施。主要包括预防或者减轻不良环境影响的政策、管理或者技术等措施。

（2）专项规划。国务院有关部门、设区的市级以上地方人民政府及其有关部门，对其组织编制的工业、农业、畜牧业、林业、能源、水利、交通、城市建设、旅游、自然资源开发的有关专项规划，应当在专项规划草案上报审批前，组织进行环境影响评价，并向审批该专项规划的机关提出环境影响报告书。

专项规划中的指导性规划，按照综合性规划的要求进行环境影响评价。

1）专项规划环境影响报告书。专项规划环境影响报告书应包括下列内容：①实施该规划对环境可能造成影响的分析、预测和评估；②预防或者减轻不良环境影响的对策和措施；③环境影响评价的结论。

2）专项规划环境影响报告书的审查。除国家规定需要保密的情形外，对可能造成不良环境影响并直接涉及公众环境权益的规划，专项规划的编制机关应当在该规划草案报送审批前，举行论证会、听证会，或者采取其他形式，征求有关单位、专家和公众对环境影响报告书草案的意见。编制机关应当认真考虑有关单位、专家和公众对环境影响报告书草案的意见，并应当在报送审查的环境影响报告书中附具对意见采纳或者不采纳的说明。

专项规划的编制机关在报批规划草案时，应当将环境影响报告书一并附送审批机关审查；未附送环境影响报告书的，审批机关不予审批。

设区的市级以上人民政府在审批专项规划草案，作出决策前，应当先由人民政府指定的环境保护行政主管部门或者其他部门召集有关部门代表和专家组成审查小组，对环境影响报告书进行审查。审查小组应当提出书面审查意见。

审查小组提出修改意见的，专项规划的编制机关应当根据环境影响报告书结论和审查意见对规划草案进行修改完善，并对环境影响报告书结论和审查意见的采纳情况作出说明；不采纳的，应当说明理由。

设区的市级以上人民政府或者省级以上人民政府有关部门在审批专项规划草案时，应当将环境影响报告书结论以及审查意见作为决策的重要依据。

2. 建设项目的环境影响评价

国家根据建设项目对环境的影响程度，对建设项目的环境影响评价实行分类管理。

（1）建设对环境有影响的项目，不论投资主体、资金来源、项目性质和投资规模，都应当依照规定进行环境影响评价，向有审批权的环境保护行政主管部门报批环境影响评价文件。建设单位应当按照下列规定组织编制环境影响评价文件，具体包括：①可能造成重大环境影响的，应当编制环境影响报告书，对产生的环境影响进行全面评价；②可能造成轻度环境影响的，应当编制环境影响报告表，对产生的环境影响进行分析或者专项评价；③对环境影响很小、不需要进行环境影响评价的，应当填报环境影响登记表。

（2）项目环境影响评价文件内容。建设项目的环境影响报告书应当包括下列内容：①建设项目概况；②建设项目周围环境现状；③建设项目对环境可能造成影响的分析、预测和评估；④建设项目环境保护措施及其技术、经济论证；⑤建设项目对环境影响的经济损益分析；⑥对建设项目实施环境监测的建议；⑦环境影响评价的结论。涉及水土保持的建设项目，还必须有经水行政主管部门审查同意的水土保持方案。

环境影响报告表和环境影响登记表的内容和格式，由国务院环境保护行政主管部门制定。

作为一项整体建设项目的规划，按照建设项目进行环境影响评价，不进行规划的环境影响评价。

已经进行了环境影响评价的规划包含具体建设项目的，规划的环境影响评价结论应当作为建设项目环境影响评价的重要依据，建设项目环境影响评价的内容应当根据规划的环境影响评价审查意见予以简化。

（3）项目环境影响评价文件的编制。环境影响评价文件中的环境影响报告书或者环境影响报告表，应当由具有相应环境影响评价资质的机构编制。

任何单位和个人不得为建设单位指定对其建设项目进行环境影响评价的机构。

（4）建设项目环境影响评价文件的审批权限。建设项目环境影响报告书、报告表，由建设单位按照国务院的规定报有审批权的环境保护行政主管部门审批。国家对环境影响登记表实行备案管理。

国务院环境保护行政主管部门负责审批下列建设项目的环境影响评价文件：①核设施、绝密工程等特殊性质的建设项目；②跨省、自治区、直辖市行政区域的建设项目；③由国务院审批的或者由国务院授权有关部门审批的建设项目。

上述规定以外的建设项目的环境影响评价文件的审批权限，由省、自治区、直辖市人民政府规定。

建设项目可能造成跨行政区域的不良环境影响，有关环境保护行政主管部门对该项目的环境影响评价结论有争议的，其环境影响评价文件由共同的上一级环境保护行政主管部门审批。

海洋工程建设项目的海洋环境影响报告书的审批，依照《中华人民共和国海洋环境保护法》的规定办理。

审核、审批建设项目环境影响报告书、报告表以及备案环境影响登记表，不得收取任何费用。

（5）项目变更的环境影响评价

建设项目的环境影响评价文件经批准后，建设项目的性质、规模、地点、采用的生产工艺或者防治污染、防止生态破坏的措施发生重大变动的，建设单位应当重新报批建设项目的环境影响评价文件。

（6）环境影响评价文件的有效期。建设项目的环境影响评价文件的有效期限为自批准之日起五年，超过五年开工建设的，其环境影响评价文件应当报原审批部门重新审核。

（7）环境影响评价文件的审批期限。①审批部门应当自收到环境影响报告书之日起六十日内，作出审批决定并书面通知建设单位；②审批部门应当自收到环境影响报告表之日起三十日内，作出审批决定并书面通知建设单位；③环境影响评价文件超过五年，开工重新报原审批部门审核的，原审批部门应当自收到建设项目环境影响评价文件之日起十日内，将审核意见书面通知建设单位。

（8）环境影响评价文件的效力。建设项目的环境影响评价文件未依法经审批部门审查或者审查后未予批准的，建设单位不得开工建设。

建设单位未依法报批建设项目环境影响报告书、报告表，或者未按规定重新报批或者报请重新审核环境影响报告书、报告表，擅自开工建设的，以及建设项目环境影响报告书、报告表未经批准或者未经原审批部门重新审核同意，建设单位擅自开工建设的，由县级以上环境保护行政主管部门责令停止建设，根据违法情节和危害后果，处建设项目总投资额百分之一以上百分之五以下的罚款，并可以责令恢复原状；对建设单位直接负责的主管人员和其他直接责任人员，依法给予行政处分。

（七）工程安全管理

工程项目的安全是指项目在建设期间与将来生产过程中的财产和人身安全。国家在工程项目建设和运营中的安全施工、安全生产、防火、消防、辐射、毒气等方面制订了相应的安全防护标准，工程项目在进行设计与施工时必须严格贯彻执行这些标准。项目建成后，还必须经有关部门检查，取得许可后方可投入使用。

（八）其他方面的管理

除上述方面外，政府还在其他方面对投资项目进行管理。如对特别技术的进出口，药品等特殊产品的生产，防止使用淘汰工艺技术方面，以及工程项目在建设过程中，需要使用一些特殊物资，如特殊药品、化学物质等，都必须按国家有关规定，报相应部门批准，以保证社会安全和环境安全。此外，对政府投资项目，需要在可行性研究报告内对招标工作安排进行报批等。

第三节　承包商对工程项目的管理

一、承包商对项目管理的目的和特点

（一）承包商对工程项目管理的基本含义

承包商分为两类：一类是根据工程项目建设的有关规定，由项目业主委托，经双方协商和履行一定的程序后，承接项目的建筑和安装工程建设（有的包括设备安装工程）的公司或其他法人组织，通常称之为工程承包商；另一类是按委托合同承接设备生产制造（有的包括设备安装工程）的生产厂家，通常称之为设备承包商。本文中的承包商泛指以上两类承包商。

承包商对工程项目的管理是指承包商为完成项目业主对项目建设的委托或设备供货的委托，以自己的施工或供货能力来完成业主委托的任务，在建设阶段对自己所承担的项目中投入的各种资源进行计划、指挥、组织、协调的过程。

（二）承包商管理的目的

承包商是为项目提供工程劳务的组织者或设备制造者。其管理的目的主要是为了在项目建设与设备制造过程中，从人力、物力资源的有效投入到产品的输出来实现其相应的收益。具体是：

1. 保证承包的工程项目或设备制造在进度与质量上达到委托合同规定的要求。承包商按委托合同在规定的时间内完成工程施工或设备制造工作，并符合各项质量指标的要求，这是合同中规定的承包商的主要义务。

2. 追求自身收益的最大化。在完成委托合同规定的工作，并达到合同规定的要求后，承包商有权取得相应的报酬。业主支付费用的具体方式与合同的形式有很大关系。不同的合同形式使承包商的利益与项目成本的联系程度有所不同。对于总价合同和单价合同以及成本酬金合同，承包商会采取完全不同的态度来对待项目的成本费用。但其根本目的都是为了保证其整体收益最大。

（三）承包商对工程项目管理的特点

承包商对工程项目管理的特点可以从不同的方面去总结，主要有以下几点：

1. 承包商的管理工作都是以固定场地为中心展开的，不同于其他参与方可以在不同地方进行项目管理。

2. 以委托合同为根本要求。项目承包商在实施管理的过程中，不管委托方的最终目标是什么，对项目的管理与控制完全以合同规定的内容为依据。项目的质量、进度、费用等都是以合同规定为标准。

3. 管理直接作用于工程项目实体。承包商不同于咨询工程师，管理的对象是

完成项目组成部分的行动者、原材料和设备等。所以承包商的管理对项目将产生直接的作用。

4. 管理过程中资金投入相对巨大。工程项目的真正形成过程在施工阶段。在这一阶段中所有的设计都将得到实施，包括主体工程和配套工程等。从厂房的建设到原材料的采购和机器设备的采购、安装与调试，都需要大量的资金投入。这一过程的投入一般占项目全部费用的90%左右。

5. 项目建设风险的最后控制阶段。承包商的管理过程是工程项目风险控制的最后过程。工程项目的风险在项目的不同阶段是不一样的。越是在项目的前期阶段，项目的未知程度就越高，项目决策风险发生概率就越大，但这时人们对项目的可控制程度也高。到了项目实施阶段，管理风险则相对增大，所以在项目施工阶段，承包商必须加强施工管理，业主应委派监理工程师去现场，以避免和减少损失的发生。

二、承包商管理的主要任务

（一）工程承包商的主要工作

1. 制订施工组织设计和质量保证计划，经监理工程师审定后组织实施。

2. 按施工计划组织施工，认真组织好人力、材料、机械等资源的投入。并向监理工程师提供年、季、月工程进度计划及相应进度统计报表。

3. 按施工合同要求在工程进度、成本、质量方面进行过程控制，发现不合格项及时纠正。

4. 遵守有关部门对施工场地交通、施工噪音以及环境保护和安全生产等方面的管理规定，办理相关手续。

5. 按专用条款约定，做好施工现场地下管线和邻近建筑物、构筑物，及有关文物、古树等的保护工作。

6. 保证施工现场清洁，使之符合环境卫生管理的有关规定。

7. 在施工过程中按规定程序及时主动、自觉接受监理工程师的监督检查；提供业主和监理工程师需要的各种统计数据的报表。

8. 及时向监理工程师提交竣工验收申请报告，对验收中发现的问题及时进行改进。

9. 负责已完工程在移交前的保护工作。

10. 向业主完整、及时地移交有关工程资料档案。

（二）设备承包商的主要任务

1. 按照合同约定，以规定的价格，在规定的时间、质量和数量条件下提供设备，并做好现场服务，及时解决有关设备的技术、质量、缺损件等问题；

2. 按照合同约定，完成设备的有关运输、保险、包装、设备调试、安装、技术援助、培训等相关工作；

3. 保证提交的设备和技术规范与委托文件的要求一致；

4. 保证业主在使用其所提供的设备或其他任何一部分时，不侵犯第三方专利权、商标权和工业设计权；

5. 完成合同规定的其他工作。

第四节 银行对贷款项目的管理

一、银行对贷款项目管理的目的和特点

（一）银行对贷款项目管理的基本含义

为工程项目提供资金的渠道有很多，本文中的银行泛指以银行为代表的为工程项目提供贷款的所有金融机构。

为项目提供资金贷款的各金融机构，从其所提供资金的安全性、流动性、收益性等方面考虑，对项目进行了解、评估、分析及控制等，是一种不完全意义上的项目管理。这类管理重点是对资金投入进行评审和对资金投入与使用进行控制和监督，以及进行风险控制等。

（二）银行对贷款项目管理的目的

银行是工程项目贷款的提供方，是项目部分融入资金的所有者。在银行决定为项目提供资金后，银行就把资金收益的期望寄托于项目上，同时资金损失的风险也相应产生。因此银行对贷款项目管理的目的主要是：

1. 保证资金的安全性。商业银行的注册资本一般只占全部资金来源的8%，90%以上的经营资金是存款和其他负债。因此，商业银行必须保证放款的及时收回，否则将影响银行的清偿能力，动摇银行的信用。银行通过其对资金投放的控制，对资金风险进行预警、回避，为资金选定合适的投入对象，确定适宜的投入规模，在风险发生的情况下采取措施进行资金保全，保证资金的安全性。

2. 流动性。由于商业银行是负债经营，如果没有一定量的资金及时回流，就无法保证客户存款的及时足额提取，后果将不堪设想。因此，除了保证资金的安全性外，银行还要合理安排贷款的种类和期限，并采取措施，使贷款能及时收回。

3. 效益性。效益性是商业性银行贷款的最终目的，在保证投入资金的安全性和流动性的前提下取得收益。银行的收益主要是放贷利息收入，而放贷利息收入主要决定于利率和期限，贷款期限越长、利率越高，收益越大。

（三）银行对贷款项目管理的特点

银行对贷款项目的管理实际上是银行信贷管理的一部分。对于工程项目来说，主要是涉及资金的投入与回收。主要有以下特点：

1. 管理的主动权随着资金的投入而降低。银行为工程项目提供贷款是根据贷款方的申请而自愿提供资金的一种行为，是银行在认为能保证资金安全和取得一定收益后做出的承诺与决策。在银行决定为工程项目提供资金之前，甚至到资金正式投入之前，银行都是有主动权的，银行可以决定不为项目提供资金。银行为项目提供资金的数量和偿还的时间、方式等都可以通过平等协商确定，从这一点上说银行

对工程项目的管理在前期是主动的。

银行一旦决定投入资金，特别是随着银行资金的逐步投入，银行对项目的控制程度就随之降低。资金全部贷出后，银行就无法具体控制项目的建设、管理与运作。这时银行投入资金的安全和收益的保障除了抵押、质押、保证等原商定的担保方式外，大部分依赖于他人对该项目的管理状况。因此银行对工程项目的前期管理非常重要。

2. 管理手段带有更强的金融专业性。银行为保证资金的安全，在投资项目资金管理上往往采取金融性更强的专业手段进行控制。如前期对项目进行全方位评价、进行企业信用评价、要求用贷方提供质押与抵押等担保方式、制定资金投放计划、监督贷款方资金的使用、必要时采取保全措施等。

3. 以资金运动为主线进行管理。为保证银行投入资金的安全和获得一定收益，银行要对贷款方进行监控，范围包括企业信用、设备采购和工程建设费用支出等相关方面，这些方面都会对资金安全产生影响或有所反应，所以相对其他参与方的管理来说，银行对工程项目最直接的管理内容是比较单一的，主要是对项目资金投入的控制。

二、银行对贷款项目管理的主要内容

承贷金融机构对贷款项目的管理可大致分为贷前管理和贷后管理两个阶段。

（一）贷前管理

1. 受理借款人的借款申请。

2. 进行贷款基本调查。包括对借款人历史背景的调查，对借款人行业状况和行业地位的调查，对借款的合法性、安全性和盈利性的调查，借款人信用等级的评估调查，以及对贷款的保障性进行调查。

3. 进行信用评价分析。在对借款人的品德、借款人的能力、借款人的资本、贷款担保、经营环境等方面调查了解的基础上，根据贷款调查的信息确定客户的信用等级，计算客户的风险限额，判断对客户进一步授信的风险的大小。

4. 对借款人进行财务评价。评价的目的是分析借款人的财务状况、盈利能力、资金使用效率、偿债能力，并对借款人的发展变化趋势进行预测。

5. 对贷款项目进行评估。银行对贷款项目的评估与一般意义上的评估有一定的区别。它是以银行的立场为评估的出发点，以提高银行的信贷资产质量和经营效益为目的，为银行贷款提供决策依据。

6. 制定贷款的法律文件。根据前面工作得出的结论，如果银行准备为借款人提供贷款，就要依据有关规定准备必要的法律文件。主要有借款合同、保证合同、抵押合同和质押合同等。

7. 贷款审批。银行信贷部门将贷款调查等有关评价报告汇总整理后，形成贷款报审材料，报银行审贷机构审查。银行对贷款的审查重点有以下几个方面：贷款的直接用途是否符合国家与银行的有关规定；借款人是否符合借款资格条件；借款人的信用承受能力如何，如信用等级、统一授信情况、已占用的风险限额情况，以及潜在亏损等方面的问题；借款人的发展前景、主要产品结构、新产品开发能力、主要领导人的工作能力与组织能力；借款人偿还贷款的资金来源及偿债能力；贷款保证人的情况；贷款抵押、质押物的情况；根据贷款方式、借款人信用等级、借款人的风险限额等确定是否可以贷款，贷款结构和附加条件。

8. 贷款发放。在银行与借款人签订借贷合同后，如果没有任何正当理由或借款人没有违约的情况下，银行必须按借款合同的约定发放贷款。银行在发放贷款中要注意检查有关合同条款，检查用款申请材料是否符合有关规定和合同要求。在贷款的发放中还要注意严格执行贷款的发放程序，并在出现以下情况时及时停止贷款的发放：(1) 借款人不按借款合同规定的用途使用贷款；(2) 不按借款合同的规定偿还本息；(3) 国家或银行规定的其他有关禁止行为。

(二) 贷后管理

贷后管理是指提供贷款后，围绕资金的偿还对企业或项目开展的有关工作。主要包括：

1. 贷后检查。贷后检查是指在贷款发放之后，定期或不定期地对贷款的运行情况进行检查分析。主要有：(1) 以检查借款人是否按规定使用贷款和按规定偿还本息为主要内容的贷款检查；(2) 以检查借款人全面情况为内容，以保证贷款顺利偿还为目的的借款人检查；(3) 以把握担保的有效性及应用价值为目的的担保检查等。

2. 贷款风险预警。通过对项目的绩效追踪以及一些与贷款密切相关的情况的收集和先行指标的测算，及时预测和发现贷款可能存在的风险，以便采取相应措施。这些不利情况和指标的测算主要表现在：工期的拖延、建设费用的超支、市场的变化，以及企业经营管理中的营业收入、存货、应收账款、流动比率和速动比率发生不利变化等方面；企业管理人员行为异常或发生不利变动，企业内部管理混乱，企业涉及重大诉讼、出现重大投资失误等非财务方面；借款人账户存款持续减少至不正常水平，票据发生拒付、多头借款或套取贷款，回避与银行接触等。

3. 贷款偿还管理。在项目建成后，银行还要进行贷款偿还管理，主要包括本息的催收，有限延长还款期限的贷款展期，以及借款人归还贷款的全部本息后，对结清贷款进行评价和总结等。

此外，当借款人不能按期向银行偿还贷款时，银行还要根据不同情况采取相应的贷款清收与保全措施，包括办理展期等方式重新确定还款期，采取企业兼并、企业破产、债权转股权、股份制改造、资产证券化、以物抵债等措施来保证银行贷款的收回，对于逃避债务的，可通过法律手段解决等。

三、银行对贷款项目的评估

银行对贷款项目贷前管理中，很重要的一个内容就是对贷款项目的评估。目前国内几大银行对贷款项目的评估与政府审批时的项目评估都有所不同。由于贷款企业是贷款的承受主体，所以在对贷款项目评估时，评估内容一般都超出项目本身，除通常在项目评估中进行的市场分析、建设方案评价、投资估算、财务评价等内容外，往往将对借款人资信评价、财务评价，及贷款项目的评估合在一起进行，与传统项目评估的内容相比，还要进行的评价主要包括以下几个方面：

（一）借款人资信评价

1. 借款人概况

主要调查借款人历史沿革、企业类别、产权结构、注册资本、经营范围、经营期限、资质等级、经营管理模式、部门建设情况等。

2. 经营者素质

主要调查企业法人代表、高层管理人员的国籍、年龄、文化程度、行业经历、信誉、工作能力及历史业绩、有无不良记录等，评价借款人的经营管理水平。

3. 借款人经营情况及未来发展前景

主要调查借款人业务发展状况，人员构成、职工素质、技术装备情况，销售和经营业绩，在建项目情况，在行业中的竞争地位，预测评价企业发展前景。

4. 借款人财务状况及偿债能力评估

主要包括资产负债分析，盈利能力分析，现金流量分析。主要评价指标有：

（1）偿债能力分析

流动比率＝流动资产/流动负债

速动比率＝（流动资产－存货）/流动负债

保守速动比率＝（现金＋短期证券＋应收账款净额）/流动负债

利息支付倍数＝税息前利润/利息费用

长期负债与营运资金比率＝长期负债/（流动资产－流动负债）

应收账款周转率＝销售收入/平均应收账款

应收账款周转天数＝360 天/应收账款周转率

（2）资本结构分析

股东权益比率＝（股东权益总额/资产总额）×100％

资产负债比率＝（负债总额/资产总额）×100％

长期负债比率＝（长期负债/资产总额）×100％

股东权益与固定资产比率＝（股东权益总额/固定资产总额）×100％

（3）经营效率分析

存货周转率＝销货成本/平均存货

存货周转天数＝360/存货周转率

原材料周转率＝耗用原材料成本/平均原材料存货

在产品周转率＝制造成本/平均在产品存货

固定资产周转率＝销售收入/平均固定资产

总资产周转率＝销售收入/平均资产总额

股东权益周转率＝销售收入/平均股东权益

主营业务收入增长率＝［（本期主营业务收入－上期主营业务收入）/上期主营业务收入］×100％

(4) 盈利能力分析

销售毛利率＝［（销售收入－销售成本）/销售收入］×100％

销售净利润率＝（税后利润/销售收入）×100％

资产收益率＝（净利润/平均资产总额）×100％

股东权益率＝（税后利润/平均股东权益）×100％

主营业务利润率＝（主营业务利润/主营业务收入）×100％

(5) 投资收益分析

投资收益率＝投资收益/平均投资额

(6) 财务结构分析

资本化比率＝［长期负债合计/（长期负债合计＋所有者权益合计）］×100％

固定资产净值率＝（固定资产净值/固定资产原值）×100％

资本固定化比率＝［（资产总计－流动资产合计）/所有者权益合计］×100％

5. 借款人信用状况评价

主要调查借款人基本账户、信用等级、借款总额和还本付息情况、银行存款和借款、还本付息等情况，评价借款人在银行存量贷款的风险状况。

6. 项目公司的评价

对于项目公司，除进行上述分析评价外，还要分析借款人主要股东情况和项目公司注册资金到位情况。

（二）项目基本情况评价

1. 项目建设的必要性

主要调查项目提出的背景，综合分析项目所在地区政策环境和发展规模，分析项目建设的目的和社会效益，评价项目建设的必要性。

2. 项目的市场分析与市场定位

分析项目产品的国际、国内市场状况，根据未来市场供需预测，预测项目市场前景

3. 项目建设合法性分析

主要调查项目建设合法性手续，项目的招投标是否符合国家有关部门规定。

4. 同类竞争项目的比较

5. SWOT 综合分析

6. 根据被评估项目的市场前景和市场竞争能力，分析产品的价格定位、主要销售对象，预测项目的销售计划和销售价格，评估影响销售计划实现的风险状况。

7. 建设规模与产品方案、工艺技术、设备与配套设施情况。这方面的评估与传统的项目评估基本相同。

8. 项目开发周期及工程进度计划

主要调查项目从立项、可行性研究、报批、征地拆迁、规划设计、市政配套、

开工，直至竣工等整个开发工作的进度安排情况。对已开工项目要分析形象进度、投资完成情况和各项资金的使用情况。

9. 项目建设条件评价

主要分析项目建设期间的道路、电力、上下水等条件的保障程度，调查项目建成后水、电、热力、燃气、交通、通讯等条件的落实情况。

10. 相关单位的资质评价

主要调查项目设计、建设施工、监理等单位的资质等级和专业技术能力，了解其有无不良记录。

11. 项目投资估算、资金来源及投资计划评价，确认投资估算合理性、资金缺口额度，以及拟发放贷款额度。

12. 项目财务分析。

(三) 贷款方式分析

通过以上的分析，可基本确定项目所需的贷款数量、用款时间与可能的偿还情况。

(四) 银行效益和贷款风险分析

1. 银行效益评估

银行效益评估主要包括流动性评估和银行相关效益评估。

2. 贷款风险及防范措施

为减少风险，还要对采用何种担保方式贷款进行分析，主要包括：(1) 信用贷款方式；(2) 保证担保贷款方式；(3) 抵（质）押担保贷款方式。

(五) 项目总体评价

总结分析评价结果，提出是否贷款、贷款额度、贷款期限、还款方式和风险防范措施等方面的结论和建议。

第五节 咨询工程师对工程项目的管理

一、咨询工程师参与项目管理的目的和特点

(一) 咨询工程师的含义

咨询工程师（Consultant）是以工程咨询服务为职业的工程技术、工程经济、工程管理等工程师的总称。在科学技术与经济水平高度发展的现代社会，许多工程咨询任务不是一个或几个人所能够完成的，需要咨询公司来承担，但有时一些机构与企业根据自身的需要也经常聘请独立工作的咨询工程师去完成一些工作。因此国际上习惯将提供独立咨询服务的个人和公司都统称为咨询工程师。

随着世界经济的发展，专业分工越来越细，咨询工程师作为一种专业人才发挥着不可替代的作用，因而也越来越受到人们的重视。

咨询工程师对项目的管理是指咨询工程师接受顾客的委托，为保证项目的顺利实施，按照委托的工作内容，以咨询工程师执业标准为尺度，对项目提供有效的专

业研究分析或管理、组织、指挥、协调、督促、检查与指导服务。

（二）咨询工程师参与项目管理的目的

咨询工程师是在工程项目业主或其他工程项目参与方的委托下，根据其要求完成相关任务，是委托方进行项目策划和项目管理的重要助手和参谋。咨询工程师对工程项目管理的目的是：

1. 保障委托方实现项目预期目标。工程项目业主及有关方为便于实现其预期目标，往往委托咨询工程师为其承担某一方面或几方面的工作。咨询工程师正是按照委托合同的要求，运用其知识、经验与智慧为委托方提供服务，保障委托方实现其对工程项目的预期目标。

2. 关注社会可持续发展，勇担社会责任（项目与环境、生态、能源、社会和谐关系）。

3. 按合同规定取得合法收入。咨询工程师利用其自身的智力劳动为委托方提供服务，有权按合同规定取得合法收入。

4. 为咨询工程师自己创造良好的社会声誉。咨询工程师是一种智囊型职业，声誉对于咨询工程师来说是极其宝贵的无形财富。如果咨询工程师通过自己的劳动与努力，能为顾客创造良好的价值，那么同时也将为自己赢得声誉。

（三）咨询工程师参与项目管理的特点

咨询工程师参与项目管理的特点主要有：

1. 咨询工程师的工作是智力型工作。咨询工程师的工作具有较强的科学性和知识性，是集工程、经济、管理等多学科知识和项目经验在咨询工作中的具体运用，没有较为丰富的科学知识、系统性思维和项目工作经验作为支持，是不可能完成好咨询工作任务的。因此，作为工程咨询工作者平时应注意相关学科知识的学习、社会信息的掌握和项目经验的积累。

2. 咨询工程师的管理内容视委托情况而变化。如果委托方只委托工程项目某一阶段的工作，如可行性研究或项目初步设计等，咨询工程师的管理内容则只局限在这一阶段；如果委托的是项目全过程管理，则咨询工程师的管理内容就包括项目整个建设过程。

3. 不直接建设工程项目实体。咨询工程师无论是接受业主委托还是其他工程项目参与人的委托，无论是阶段性委托还是全过程委托，都不直接去建设工程项目实体。在工程项目建设中，对工程项目实体进行直接建设和管理的是工程承包商。

4. 职业的规范性。咨询工程师作为一支专业队伍，有其独立的行业管理组织、市场准入规范、执业规则和道德准则。有关管理组织应对其成员进行监督，定期与不定期的检查，发现违反有关规定的事情应及时处理，以维护咨询工程师的职业形象。

5. 提供完成成果的独特性。咨询工程师在咨询服务中提供的任何成果仅限于工程项目特定的条件、时限、地点、内容和参与个体，不具有普遍性，不可复制于其他工程项目。

6. 服务的有偿性。咨询工程师以咨询工作为职业，以其咨询劳动取得合法收入，其提供的工程咨询服务是有偿的。

二、工程咨询单位的执业管理

工程咨询单位是聚集若干咨询工程师于一体，开展工程咨询工作的重要组织。为加强对工程咨询行业的管理，规范从业行为，保障工程咨询服务质量，促进投资科学决策、规范实施，发挥投资对优化供给结构的关键性作用，国家发展和改革委员会于2017年12月以中华人民共和国国家发展和改革委员会令第9号发布《工程咨询行业管理办法》（下称《办法》），并于2017年12月6日起施行。《办法》对工程咨询单位的有关管理做出了全面要求。

（一）工程咨询与工程咨询单位

1. 工程咨询

工程咨询是遵循独立、公正、科学的原则，综合运用多学科知识、工程实践经验、现代科学和管理方法，在经济社会发展、境内外投资建设项目决策与实施活动中，为投资者和政府部门提供阶段性或全过程咨询和管理的智力服务。

2. 工程咨询单位

工程咨询单位是指在中国境内设立的从事工程咨询业务并具有独立法人资格的企业、事业单位。工程咨询单位及其从业人员应当遵守国家法律法规和政策要求，恪守行业规范和职业道德，积极参与和接受行业自律管理。

（二）对工程咨询行业和单位的管理

1. 工程咨询行业指导机构

国家发展改革委负责指导和规范全国工程咨询行业发展，制定工程咨询单位从业规则和标准，组织开展对工程咨询单位及其人员执业行为的监督管理。

地方各级发展改革部门负责指导和规范本行政区域内工程咨询行业发展，实施对工程咨询单位及其人员执业行为的监督管理。

各级发展改革部门对工程咨询行业协会等行业组织进行政策和业务指导，依法加强监管。

2. 对工程咨询单位实行告知性备案管理

工程咨询单位应当通过全国投资项目在线审批监管平台（以下简称在线平台）备案以下信息：

（1）基本情况，包括企业营业执照（事业单位法人证书）、在岗人员及技术力量、从事工程咨询业务年限、联系方式等；（2）从事的工程咨询专业和服务范围；（3）备案专业领域的专业技术人员配备情况；（4）非涉密的咨询成果简介。工程咨询单位应当保证所备案信息真实、准确、完整。备案信息有变化的，工程咨询单位应及时通过在线平台告知。工程咨询单位基本信息由国家发展改革委通过在线平台向社会公布。

（三）工程咨询业务的专业划分

工程咨询业务按照以下专业划分：（1）农业、林业；（2）水利水电；（3）电力

（含火电、水电、核电、新能源）；（4）煤炭；（5）石油天然气；（6）公路；（7）铁路、城市轨道交通；（8）民航；（9）水运（含港口河海工程）；（10）电子、信息工程（含通信、广电、信息化）；（11）冶金（含钢铁、有色）；（12）石化、化工、医药；（13）核工业；（14）机械（含智能制造）；（15）轻工、纺织；（16）建材；（17）建筑；（18）市政公用工程；（19）生态建设和环境工程；（20）水文地质、工程测量、岩土工程；（21）其他（以实际专业为准）。

（四）工程咨询服务范围

工程咨询服务范围包括：（1）规划咨询：含总体规划、专项规划、区域规划及行业规划的编制；（2）项目咨询：含项目投资机会研究、投融资策划，项目建议书（预可行性研究）、项目可行性研究报告、项目申请报告、资金申请报告的编制，政府和社会资本合作（PPP）项目咨询等；（3）评估咨询：各级政府及有关部门委托的对规划、项目建议书、可行性研究报告、项目申请报告、资金申请报告、PPP项目实施方案、初步设计的评估，规划和项目中期评价、后评价，项目概预决算审查，及其他履行投资管理职能所需的专业技术服务；（4）全过程工程咨询：采用多种服务方式组合，为项目决策、实施和运营持续提供局部或整体解决方案以及管理服务。有关工程设计、工程造价、工程监理等资格，由国务院有关主管部门认定。

（五）对工程咨询单位的基本要求

工程咨询单位应认真按《工程咨询行业管理办法》要求，开展工程咨询工作：（1）工程咨询单位订立服务合同和开展相应的咨询业务，应当与备案的专业和服务范围一致。（2）工程咨询单位应当建立健全咨询质量管理制度，建立和实行咨询成果质量、成果文件审核等岗位人员责任制。（3）工程咨询单位应当和委托方订立书面合同，约定各方权利义务并共同遵守。合同中应明确咨询活动形成的知识产权归属。（4）工程咨询实行有偿服务。工程咨询服务价格由双方协商确定，促进优质优价，禁止价格垄断和恶意低价竞争。（5）编写咨询成果文件应当依据法律法规、有关发展建设规划、技术标准、产业政策以及政府部门发布的标准规范等。（6）咨询成果文件上应当加盖工程咨询单位公章和咨询工程师（投资）执业专用章。工程咨询单位对咨询质量负总责。主持该咨询业务的人员对咨询成果文件质量负主要直接责任，参与人员对其编写的篇章内容负责。（7）实行咨询成果质量终身负责制。工程咨询单位在开展项目咨询业务时，应在咨询成果文件中就符合法律法规、有关发展建设规划、技术标准、产业政策以及政府部门发布的标准规范等要求，及独立、公正、科学的原则作出信用承诺。工程项目在设计使用年限内，因工程咨询质量导致项目单位重大损失的，应倒查咨询成果质量责任，按有关规定进行处理，形成工程咨询成果质量追溯机制。（8）工程咨询单位应当建立从业档案制度，将委托合同、咨询成果文件等存档备查。（9）咨询任务。承担评估咨询任务的工程咨询单位，与同一事项的编制单位、项目业主单位之间不得存在控股、管理关系或者负责人为同一人的重大关联关系。

（六）行业自律和监督检查

1. 单位资信等级评价

工程咨询单位应具备良好信誉和相应能力。国家发展改革委推进工程咨询单位资信管理体系建设，指导监督行业组织开展行业自律性质的资信评价等级。

工程咨询单位资信评价标准以近3年的专业技术力量、合同业绩、守法信用记录为主要指标，资信评价等级分为甲级和乙级两个级别。资信评价类别分为专业资信、专项资信、综合资信。专业资信、专项资信设甲级和乙级，综合资信只设甲级。

专业资信按照《工程咨询行业管理办法》划分的21个专业进行评定；PPP咨询专项资信、综合资信不分专业。

工程咨询单位资信评价每年度集中申请和评定，已获得资信评价等级的单位满3年后重新申请和评定，期间对发现不再达到相应标准的单位进行动态调整。

甲级资信工程咨询单位的评定工作，由国家发展改革委指导有关行业组织开展。乙级资信工程咨询单位的评定工作，由省级发展改革委指导有关行业组织开展。

开展工程咨询单位资信评价工作的行业组织，应当根据《工程咨询行业管理办法》及资信评价标准开展资信评价工作，并向获得资信评价的工程咨询单位颁发资信评价等级证书。

工程咨询单位资信评价为委托单位择优选择工程咨询单位和政府部门实施重点监督提供参考依据。行业自律性质的资信评价等级，仅作为委托咨询业务的参考。任何单位不得对资信评价设置机构数量限制，不得对各类工程咨询单位设置区域性、行业性从业限制，也不得对未参加或未获得资信评价的工程咨询单位设置执业限制。

工程咨询单位的资信评价结果，由国家和省级发展改革委通过在线平台和“信用中国”网站向社会公布。

2. 监督检查

国家和省级发展改革委应当依照有关法律法规及有关规定，制订工程咨询单位监督检查计划，按照一定比例开展抽查，并及时公布抽查结果。监督检查内容主要包括：（1）遵守国家法律法规及有关规定的情况；（2）信息备案情况；（3）咨询质量管理制度建立情况；（4）咨询成果质量情况；（5）咨询成果文件档案建立情况；（6）其他应当检查的内容。

中国工程咨询协会负责对咨询工程师（投资）执业情况进行检查。检查内容包括：（1）遵守国家法律法规及有关规定的情况；（2）登记申请材料的真实性；（3）遵守职业道德、廉洁从业情况；（4）行使权利、履行义务情况；（5）接受继续教育情况；（6）其他应当检查的情况。

国家和省级发展改革委应当对实施行业自律管理的工程咨询行业组织开展年度评估，提出加强和改进自律管理的建议。对评估中发现问题的，按照规定处理。

3. 工程咨询单位的法律责任

工程咨询单位有下列行为之一的，由发展改革部门责令改正；情节严重的，给予警告处罚并从备案名录中移除；已获得资信评价等级的，由开展资信评价的组织取消其评价等级。触犯法律的，依法追究法律责任。(1) 备案信息存在弄虚作假或与实际情况不符的；(2) 违背独立公正原则，帮助委托单位骗取批准文件和国家资金的；(3) 弄虚作假、泄露委托方的商业秘密以及采取不正当竞争手段损害其他工程咨询单位利益的；(4) 咨询成果存在严重质量问题的；(5) 未建立咨询成果文件完整档案的；(6) 伪造、涂改、出租、出借、转让资信评价等级证书的；(7) 弄虚作假、提供虚假材料申请资信评价的；(8) 弄虚作假、帮助他人申请咨询工程师(投资) 登记的；(9) 其他违反法律法规的行为。对直接责任人员，由发展改革部门责令改正，或给予警告处罚。

4. 行业组织的法律责任

行业组织有下列情形之一的，由国家或省级发展改革委责令改正或停止有关行业自律管理工作；情节严重的，对行业组织和责任人员给予警告处罚。触犯法律的，依法追究法律责任。(1) 无故拒绝工程咨询单位申请资信评价的；(2) 无故拒绝申请人申请咨询工程师（投资）登记的；(3) 未按规定标准开展资信评价的；(4) 未按规定开展咨询工程师（投资）登记的；(5) 伙同申请单位或申请人弄虚作假的；(6) 其他违反法律、法规的行为。

工程咨询行业有关单位、组织和人员的违法违规信息，列入不良记录，及时通过在线平台和“信用中国”网站向社会公布，并建立违法失信联合惩戒机制。

三、从业人员资格与管理

人力资源社会保障部、国家发展和改革委员会关于印发《工程咨询（投资）专业技术人员职业资格制度暂行规定》和《咨询工程师（投资）职业资格考试实施办法》的通知（人社部发〔2015〕64 号），及国家发展和改革委员会《工程咨询行业管理办法》（第 9 号令）、《咨询工程师（投资）执业登记规程》和《咨询工程师（投资）继续教育规程》对工程咨询从业人员明确了具体要求。

（一）工程咨询（投资）专业技术人员职业资格制度

国家设立工程咨询（投资）专业技术人员水平评价类职业资格制度，面向全社会提供工程咨询（投资）专业技术人员能力水平评价的服务，纳入全国专业技术人员职业资格证书制度统一规划。评价结果与经济系列或者工程系列相应级别职称衔接，是用人单位使用本专业人才的依据。

工程咨询（投资）专业技术人员职业资格分为咨询工程师（投资）和高级咨询工程师（投资）2 个级别。咨询工程师（投资）职业资格实行考试的评价方式。高级咨询工程师（投资）职业资格评价的具体办法另行规定。

咨询工程师（投资）英文译为：Consulting Engineer。

通过咨询工程师（投资）职业资格考试并取得职业资格证书的人员，表明其已具备从事工程咨询（投资）专业技术岗位工作的职业能力和水平。

人力资源社会保障部、国家发展改革委共同负责工程咨询（投资）专业技术人员职业资格制度的政策制定，并按职责分工对工程咨询（投资）专业技术人员职业资格制度的实施进行指导、监督和检查。中国工程咨询协会具体承担工程咨询（投资）专业技术人员职业资格评价工作。

咨询工程师（投资）是工程咨询行业的核心技术力量。工程咨询单位应当配备一定数量的咨询工程师（投资）。

通过咨询工程师（投资）职业资格考试并取得职业资格证书的人员，表明其已具备从事工程咨询（投资）专业技术岗位工作的职业能力和水平。取得咨询工程师（投资）资格证书的人员从事工程咨询工作的，应当选择且仅能同时选择一个已通过全国投资项目在线审批监管平台（以下简称在线平台）备案的工程咨询单位作为其执业单位，申请执业登记并取得登记证书和执业专用章。

未在在线平台备案的大专院校、科研院所等事业单位，其咨询工程师（投资）经所在工作单位同意可以选择且仅能同时选择一个已通过在线平台备案的工程咨询单位申请执业登记。社会组织参照执行。

（二）资格考试

咨询工程师（投资）职业资格实行全国统一大纲、统一命题、统一组织的考试制度。原则上每年举行1次考试。

中国工程咨询协会负责咨询工程师（投资）职业资格考试的组织和实施工作，组织成立考试专家委员会，研究拟定考试科目、考试大纲、考试试题和考试合格标准。

人力资源社会保障部、国家发展改革委对中国工程咨询协会实施的考试工作进行监督和检查，指导中国工程咨询协会确定咨询工程师（投资）职业资格考试科目、考试大纲、考试试题和考试合格标准。

遵守国家法律、法规，恪守职业道德，并符合下列条件之一的，均可申请参加咨询工程师（投资）职业资格考试：

（1）取得工学学科门类专业，或者经济学类、管理科学与工程类专业大学专科学历，累计从事工程咨询业务满8年；

（2）取得工学学科门类专业，或者经济学类、管理科学与工程类专业大学本科学历或者学位，累计从事工程咨询业务满6年；

（3）取得含工学学科门类专业，或者经济学类、管理科学与工程类专业在内的双学士学位，或者工学学科门类专业研究生班毕业，累计从事工程咨询业务满4年；

（4）取得工学学科门类专业，或者经济学类、管理科学与工程类专业硕士学位，累计从事工程咨询业务满3年；

（5）取得工学学科门类专业，或者经济学类、管理科学与工程类专业博士学位，累计从事工程咨询业务满2年；

(6) 取得经济学、管理学学科门类其他专业，或者其他学科门类各专业的上述学历或者学位人员，累计从事工程咨询业务年限相应增加 2 年。

咨询工程师（投资）职业资格考试合格，由中国工程咨询协会颁发人力资源社会保障部、国家发展改革委监制，中国工程咨询协会用印的《中华人民共和国咨询工程师（投资）职业资格证书》（以下简称“咨询工程师（投资）资格证书”），该证书在全国范围有效。

（三）职业能力要求

通过咨询工程师（投资）职业资格考试并取得职业资格证书的人员，表明其已具备从事工程咨询（投资）专业技术岗位工作的职业能力和水平。取得咨询工程师（投资）资格证书的人员，应当遵守国家法律和相关法规，维护国家和社会公共利益，恪守职业道德。

取得咨询工程师（投资）资格证书的人员，应当具备的职业能力：

(1) 经济社会发展规划、计划咨询；

(2) 行业发展规划和产业政策咨询；

(3) 经济建设专题咨询；

(4) 投资机会研究；

(5) 工程项目建议书的编制；

(6) 工程项目可行性研究报告的编制；

(7) 工程项目评估；

(8) 工程项目融资咨询、绩效追踪评价、后评价及培训咨询服务；

(9) 工程项目招投标技术咨询；

(10) 工程项目管理咨询；

(11) 国家发展改革委规定的其他工程咨询业务。

（四）登记

咨询工程师（投资）资格证书实行登记服务制度。登记服务的具体工作由中国工程咨询协会负责。

执业登记分为初始登记、变更登记、继续登记和注销登记四类。申请登记的人员，应当选择已通过在线平台备案的工程咨询单位，按照《工程咨询行业管理办法》第七条划分的专业申请登记。申请人最多可以申请两个专业。申请人登记合格取得《中华人民共和国咨询工程师（投资）登记证书》和执业专用章，登记证书和执业专用章是咨询工程师（投资）的执业证明。

咨询工程师（投资）可自咨询工程师（投资）资格证书签发之日起 1 年内申请初始登记。初始登记随时申请，每季度末公布结果。初始登记有效期为 3 年。

咨询工程师（投资）需要变更执业单位或专业的，应当申请变更登记。变更登记随时申请，变更执业单位每月末公布结果，变更专业每季度末公布结果。变更登记不改变原登记有效期。

咨询工程师（投资）执业登记有效期满需继续执业的，可以在有效期满之日的

2 个月前申请继续登记。继续登记有效期为 3 年。

咨询工程师（投资）有下列情形之一的，应予注销登记，其原具有的登记证书和执业专用章自行失效：(1) 脱离工程咨询单位；(2) 放弃登记资格；(3) 同时在两个及以上工程咨询单位执业；(4) 不具有完全民事行为能力；(5) 年龄在 70 周岁及以上；(6) 死亡；(7) 以不正当手段取得登记证书；(8) 不接受执业检查或执业检查不合格；(9) 因在工程咨询工作中有重大过失，受到行政处罚或撤职以上行政处分；(10) 被发展改革部门列入工程咨询不良记录或“黑名单”；(11) 咨询工程师（投资）执业档案中有不良记录或被列入黑名单；(12) 受到刑事处罚；(13) 应当注销登记的其他情形。

因工作人员有下列情形之一的，应予注销登记：(1) 超越职权或违反规定程序做出准予登记决定；(2) 对不符合规定条件的申请人准予登记；(3) 应当注销登记的其他情形。

注销登记随时申请并公布。注销登记人员具备初始登记条件后，可以重新申请初始登记。

有下列情形之一的，不予初始登记、变更登记或继续登记，其登记证书和执业专用章自行失效：(1) 不具有完全民事行为能力；(2) 年龄在 70 周岁及以上；(3) 同时在两个及以上工程咨询单位执业，被注销登记不满 3 年；(4) 列入发展改革部门工程咨询不良记录或“黑名单”，被注销登记不满 3 年；(5) 在咨询工程师（投资）执业档案中有不良记录或被列入黑名单，被注销登记不满 3 年；(6) 不接受执业检查或执业检查不合格，被注销登记不满 1 年；(7) 在工程咨询工作中有重大过失，受到行政处罚或撤职以上行政处分不满 3 年；(8) 通过不正当手段取得登记，被注销登记不满 3 年；(9) 受到刑事处罚，且自刑事处罚执行完毕之日至申请登记之日不满 5 年；(10) 根据国家有关法律法规及规定，不应给予登记的其他情形。

中国工程咨询协会定期向社会公布咨询工程师（投资）资格证书的登记情况，建立持证人员的诚信档案，并为用人单位提供取得咨询工程师（投资）资格证书人员信息的查询服务。

各级工程咨询管理机构在实施咨询工程师（投资）资格考试和登记服务工作中，应当严格遵守国家和行业的各项管理规定以及协会章程。

（五）继续教育

取得咨询工程师（投资）资格证书的人员，应当按照国家《专业技术人员继续教育规定》和《咨询工程师（投资）继续教育规程》有关规定，参加继续教育，不断更新专业知识，提高职业素质和业务能力。

咨询工程师（投资）参加继续教育是逾期初始登记和继续登记的必要条件。

咨询工程师（投资）继续教育内容由公需科目和专业科目组成。

公需科目是指咨询工程师（投资）应当普遍掌握的法律法规、理论政策、标准规范、职业道德、技术信息等基本知识。专业科目是指咨询工程师（投资）从事专业工作应当掌握的新理论、新知识、新技术、新方法等专业知识。

咨询工程师（投资）每年参加继续教育应不少于 90 学时，其中，专业科目不少于总学时的三分之二。

咨询工程师（投资）继续教育包括远程教育、面授教育、企业内部培训和其他形式四种方式。(1) 远程教育。远程教育由中国工程咨询协会提供教育平台，统一组织实施。远程教育内容包括公需科目和专业科目。(2) 面授教育。面授教育包括中国工程咨询协会、地方工程咨询（行业）协会以及其他培训机构根据各自制定的年度培训计划举办的培训班、研讨班、论坛及学术讲座等。面授教育应当围绕完善知识结构、增强创新能力、提高专业水平，紧密结合工程咨询业务实际需要开展，以专业科目为主。(3) 企业内部培训。工程咨询单位可以自行组织适合本单位发展需要和岗位要求的教育培训活动，并计入专业科目学时。(4) 其他形式。1) 获得国家发展和改革委员会优秀研究成果奖；2) 受国家发展和改革委员会、国家行业管理部门、国务院继续教育管理部门委托，承担与工程咨询有关的战略规划政策类研究；3) 受中国工程咨询协会和地方工程咨询（行业）协会委托，承担行业相关工作；4) 获得中国工程咨询协会、地方工程咨询（行业）协会评选的优秀工程咨询成果奖；5) 获得菲迪克工程项目奖；6) 发表工程咨询方面的专著和论文等；7) 其他。

（六）咨询工程师（投资）的法律责任

咨询工程师（投资）在执业登记申请中弄虚作假或与实际情况不符的，当年不予执业登记且 3 年内不得再次申请执业登记。

咨询工程师（投资）应自觉接受中国工程咨询协会的自律性管理，其在工作中违反相关法律、法规、规章或者职业道德，造成不良影响的，由中国工程咨询协会取消执业登记，并收回咨询工程师（投资）资格证书。触犯法律的，依法追究法律责任。

咨询工程师（投资）有下列行为之一的，由中国工程咨询协会视情节轻重给予警告、通报批评、注销登记证书并收回执业专用章。触犯法律的，依法追究法律责任：(1) 准许他人以本人名义执业的；(2) 涂改或转让登记证书和执业专用章的；(3) 接受任何影响公正执业的酬劳的；(4) 违背独立公正原则，帮助委托单位骗取批准文件和国家资金的；(5) 弄虚作假、泄露委托方的商业秘密以及采取不正当竞争手段损害其他工程咨询单位利益的；(6) 咨询成果存在严重质量问题的；(7) 弄虚作假、帮助他人申请咨询工程师（投资）登记的；(8) 其他违反法律法规的行为。

四、咨询工程师参与项目管理的主要任务

根据委托，咨询工程师对工程咨询项目的管理可以是项目进行的任何一个阶段，或其中的一个内容，也可以是几个阶段或全部管理工作，具体工作内容要视委托方的要求而定。按工程项目进行阶段划分，咨询工程师参与管理的主要内容有：

（一）项目前期阶段

咨询工程师在这一阶段的主要任务是根据业主的委托，当好业主的参谋，为业

主提供科学决策的依据，包括以下方面：

1. 对项目拟建设地区或企业所在地区，及项目所属行业情况进行调查分析，对相关产品的市场情况进行研究。在此基础上，就地区发展规划、企业发展战略、行业发展规划等方面提出咨询意见，并与委托方进行交流与沟通，取得共识，完成相应报告。

2. 对项目的建设内容、建设规模、产品方案、工程方案、技术方案、节能与环境影响分析、建设地点、厂址布置、污染处理方案等进行比选。

3. 在项目相关方案研究的基础上，根据有关要求，完成项目的融资方案分析、投资估算，以及财务、风险、社会及国民经济等方面的评价，对项目整体或某个单项提出咨询意见，完成相应报告。

4. 按委托方及有关项目审批方的要求，对项目的可行性研究报告进行评估论证，完成相应报告。

5. 根据委托及有关标准要求，完成上报有关部门的相关报告，如项目建议书、可行性研究报告、项目核准申请报告、资金申请报告、项目备案申请报告等；受相应机关委托，对上述类型的报告以及环境影响、节能分析等进行评估。根据业主委托，还可协助完成项目的有关报批工作。

根据国家有关规定，编制项目建议书、可行性研究报告或项目申请报告的工程咨询机构不得承担同一项目的审批、核准报告的评估工作。工程咨询机构与项目单位存在控股、管理关系或者负责人为同一人的，该工程咨询机构不得承担该项目单位的项目核准报告评估工作。接受委托的工程咨询机构应当在项目核准机关规定的时间内提出评估报告，并对评估结论承担责任。评估费用由委托评估的项目核准机关承担，评估机构及其工作人员不得收取项目审批单位的任何费用。

（二）项目准备阶段

在工程项目的这一阶段中，根据业主的委托，在资质许可的前提下，咨询工程师可以部分或全部完成以下咨询工作：

1. 直接接受业主委托承担勘察设计工作，或进行勘察设计招标工作；

2. 协助业主或按业主委托完成项目进度安排、质量要求、资金控制及相应协议的起草工作；

3. 协助业主完成或接受业主委托进行设备采购、施工招标工作；

4. 协助业主完成项目的有关设计文件或设计文件评审，项目开工等报批工作；

5. 按业主要求和国家有关规定，做好项目设计内容的调整与修改工作；

6. 业主委托的其他工作，如征地、周边关系的协调等等。

（三）项目实施阶段

咨询工程师在项目实施阶段的主要工作有：

1. 按业主要求，向施工单位进行项目设计图纸的技术交底，审查施工组织设计。

2. 根据委托，在资质允许的前提下，代表业主对项目工程施工进行监督、管理，以保证施工质量、费用和进度等方面满足业主要求。

3. 根据业主委托开展项目中间评价工作。

4. 及时向业主报告项目进度、质量及费用等方面的执行情况。

5. 按有关规定及时妥善地处理项目施工过程中的有关问题。

6. 为工程投产后的运营做好人员培训、操作规程和规章制度的建立等准备工作，协助进行试运行。

7. 配合业主，做好项目的竣工验收工作。业主委托咨询工程师核对审定竣工结算的，竣工结算经咨询工程师审定完成，由业主和施工单位签字确认后，结算审价结果具有唯一性。当事人不得与其他造价咨询人员重复核对竣工结算。

（四）项目投产运营阶段

在项目投产运营阶段，咨询工程师按业主的委托，可开展工程项目的后评价工作。具体包括：

1. 项目目标和过程评价。咨询工程师按业主委托对项目全过程进行回顾和总结，对项目的效果和效益进行分析和评价。对照项目可行性研究批复和主要指标，找出变化和差别，并分析原因，总结经验和教训。

2. 持续性评价。对项目建成后与国民经济发展的适应能力进行研究，对项目是否能够持续发展进行分析，并在此基础上提出项目可持续发展所需创造的条件。

3. 在以上评价基础上提出项目发展的对策建议，供委托方与有关方参考。

五、咨询工程师的工作阶段

咨询工程师的工作分为三个阶段：咨询任务的取得，咨询任务的组织与实施，咨询工作总结。

（一）咨询任务的取得

咨询工程师可从投资业主、金融机构、政府等取得咨询任务，其取得方式主要是委托方直接委托和参与投标取得。

咨询任务取得的基本步骤是：

1. 获取咨询任务信息。目前许多的咨询任务信息掌握在各投资主体和业内相关人士手中。随着越来越多的工程咨询项目采取招标的形式进行，招标公告往往刊登在相关报刊或专业网站上。所以，要获取更多的咨询任务信息，就应经常浏览相关报刊和网站，与相关投资主体及业内人士保持经常性沟通。

2. 正确响应委托方的要求。咨询项目委托方往往对咨询任务范围有一个较为明确的想法，这些想法集中反映在项目工作大纲（TOR）中。咨询工程师对此要认真进行研究，特别是对工作范围、时间进度、特定要求等，要做出正确的响应。

有时委托方对咨询任务的范围并不十分清楚，这时咨询工程师应注意与委托方交流，澄清任务的内容与完成时间要求等，并得到委托方的确认。

3. 委托协议或合同的起草、谈判、签订。在委托协议或合同谈判之前对谈判应进行认真的准备，主要包括：双方的期望目标，双方分歧解决方式，可以妥协的内容，必须坚持的方面，谈判的底线等。

（二）咨询任务的组织与实施

1. 工作前期准备

（1）认真研究项目的相关资料

一般来说在合同签订之前，咨询工程师已对项目的有关情况进行了一些必要的了解，但由于各方面原因，这种了解受到一定的限制。在委托协议或合同签订之后，咨询工程师应尽快认真而详尽地研究有关资料，包括项目的背景材料、国家的相关法规、项目的有关文件、以及与项目有关的其他情况资料。特别要注意研究顾客明确的或隐含的要求与期望。

（2）制订项目咨询工作计划

对于每个咨询项目，委托方都有不同的要求，这些要求一般反映在委托方提供的项目工作大纲（TOR）中。项目咨询工作计划是项目咨询工程师根据委托方要求，在对项目相关资料进行认真研究的基础上，按委托合同对项目工作内容、时间进度、工作质量、费用情况、成果提交方式等方面的要求来制订的，用以指导、安排咨询工作。项目咨询工作计划编写一般由项目经理来完成（参见第三章《工程项目管理的组织》相关内容）。

（3）成立项目团队

根据工作计划的要求，咨询工程师要及时构建项目团队，并进行团队工作职责任务分工（详见第三章《工程项目管理的组织》相关内容）。

2. 组织计划实施

（1）逐层落实工作计划

根据咨询工作计划的安排和咨询团队的职责任务分工，层层制订具体实施计划，把工作计划落实到人。需要到项目现场进行工作时，要严格执行咨询行业及企业现场的有关规定，并在企业的配合下完成相关工作。

（2）组织实施

在项目团队成员按照各自分工完成其相关的工作过程中，项目经理要进行认真的组织与协调。必要时要进行系统性组合与优化，对出现的差异部分进行修正。

（3）沟通与调整

为使咨询成果较好地符合委托方的要求，在咨询工作开展过程中，必须经常与委托方进行必要的沟通。特别是在正式交付咨询成果之前进行的沟通更为重要。在沟通中重点解决以下三方面问题：

①原委托协议或合同签订过程中顾客提供的情况与实际情况有差异，为此咨询工程师采取的措施、工作安排和工作量变化，以及可能产生的时间变化等。

②咨询工作成果与委托方原期望结果之间存在的差异，差异产生的原因等。

③咨询工程师将咨询结论的主要依据、问题、基本意见等与委托方进行交流，听取对方意见，并根据具体情况，决定是否对咨询意见进行必要的补充和调整。

3. 提交咨询成果

在以上工作的基础上，咨询工程师按双方协商好的方式，将咨询成果正式交予委托方。

咨询工程师的上述工作内容是相互关联的，有些内容之间是互为条件的，有些工作不是一次就能完成好的，可能需要根据进展情况进行调整，多次开展。

（三）咨询工作的总结

1. 总结工作

咨询成果交付委托方后，项目经理要进行必要的咨询工作总结，包括工作经验和教训等。同时对一些资料、文本等进行归档。

2. 回访

在咨询成果发挥作用完成其使命之后，及时对委托方进行必要的回访，一方面是了解咨询成果的实际效果，同时也是听取委托方对咨询工作的意见，以利于今后咨询工作的开展和咨询任务的取得。

第三章　工程项目管理的组织

本章重点介绍项目团队与组织计划、人员吸纳、项目团队考核、组织设计的依据与原则、管理组织的建立步骤，项目管理组织中职能式、项目式、矩阵式和复合式这些基本形式和各自的优缺点等内容。

第一节　项目团队建设

一、项目团队与精神

（一）项目团队

项目团队是指一组成员为了实现共同项目的目标，按照一定的分工和工作程序，协同工作而组成的有机整体。团队可以是现有组织中的一个组成单元，也可能是在现有组织构架下新成立的组织单元。构成团队的基本条件是成员之间必须有一个共同的目标，而不是各有各自的目标；团队内有一定的分工和工作程序。上述两项条件缺一不可，否则只能称为群体，不能称之为团队。

团队构成的要素，包括：①团队目标；②人员，一般为 3 人以上；③团队定位，包括团队整体的定位和团队中各成员的定位；④团队的职权与规模，包括整个团队拥有的决定权，以及组织的规模与业务等；⑤团队计划，包括实现目标的工作方案及按计划开展的行动。

（二）团队精神

团队精神是指团队整体的价值观、信念和奋斗意识，是指团队成员为了实现团队的利益与目标，工作中相互协作、相互信任、相互支持、同心同德、尽心尽力的意愿与作风。

团队精神是通过少数人的带动与悉心培养而逐步形成，并使之影响和扩展到整个团队。培养团队精神，关键是项目经理要率先垂范，倡导和推动团队精神的形成。

团队精神总体来说是相同的。但不同的团队，其团队精神是有差别的，有其自身的文化特色。因此，在培养团队精神时要注意与本国、本民族、本地区的传统文化特色相结合，紧跟时代步伐不断创新，使团队精神更加具有生命力。

（三）团队精神的层次

团队精神包括三个层次：团队的凝聚力，互信合作意识和团队士气。

1. 团队的凝聚力

团队凝聚力也称内聚力，是指一个团队之中的成员围绕在团队，尽心于团队的全部力量。团队凝聚力有着多方面的内容，具体来说，包括团队成员对团队的向心力、团队对其成员的吸引力以及团队成员之间的相互作用和相互信任的氛围。

（1）团队凝聚力的测量。对团队凝聚力的测量有多种方法。心理学家莫里诺提出的社会测量法，是一种管理界常用的团队凝聚力的测量方法。该方法的公式表示为：

$$团队凝聚力=\frac{成员之间相互选择的数目之和}{所有可能相互选择的总数}$$

（2）团队凝聚力的表现。团队凝聚力表现在：归属意识，亲和意识，责任意识，自豪意识四个方面。

（3）影响团队凝聚力的因素。影响团队凝聚力的因素包括外部因素和内部因素，其中内部因素主要有：团队的规模、目标、激励方式和团队的成功经历。

2. 成员互信意识

团队成员间的信任，是团队成员对彼此认同各自的人格特点、工作能力和正直、诚实、负责等品格的认同，这是团队合作的前提与基础。

信任的内容范畴非常广泛，根据有关学者研究，它可分为以下五个维度，按重要程度由大到小的顺序排列应当是：①正直。即诚实、可信赖。②能力。即具有技术技能与人际交往能力。③忠实。对团队与伙伴忠诚、实在。④一贯性。即可靠，行为可以预测，在处理问题时具有较强的判断力。⑤开放。即愿意与别人自由地分享观点和信息。

3. 团队合作意识

团队成员良好的合作是实现团队目标的必要条件。

（1）团队规则。要培养团队成员的合作意识，就首先需要制定团队合作的规则，即团队成员在工作中与他人相处时必须遵守的标准。

管理专家们指出，最有价值的团队规则包括以下七个方面：

1）支持（Backup）规则。明确团队成员之间寻求和提供协助与支持的责任与义务。

2）沟通（Communication）规则。明确团队成员之间准确、及时的信息交换方式方法与注意事项。

3）协调（Coordination）规则。保证团队成员能根据团队的目标要求来规范个人的行动。

4）反馈（Feedback）规则。团队成员之间对他人的寻助、绩效、征求等及时提供信息和建议，并予以正确的消纳。

5）监控（Monitoring）规则。团队成员有观察合作伙伴的义务，并在必要时提供反馈与支持。

6）团队领导（Team Leadership）规则。用以保证对团队成员的有效组织、指导和支持。

7）团队导向（Team Orientation）规则。用以保证团队成员对团队规则、默契、团队精神、文化等的认同和支持。

（2）建立长久的互动关系。要打造一支强有力的团队，成员之间不可或缺的是换位思考。无论是发布信息的人还是接受信息的人，都应当理解这些信息的内涵。

对于团队领导者来说，同团队成员之间的沟通、理解尤为重要。要经常且持续的创造机会，使团队成员们融为一体，如一起培训，一起参加竞赛，一起参加会议和活动等。

（3）强调长远的利益。团队领导给成员描绘的未来愿景，应让成员相信“这个蓝图我们一定会实现”。团队成员要注重团队的愿景，而不是眼前的得失，这样团队合作才会成为可能。每个人都要习惯于说“我们”而不是“你们”。

4. 团队士气

团队士气是团队全体成员的工作热情与工作行为的总和，是团队成员对自身所在的团队感到满意，愿成为该团队的一员，并帮助实现团队目标的一种态度。这种态度可以表现为在工作中主动与努力的行为。

（1）影响团队士气的因素。影响团队士气的因素包括以下几个方面：①团队成员对团队目标的认同程度；②鼓励团队合作，提高士气的奖酬体系；③领导与团队成员，及成员之间的信息沟通状况；④团队成员间相互认同、体谅、合作和谐程度；⑤团队领导者办事公道、作风民主、关心下属方面的特质。

（2）优势团队士气的特征。美国心理学家克瑞奇（D. Krech）等人认为，一个士气高昂的有力团队具有以下七个特征：①团队的团结来自内部凝聚力，而不是外部压力；②团队本身具有适应外部变化的能力，并有处理内部冲突的能力；③团队成员对团队具有强烈的归属感，并且团队成员之间具有强烈的认同感；④团队成员没有分裂为相敌对的小团体倾向；⑤团队中各成员都明确地意识到团队的目标；⑥团队各成员对团队的目标和领导者都抱有肯定与支持的态度；⑦团队成员承认团队存在的价值，并且有维护团队存在和发展的意向。

二、项目经理

项目经理要有较高的基本素质与能力，人员主要从公司内部产生，也可以从外部专家中选聘。

（一）项目经理的能力

工程项目的项目经理是工程项目承担单位的法定代表人在该工程项目上的全权委托代理人，是负责项目组织、计划及实施过程，处理有关内外关系，保证项目目标实现的项目负责人，是项目的直接领导与组织者。从严格意义上说，只负责沟通、传递指令，而不能或无权对项目制定计划、进行组织实施的负责人不能称为项目经理，只能称为协调人。

严格地从学术角度说，能力和技能是不同的，为更好侧重实际工作，本文在此将二者统指为能力，不作细的划分。

优秀的项目经理必须具有其所管理的项目专业所特有的能力，同时还要具备一些非项目专业的能力，这些能力可以从以下几方面考察：

1. 商业能力

主要是与一般的商业和商业过程相关的能力和技能，不包括具体的商业功能方面的知识。

1）商业认知。主要表现的方面有：①确保负责的项目与项目所属组织的商业计划的相关性，通过该项目的完成实现所在组织的某个目标或目的；②正确评估行业和技术发展给本项目带来的影响；③当理想的技术方案、项目范围与商业期限和优先事件之间发生矛盾时，能够进行权衡，找到最优的解决方案；④迅速适应变化的商业条件。

2）商业合作。主要表现的方面有：①在项目生命周期内，能经常与委托方沟通，确保完全理解委托方的需求和关心的问题；②在工作过程中，能寻找新的有意义的合作机会介入；③针对业务情况进行预先安排全面检查；④组织项目团队的活动，使团队成员能够与商业伙伴密切合作。

3）对项目质量的保证。主要表现的方面有：①推行效率更高的做事方式；②建立并加强高质量标准；③根据项目计划制定质量计划；④对照质量计划和目标，监控项目执行绩效。

2. 个人能力

个人能力指与项目经理本人有关的一类能力，发挥这类能力不需要另一方。

1）积极性。表现的方面有：①当遇到障碍或限制时，发挥创造性方法；②能冒适当的风险；③采取持久行动克服障碍并解决问题；④会尽一切努力把工作完成。

2）信息收集。①主动请求可能会受该项目影响的所有团体的支持；②为澄清一个问题，从各种渠道收集信息和资料；③识别那些可以加速项目活动或提供帮助的个人或团体，并向他们请教；④获得足够的信息来支持设计和执行决策。

3）分析思维。①组织制定一个总体项目计划，包括资源、预算和时间进度；②将商业目标转化为具体的项目目标，并进一步完成详细的工作分解结构；③应用项目管理软件制定计划和跟踪项目进展；④找到并提出合理的备选方案。

4）概念思维。①以更宽的视野看今后数年内行业和技术的变化，在此基础上考虑项目工作；②通过对业务和技术目标正确理解来有效地安排工作顺序；③预测和描绘本项目对相关其他方面的影响；④制定一个有关各种可交付成果的清楚图像或概念模型。

5）自信心。①对项目能表现出自信和积极的态度，为项目团队引导正确的基调；②快速并直接地处理与他人的问题；③在紧张情境下控制自己的感情和行为；④在压力之下有效地工作。

6）对信誉的关心。①始终如一地完成承诺过的事情，保持信誉；②对项目细节把握透彻，能够权威地回答问题并保持信誉；③坦诚如实地回答问题；④遇到困难及时通报管理层和客户。

7）灵活性。①对工作环境的变化能及时调整适应；②根据人员和情况的不同，调整自己的管理方式；③为了最好地完成组织的目标，使用或分享资源；④向他人分派任务和活动。

3．人际关系

人际关系能力与本人有关，发挥这类能力至少要有两个人参与，与相互之间是否有领导与被领导的关系无关。此时两个人相互是平等的，谁都不是谁的经理。

1）人际关系认知。①努力了解团队成员，弄明白什么能激励他们；②了解其他个人和团队所关心的问题；③注意并解释非语言行为；④调解队员之间冲突时有针对性。

2）组织认知。①确认项目利害关系人，并寻求他们的支持；②主动让团队和个人承担技术或财务的监督责任；③花时间弄清和考虑项目中涉及的各有关团体的政治关系。

3）影响预测。①为取得一种特定的影响效果，采取一定的方式或方法；②通过保证能够兑现的承诺来管理期望；③安排一位高级项目经理参加初次项目会议，并解释项目的使命和目标；④考虑项目决策的短期和长期影响。

4）影响力的机智应用。①制定解决他人最关心的问题的战略；②谋求上级领导的支持以便影响其他成员；③通过征求人们独特的专业意见并谋求合作；④让项目团队成员参与项目的详细计划制定，以使其也成为该计划的拥有者。

4．管理能力

管理能力与管理的各个方面都有关，包括对人的管理和工作的管理及对战略战术管理的一些能力。

1）激励他人。①确保项目团队成员理解了项目的目标和目的；②达到里程碑时对有关人员奖励和赞赏；③发动非正式活动以促进团队工作；④采取适当行动，帮助和指导那些仅勉强够资格的人。

2）沟通。①定期组织和召集管理小组开会，该管理小组由来自受项目影响的各方面的代表组成；②计划和召集定期和经常的项目团队会议，讨论项目状况，解决问题和沟通信息；③确保讲话材料很好地整理过；④修改语言文字，使得客户容易听懂。

3）开发他人。①给项目团队成员安排任务或培训，提供成长和发展的机会；②针对他人的工作情况，对他们提供直接的、具体的和有建设性的反馈和指导；③向项目团队成员授权，以挑战和施展其能力；④对没有经验的人进行更严格的管理。

4）计划。①制定和保持一个详细的计划，标明资源需求、预算、时间进度和要做的工作；②经常评估项目工作和执行方法，以保证项目适当地解决了所要解决的问题；③确保对项目范围和目标以及随后的变更有共同的理解，并达成一致意见；④对于接受了的项目计划变更要保持控制，并保证任何一个变更都对所有项目团队成员进行了沟通。

5）监控和控制。①定期从项目团队成员那里获得有关其任务执行情况的信息，监控资源使用、进度变化，使项目按进度计划进行；②对于要求的或下达的范围变更，要确定它们将会带来的经济后果和进度后果，并将此与管理层进行沟通；③接受解决项目问题（特别是范围变更）的责任，应集中于解决问题、提出建议和采取行动；④进行项目后评估，以确定什么做得好，什么应以不同方式来做，以及应当吸取什么教训。

5. 项目的相关业务能力

这些业务能力可通过学习与实践得到掌握与提高，其涉及项目全过程，常常与上述四个方面共同融合在一起发挥作用。

借鉴美国教育心理学家本杰明·布鲁姆（Benjamin Samuel Bloom）于1956年在芝加哥大学所提出的布鲁姆分类法，这些业务能力的形成可以从下六个层次考察：

①知识。这里所定义的知识包括对于观念、物质或现象的记忆或回想，以及为了评估需要的更多材料。

②理解。理解包括这样一些目的、行为或反应，这些目的、行为或反应表示对沟通中所含字面信息已经了解。要达到这种了解，你可能将自己头脑中的或公开反应中的信息进行交换比较，转变成对你更有意义的某种类似形式。你也可能还有一些反应，是沟通本身之外的简单延伸。

③应用。应用包括使用抽象方法和具体情况。抽象方法可能是一般概念、程序法则或归纳法，也可能是必须记住和应用的技术法则、观念和理论。例如：在已知没有某情形具体解决模式情况下正确应用抽象方法的能力；使用归纳和推断方法解决现实问题的能力；使用科学原理、假定、定理，或其他抽象方法解决新情况和新问题的能力。

④分析。分析将一次沟通分解成其组成元素或组成单元，以便弄清楚各概念的相对层次和概念之间的关系。这种分析的目的是要指出沟通是如何组织的，阐明沟通以何种方式传递其效果，及其基础和排列是什么。既要分析处理材料的内容，也要分析处理材料的形式。

⑤综合。综合是将组成元素和部分单元组合起来形成一个整体。它包括将各种信息、要素等以某种方式排列和结合，组成一种原来本不太清楚的模式或结构。

⑥评估。评估是判断材料和方法对于给定目的的价值，或者定量和定性地判断材料和方法满足标准的程度。可以使用标准评估方法。这种评估可以基于你自己设计的标准，也可以基于别人给你的标准。

（二）项目经理的主要工作

1. 了解项目情况，研究工作任务

项目经理接受项目任务后，首先要了解项目情况，研究工作任务，拟定初步的工作思路。分析了解项目的重要方法是对项目进行工作结构分解，即WBS，并根据工作分解的最后结果进一步理顺工作思路，为下一步的工作计划做准备。项目经理在组织进行项目工作分解时，应注意以下几方面：

1）确定关键的项目成果和里程碑，做出工作分解结构，并与项目团队及客户沟通。2）注意分解的方法。项目分解的方法主要有以下几种：按项目工作内容进行分解；按项目工作过程进行分解；按项目的专业要素进行分解等。3）对分解出来的每一工作单元与工作包要明确相关指标与内容，包括：该项工作的组织职责，工作周期，设备、材料的需求，费用的预算，人力资源的安排，负责人，工作质量要求等。在此基础上，根据需要对每一个工作单元进行成本分解，包括确定直接成本、间接成本等指标；确定每一个工作包的进度信息，如完成标志（即代表工作完成的事件或物质载体）、关键性界面及允许推迟的完成时间等。4）明确各工作包之间及工作包内各工作之间的相互逻辑关系。将上述分解过程按形成的逻辑关系进行重新清理与审核，使之确定下来。根据需要可绘制项目网络图。

2. 分析项目相关人员

项目经理的另一项基础性工作就是要对项目相关人员进行分析。

1）分析相关人员的作用。主要有：①使项目经理对项目所涉及的各方面关系做到心中有数，以利于今后的协调工作；②可以更好地确定项目的方向，有助于原方案中不合理内容的调整；③通过对项目相关人群的分析，可以识别哪些是驱动者、支持者和观察者，并确定项目的相关关键人员；④通过相关人员分析，有利于确定项目团队的成员，有助于安排项目团队成员的工作任务。

2）相关人员分析。从广义上说与项目相关的群体和个体很多，其中包括项目投资方、项目运作者、项目产品的客户及项目可能影响的群体与个体等。对项目相关人员分析可以按以下分类进行：

公司内部。①对项目负有全责的项目经理；②项目所在组织中负责监督管理经营运作的执行层经理；③为项目出主意的人和所有为项目传递要求的人；④参加项目工作，受项目经理指导和管理的项目团队成员；⑤参与和组织项目相关工作的其他部门群体，如人力资源部门、财务部门、合同管理部门、行政部门、法律顾问部门等；⑥拥有与该项目相关专业知识的群体或个人。

公司外部。包括：①客户或顾客：项目的委托方或项目（产品）的购买、使用者；②合作者：可能与项目合作的团体、个人或组织；③卖主、供应商、立约者：为项目提供各种资源，帮助项目工作的团体、个人或组织；④规定制订者：制订用于项目管理的规定、法规、方针等的管理机构；⑤专业团体：可能对项目产生影响，或对项目有兴趣的专业人群；⑥公众：可能受项目影响或对项目感兴趣的本地、本国或国际群体。

其他相关群体。主要是指：①为项目提供服务的其他人群，如将来为项目产品提供维护的人群、为项目提供社会保障的团体等。②项目的最终使用者：项目产品的顾客可能并不是最终使用者，产品的最终使用者可能是另外的人群。例如，高速公路 PPP 项目，项目的顾客可能是政府，但使用者则是广大民众等。③所有支持群体：由于项目的出现与建成可能使一批人在就业、生活、教育等不同方面受益，成为项目的支持者。④抵制项目的群体：由于项目产品的出现或完成，对一部分人可能在就业、居住、生活等方面产生不利的影响，使其成为项目的抵制者。

分析方法。方法过程如下：①将相关人员按上述分类逐一列在项目相关成员表上，进行分析；②对完成的表格进行完整性核对，使每一部分人员的描述都能具体落实到职位和姓名；③在一定范围内进行交流，保证项目相关人员表格的完整性；④对上述表格中的人员进行分析、识别，确定其中的项目驱动者、支持者、观察者、抵制者等；⑤决定让不同项目相关人参与项目的时间阶段；⑥决定不同人群的参与方式。

3. 编制项目工作计划

项目工作计划是开展项目工作的规定性文件，是项目经理重要的工作内容。在实际工作中，项目工作计划的主要内容往往在项目正式确定之前就明确下来了。在项目正式确定后，项目经理应尽快组织完成工作计划的正式文件，并与项目委托方取得一致意见。项目工作计划主要包括以下几方面的内容：

1）项目的名称。项目的名称应基本涵盖项目的主要工作内容，让人一目了然。

2）项目基本情况。应对项目的主要背景作出交待，包括项目委托方的基本情况，与国内外同类项目（行业）的差异等等。

3）项目团队工作目标与任务。对于被委托的工作目标与工作任务，委托方与被委托方在签订委托合同时，应有一个明确的要求。在工作计划中，对于工作目标及工作任务的理解与阐述应做到准确、具体，逐一列出，以便工作当中对照检查。团队的工作目标应包括工作质量目标的内容。

4）项目工作进度计划。按照与委托方达成的协议，被委托方应在指定工作日内完成委托工作。项目经理要根据这一要求，结合以往的工作经验，对项目进度进行阶段划分，并提出进度计划。对于大中型项目应绘制进度横道图，以便进行检查。

5）项目团队组成与分工。为完成项目工作任务，项目经理应拟定项目团队的名单，确定团队成员，并根据任务和团队成员各自特点进行分工。当然，工作计划中的名单与分工只是初步的，随着项目工作的深入，可能会进行一定的调整。

6）项目费用预算计划。项目经理对项目的费用要有一个合理的估计，根据以往同类项目的工作经验和本项目的具体情况，结合有关规定完成费用预算计划。费用主要包括：差旅费、人工费（含内部人员与外部人员）、办公费用等各项杂费，以及备用金等。

在进行费用计划的制订中，既要注意费用估算充足、全面、合理，又不能估算过高，造成浪费或计划与实际严重偏离。

费用预算计划要经过上级批准后才能生效。同样，如预算需变更调整，也必须经过上级批准才能生效。

7）成果的形式、成果交付数量、时间及交付方式。

在项目工作完成后，被委托方以什么形式体现或交付给委托方，委托方以何种形式接收等都要在计划中明确。这一内容在双方的合同中应当清楚地说明。

8）项目费用的来源。项目费用是由委托方直接支付给项目团队，还是支付给被委托方，由被委托方支付给项目团队，项目经理在工作大纲编制中要理清费用支付来源，以保证项目工作的正常开展。

4. 成立项目团队

根据项目任务的需要，经过多方面的商讨，项目经理确定了团队成员后，项目团队正式成立。为此，项目经理要完成以下工作：根据项目团队的工作目标、任务和人员的分析情况，进行权职划分，确定团队中每个人的工作职责；建立职责关系图，并进行工作流程设计。

在团队组建过程中，项目经理要向入选的团队成员说明项目目标、项目工作范围，还要说明项目的意义、选择团队成员的标准等。

5. 项目启动

项目启动标志性工作之一就是召开项目启动会议，其主要内容有：①宣布项目正式开始工作；②介绍项目团队成员；③介绍项目基本情况；④宣布工作计划；⑤宣布并落实人员分工；⑥公布工作程序与工作规则。

此外，这一阶段，项目经理还要根据每位项目成员的技能和发展需要，分配项目职责，清楚界定每个人的任务和绩效期望值，制定接受标准。

6. 组织制订项目团队各项具体实施计划

项目具体实施计划有很多种，从不同的角度分类有不同的结果。从管理内容角度看，有费用计划、进度计划、质量计划、人力资源计划、信息管理计划、沟通计划等；从项目构成方面看，有项目技术计划、资金计划、原材料计划等。另外，还可以根据项目进展阶段、时间等进行划分确定。

一个项目需制订哪些具体实施计划，要根据项目的具体情况而定。有的项目可能只需要确定进度与费用计划，其他方面直接按项目工作计划要求开展工作。但一些大型的、复杂的项目不仅要制订多项具体实施计划，还要从不同的角度来制订计划。例如，一个大型水电站建设项目的工作计划包括总体进度计划，各单项工程进度计划，项目年度完工计划、项目资金计划、项目年度资金计划等。

项目经理要根据项目的具体情况或简或繁地组织建立项目的计划系统，根据项目的总体要求和工作实际，组织落实好各项具体实施计划的编制工作。

（三）项目经理的团队管理工作

在团队组建后，项目工作正式开始，管理的计划、执行、检查、调整与处理的过程要贯穿在每一项工作中。为此，项目经理要注意跟踪和预测项目变化，对项目全过程进行有效的控制，并协调好相关关系，以确保项目的最终成果满足项目的预定目标。

1. 开展项目实施中的指导

①对项目团队中每个成员的工作提出具体要求。根据项目工作结构分解确定的各项工作任务，项目经理对项目团队中各成员进行工作任务分工，进而提出具体的

工作要求，包括工作任务、工作进度、工作质量，以及与其他成员的相互承接关系等，特别是要清晰地提出其工作成果在时间、进度和质量方面的要求。

②对团队成员工作的方法进行指导。项目团队成员可能来自不同的部门，在某一方面的专业能力较强，但对于目前需完成的项目方向不一定有很好的把握。项目经理对团队成员的工作方法必须进行一定的指导，用一定的时间进行必要的培训。

③解决团队工作中的困难与问题。项目团队在工作中出现一些困难与问题是正常的，一些问题团队成员自己可以解决，有些问题则必须由项目经理出面解决，但无论由谁出面，解决问题的基本原则与出发点一定是要有利于项目目标的完成。有时团队成员中出现工作分歧与矛盾，或与合作方有了一定的利害关系，往往容易使工作带有很大的感情色彩，项目经理也应当及时察觉，进行调整解决。

④培养团队精神。项目经理对项目团队成员进行指导的另一个重要方面就是团队精神的形成。项目经理要不断倡导自己的团队精神，并通过工作中的身体力行和对团队成员的引导，使团队精神得以形成和发展。

2. 对项目全过程进行全面控制

对项目进度、质量、费用三个方面的控制是通常所说的项目三大控制，但这三大控制在实际工作中往往不是单独存在的，是相互联系的，有时还会发生冲突。因此，项目经理在工作中应对项目全过程进行全面而有效的控制与管理。

项目经理进行全过程控制的关键，是对团队成员的工作进行有效的控制。重点需要把握以下方面：

①进行合理的分工与适度的授权，这是实现有效控制的前提。只有进行了合理的分工和适度的授权，项目工作才有完成的可能，才能谈得上有效控制。

②建立和保持有效、畅通的信息通道，这是实现有效控制的基础。信息是有效情报的载体，通过信息不但可以发现存在的问题，更重要的是可以预测可能出现的问题，对出现的问题及时解决，对将出现的问题提前采取防范措施，这是实现全过程控制的重要一环。

③经常性的检查，是对固定信息渠道的重要补充。检查可以及时发现问题，修正和补充正常渠道得不到的信息，从而使项目经理的工作更加富有成效。

④及时进行必要的调整，是实现全过程有效控制的重要手段。控制过程是一个动态的过程，为保证项目在进度、质量、费用三方面实现预期目标，根据项目的实际进展情况和可能出现的问题，项目经理在项目组织安排、项目进度、人员配置、经费投入等方面都应进行必要的调整。

⑤项目经理要经常根据项目工作分解的文件进行检查、估算，以保证项目实际成本与进度不会突破原来的计划。

3. 做好内外关系的协调

项目经理的重要工作之一，就是为项目正常和良好地进行创造一个比较顺畅的内外环境。同时，也可以使项目团队能及时和准确地掌握有关各方对项目要求的变化，并将项目团队面临的困难和取得的进展传递给有关方面，以便取得良好的支持与配合。

与客户建立良好的伙伴关系，可以从以下方面开展工作：①让客户参与并与客户一起确定项目目标和关键成果；②与客户一起确保项目与客户的整体目标一致；③对客户的需求、变化和要求认真听取、积极反应并归档；④执行好控制和处理变化的程序；⑤促进客户对项目工作系统的理解，如可能培训客户的使用；⑥定期向客户汇报；⑦确定对客户对项目的职责和义务的范围界限。

项目经理协调内部关系的工作主要包括：与有关主管领导保持信息的畅通；与所在单位的职能部门保持适当的互动关系；在团队内部形成统一、有序、高效的工作氛围等等。

除上述工作外，项目经理管理团队工作中的另一项重要工作就是搞好项目团队建设，这一内容将在本章其他部分进行详细论述。

4. 项目完成后的工作

项目完成后，项目进入结束阶段。对于团队来说，则是休整阶段。这一阶段主要工作有：①项目成果总结与报送；②项目资料整理；③项目后续工作安排；④宣布项目团队工作结束。

需要说明的是，项目经理的上述工作内容与工作程序是相互联系与渗透的，不能截然割裂开，有的工作需要交叉进行。

三、项目团队的发展过程

项目团队的形成发展需要经历一个过程，有一定生命周期，这个周期对有的项目来说可能时间很长，有的项目则可能很短。但总体来说，都要经过形成、磨合、规范、表现与休整几个阶段。

（一）形成阶段

团队的形成阶段主要是组建团队的过程。在这一过程中，主要是依靠项目经理来指导和构建团队。团队形成的基础有两种：一是以整个运行的组织为基础，即一个组织构成一个团队的基础框架，团队的目标为组织的目标，团队的成员为组织的全体成员；二是在组织内的一个有限范围内，为完成某一特定任务或为一个共同目标组成的团队。在项目管理中，这两种团队的形式都会出现。

构建项目团队一般的过程在项目经理的工作程序中已做了介绍，这里需要强调的是除前面提到的内容外，在构建项目团队时还要注意建立起团队与外部的联系，包括团队与其上一级或所在组织的联系方式和渠道、与客户的联系方式和渠道，同时明确团队的权限等。

（二）磨合阶段

磨合阶段是团队从组建到规范阶段的过渡过程。在这一过程中，团队成员之间、成员与内外环境之间、团队与所在组织、上级、客户之间都要进行一段时间的磨合。

（1）成员与成员之间的磨合。由于成员之间文化、教育、家庭、专业等各方面的背景和特点不同，使之观念、立场、方法和行为等都会有各种差异。在工作初期成员相互之间可能会出现不同程度和不同形式的冲突。

（2）成员与内外环境之间的磨合。成员与环境之间的磨合包括成员对具体任务的熟悉和专业技术的掌握与运用，成员对团队管理与工作制度的适应与接受，成员与整个团队的融合及与其他部门关系的重新调整。

（3）团队与其所在组织、上级和客户之间的磨合。一个新的团队与其所在组织会有一个观察、评价与调整的过程。两者之间的关系有一个衔接、建立、调整、接受、确认的过程，同样对于其上级和其客户来说也有一个类似的过程。

在以上的磨合阶段中，可能有的团队成员因不适应而退出团队，为此，团队要进行重新调整与补充。在实际工作中应尽可能缩短磨合时间，以便使团队早日形成合力。

（三）规范阶段

经过磨合阶段，团队的工作开始进入有序化状态，团队的各项规则经过建立、补充与完善，成员之间经过认识、了解与相互定位，形成了自己的团队文化、新的工作规范，培养了初步的团队精神。

这一阶段的团队建设要注意以下几点：

（1）团队工作规则的调整与完善。工作规则要在使工作高效率完成、工作规范合情合理、成员乐于接受之间寻找最佳的平衡点。

（2）团队价值取向的倡导，创建共同的价值观。

（3）团队文化的培养。注意鼓励团队成员个性的发挥，为个人成长创造条件。

（4）团队精神的奠定。团队成员相互信任、互相帮助、尽职尽责。

（四）表现阶段

经过上述三个阶段，团队进入了表现阶段，这是团队最好状态的时期。团队成员彼此高度信任、相互默契，工作效率有大的提高，工作效果明显，这时团队已比较成熟。

需要注意的问题有：（1）牢记团队的目标与工作任务。不能单纯为团队的建设而忘记了团队的组建目的。要时刻记住，团队是为项目服务的。（2）警惕出现一种情况，即有的团队在经过前三个阶段后，在第四阶段很可能并没有形成高效的团队状态，团队成员之间迫于工作规范的要求与管理者权威而出现一些成熟的假象，使团队没有达到最佳状态，无法完成预期的目标。

（五）休整阶段

休整阶段包括休止与整顿两个方面的内容。

团队休止是指团队经过一段时期的工作，任务即将结束，这时团队将面临着总结、表彰等工作，所有这些暗示着团队前一时期的工作已经基本结束。团队可能面临马上解散的状况，团队成员要为自己的下一步工作进行考虑。

团队整顿是指在团队的原工作任务结束后，团队也可能准备接受新的任务。为此，团队要进行调整和整顿，包括工作作风、工作规范、人员结构等各方面。如果这种调整比较大，实际上是构建一个新的团队。

四、项目团队能力培育

（一）项目团队能力培育目的

项目团队能力的培育包括两个方面：一是提高项目参与者个人的贡献力；二是提高项目团队整体能力。个人能力在管理和技术方面的提高是项目团队发展的基础。为了使项目团队能力满足项目要求，团队作为一个完整的整体来开发是项目团队实现预定目标的关键。

（二）项目团队能力培育方法

团队能力内容很广泛，不但包括项目工作中所需的各种专业技术能力，团队成员的应变能力、克服困难的能力，成员间协调与配合的能力，还有团队成员特别是项目中的各专业或子项负责人的管理与领导能力，以及自我提高和独立解决问题的能力等。团队发展的技巧与方法就是为提高项目团队整体及其成员这些能力而总结出来的途径与手段。

1. 改善环境

工作环境是指团队成员工作地点的周围情况和工作条件。工作环境可以影响团队成员能力的发挥与调动。一个良好的工作环境可以使团队成员有良好、健康的工作热情，可以使人产生工作的愿望，是使团队保持和发展工作动力的一个很重要的方面。因此，作为团队的负责人应注意通过改善团队的工作环境来提高团队的整体工作质量与效率，特别是对于工作周期较长的项目。

2. 培训

培训包括为提高项目团队技能、知识和能力而设计的所有活动。项目培训可以是正式的，具体方法包括：讲授法、会议法、小组讨论法、角色扮演法、行动学习法、案例研究法、游戏活动法及敏感性训练法等。

工程项目管理中对团队成员的培训，相对于单位人力资源部门的培训而言要简单一些，但更为实用，主要分为工作初期培训与工作中培训。

1）项目开展初期的培训

在项目工作正式开展前，项目经理要通过不同的方式对项目团队成员进行短期培训。这种培训可能是几天，也可能是几小时。培训的目的主要是解决对项目的认识、项目的工作方法、工作要求、工作计划、相互分工、如何相互合作等。具体的培训时间、工作量和培训内容等要根据项目的具体情况酌定。这种工作前培训的负责人一般是项目经理，有时也请项目委托方进行必要的说明与讲解。对于新手的培训还要安排一些基础知识及工作要求方面的内容。

2）项目工作中的培训

项目工作中的培训是指在项目进行当中针对工作中遇到的问题而进行的短期而富有针对性的培训。这种培训的主讲人往往是请来的专家，也可能是团队内部成员。比如对一项新技术的培训、对某一思维方式的培训等。对于这种工作中的项目培训要注重实际成效，切忌只讲形式、不求效果，否则不但增加项目费用支出，还可能对项目团队文化与团队精神的形成产生不利的影响，进而影响项目工作效率和项目的工作质量。

3）人员配合训练

人员配合训练是为了加快团队成员之间的了解，提高团队之间的默契性、互动性及协调能力而设计和组织的训练性活动。例如将全部或大部分项目团队成员放在同一个不具备基本生活条件的自然地点，让他们自己去安排生活，在特殊环境下学会相互依存和相互适应，或想办法去改善生活条件等等，以提高作为一个团队整体的行动能力。

3. 开展团队建设性活动

开展项目团队建设性活动是指以提高项目团队的能力而设计和组织的，让团队成员通过参与使能力得以提高的团队活动。这种团队建设性活动有很多，包括为改进项目团队的管理而设计的活动，为改进项目团队完成能力而专门设计的活动，为提高项目团队成员有关基本知识水平而组织的一些活动等等。团队建设性活动还可以结合团队的实际工作进行，例如，让项目团队计划执行链中处于最末端的团队成员参与团队计划的制订过程；让那些没有管理能力和处理问题经验的项目团队成员参加制订暴露和解决矛盾的一些基本规则的过程；请一个没有主持过会议的团队成员主持一个5分钟的会议日程表调整会等等。另外，还可以搞一个正规的工作检查会议，或专业性的经验交流等。通过这些活动的开展，将有利于改善团队成员之间的人际关系，提高其对团队工作的参与热情，激活其内在潜能。

4. 评价

评价是指对员工的工作业绩、工作能力、工作态度等方面进行调查与评定。正确地开展评价可以使团队内形成良好的团队精神和团队文化，可以树立正确的是非标准，可以让人产生成就与荣誉感，从而使团队成员能够在一种竞争的激励中产生工作动力，提高团队的整体能力。团队评价的具体方式可以采取指标考核、团队评议、自我评价等多种方式。

评价是激励的一种方式，激励是指为激发人的动机，鼓励人们形成行为、从事某种活动而采取措施的过程。激励的目的是为了使人形成工作动力，也就是人们常说的调动积极性，它也是一种组织满足员工的需要、指导和强化其行为的过程，对于团队工作来说是不可或缺的重要内容。

团队建设与管理的理论基础主要包括：需要层次理论、X和Y理论、双因素理论这三种最基本的激励理论，以及成就需要理论和公平理论等。

（1）需要层次理论

美国心理学家马斯洛（Abraham Maslow）的需要层次论认为，每个人都有着多种层次的需要。常见的马斯洛需要层次论是五层次论，后来马斯洛又将该理论扩展为更加完善的七层次论。即：

①生理需要。指对维持生命所需要的食物、御寒、住所、性等方面的需要。②

安全需要。指希望得到安全保障，以免遭受生理和心理危险、伤害的需要。③社交需要。指归属感，即希望得到伙伴、友谊、爱情以及归属于某一组织的需要。④尊重需要。分为内部和外部两个方面：内部尊重因素如自尊、自主和成就；外部尊重因素即希望他人尊重自己的需要，如地位、认可和关注。⑤求知需要。是指好奇心、求知欲、探索心理以及对事物的认知和理解的需要。⑥审美需要。是指由对匀称、整齐、和谐、鲜艳、美丽等事物的追求而引起的心理满足需要。⑦自我实现需要。是指希望施展个人抱负和有所成就的需要，包括能够获得个人发展和发挥自己的潜能。

马斯洛认为，当某一层次的需要得到满足以后，下一层次的需要就会产生，而已经得到满足的需要也就不再成为行为的诱因。

英国管理学家兰伯格将需要七层次论进一步划分为自我关注、对团队贡献（外部需要）和对自我贡献（内部需要）三大方面，并分析了其被否定后的状态，具有一定的实用性。

（2）X 理论和 Y 理论

美国管理学家麦格雷戈（Douglas McGregor）提出管理者对员工持有两种相反的人性假设：一种是 X 理论，另一种是 Y 理论。管理者基于这两种人性假设来确定对待员工的管理方法。

持有 X 理论的管理者是把人看作“经济人”，该理论的内容如下：①工作给员工带来较强的负效用，员工天生不喜欢工作；②管理者必须通过强制、控制或惩罚员工来迫使他们按照组织的目标行事；③员工不愿意主动承担责任，并且尽可能地寻求指导和接受指挥；④大多数员工没有什么进取心，非常重视在工作中获取安全感。

持有 Y 理论的管理者是把人看作“社会人”，该理论的内容如下：①工作能给员工带来一定的正效用，员工把工作当成一件快乐的事；②员工能够自我引导、自我学习、自我控制，以实现自己对工作的承诺；③大多数员工能学会承担责任，甚至积极要求承担更大的责任；④员工普遍具有自主决策能力，不只是管理者具有这种能力。

将需要层次理论与人性假设理论对比可以看出，X 理论对应的是员工的较低级层次的需要，Y 理论对应的是员工的较高层次的需要。因此，在团队管理中，要区分团队成员的个人状况和工作情境，进行差异化管理。

（3）双因素理论

双因素理论是由美国行为学家弗雷德里克·赫兹伯格（Frederick Herzberg）提出的。他发现影响人的积极性的需要因素主要可以划分为“保健”和“激励”两大部分，因而该理论也被称为“激励—保健因素理论”，简称“双因素理论”。

所谓保健因素，是指让人们对工作不满意状态消除的过程中发挥重要作用的因素。工作过程中的保健因素必不可少，通常包括：公司政策管理、监督、工资、同事关系、工作条件等。赫兹伯格认为，尽管这些因素不能直接起到激励员工的作用，但如果它们不能得到满足，会使员工产生较大的不满。因此，提供充足的保健因素，是进行团队建设与管理的必要前提。

所谓激励因素，是指员工的工作富有挑战性和自主性，员工具有责任感和成就感，其工作成绩能够得到认可和弘扬，能够实现个人发展等方面的因素。激励因素增加会带来工作积极性和工作业绩的增加。激励因素如果得到满足，将会极大地激发员工的工作热情，具有持久性和稳定性。激励因素对单个团队成员及整个团队的发展都具有重大影响，因此，激励理论是团队建设与管理的重点内容。

(4) 成就需要理论

美国行为科学家戴维·麦克利兰提出了一种以人的成就需要为中心的理论。该理论认为，在人的生理需要基本得到满足的条件下，人们还有三种需要，即权力需要、友谊需要和成就需要。

权力需要是指影响、控制、指挥别人行为的需要；友谊需要是指人们建立友好和亲密的人际关系的意愿，也被看作是“合群”需要，它构成团队的心理基础；成就需要是指人们追求卓越、争取成功的内部驱动力。成就需要是最重要的需要，它的高低对一个人、一个组织以致一个国家的成长和发展都起着特别重要的作用。不同的人对权力、友谊和成就需要的排列顺序和所占比重都会有所不同，人们的行为主要决定于被环境激起的那些需要。

具有高成就需要的人更喜欢具有个人责任，能够获得工作反馈以及具有适度冒险性的工作环境；具有高成就需要者不一定是优秀的管理者，出色的总经理也并不一定是具有高成就需要的人；成就需要可以通过培训来激发。在团队中，可以选拔具有高成就需要的人，通过成就培训来对团队成员进行开发。

(5) 公平理论

美国行为科学家亚当斯（S. Adamas）提出了著名的公平理论，系统地分析了员工的报酬与劳动积极性之间的关系。基本思想是：员工对他所得的报酬是否满意不仅要看绝对值，而且要看相对值，即每个人在将自己目前的报酬水平和贡献比率与自己过去的情况进行纵向比较的同时，也与别人进行横向比较。当两者的比值相等时，个人就会感到公平满意；如果比值小于自己过去的情况，就会产生不公平的感觉；而如果在同等工作的情况下，自己的报酬小于他人的报酬，不公平感就更为明显。当个人感到公平时，就会心情舒畅，努力工作，否则就会影响工作情绪。

根据公平理论，组织中管理人员须对员工的各种投入给予恰如其分的承认，并通过合适的劳动报酬体现出来。否则，员工因为对报酬不满意，就会对工作失去动力和积极性，并会产生一系列不良后果。

(6) 团队激励的方法

团队激励方法通常包括竞争激励、奖励激励、个人发展激励和薪酬激励。

①竞争激励。竞争可以刺激团队成员的进取心，使他们发挥更多的潜能，使团队表现越来越出色。团队中竞争激励的目的是鼓励先进，激励后进，不是简单地优胜劣汰。常用的方法包括竞赛、职位竞选等。

②奖励激励。奖励有时比竞争或压力更能影响团队成员的行为，但要恰到好处，否则可能适得其反。奖励激励的方式通常有：奖励旅游或休假，增加津贴或福利，以及奖励股份或期权等。

③个人发展激励。个人发展激励是团队发展中为团队成员自我发展所提供的成长空间与机会。这在团队管理中是最好的激励方式，具有长久、持续、稳定的特点。常用的方法主要有：职业发展计划、目标激励、晋升与增加责任、培训、组织荣誉等。

④薪酬激励。良好的薪酬激励机制不但能为团队成员提供生活需要的满足，还能传递团队追求的方向目标，更是个人价值的体现形式，是创造良好团队环境的关键因素。通常包括基本薪酬、个人和团队导向的薪酬激励、团队整体目标的薪酬激励等方面。

5. 外部反馈

前面所说的项目人员配备、项目计划、项目执行报告都只反映了项目内部对团队发展的要求，除此之外，项目团队还必须对照项目之外的期望进行定期检查，使项目团队建设尽可能符合团队外部对其发展的期望。在外部反馈的信息中，主要包括委托方的要求，项目团队领导层的意见及其他相关客户的评价与建议等。

6. 调整

项目团队成员不是不可改变的，由于各种原因，项目团队成员表现不能满足项目的要求或不适应团队的环境时，项目经理不得不对项目团队成员进行调整。对这种调整项目经理要及早准备，及早发现问题，早做备选方案，以免影响项目工作的顺利开展。

项目团队调整的另一项内容是对团队内的分工进行调整，这种调整有时是为了更好地发挥团队成员的专长，或为了解决项目中的某一问题，也可能是为了化解团队成员之间出现的矛盾。

无论哪一种调整，调整的目的都是为了使团队更适合项目工作的要求。

五、项目团队考核

（一）考核的作用

对团队成员进行考核是项目经理加强团队管理的重要方法之一。其主要作用有：

（1）有利于加强成员的团队意识。团队作为集体必须有其自己的行为准则与规章制度。在团队成员考核的内容中有一方面就是考核团队成员对团队规定的执行情况；通过这方面的考核提醒每一个被考核人：“你是这个团队的成员，你的行为要对团队负责”，从而强化成员的团队意识。

（2）时刻提醒团队成员要完成的任务。通过整个团队及每个团队成员任务完成情况的考核，提醒团队成员任务在身，要抓紧工作，保证工作进度与工作质量的完成。

（3）调动成员积极性。考核的成效之一就是会产生激励效果，使团队成员之间有竞争感和压力感。同时，考核的结果又是奖惩的重要依据，奖励先进，鞭策后进，进一步提高团队成员奋进的积极性。

（4）提高成员工作效率。考核会促使团队成员科学安排自己的工作，克服工作中的困难，合理地解决工作中的问题，提高工作效率。

（5）保证项目目标的实现。对团队成员的考核是保证项目按进度计划和工作质量标准完成工作任务的重要途径，是保证项目目标实现的有效手段。

（二）考核的内容

对项目团队成员考核的内容主要有工作效率、工作纪律、工作质量、工作成本四个方面。

1. 工作效率。工作效率考核主要是考核成员在规定的时间内完成工作任务的情况，考核的主要目的是为了保证项目进度计划的顺利完成。

2. 工作纪律。工作纪律考核主要是考核成员遵守团队工作纪律的情况，其主要目的是为团队工作任务的完成提供保障。同时，保证团队良好的精神面貌与工作热情，促进团队精神的形成。

3. 工作质量。工作质量考核主要是为保证项目工作质量目标的良好完成。通过平时的质量考核，消除和纠正项目工作质量方面的问题，避免由于平时工作质量的疏忽而影响项目的整体质量。

4. 工作成本。工作成本考核的主要目的是为了促使成员尽量降低费用支出，保证项目尽可能在规定的费用预算计划内完成项目工作，以保证项目预期经济效益的实现。

在实际应用中，以上考核内容应视项目情况，而各有侧重，不可千篇一律。

（三）考核方式

对团队成员考核的方式有很多，在实际工程项目管理中通常采用以下方面：

1. 任务跟踪。每个项目都有自己的进度计划，在某一时刻每个团队成员应完成哪些任务、团队项目进展应达到哪一阶段，项目经理要经常进行进度跟踪，以便掌握动态，发现问题及时调整。在进行进度跟踪的同时，还要进行质量跟踪与费用跟踪，即对完成的每一项工作任务进行质量与费用的了解与检查，将其与工作要求和费用预算进行比较。具体方法可采用横道图、网络图等技术手段。

2. 平时抽查。在每一项目阶段，项目经理还要注意对项目情况的抽查，主要是进度、质量及工作纪律等，以掌握第一手情况。抽查可采取询问、现场观看等方式。如果项目的工作周期较长，项目经理的平时抽查就格外重要。在实际工作中，进行抽查时要注意以下几个问题：①与其他工作结合进行。如情况碰头会，工作总结会等。②尊重被抽查人。③ 频率要适度，要因人而宜、因事而宜。

3. 阶段总结汇报。阶段总结汇报是督促项目成员或子部门将项目一段时期的工作成果全面认真地进行总结分析的一种方法，既可使各部门发现问题、总结经验，又可通过相互交流使大家取长补短、相互促进。具体操作时，要注意避免形式主义，讲究实效，事先要做好准备工作。

4. 征求客户意见。这是一种考核控制的有效方法。项目团队的工作目的就是为了完成好顾客的委托任务，项目团队的工作质量最后必须经受得起委托方的检验。因此，经常与客户进行有效的沟通，可以从另一个角度了解成员的工作情况，征求客户对项目的意见是保证项目根本目标实现的重要手段。要注意不要只是形式上的征求意见，要有具体内容和诚意；同时也要注意征求意见的时间性，不可过于频繁，以免产生副作用。

5. 问题征询。问题征询是指征求第三方对项目团队的意见，从中发现问题。项目团队的外部有许多项目相关人，如公司职能部门、公司高层等。有些问题项目经理在团队内部可能无法看到，或看不清楚，但第三方从客观的角度就会比较清晰。经常征询他们对项目团队的意见对项目经理更好地把握团队、控制项目进展会有很大的益处。

6. 成员互评。项目团队成员之间相互评价是了解项目成员工作状况的一种方式。其优点是可以从多方面、多角度了解项目团队成员的情况，特别是平时不易了解到的情况。但这种方式也有许多不足，如果处理不好，容易造成成员之间为个人利益而达成私下互相吹捧的默契，或相互攻击，影响团队精神，而且有时评价意见也不一定真实和符合客观实际。

（四）考核的管理

1. 考核结果的分析。对考核结果要进行客观认真的分析，考核结果有的真实，但有的虚假，要注意鉴别。对发现的问题要及时找出产生问题的原因，并采取适当的措施进行应对。

2. 考核分析结果的记录。考核的结果应及时记录在案，将分析结论与采取的措施进行记载，以便将来进行分析对比。

3. 结果的反馈与工作调整。考核的结果要通过恰当的方式与被考核人见面，以利于其工作的改进和提高。对考核结果证明确实不适合原工作安排的团队成员，要及时进行调整，以保证项目目标的实现。

4. 结果的使用。一个好的项目经理应注意积累自己负责的每个项目的团队成员的考核情况，发现总结其特点和长短之处，以便从中发现与筛选出适合自己未来工作需要的团队候选人。

第二节　组织计划

一、组织与组织计划的含义

（一）项目组织

通常认为项目管理组织具有两个方面的含义：一是作为名词概念的工程项目的组织结构形式，即按照一定的体制、部门设置、层次划分及职责分工而构成的有机体；二是作为动词概念的组织管理过程，即为达到一定目标，运用组织所赋予的权力，对所需的资源进行合理配置，以有效地实现组织目标的过程。组织的关键不在于同一个建筑内办公、或一套政策和程序，其核心是组织内成员之间，成员与职责、任务，成员与资源之间的关系。

工程项目管理组织可以是一个公司，也可以是一个专业项目部，还可能是为完成某一项目而成立起来的项目团队。

（二）项目组织计划

项目团队组织计划是指为保证工程项目的良好开展，对项目团队有关人员职位与责任的设置构架。对于大多数项目来说，项目团队组织计划可能很早就开始了，甚至提前与业主进行了沟通。但为保证整个项目的持续力，对项目团队组织计划应进行定期审查，如果开始制定的计划不再适合项目的发展，就应及时对其进行适当的修改。

（三）项目组织的作用

一个优良的组织其基本作用是避免组织内个体力量的相互抵消，寻求个体力量汇聚和放大的效应。

项目管理组织的作用从不同的角度分析可以有不同的认识。从组织与项目目标关系的角度看，项目管理组织的根本作用是通过组织活动，汇聚和放大项目组织内成员的力量，保证项目目标的实现。主要体现在以下几个方面：

（1）合理的管理组织可以提高项目团队的工作效率。

（2）管理组织的合理确定，有利于项目目标的分解与完成。

（3）合理的项目组织可以优化资源配置，避免资源浪费。

（4）良好的项目组织工作有利于平衡项目组织的稳定与调整。

（5）科学合理的项目组织工作有利于项目内外关系的协调。

（四）影响项目组织的因素

对工程项目组织的影响因素包括影响项目组织结构形式的形成和影响项目组织管理过程两方面。其影响因素表现为社会因素和项目所在组织内部因素。

1. 社会因素

1）国际通行的项目管理方法与惯例。

2）国家经济管理环境和与项目相关的管理制度。

3）项目规模与项目技术复杂性。

4）项目的经济合同关系与形式。

5）项目管理的范围以及项目工作的种类、规模、性质和影响力。

2. 组织内部的因素

1）上级组织的管理模式与制度。

2）公司与项目管理目标。

3）上级组织领导层及各部门之间的运作方式。

4）组织领导及成员的素质。

二、团队组织计划

组织计划通常包括四方面的内容：角色和职责安排、人员配备计划、组织关系图和有关说明。

（一）角色和职责安排

为了做好项目团队组织计划工作，首先要进行工作分析。工作分析是人力资源管理最为基础性的工作，在制定人力资源组织计划前，先确定每一工作的职责、任务、工作环境、任职条件等，并对目前、近期及中远期的工作量进行预测分析。

在分析每个角色和职责时，要考虑其角色、职责、职权与能力要求。

角色是指在项目工作中谁来做某一事情，而职责则是回答团队成员应该履行的工作。职权是使用项目资源，作出决策以及批准的权力，而能力则是为实现其角色，履行其职责、职权所需具备的技能和才干。项目的角色和职责必须分配给合适的项目参与者。角色和职责可能安排给某单个人，也可能是安排给某组成员。被安排者可能是项目组织的一部分，也可能是组织外的一部分。在项目职责安排时，项目团队的工作应与公司内部的职能部门如工程、市场或财务部门等有机结合起来。

项目经理的角色在大部分项目中总是很关键的，但绝不是不可改变的。在实际工作中，项目经理的角色可能由于项目的进展情况，项目内外环境的变化或其他原因而进行调整。

描述团队成员的角色与职责可采用多种形式，主要有：层级型、矩阵型和文本型，有些项目人员安排也可在项目管理计划的子计划（如风险、质量或沟通计划）中列出。无论使用什么方法，目的都是要确保每个工作包都有明确的责任人，确保全体团队成员都清楚地理解其角色和职责。

1）层级型。采用传统组织机构图，以图形方式自上而下地显示各种职位及其相互关系。工作分解结构（WBS）用来显示如何把项目可交付成果分解为工作包，显示项目可交付成果的分解，有助于明确高层次的职责。组织分解结构（OBS）则按照组织现有的部门、单元或团队排列，并在每个部门下列出项目活动或工作包，运营部门（如信息技术部或采购部）只需找到其所在的 OBS 位置，就能看到自己的全部项目职责。资源分解结构是另一种层级图，按照资源类别对项目进行分解。例如，在桥梁建造项目中，资源分解结构可以列出各部位所需的全部焊接工人数和焊接设备，即使他们分散在 OBS 和 WBS 的不同分支中。资源分解结构对追踪项目成本很有用处，可与组织的会计系统对接，可以包含人力资源以外的其他各类资源。

2）矩阵型。采用责任分配矩阵（RAM）显示工作包或活动与项目团队成员之间的联系。在大型项目中，可在多个层次上制定 RAM。高层次的 RAM 可定义项目团队中的各小组分别负责 WBS 的哪部分工作，低层次的 RAM 可在各小组内为具体活动分配角色、职责和职权。矩阵图能反映与每个人相关的所有活动以及与每项活动相关的所有人员。它也可以确保任何一项任务都只有一个人负责，从而避免混乱。

3）文本型。如果需要详细描述团队成员的职责，可以采用文本型。文本型描述团队成员的职责文件通常用概述形式，诸如职责、职权、能力和资格等方面的信息。这种文件有多种名称，如职位描述、角色—职责—职权表。该文件可作为未来项目的模板，特别是在根据当前项目的经验教训对其内容进行更新之后。

与管理项目有关的某些职责，也可以在项目管理计划的其他部分列出并解释。例如，在风险登记册中列出风险责任人，在沟通计划中列出沟通活动的负责人，在质量计划中指定质量保证和质量控制活动的负责人。

项目角色和职责与项目范围的确定是紧密联系的，责任分配矩阵通常就用于这一目的。

对于一个大型项目，项目责任分配矩阵可能在各种不同的层次上开发。例如，一个高层次的责任分配矩阵可能是对项目工作分解结构中的每一个元素由哪个单位或小组来完成都进行确定；而一个低层次的职责安排矩阵可能只是用于局部个人，为某一特别活动在一个小组内安排角色和职责。

（二）人员配备计划

人员配备计划就是根据已确定的各个角色和职责的要求，以需配人、以岗定人。

1）人员需求。根据各工作单元、工作任务及未来发展，确定人力资源在专业技能、质量、数量、时间、合作精神等方面的需求，并对各工作单元的人力资源需求情况进行汇总和协调，最后制定出人力资源需求计划，包括需求的人力资源数量、种类、时间、专业方向与水平等。

2）人员配备。人员配备计划描述人力资源何时加入项目工作及何时脱离项目工作，如何加入和离开项目团队。根据项目的具体情况，人员配备计划可以是正式的，也可以是非正式的；可以是详细的，也可以是框架式的。人员配备计划是整个项目计划的一部分。

（三）组织关系图

组织关系图就是通过某种图形来确定和形象体现项目组织内各组织单元或个人之间的相互工作关系。根据项目需要，可以是正式的或非正式的，详细的或粗线条的。例如，只有三四个人参与的一个小工程施工监理项目，不可能有大型核电站项目那样严格详细的组织关系图。组织分解结构图是一种特殊的组织关系图，展示了各组织单元负责的具体工作。

（四）有关说明

有关说明是对项目组织计划中的各个职位所进行的必要说明，项目组织计划说明的粗细程度应根据项目应用领域和项目规模的不同而不同，有关说明中包括一些信息作为支持细节而提供。主要包括：

1）组织结构形式的影响。在项目组织结构形式的确定过程中，决策者往往是在正式或非正式地进行比选后，才确定项目的组织结构形式。分析组织结构带来的影响就是分析在采用这样一种组织结构形式的同时，哪些可能的选择被限制了，还有哪些利弊。

2）工作描述。为了使项目团队在人力资源选择时有清晰的目标，并为将来被安排在这一职位的人对其工作有一个明确的了解与把握，必须在组织计划的支持细节中对工作进行必要的描述。此处的工作描述不应也不可能过于详细，应当是纲要式的，包括工作身份、职责、技能、知识、权力、工作的物质环境，以及在完成给定工作中的其他特征等。

三、制定组织计划要注意的问题

在项目组织计划的制定与执行中，要注意以下几个方面的问题：

（一）项目界面

（1）组织界面。组织界面是指项目组织内部各组织单元之间职责与任务相互交叉中的分工与衔接。在项目组织计划中，要正式或非正式地明确不同组织单元之间的这种组织界面关系。在实际工作中，可根据项目的具体情况或繁或简地进行这一工作。例如，一个大型水利工程的项目组织管理系统内各组织单元之间的相互关系和一个简单的饮料生产项目相比，前者的复杂程度远远大于后者。

（2）技术界面。技术界面是指项目内部各专业之间的“接口”，包括在专业交叉与衔接点上如何进行相互分工与协作等。在项目组织计划中，对于不同专业之间的界面关系应当正式或非正式地予以明确。技术界面既可发生在项目阶段内部，也可能发生在项目阶段之间。例如，项目场（厂）址选择时，市政工程专业必须与建筑结构工程专业很好地配合，是发生在一个阶段的内部；而对于一个汽车制造厂的技改项目，总装车间的扩能改造必须与发动机生产能力改造配套，则是发生在不同阶段之间。

（3）人际关系界面。人际关系界面是指项目组织内部不同个人之间工作交叉中的分工与衔接。在项目工作当中，正式或非正式地明确不同个人之间的这种人际关系界面，对于项目团队中每个人很好地完成各自的任务与职责，对于高质量地完成项目团队的整体目标都是非常必要的。

（二）人员配备计划要与需求一致

人员配备计划是整个人力资源计划的重要部分。在进行计划的制定时，一定要尽可能按项目对人力资源在时间、技能、合作、数量等方面的需求来安排，以保证项目的进度与质量。在研究需求时要注意明确项目在各时间阶段、各不同组织单元中或小组内的具体要求。

（三）约束条件

这种约束就是指限制项目团队选择的各项因素，主要包括：

（1）项目的组织结构。不同的组织结构形式，对项目的人力资源有不同的要求。例如基本组织结构为强矩阵式时，对项目管理者的领导和组织能力方面的要求与弱矩阵形式下相比则有较大的不同。

(2) 共同达成的有关协议。在项目角色安排与职责分工时，有时会受到一些特殊的协议与有关规定的影响与制约。例如，同工会或其他雇员团体之间的协议可能要求在项目中给某些特定群体中的人员或具体某人以一定的角色或明确一定的关系。

(3) 项目管理层的偏好。对于以往取得的成功经验或方法，人们不由自主地会产生一种依从心理。如果项目管理层成员在过去的项目中用某种组织方式取得了成功，他们在将来很可能主张采用类似的组织方式。

(4) 预期的人员安排。在项目所涉及的各类群体中，每个人对项目产生的影响都可能有所不同。在理论上项目的组织计划应根据项目的具体情况和项目管理理论等来确定，但实际上项目如何组织实施常常受到一些特殊个别人的能力和水平影响，由于这种影响的存在，使项目的组织计划与行为不得不进行改变和调整。

四、组织计划制订的方法与工具

常用的组织计划制订的方法和工具有模板和人力资源管理实践。

(一) 模板

虽然每个项目都有各自的特点，但大多数项目都会与其他项目有许多相似之处。将这些同类项目的角色分工、职责和相互关系的确定作为今后类似项目的参考或依据，就成为组织计划制订的模板。在组织计划制订中使用这些模板，再根据新项目的特点加以调整，能加快项目组织计划的制定。

(二) 人力资源管理实践

很多项目机构根据自身的特点与经验，结合有关理论与规定，制定供其内部使用的人力资源管理方面的政策、规定和程序，这些都有助于项目团队制定人力资源方面的组织计划。例如，某公司对项目经理在业务经验等方面有一定的具体要求等。

五、人员吸纳

(一) 人员吸纳的依据

人员吸纳的依据主要有以下几方面：

(1) 人员配备计划。人员配备计划在前文已做了介绍。

(2) 可吸纳人力资源情况。主要包括：

以前的经验——这些个人或小组是否做过类似或相关的项目？如果做过，那么做得怎样？

个人兴趣——这些个人或小组对这一项目中的工作是否有兴趣？

个人特点——这些个人或小组是否可能组成项目团队并一起很好地工作？

可得到的程度——在必要的时间段内，最希望得到的个人或小组是否可以得到？

(3) 招聘惯例。任何一个组织，包括项目都可能有自己的获取人员的政策、规定和程序。这些存在的政策、规定与程序是人员获取过程中应当遵守和考虑的。比如对学历的要求、对专业技术偏重程度等，这些要求往往成为一种惯例，对人员获取进程产生约束。

（二）人员吸纳的工作内容

人员吸纳是指得到项目需要的人力资源（包括个人或小组），并将其安排到项目工作中的过程。在大多数情况下，最好的资源可能往往是不可得到的。因而，项目管理团队在人员获取方面的工作重点是必须确保可得到的资源能满足项目的需要。

（1）人员来源分析。项目团队的成员不一定是项目所在公司的人员，由于项目的不同特点及需要，项目成员完全来自本部门或公司往往很难满足项目要求。事实上，对于工程项目而言，相当多的团队成员可能来自公司外部。因此在考虑项目团队成员时，除特殊情况要求项目团队成员必须全部由公司或部门内人员组成外，正常情况下，应首先以项目需求和项目进度与质量来考虑项目团队人员的组成。

在工程项目的人力资源中，重要岗位的管理人员，特别是项目经理往往来自项目单位内部。一部分成员由外部专家组成，这些专家来自咨询单位的专家库中。

使用现有的内部人员与使用外部专家从项目本身的工作阶段来看，使用内部人员可以减少公司总成本费用的支出，因为内部人员的成本费用对于项目来说可能已经是“沉没成本”，无论其是否参加项目的工作，这部分费用都要投入，而外部聘请专家则需另付报酬。如果项目费用核算是完全独立的，从项目的角度看，内部人员参加项目团队则不一定会降低成本费用，需将两者加以比较才能确定。

（2）人员吸纳的实施。在对项目团队人员的需求与可能来源分析的基础上，项目经理应根据团队成员具体不同来源情况，以不同的方式进行人员获取工作。

对项目团队所需的人员进行排队对比，在质量同等或相近的情况下，以费用低者为先；在费用相同或相近的情况下，以质量为先。

按排队顺序与候选人进行接触，将其参加项目的工作内容、时间、费用等情况与候选人商谈，了解其参加项目工作的可能性，作出取舍。

（3）团队成员的确定。经过前面的工作，项目人力资源的吸纳阶段主要取得了两个成果：1）项目人员的安排。当人员已经稳妥地安排到项目工作中时，项目的人员配备就算完成。根据项目的需要，项目人员可以是全日工作，也可能是业余兼职，或兼而有之。2）项目团队名录。项目团队名录要包括所有项目团队成员和其他关键项目参与人。根据项目的需要，这个名录可以是正式的或非正式的，可以是简明的或详细的。

（三）人员吸纳的基本方法

1. 预安排。在一些情况下，人员可能被预先安排好了。这种情形常发生在下述情况中：1）项目是一个竞争性建议的结果，特别的人员已作为建议书的一部分被确定了。2）项目是一个内部服务项目，人员安排在项目的有关批准文件中已被确定。3）项目委托方对项目人员有特殊要求，项目团队的一些特别人员必须按委托方要求来安排。

2. 商谈。在大多数项目中，项目团队的人员吸纳必须通过商谈来解决。1）同公司内职能部门的负责人商谈，以确保项目能在必要的时间段内得到合适的熟练人员；2）对于稀缺专业或专业性很强的人力资源，在组成项目组织时有时需要同其他项目团队商谈。3）选拔作为一种特殊的商谈形式，在项目团队人员安排时也可能会被采用。选拔可以是部门内部，也可以是公司内部。选拔的优点是成本低、容易控制、情况好掌握；缺点是易受行政、人际关系等的干扰，来源范围可能相对窄一些。

3. 招聘。对于一个项目来说，招聘可用于取得特殊个人或组织提供的服务。项目组织为完成项目而临时缺少某类人员时也会采用招聘的方式。例如，项目决策时没有雇用这类专业的全日制人员，或所有的适宜人员都被安排满足其他项目需要了，或由于其他一些情况。

招聘可以是全社会招聘，也可以是内部招聘，其好处在于资源来源广，可供选择的余地大；缺点是成本高，需解决的相关问题可能比较多，特别是外部招聘。

第三节　项目管理组织结构的确定

一、项目管理组织的基本原理

在掌握如何构造项目组织结构前，需要首先弄清几个基本概念及相互关系，主要有：组织结构、组织规模、部门设置、管理幅度与管理层次。

（一）组织结构

1. 组织的构成

组织是由人员、职位、职责、关系、信息等组织结构要素构成的，其中各个职位与工作部门就相当于一个个节点，各节点之间的有机联系，就构成了组织结构。组织结构就是系统内组成部分及其相互关系的框架，具体说就是根据组织系统的目标与任务，将组织划分成若干层次与等级的子系统，并进一步确定各层次中的各个职位及相互关系。

2. 组织规模

工程项目管理中的组织规模通常是指该组织管辖人员数量的多少。例如说某公司有多大规模，往往是指其员工有多少人，具体又可以分为正式员工人数、客聘专家人数等。

3. 部门设置

部门设置包括部门职能的合理确定与部门划分两个方面的内容，这是组织机构设置中的一对重要关系。

（1）部门的划分。部门的划分是指在项目管理机构中设立多少部门和设立哪些部门。部门过多将造成资源浪费和工作效率低下，部门太少则会造成部门内事务太多，部门管理困难等问题。

（2）部门职能的确定。部门职能是指部门所应负责的工作与事务范围。部门负责的工作与事务太少，部门将人浮于事，影响工作效率和公司风气。职能过多，部门的人员会疲于忙碌，管理困难，影响工作质量。

（3）部门职能与部门划分的关系。部门过多，每个部门的职能就会减少，部门少，每个部门的职能就可能会增加。因此首先要科学处理好部门职能与部门数量的关系；同时划分部门与部门职能的设定又是紧密联系的。部门划分的科学合理，各部门之间的职能分工就容易合理设定，如果部门职能设定不合理，将会增加部门的数量，容易造成管理上的混乱。

（4）部门设置的方法。部门设置的最基本形式是把组织的总体任务分解成若干个子任务，以完成子任务的单元为基础形成部门，即工作部门专业化。部门设置的另一种基本形式是按组织（公司或其他机构）自身总体职能与任务的要求，把组织分成若干个具有固定职能分工和业务范围的部门，即实行部门职能化。例如，一些咨询公司分为能源业务部、农林水业务部、一般工业业务部等。

4. 管理幅度

管理幅度又称管理跨度。是指上级管理者所直接领导下级人员的数量。一名管理者直接领导多少人才能保证管理是最有效，就是管理幅度的问题。

（1）管理幅度对管理的影响

管理幅度是组织设计中的一个重要问题，过大与过小都将对组织的运行产生不利影响。

扩大管理幅度对组织的影响主要有：可以减少管理的层次，缩减组织机构和管理人员，减少协调方面所付出的时间和费用；缩短信息传递渠道与层次，提高工作效率；但管理幅度过大可能使主管人员对下属的指导和监督的时间相对减少，容易导致管理失控，出现各自为政的状况。

减小管理幅度对组织的影响主要有：管理层次增加，相互之间的工作协调难度加大，为此所花费的时间与费用都会增加；由于层次增加，信息的传递容易发生丢失和失真；办事效率降低。

（2）确定管理幅度时应考虑的主要因素

①管理工作的性质

管理者的工作性质不同，其管理幅度的要求也会不同。高层领导面对的往往是事关全局的复杂问题，或未遇到过的新问题，决策所产生的后果也往往是影响全局的问题。因此，其管理幅度应小一些；基层管理者所进行的工作往往是日常的管理工作，其重复性与类似性都较强，因此其管理幅度可以大一些；如果工作作业方法与程序的标准化程度高，管理幅度也可以大一些。一般情况下最高层管理人员的管理幅度 4～8 人较为适宜，基层管理人员的管理幅度以 8～15 人为宜。

②管理者与被管理者的工作能力

如果管理者的工作能力（如决策能力、领导水平、业务经验等）很强，管理幅度可以大一些；反之，如果管理者的工作能力与领导能力都较弱，其管理幅度就应小些。如果下属的工作能力较强，知识与工作经验都比较丰富，管理技能与专业技能也较高，其上级主管的管理幅度就可以大一些；反之，如果下属工作能力较差，事事都需上级主管指导，则上级主管的管理幅度就应小些。

③管理者的领导风格。有的管理者不希望分权，而是希望将所有的权力集中在自己手中，这样的管理者面临的管理幅度可能就大一些；而有的管理者希望通过授权，将工作分给几个得力的下属去完成，这样的管理者的管理幅度就会比较小；有的领导者非常不喜欢处理具体管理事务，将工作全部交给常务副职去做，其管理幅度可能只有一二个人。

④层次内信息传递效率

如果同一层次内信息传递的方式与渠道适宜，传递速度快，关系容易协调，其管理幅度就可大一些；反之，管理幅度就应小一些。

⑤管理的组织机构之间工作职能的相似性

如果管理者直接管理的各下属部门的工作性质有较大的相似，如各火电项目部、水电项目部、核电项目部、新能源项目部等，或监理一部、监理二部、监理三部等，管理者所面临的问题有许多类似性，则其管理幅度则可以大一些，反之则应小一点。

⑥组织机构在空间上的分散程度

管理者所管理的各机构在空间上的远近，对管理者的管理效率将产生一定的影响，如相互之间比较近，管理幅度就可大一些，反之则应小一些。

⑦得到协助的有力程度

管理者如果有助手协助分担一部分工作，就能有更大的精力处理好重要工作。所以如果管理者能够得到助手的有力协助，其管理幅度就可以大一些，如果没有有力的协助，其管理幅度就应小一些。

⑧经营形势和发展阶段。管理幅度与组织的经营和发展有相当的关联。在组织的初始阶段，管理者需处理的事务头绪较多，组织内协调性较差，管理幅度可能会小一点；随着业务的发展，组织经营日益成熟，工作效率较高，各下属组织的独立运行能力有所增强，这时的管理幅度就可适当扩大。但在组织经营遇到困难时，则要按问题所在区别对待，例如，为集中力量，减少管理层次，缩小组织运营成本，管理幅度可能加大一点；而如果经营困难的主要原因是管理者没有足够的精力进行管理，为提高工作效率，发挥个人专长，则可能增加管理层次，减小管理幅度。

（3）管理幅度的定量分析

以上关于管理幅度的分析，从原理上阐明了管理幅度对管理的作用和确定管理幅度的主要考虑因素，没有解决对管理幅度予以定量的问题。根据上述基本原理，美国洛克希德公司提出了一套定量分析方法。主要是确定影响管理幅度的因素，并将各因素进行分级并赋予一定的指数，如表3－1所示；针对某一职位的具体情况，计算其分值，然后根据助手配备情况对分值修正后，对照管理幅度建议表得出管理幅度，如表3－2所示。

表 3－1 影响管理幅度因素分级表

影响因素	各因素不同分级下的点值				
地点相近性	完全在一起	在同一办公楼	同单位的不同办公楼	同地区的不同办公楼	在不同的地区
	1	2	3	4	5
职能相似性	完全相同	基本相同	相似	基本不同	根本不同
	1	2	3	4	5
职能复杂性	简单重复	例行性	稍具复杂性	复杂多变	高度复杂多变
	2	4	6	8	10
直接监督需要程度	监督训练轻松	有限的监督	定性的监督	经常持续监督	经常紧密监督
	3	6	9	12	15
督导协调需要程度	与别人工作不关联	与别人工作有一定关联	适宜、易控的关联	相当密切的关联	相互接触面广且情况多变
	2	4	6	8	12
计划与决策工作量	范围与复杂性很小	范围与复杂性有限	范围与复杂性较广	在政策引导下需努力制订计划	没有方向引导，需随机拟订计划
	2	4	6	8	10

根据配备助手情况进行修正的系数为：

配有直接助手时　　修正系数为 0.7

配有负责行政、计划助手时　　修正系数为 0.75～0.85

配有四位助手时　　修正系数为 0.4

洛克希德定量分析法给出了一个定量分析管理幅度的基本思路，在实际工作中可根据项目组织的具体情况对影响因素的划分、各级影响因素下的分值和修正系数予以调整。

表 3－2 管理幅度建议数

监督与控制指数	管理幅度建议数
40～42	4～5
37～30	4～6
34～36	4～7
31～33	5～8
28～30	6～9
25～27	7～10
22～24	8～11

5. 管理层次

管理层次是指从管理组织的最高层管理者到最下层实际工作人员之间进行分级管理的不同管理层次。管理层次多少是指管理分级的层次数量。

整个组织按从上到下的顺序通常分为决策层、协调层、执行层和操作层四个层面。决策层是指管理目标与计划的制定者阶层；协调层是决策层的重要参谋，属于咨询阶层；执行层是指直接调动和安排项目活动、组织落实项目计划的阶层；操作层是指从事和完成具体任务的阶层。由于每个具体组织的规模、工作性质、空间分布等情况不同，每个层面在实际组织内又可能包括几个管理层次。如图 3—1 所示。在实际工作中，有时协调层、执行层、操作层之间的区分不是非常清晰，就某一个具体部门而言可能兼顾执行层与操作层，有时又可能兼顾协调层和执行层。

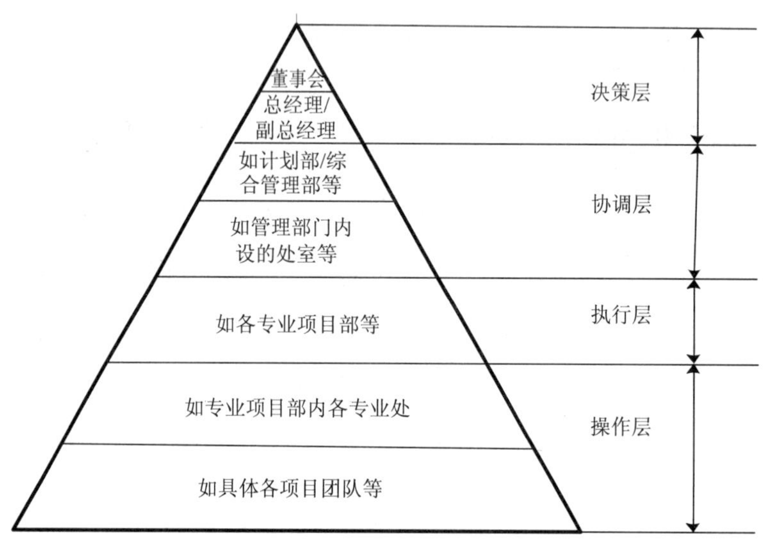

图 3—1　管理阶层与管理层次

一个组织内管理层次的多少不是绝对的，但管理层次过多将产生信息流通的障碍和决策效率与工作效率的低下，以及管理成本的增加。

管理层次从上到下划分的过程，其实也就是工作任务与权力的分解与授权的过程，上级管理层次的部门将任务与权力授予下一级层次的几个部门，上级部门有权督促与检查下一级部门的上下级的关系，从而形成了部门的等级关系。

6. 管理层次与管理幅度的关系

一般地说，管理层次与管理幅度是相互矛盾的，管理层次过多势必降低管理幅度，同样管理幅度增加，同样也会减少管理层次。因此，平衡管理幅度与管理层次之间的关系，使决策与管理效率高效、快捷是组织结构设置中的一个重要问题。

管理层次和管理幅度是组织结构的两个相互关联的基本参数。当组织规模一定时，管理幅度越大，则管理层次越少。相反，如果管理幅度越小，则管理层次就会增加。在系统组织的规模一定的条件下，两者成反比或接近反比的关系。

如前所述，由于人的经历和能力是有限的，一个管理者的有效控制幅度也是有限的。当一个管理者所领导协调的幅度超出了这个限量，就需要增加一个管理层次。

7. 组织形态的纵向层次

组织的层次设置，为组织管理者提供通过职权等级链的纵向逐层监督来控制和协调组织活动的有力手段，根据纵向层次设置的多寡，从组织结构的外部形态描述来加以命名，组织可以区分为高架和扁平两种形态。

（1）高架式组织

高架式结构（tall structure）组织结构又称高耸式组织结构，是在最高层与作业层之间具有为数众多的管理层次，每个层次的管理幅度均较窄小，组织结构形式表现为高而瘦，故又称为“宝塔式”结构。

在高架式结构中，主管人员可以有较充足的时间和精力对下属进行面对面的深入具体指导，并对其工作给予严密的监督和控制；主管人员同其直属人员的联系沟通多，工作单位规模小，可以促成较简单的问题在短时间内得到准确地解决；各级主管职务设置较多，能够为下属人员提供较多的晋升机会。传统的组织结构大多是高架式的。

高架式结构的优点主要有：1）组织结构比较严谨、严密，便于经理人员对下属实施严密控制；2）组织成员职责分明，分工明确；3）上下级之间纵向关系十分清晰，有利于统一指挥；4）组织的稳定性程度很高，纪律比较严明。

高架式结构容易产生的问题主要有：1）层次间和部门间的协调任务重，计划和控制工作较为繁杂；2）管理层次及管理人员多，管理费用升高，降低了管理工作的经济性；3）信息交流不畅且易失真。各层次的行政主管被迫较多地依靠层层的正式的通报制度来获取信息，信息可能会相当严重地被歪曲；4）整个组织的决策民主化程度不容易高。下属在决策中的参与程度很低，自主权和决策权都很小，更多地只能被动服从，通常上面所作出的决策还经常不容易为下面所理解和接受；5）管理工作的效率也会降低。管理层次一多，层层报告请示容易造成决策迟缓，错失良机，整个组织的应变能力较差，缺少弹性。

随着组织规模的逐步扩大，这种高架式结构越来越显得难以适应环境与新的挑战，所以近年来出现了组织结构向扁平化方向发展的趋势。

（2）扁平型组织

与高耸型组织相反，扁平型组织的结构特征是扁而平，其管理幅度大，管理层次少，其组织结构叫做扁平结构（flat structure），或者叫做“横式结构”。现代的企业大多倾向于采用扁平组织结构。

扁平型组织的主要优点是：1）扁平结构由于管理层次少，相对而言管理人员也少，节约了管理费用；2）扁平结构通过管理层次的减少，缩短了上级与基层之间的行政距离和感情距离，改善和加强了纵向的沟通联系，高层领导可以较容易了解到基层的情况；3）随着管理幅度的加大，上级对下级的指导与监督减少，下属要有效地行使指挥，就必须努力提高自身的管理能力和管理水平，增加了下属的管理责任，对地位较低的下属人员会起到有力的激励作用，有利于促进基层管理人员的成长；4）下属在决策中的作用增强，发言机会增多，同时也由于上级把主要的作业责任授权给了下级，这样下级有可能参与决策，提高决策的民主化程度；5）纵向沟通联系渠道缩短，使上下级之间信息传递沟通加快，决策与行动效率更加迅速。

扁平型组织主要的不足之处是：1）随着组织的扁平化，上司管理幅度的加大，工作负荷将加重，使之精力分散，对下属的管理可能松懈；2）各级管理人员的工作方式要从监督和控制为主，转向主要提供建议和协助，并推动下属解决问题，实现其角色由监督者向领导者的转变，要求各级管理人员素质和能力相对较高；3）下属容易会自觉或不自觉地突出他们的特权，建立起他们自己的附属部门和势力范围，破坏组织的统一性，因此下属人员要有较强的自觉性和自律性。在扁平结构中，上级领导者要特别注意放权的艺术，既要敢于放权、善于放权，还要拥有必要的权威性。

总之，高耸型结构与扁平型结构都是相对的，在适宜的环境下，都可能成为有效的结构形态。随着信息技术的发展和信息系统在组织内的应用，将促成组织向扁平型结构发展。

（二）部门划分的方法

组织中常用的部门划分方法有人数划分法（如军队中各级作战单位的设置等）、时间划分法（如生产企业中早、中、晚班的设置等）等多种方法。但工程项目组织管理中常用的部门划分方法主要有职能划分法、程序划分法、业务划分法、区域划分法等。

在工程项目管理当中，既有单一的项目管理，也有多项目管理的情况。部门划分方法往往既存在于单一的项目管理，也可能存在于多项目管理。

1. 职能划分法

职能划分法就是以组织中的主要职能为划分基础，将相同性质的职能置于同一部门内，由该部门负责组织内这一职能的执行。例如，内设经营部、财务部、行政部、技术经济部、基础设施部等。

职能划分法有利于提高组织的专业化程度，提高管理人员的技术水平，但可能使项目人员缺乏总体眼光，不利于高级管理人员与项目运作人员的培养。

对于单一项目的项目公司，其内部可以按职能划分法来进行管理，对于一个大型公司管理不同的项目有时也会按这种划分法来设置部门。

2. 程序划分法

程序划分法就是以组织内的主要工作程序为划分基础，将程序划分成可识别的若干个阶段，每个部门负责完成一个或几个阶段的工作。例如工程项目管理公司部门划分：市场开发部、项目设计部、施工管理部、维修检查部等。

程序划分法有利于专业人员的培养和作用的发挥，但各部门之间容易出现衔接问题，需要有一个部门或小组去进行协调与组织。

3. 业务划分法

业务划分法就是按业务序列进行部门划分，即把完成相同或相近专业的项目划入一个部门当中，例如水电项目部、电子项目部、农林项目部等。这种分类方法也可能是按某具体项目进行划分，例如 XXX 机场监理部、XX 高速公路建设管理部等。

按业务划分法设立部门有利于发挥专业人员的专业特长，有利于培养项目管理人员的项目分析与管理能力，不足是对于各部门都需要的一些专业，如技术经济专业、财会专业、信息管理、法律等人员整体需要量大，但这些人员在某一具体部门的工作量又往往不够饱满，造成人力资源的浪费。

这种划分方法往往适用于一个多项目的管理公司，如咨询公司、专业项目管理公司等。

4. 区域划分法

区域划分法是根据项目组织所在的不同地理位置或不同地理位置来源设立组织部门的方法。按区域划分法有利于根据不同地区的经济特点、民族风俗习惯、当地政策、法律环境、语言环境等来开展工作，因此对于业务范围在地域上分布较广，业务量集中在某几个地区的管理组织来说这种划分方法是适宜的。

有时工程项目是一个项目群时也用这种划分方法，如全国粮食储备库建设项目，有关单位就设立了不同区域的管理部门。

需要注意的是，在实际工作中，往往不是按一种方法来划分设立部门，而是按两种甚至是三种或多种方法划分设置部门。例如，有的咨询公司设立化工项目部、纺织项目部、财务管理部、北欧项目部等。

（三）职务的确定与分析

1. 职务的确定

一个组织的设立是为完成一些特定的任务，为完成每一项任务，组织内必须有人完成一系列相互联系的工作。把这些工作进行有机的组合就成为职务。在组织工作中，有些工作是经常性的，有些工作是标准化的，有些工作是临时性的，有些工作则需要创造性。这样，我们就可以把一些工作组合起来设立一个职务，交给某一部门或交给某一个人去完成。

2. 职务特征模型

职务特征模型（Job characteristics model，JCM）提供了职务设计的一种理论框架。它确定的五种主要的职务特征，分析了它们之间的关系以及对员工生产率、工作动力和满足感的影响。根据职务特征模型，任何职务都可以从以下五个方面去描述（称为核心维度）：

（1）技能多样性。指一项职务要求员工使用各种技术和才能从事多种不同活动的程度。

（2）任务同一性。指一项职务要求完成一项完整的和具有同一性的任务的程度。

（3）任务重要性。指一项职务要求完成一项具有重要意义的任务的程度。

（4）自主性。指一项职务给予任职者在安排工作进度和决定从事工作所使用的方法方面提供的实质性自由、独立和自主的程度。

（5）反馈。指个人为从事职务所要求的工作活动所需获得的有关其绩效信息的直接和清晰程度。

前三个方面的特性（技能的多样化、任务的同一性、任务的重要性），决定了工作职务意义的重要程度。换句话说，一项职务如果具有前三方面的特征，任职者会将其职务视为重要的、有价值的和值得做的。拥有自主性的职务会给任职者带来一种对工作结果的个人责任感。如果职务能提供反馈，任职者就会知道其完成的工作的效果情况。

职务特征模型指出，一个人知道自己关注的任务完成得好，就会获得一种内在的激励。职务的五个核心维度越明显，员工的工作动机、绩效和满意感就越强，其旷工和辞职的可能性就会越小。具有高度成长需要的员工，面对核心维度特征高的职务，在心理上要比只有低成长需要的员工有更高程度的体验，当这种心理状态存在时，高成长需要的员工也比低成长需要的员工能做出更积极的反应。如图 3－2 所示。

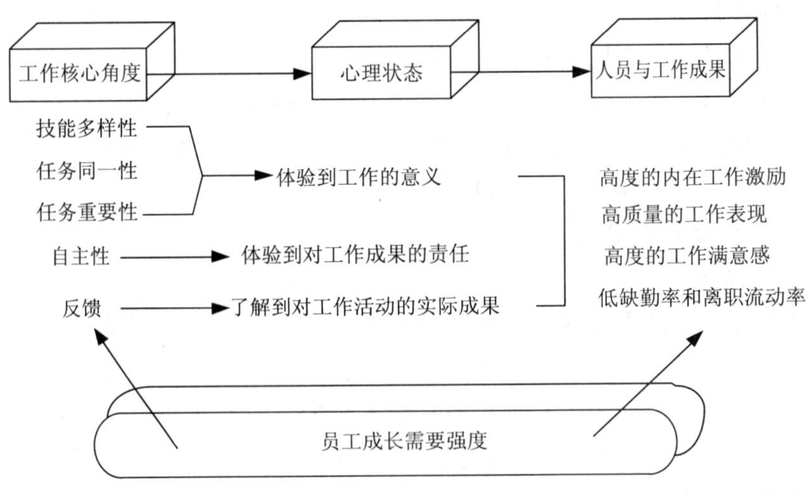

图 3－2　职务特征模型

为此，在进行职务设计时，应进行相关任务的合并与科学的划分，以提高职务技能的多样性和任务的同一性；适当给职务一定的自主性，以增加其责任感；开通反馈渠道，提高职务的激励程度。

二、工程项目管理组织设计的依据与原则

项目组织设计实际上就是设计一个能够保持组织的管理与有效运行的规则，这种规划的固定表示就是组织结构。

（一）管理组织设计的依据

影响项目的组织因素很多，上一节已经作了阐述，但在设计和确定某一具体项目管理的组织结构时，最重要的依据是以下几个方面：

1. 项目自身的特点

包括项目规模、工作内容、工作时间、工作性质、已有资源状况等。每个项目

都有其各自的特性。不同的项目规模、工作内容、完成时间、工作性质等决定项目的不同组织结构形式。例如，对于工作量小、时间紧的项目可能采取职能式的组织结构；对于工作量大、项目周期长的项目可能采取项目式的组织结构等。

2. 承担项目任务公司的管理水平和对项目管理要求

公司的管理水平和对项目管理的要求直接影响了项目组织结构的选择。例如，有的公司对哪类项目采取何种组织结构形式进行了明确的规定，有的公司明确要求不允许项目团队自己管理财务等，有的公司对项目管理的组织方式选择交给项目经理去负责等等。所有这些对项目管理组织结构形式的确定都有重大影响。但有一点必须指出，无论公司规定如何，采用的组织结构形式更合理、更符合实际是最重要的。

3. 委托方的要求

为了完成好项目工作，有时委托方对项目的具体工作提出了具体的要求，指定采取何种方式，要与哪些公司合作，希望有哪些人员参加等。这些要求的满足，在一定程度上为组织结构形式的确定增加了约束。

4. 项目的资源情况

项目资源包括项目的信息资源、人力资源、时间资源及资金资源等。对于一个已拥有较多信息资源、人力资源、时间资源，而资金资源相对缺乏的项目来说，采取职能式、矩阵式项目组织结构形式即可；而对于信息资源与人力资源相对不足，而资金资源与时间资源较为充分的项目来说，借用外部力量，采用项目式组织结构形式可能更为适宜。

5. 国家的有关法规

除上述各方面因素外，国家对项目管理的有关规定有时对项目的组织结构形式也会产生影响。例如，要求新建工程项目的组织机构必须符合国家有关法人治理结构的要求；在代理招标的项目中，工程招标项目的组织设置与关系的确定要能满足招投标法对招标有关文件严格保密的要求等等。

（二）管理组织设计确定的原则

项目管理组织结构的确定与基本组织结构形式倾向的选择、部门的划分与确定等都是密不可分的。随着人们对组织工作管理水平的认识日益加深，管理组织设计的基本原则也在发生着变化。

传统组织设计的八条原则主要包括：

目标原则：所有的组织都应当有一个目标；

相符原则：权力和组织必须相符；

职责原则：权限与职责要对称，权限必须负有相等的责任；

协调原则：组织内各成员的努力应指向共同的目标，相互之间应建立有效的协调；

明确性原则：对于每项职务都有明确的规定；

组织阶层原则与控制幅度原则；

专业化原则：每个人的工作都应限制为单一的一种职能。

随着社会经济的发展，人们对组织设计有了更深入的认识，为适应当今社会的需要，管理学家们又进一步提出了一些新的组织设计原则，主要包括：

（1）目标导向原则。这种设计思路与传统的设计思路不同，它是从组织目标的角度进行组织设计，确定组织结构，其重点强调工作成果、工作目标，而不是工作的处理程序与方式。

（2）整分合原则。在进行组织设计时首先强调组织整体目标及基本任务的完成；然后再按任务与目标的基本构成或工作过程进行分工，设立相应的组织单元；最后，在分工的基础上进行综合与协调，使各组织单元能做到分工清晰、相互配合、能力合作，完成好总体目标与任务。

（3）"封闭"设计原则。组织是一个有特定的目标与功能的系统，要实现这一目标与功能，必须按照其必要的工作程序进行，除与外界保持必要的联系外，还要在系统内形成一个各组织单元、各组织层次之间能相互制约、相互作用的闭路运行轨道，保证组织目标与任务的最终实现。这种"封闭"环节，往往包括决策、执行、监督与反馈四类职能部门。

（4）最佳幅度与层次原则。按照不同组织的具体情况确定合理与最佳的管理幅度与层次，研究两者的最佳匹配，以保证组织高效、优质地完成组织目标与任务。

（5）弹性设计原则。组织结构与组织目标、任务的适应不是永恒不变的。实际上，组织任务、组织决策者和组织内人员结构、组织存在环境（如竞争状况、资源条件、政策因素等）等影响组织结构的因素是经常变化的。组织机构的建立和健全需要一个较长的时间过程，组织的调整会引发一定的震荡，需要相当的时间才能使组织内各单元重新进入正常的运行状态。因此在进行组织设计时，应使组织具有一定的弹性，能应对上述变化，而不必经常进行组织调整。

无论是传统的组织设计原则，还是现代的组织设计原则，都不是绝对不变的。实际上在上述原则中，有些原则之间有一定的矛盾关系。在具体组织结构设计当中要根据具体情况进行分析、灵活运用。

三、工程项目管理组织的建立步骤

项目管理组织的建立一般按以下步骤进行：

（一）确定合理的项目目标

一个项目的目标可以包括很多方面，比如规模上的、时间上的、质量方面的、内容方面的，或者几方面综合起来。这些方面的内容互相影响。对于项目的完成者来说，同委托方进行讨论，明确主要矛盾，确定一个合理、科学的项目目标至关重要，这是项目工作开展的基础，同样也是确定组织结构形式与机构的重要基础。

（二）确定项目工作内容

在确定合理项目目标的同时，项目工作内容也要得到相应的确认，这将使项目工作更具有针对性。确定项目具体工作内容，一般围绕项目工作目标与任务分解进行，从而使项目工作内容系统化。项目工作内容确定时，一般按类分成几个模块，模块之间可根据项目进度及人员情况进行调整。

（三）确定组织目标和组织工作内容

这一阶段首先要明确的是，在项目工作内容中，哪些是项目组织的目标和工作内容。因为不是所有的项目目标都是项目组织所必须达到的，也不是所有的工作内容都是项目组织所必须完成的，有的可能是公司或组织以外的部门负责进行的，而本组织只需掌握或了解；一些工作可能是公司的行政部门或财务部门的工作，项目组织与这些部门之间是上下游工序的关系。

（四）组织结构设计

完成上述工作以后，下一步就是进行组织结构设计。根据项目的特点和项目内外环境因素，选择一种适合项目工作开展的管理组织结构形式，并完成组织结构的设计。具体工作包括：组织结构形式、组织层次、各层次的组织单元（部门）、相互关系框架等。这里要注意前面提到的几条原则。

（五）工作岗位与工作职责确定

工作岗位的确定原则是以事定位，要求岗位的确定能满足项目组织目标的要求。岗位的划分要有相对的独立性，同时还要考虑合理性与完成的可能性等。确定了岗位后，就要相应的确定各岗位的工作职责，总的工作职责能满足项目工作内容的需要，并做到前面所要求的权责一致。

（六）人员配置

以事设岗、以岗定人是项目组织机构设置中的一项重要原则。在项目人员配备时，要做到人员精干、以事选人。项目团队中的人员并不是都要求高智力、高学历。根据不同工作内容和要求安排与其相适应和能力匹配的人。

（七）工作流程与信息流程

组织结构形式确定后，大的工作流程基本明确。但具体的工作流程与相互之间的信息流程要在工作岗位与工作职责明确后才能确定下来。工作流程与信息流程的确定不能只在口头形式上，而要落实到书面文件上，取得团队内部的认知，并得以实施。这里要特别注意各具体职能分工之间、各组织单元之间的接口问题。

（八）制定考核标准

为保证项目目标的最终实现和工作内容的全部完成，必须对组织内各岗位制定考核标准，包括考核内容、考核时间、考核形式等。有关内容在前文中已详细论述。

在实际工作中，上述步骤之间衔接性较强，经常是互为前提，如人员的配备是以人员的需求为前提的，而人员的需求可能受人员获取结果的影响和人员考核结果的影响。

第四节 项目管理组织结构的基本形式

项目管理组织结构的形式有很多种，从不同的角度去分类，也会有不同的结果。由于项目执行过程中同公司管理一样，往往也涉及技术、财务、行政等相关方面的工作，特别是有的项目本身就是以公司模式运作，即所谓项目公司。因此，项目组织结构与形式在某些方面与公司的组织结构形式有一些类似，但这并不意味着两者可以相互取代。

按目前国际上通行的分类方式，工程项目组织结构的基本形式可以分成职能式、项目式、矩阵式和复合式。

一、职能式

（一）职能式的组织结构

项目职能式组织结构形式是最基本的，也是目前使用比较广泛的项目组织结构形式。职能式项目管理组织结构有两种表现形式。

一种是将一个大的项目按照公司行政、人力资源、财务、各专业技术、营销等职能部门的特点与职责，分成若干个子项目，由相应的各职能单位完成各方面的工作。例如，某咨询公司负责一大型通信企业规划项目，公司主管副总牵头，工作内容按公司相关部门职能分工如下：有关技术方面的分析工作由通信项目部负责，财务分析部分由技术经济部负责，企业管理组织方面由公司研究所负责完成等等。具体的说，在公司高级管理者的领导下，由各职能部门负责人构成项目协调层，由各职能部门负责人具体安排落实本部门内人员，完成项目的相关任务。协调工作主要在各部门负责人之间进行。职能部门分配到项目团队中的成员可能暂时是专职，也可能是兼职，但总体上看，没有专职人员从事项目工作。项目可能只工作一段时间，也可能持续下去，团队中的成员可能由各种职务的人组成，项目领导或项目经理可能是某位副总裁，或职能部门负责人担任。如图 3－3 所示。

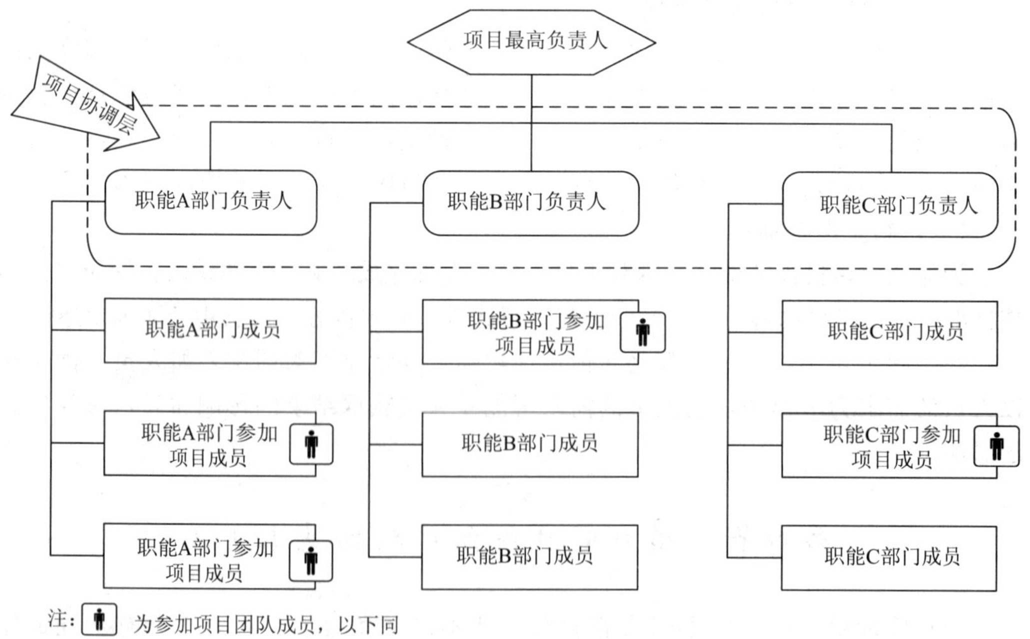

图 3－3　职能式项目组织结构形式之一

职能式的另一种形式就是对于一些中小项目，在人力资源、专业等方面要求不高的情况下，根据项目专业特点，直接将项目安排在公司某一职能部门内。在这种情况下，项目团队的成员主要由该职能部门人员组成，这种形式目前在国内各咨询公司中常见。如图 3—4 所示。

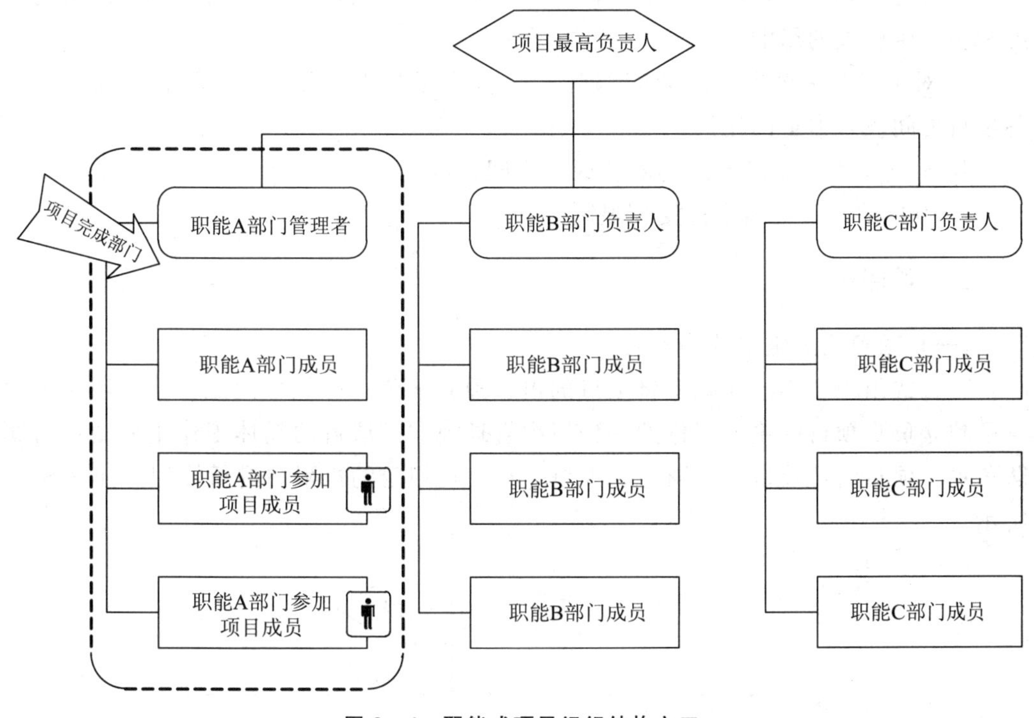

图 3—4　职能式项目组织结构之二

（二）职能式组织结构的优点

1. 项目团队中各成员无后顾之忧。由于项目各成员来自各职能部门，在项目工作期间所属关系没有发生变化，项目成员不会为将来项目结束时的去向担忧，因而能客观地为项目去考虑、去工作。

2. 各职能部门可以在本部门工作任务与项目工作任务的平衡中去安排力量。当项目团队中的某一成员因故不能参加时，其所在的职能部门可以重新安排人员予以补充。

3. 当项目工作全部由某一职能部门负责时，项目的人员管理与使用变得更为简单，使之具有更大的灵活性。

4. 项目团队的成员有同一部门的专业人员作技术支撑，有利于项目专业技术问题的解决。

5. 有利于公司项目发展与管理的连续性。由于是以各职能部门作基础，所以项目管理的发展不会因项目团队成员的流失而有过大的影响。

（三）职能式组织结构的缺点

虽然职能式组织结构有一些优点，但是其缺点也是很明显的：

1. 项目管理没有正式的权威性。由于项目团队成员分散于各职能部门，团队成员受其所在职能部门与项目团队的双重领导，而相对于职能部门来说，项目团队的约束显得更为无力。

2. 项目团队中的成员不易产生事业感与成就感。团队中的成员普遍会将项目的工作视为额外工作，对项目的工作不容易激发更多的热情。这对项目的质量与进度都会产生较大的影响。

3. 对于参与多个项目的职能部门，特别是具体到个人来说，不容易安排好在各项目之间投入力量的比例。

4. 不利于不同职能部门的团队成员之间交流。

5. 项目的发展空间容易受到限制。

二、项目式

（一）项目式的组织结构形式

项目式组织结构形式就是将项目的组织独立于公司职能部门之外，由项目组织自己独立负责项目的主要工作的一种组织管理模式。项目的具体工作主要由项目团队负责。项目的行政事务、财务、人事等在公司规定的权限内进行管理。如图 3—5 所示。

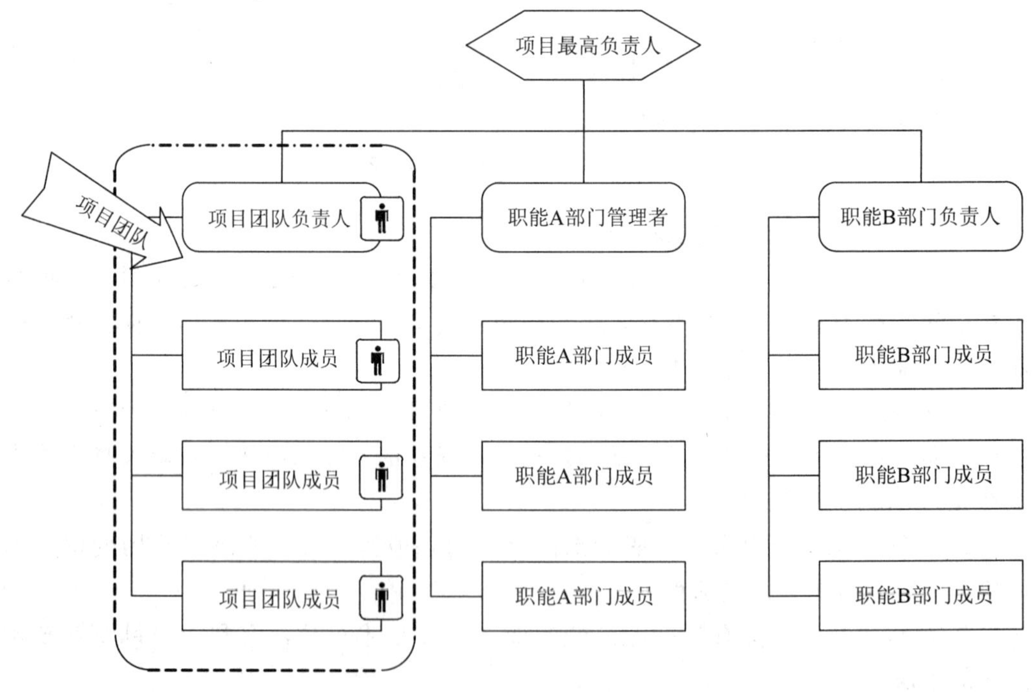

图 3—5　项目式组织结构

（二）项目式组织结构的优点

项目式管理组织结构的优点是：

1. 项目经理是真正意义上的项目负责人。项目经理对项目及公司负责，团队成员对项目经理负责，项目经理可以调动团队内外各种有利因素，因而是真正意义上的项目负责人。

2. 团队成员工作目标比较单一。独立于原职能部门之外，不受原工作的干扰，团队成员可以全身心地投入到项目工作中去，也有利于团队精神的形成和发挥。

3. 项目管理层次相对简单，使项目管理的决策速度和响应速度变得快捷起来。

4. 项目管理指令一致。命令主要来自于项目经理，团队成员避免了多头领导、无所适从的情况。

5. 项目管理相对简单，使项目成本、质量及进度等控制更加容易进行。

6. 项目团队内部容易沟通。

（三）项目式组织结构的缺点

1. 容易出现配置重复、资源浪费的问题。如果一个公司多个项目都按项目式进行管理组织，那么在资源的安排上很可能出现项目内部利用率不高，而项目之间则是重复配置与浪费。

2. 项目组织成为一个相对封闭的组织，公司的管理与决策在项目管理组织中贯彻可能遇到阻碍。

3. 项目团队与公司之间的沟通基本上依靠项目经理，容易出现沟通不够和交流不充分的问题。

4. 项目团队成员在项目后期没有归属感。团队成员不得不为项目结束后的工作考虑投入相当的精力，影响项目的后期工作。

5. 由于项目管理组织的独立性，使项目组织产生小团体观念，在人力资源与物资资源上出现“囤积”的思想，造成资源浪费；同时，各职能部门考虑其独立性，对其资源的支持会有所保留，影响项目的最好完成。

三、矩阵式

（一）矩阵式的组织结构形式

为解决职能式组织结构与项目式组织结构的不足，发挥它们的长处，人们设计出了介于职能式与项目式之间的一种项目管理组织结构形式，即矩阵式组织。矩阵式项目组织结构中，参加项目的人员由各职能部门负责人安排，而这些人员在项目工作期间，工作内容上服从项目团队的安排，人员不独立于职能部门之外，是一种暂时的、半松散的组织结构形式，项目团队成员之间的沟通不需通过其职能部门领导，项目经理往往直接向公司领导汇报工作。

根据项目经理对项目的约束程度，矩阵式项目组织结构又可分成弱矩阵式结构、强矩阵式结构和平衡矩阵式结构三种形式。

1. 弱矩阵式项目组织结构

一般是指在项目团队中没有一个明确的项目经理，只有一个协调员负责协调工作。团队各成员之间按照各自职能部门所对应的任务，相互协调进行工作。实际上在这种模式下，相当多的项目经理职能由职能部门负责人分担了。如图 3－6 所示。

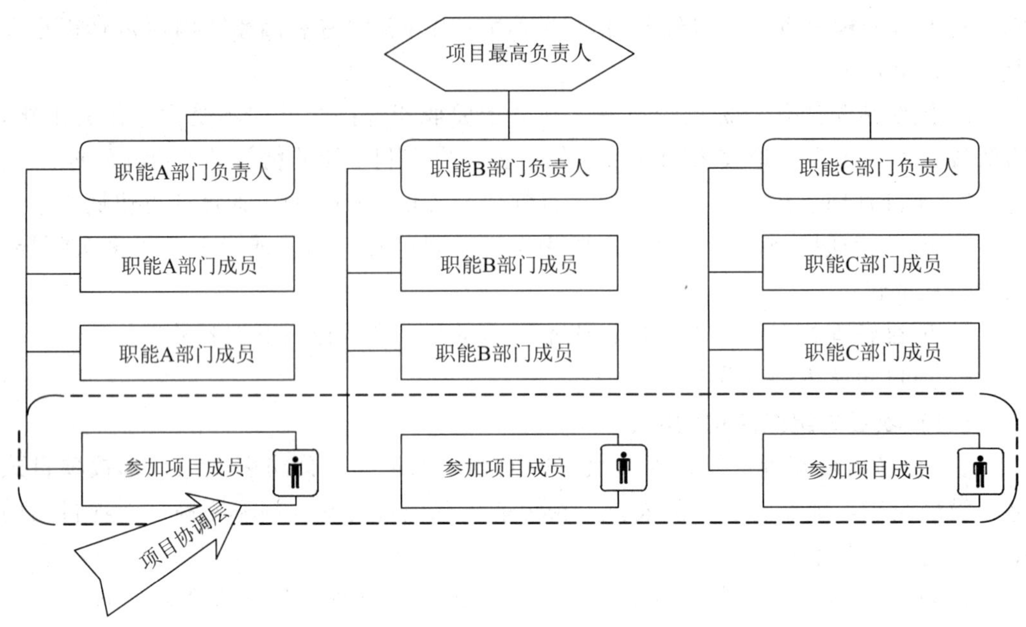

图 3-6 弱矩阵式项目组织结构

2. 强矩阵式项目管理组织结构

这种模式的主要特点是，有一个专职的项目经理负责项目的管理与运行工作，项目经理往往来自于公司的专门项目管理部门。项目经理与上级沟通往往通过其所在的项目管理部门负责人进行。如图 3－7 所示。

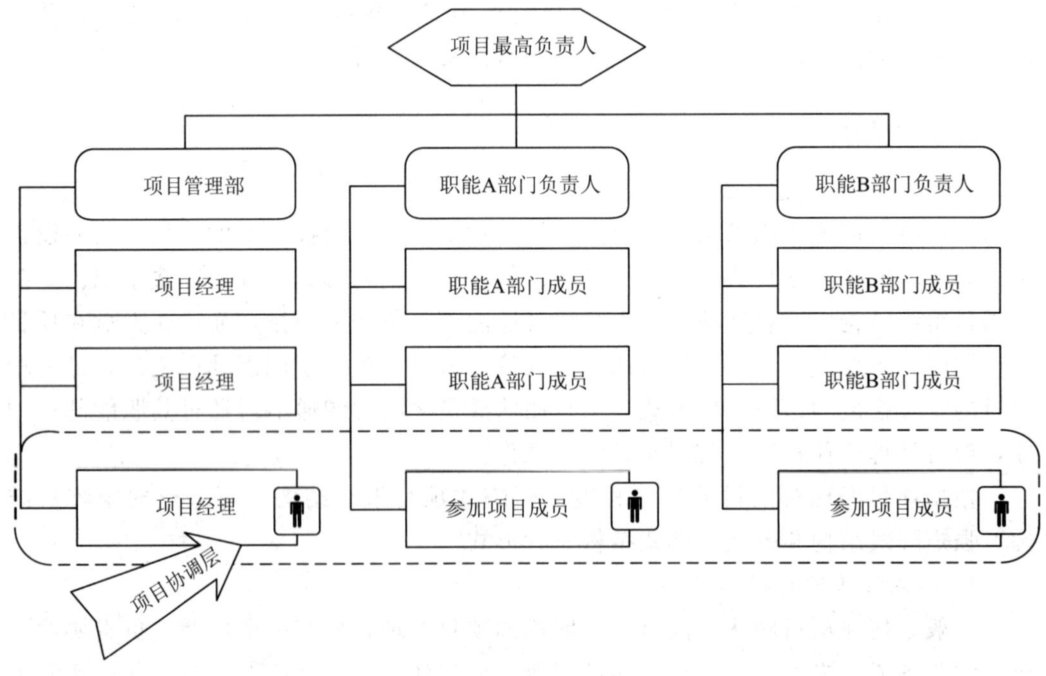

图 3-7 强矩阵式项目组织结构

3. 平衡矩阵式项目管理组织结构

这种组织结构形式是介于强矩阵式与弱矩阵式之间的一种形式。主要特点是项目经理由一职能部门中的团队成员担任，其工作除项目的管理工作外，还可能负责本部门承担的相应项目任务。此时的项目经理与上级沟通不得不在其职能部门负责人与公司领导之间做出平衡与调整。如图 3—8 所示。

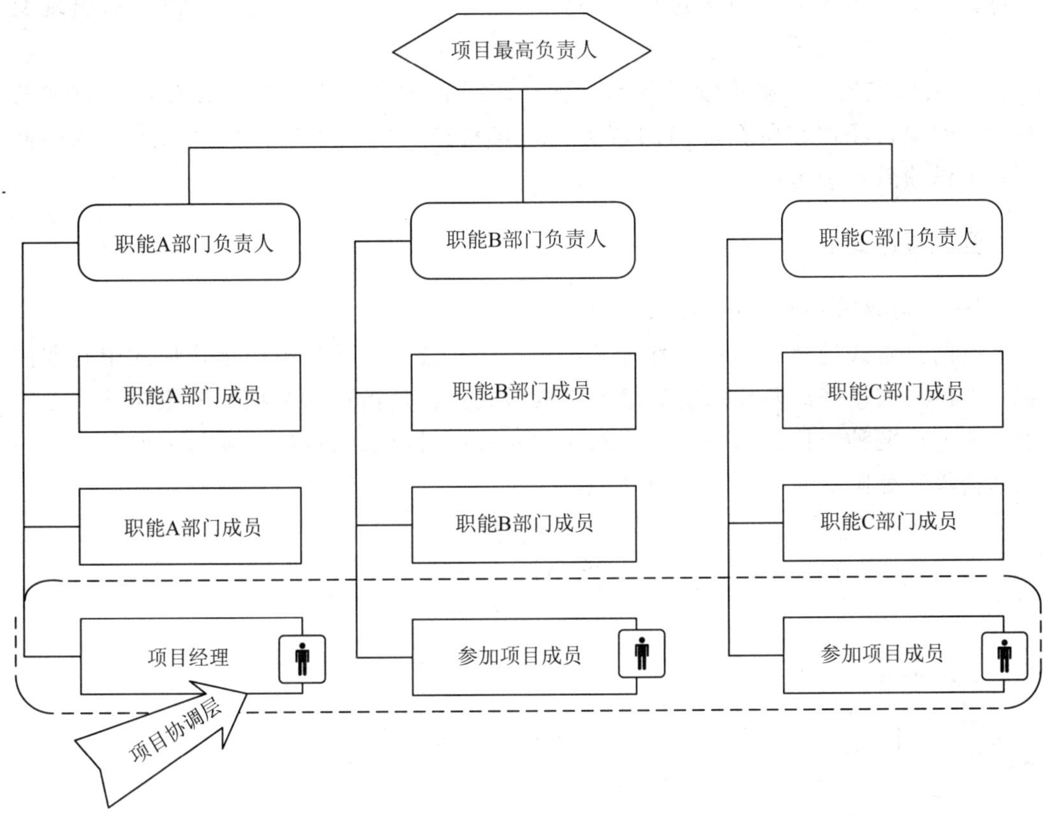

图 3—8 平衡矩阵式项目组织结构

(二) 矩阵式组织结构的优点

很明显，矩阵式项目组织结构具备了职能式组织结构和部分项目式组织结构的优点：

1. 团队的工作目标与任务比较明确，有专人负责项目工作。

2. 团队成员无后顾之忧。项目工作结束时，不必为将来的工作分心。

3. 各职能部门可根据自己部门的资源与任务情况来调整、安排资源力量，提高资源利用率。

4. 提高了工作效率与反应速度，相对职能式结构来说，减少了工作层次与决策环节。

5. 相对项目式组织结构来说，可在一定程度上避免资源的囤积与浪费。

6. 在强矩阵式模式中，由于项目经理来自于公司的项目管理部门，可使项目运行符合公司的有关规定，不易出现矛盾。

（三）矩阵式组织结构的缺点

虽然矩阵式组织结构有许多优点，但同样也有一些不足。主要有：

1. 项目管理权力平衡困难。矩阵式组织结构中项目管理的权力需要在项目经理与职能部门之间平衡，这种平衡在实际工作中是不易实现的。

2. 信息回路比较复杂。在这种模式下，信息回路比较多，既要在项目团队中进行，还要在相应的部门中进行，必要时在部门之间还要进行。所以，易出现交流、沟通不够的问题。

3. 项目成员处于多头领导状态。项目成员正常情况下至少要接受两个方向的领导，即项目经理和所在部门的负责人，容易造成指令矛盾、行动无所适从的问题，工作绩效难于考核。

四、复合式

（一）复合式的组织结构形式

所谓复合式项目结构有两种含义：一是指在公司的项目组织结构形式中有职能式、项目式或矩阵式两种以上的组织结构形式；二是指在一个项目的组织结构形式中包含上述两种结构以上的模式，例如职能式项目组织结构的子项目采取项目式组织结构等。如图 3－9 和图 3－10 所示。

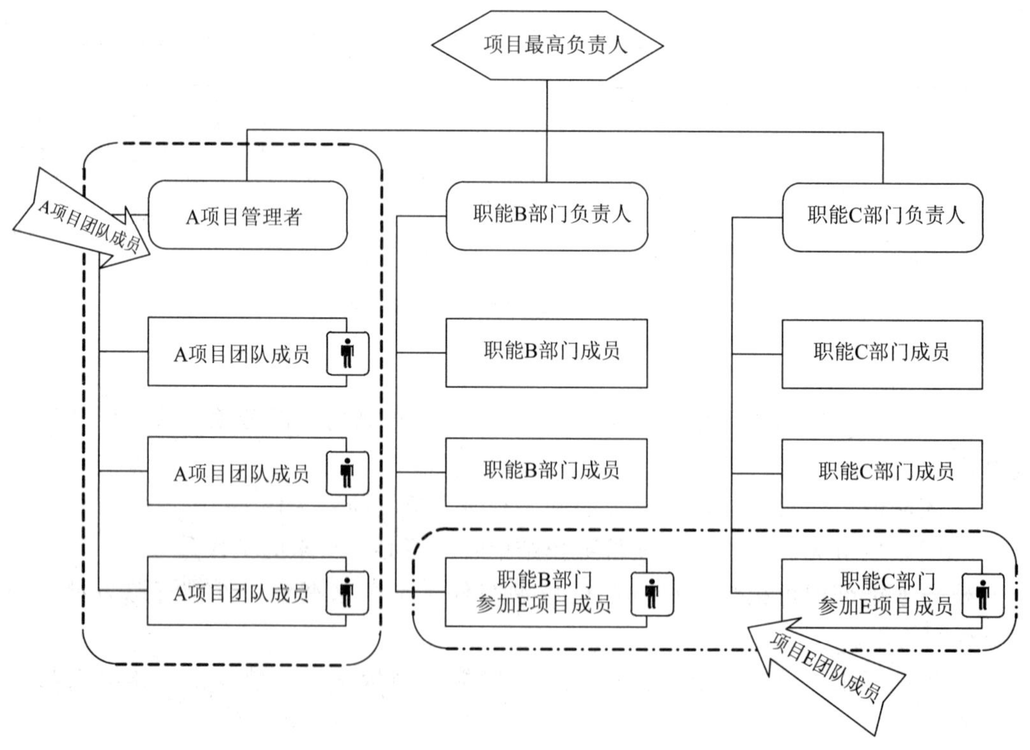

图 3－9　复合式项目组织结构之一

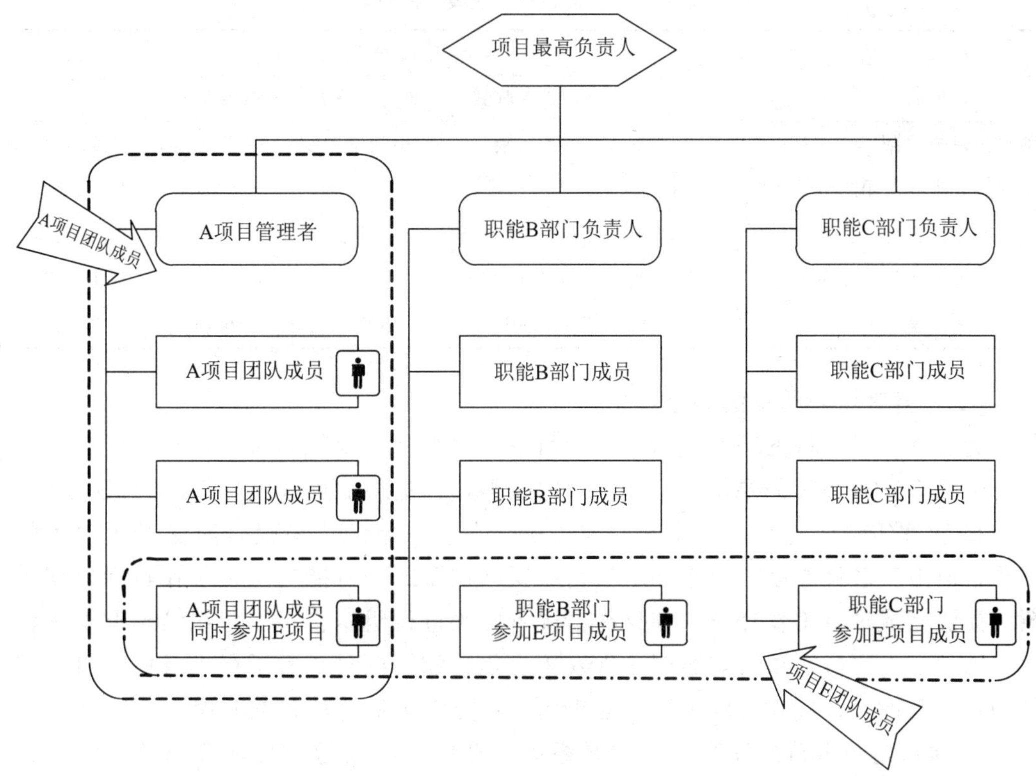

图3—10　复合式项目组织结构之二

（二）复合式组织结构的优缺点

复合式项目组织结构的最大特点是方式灵活。公司可根据具体项目与公司情况确定项目管理的组织结构形式，而不受现有模式的限制。因而，在发挥项目优势与人力资源优势等方面具有方便灵活的特点。

与此同时，复合式组织结构也因此产生不足，即在公司的项目管理方面容易造成管理混乱，项目的信息流、项目的沟通容易产生障碍，公司的项目管理制度不易较好地贯彻执行。

五、项目管理组织结构的变化与组织结构的优化

（一）项目管理组织结构的变化

前面介绍了四种项目管理组织结构形式，但基本的形式有三种，即职能式、矩阵式和项目式，复合式是前三种中的组合。我们知道，矩阵式是介于职能式与项目式之间的一种组织结构形式。其实在职能式与矩阵式之间、矩阵式与项目式之间并没有完全绝对的分界线，从长时间的角度上看更是如此。不同模式只是相对差别，是随着项目团队中职能部门和专职人员的多少而表现出的不同管理组织结构形式。

根据国际上项目管理资料的介绍，项目组织结构形式与项目内各类人员的情况可以用下面表格反映出来（见表3—3）。

表 3—3 项目各种组织模式的特点

组织类型 / 项目特点	职能式	矩阵列式			项目式
		弱矩阵式	平衡矩阵式	强矩阵式	
项目经理的权限	很少或没有	有限	小到中等	中等到大	大到最大
全职人员在项目团队中的比例	几乎没有	0—25%	15—60%	50—95%	85—100%
项目经理的责任	兼职	兼职	专职	专职	专职
项目负责人实际扮演的角色	项目协调员	项目协调员	项目经理	项目经理	项目经理
项目行政人员	兼职	兼职	专职	专职	专职

（二）管理组织结构的调整优化

为保证工程项目的顺利进行，对项目的组织结构不要轻易进行调整，但在一些特殊情况下，对确实需要调整的还需及时调整，以免影响后续项目工作的完成。

1. 管理组织结构调整优化的原因。尽管在项目组织方案设计时进行了深入的工作，但由于各种原因，原采用的项目组织结构形式仍可能与项目工作目标出现矛盾，无法完成项目工作任务，在这种情况下必须进行组织再造。组织结构调整优化的原因通常有：(1) 项目主客观条件发生变化；(2) 项目正常运行本身使项目管理的内容出现改变；(3) 实践证明，原组织结构方案不适合项目的开展。

2. 项目组织再造的原则。在项目组织再造时，除要遵循前面介绍的组织设计原则外，还要把握以下几点：(1) 尽可能保持项目工作的连续性。(2) 避免因人调整组织设置。(3) 维护客户利益。(4) 处理好调整的时机问题。(5) 新组织一定要克服原组织下需解决的问题。

此外，在考虑项目组织结构调整时还应时刻注意一点：即调整不一定是最佳方案，能不调则不调，能小调则不大调。

第四章　工程项目招标投标管理

实行招标投标制度，是在法律法规的框架体系下，在工程项目建设任务的委托活动中引入市场机制，通过竞争择优选定项目勘察设计、施工、监理单位，以及重要设备材料等货物供应商。本章着重讲述工程项目招投标管理的基本原则和法律依据，介绍工程施工、货物和咨询服务招标的范围、主要程序和工作内容，以及电子招标投标、政府采购的相关要求。

第一节　概述

一、招标投标管理的基本原则

1. 公开原则

即“信息透明”，就是要求工程项目招标投标具有高的透明度，招标程序、投标人的资格条件、评标标准、评标结果、中标结果等信息都要公开，使每一个投标人及时获得有关信息，从而平等地参与投标竞争，依法维护自身的合法权益。此外，将招标投标活动置于公开透明的环境中，也为当事人和社会公众的监督提供了基础条件。

2. 公平原则

即“机会均等”，就是要求给予所有投标人平等的机会，使其享有同等的权利，并履行相应的义务，不歧视或者排斥任何一个投标人。

3. 公正原则

即“程序规范、标准统一”，就是要求所有招标投标活动必须按照规定的时间和程序进行，对所有投标人一视同仁，按照事先公布的标准公正地选择中标人。

4. 诚实信用原则

即“诚信原则”，就是要求招标投标当事人以诚实、守信的态度行使权利、履行义务，以维持招标投标双方的利益平衡，以及自身利益与社会利益的平衡。

二、招标投标管理的法律依据

1999 年 8 月 30 日，九届全国人大常委会第十一次会议审议通过了《中华人民共和国招标投标法》（以下简称《招标投标法》），于 2000 年 1 月 1 日起施行，2017 年 12 月 27 日第十二届全国人大常委会第三十一次会议进行了修正。2011 年 11 月 30 日，国务院第 183 次常务会议审议通过了《中华人民共和国招标投标法实施条例》（以下简称《招标投标法实施条例》），于 2012 年 2 月 1 日起施行，根据

2017年3月1日《国务院关于修改和废止部分行政法规的决定》第一次修订，根据2018年3月19日国务院令第698号《国务院关于修改和废止部分行政法规的决定》第二次修订。

（一）《招标投标法》

1. 立法目的

招标投标立法的根本目的，是维护市场平等竞争秩序，完善社会主义市场经济体制。从这个根本目的出发，《招标投标法》的直接立法目的主要包括：规范招标投标活动，保障投资资金有效使用，提高经济效益，保证工程项目质量和安全，保护国家利益、社会公共利益和招标投标活动当事人的合法权益。

2. 主要内容

《招标投标法》共六章，六十八条。第一章为总则，规定了《招标投标法》的立法宗旨、适用范围，强制招标的范围，以及招标投标活动中应遵循的基本原则；第二至四章根据招标投标活动的具体程序和步骤，规定了招标、投标、开标、评标和中标各阶段的行为规则；第五章规定了违反上述规则应承担的法律责任。上述五章构成了本法的实体内容，第六章为附则，规定了本法的例外适用情形以及生效日期。

3. 适用对象

《招标投标法》的适用对象是工程建设项目的招标投标活动。工程建设项目是指工程以及与工程建设有关的货物、服务。其中，工程指建设工程，包括建筑物和构筑物的新建、改建、扩建及其相关的装修、拆除、修缮等；与工程建设有关的货物，指构成工程不可分割的组成部分，且为实现工程基本功能所必需的设备、材料等；与工程建设有关的服务，指为完成工程所需的勘察、设计、监理等服务。《招标投标法》既对招标、投标、开标、评标、中标等各个环节的活动进行了规范，也是有关行政监督部门对招标投标活动实施监督的法律依据。

4. 适用范围

《招标投标法》适用于在中华人民共和国境内进行的一切招标投标活动。也就是说，凡是在中国境内进行的工程项目招标投标活动，不论招标主体的性质、招标项目的资金来源、招标项目的性质如何，无论是否属于依法必须进行招标的项目，都要遵守《招标投标法》的有关规定。

（二）《招标投标法实施条例》

1. 立法目的

《招标投标法》颁布实施以来，我国招投标事业取得了长足发展。但是，招投标领域还存在着围标串标、弄虚作假、排斥限制潜在投标人、评标行为不公正、非法干预招投标活动等突出问题。这些问题如果不能得到有效解决，将从根本上破坏招投标制度的竞争择优功能。为了解决这些问题，推动招投标市场健康规范发展，根据《招标投标法》，制订了《招标投标法实施条例》。

2. 主要内容

《招标投标法实施条例》共七章，八十四条，主要从五个方面做了规定。

（1）细化标准。细化了违法行为的认定标准，列举了近八十种违法行为的表现形式，为有效查处相关违法行为提供了明确依据。

（2）严格程序。规定了资格预审程序、两阶段招标程序、评标程序，以及投诉处理程序，有利于从源头上防止排斥限制潜在投标人，提高评标行为的客观公正性，及时有效地解决纠纷。

（3）加强监督。加强当事人相互之间的监督，规定投标人对资格预审文件、招标文件以及评标结果有不同意见的，应当先向招标人提出异议。加强社会监督，规定了中标候选人公示制度、招投标违法行为公告制度，以及行业自律制度。加强行政监督，规定行政监督部门在处理投诉时，有权查阅复制有关文件资料，调查有关情况，必要时可以责令暂停招投标活动。

（4）强化责任。对上位法只有规范性要求而无法律责任的违法行为，以及实践中新出现的违法行为，补充规定了法律责任，有利于解决责任约束不到位问题。

（5）制度创新。进行了制度创新，包括明确县级以上地方人民政府可以对招投标行政监督职责分工作出不同规定，设区的市级以上地方人民政府可以建立统一规范的招投标交易场所，国家鼓励推行电子招投标，实行标准招标文件制度，以及综合评标专家库制度和信用制度。

三、工程项目招标范围和规模标准

（一）必须进行招标的项目

《招标投标法》第三条规定：在中华人民共和国境内进行下列工程建设项目包括项目的勘察、设计、施工、监理以及与工程建设有关的重要设备、材料等的采购，必须进行招标：

（1）大型基础设施、公用事业等关系社会公共利益、公众安全的项目；

（2）全部或者部分使用国有资金投资或者国家融资的项目；

（3）使用国际组织或者外国政府贷款、援助资金的项目。

（二）必须进行招标的项目范围

国务院批准的《必须招标的工程项目规定》中，对《招标投标法》第三条规定的（二）、（三）项包括的范围作了具体规定；国务院批准的《必须招标的基础设施和公用事业项目范围规定》中，对《招标投标法》第三条规定的（一）项包括的范围作了具体规定：

（1）全部或者部分使用国有资金投资或者国家融资的项目包括：

1）使用预算资金200万元人民币以上，并且该资金占投资额10%以上的项目；

2）使用国有企业事业单位资金，并且该资金占控股或者主导地位的项目。

（2）使用国际组织或者外国政府贷款、援助资金的项目包括：

1）使用世界银行、亚洲开发银行等国际组织贷款、援助资金的项目；

2）使用外国政府及其机构贷款、援助资金的项目。

（3）大型基础设施、公用事业等关系社会公共利益、公众安全的项目，必须招标的具体范围包括：

1）煤炭、石油、天然气、电力、新能源等能源基础设施项目；

2）铁路、公路、管道、水运，以及公共航空和A1级通用机场等交通运输基础设施项目；

3）电信枢纽、通信信息网络等通信基础设施项目；

4）防洪、灌溉、排涝、引（供）水等水利基础设施项目；

5）城市轨道交通等城建项目。

如果某项目资金来源既不属于全部或者部分使用国有资金投资或者国家融资，又不属于使用国际组织或者外国政府贷款、援助资金，但该项目为关系社会公共利益、公众安全的大型基础设施、公用事业项目，则该项目属于依法必须进行招标的范围。

（三）必行进行招标的项目规模标准

上述（1）至（3）项规定范围内的项目，其勘察、设计、施工、监理以及与工程建设有关的重要设备、材料等的采购达到下列标准之一的，必须招标：

（1）施工单项合同估算价在400万元人民币以上；

（2）重要设备、材料等货物的采购，单项合同估算价在200万元人民币以上；

（3）勘察、设计、监理等服务的采购，单项合同估算价在100万元人民币以上。

同一项目中可以合并进行的勘察、设计、施工、监理以及与工程建设有关的重要设备、材料等的采购，合同估算价合计达到前款规定标准的，必须招标。

工程建设项目符合上述规定的范围和标准的，必须通过招标选择施工承包商、货物供应商以及服务商，任何单位和个人不得将依法必须进行招标的项目化整为零或者以其他任何方式规避招标。

根据《必须招标的工程项目规定》，全国执行统一的必须招标的项目范围和规模标准，不再允许各省、自治区、直辖市人民政府扩大必须招标的项目范围或缩小必须招标的规模标准。

（四）总承包招标

招标人可以依法对工程以及与工程建设有关的货物、服务全部或者部分实行总承包招标。以暂估价形式包括在总承包范围内的工程、货物、服务，属于依法必须进行招标的项目范围且达到国家规定规模标准的，应当依法进行招标。暂估价是指总承包招标时不能确定价格而由招标人在招标文件中暂时估定的工程、货物、服务的金额。

（五）两阶段招标

对技术复杂或者无法精确拟定技术规格的项目，招标人可以分两阶段进行招标。第一阶段，投标人按照招标公告或者投标邀请书的要求提交不带报价的技术建议，招标人根据投标人提交的技术建议确定技术标准和要求，编制招标文件。第二阶段，招标人向在第一阶段提交技术建议的投标人提供招标文件，投标人按照招标文件的要求提交包括最终技术方案和投标报价的投标文件。招标人要求投标人提交投标保证金的，应当在第二阶段提出。

（六）可以不进行招标的项目

依法必须进行招标的工程建设项目有下列情形之一的，可以不进行招标：

（1）涉及国家安全、国家秘密、抢险救灾或者属于利用扶贫资金实行以工代赈、需要使用农民工等特殊情况，不适宜进行招标；

（2）需要采用不可替代的专利或者专有技术；

（3）采购人依法能够自行建设、生产或者提供；

（4）已通过招标方式选定的特许经营项目投资人依法能够自行建设、生产或者提供；

（5）需要向原中标人采购工程、货物或者服务，否则将影响施工或者功能配套要求；

（6）国家规定的其他特殊情形。

四、招标事项的审批和核准

依法必须进行招标且按照国家有关规定需要履行项目审批、核准手续的各类工程建设项目，必须在报送的项目可行性研究报告或者资金申请报告、项目申请报告中增加有关招标的内容。增加的招标内容包括：

（1）建设项目的勘察、设计、施工、监理以及重要设备、材料等采购活动的具体招标范围（全部或者部分招标）；

（2）建设项目的勘察、设计、施工、监理以及重要设备、材料等采购活动拟采用的招标组织形式（委托招标或者自行招标）；拟自行招标的，还应按照国家发展改革委《工程建设项目自行招标试行办法》规定报送书面材料；

（3）建设项目的勘察、设计、施工、监理以及重要设备、材料等采购活动拟采用的招标方式（公开招标或者邀请招标）；国家发展改革委确定的国家重点项目和省、自治区、直辖市人民政府确定的地方重点项目，拟采用邀请招标的，应对采用邀请招标的理由作出说明；

（4）其他有关内容。

按照法律规定可以不进行招标的工程项目，在报送可行性研究报告或者资金申请报告、项目申请报告中须提出不招标申请，并说明不招标原因。

经项目审批、核准部门审批、核准，工程建设项目因特殊情况可以在报送可行性研究报告或者资金申请报告、项目申请报告前先行开展招标活动，但应在报送的可行性研究报告或者资金申请报告、项目申请报告中予以说明。

项目审批、核准部门在批准项目可行性研究报告或者核准资金申请报告、项目申请报告时，应依据法律、法规规定的权限，对项目建设单位拟定的招标范围、招标组织形式、招标方式等内容提出是否予以审批、核准的意见。项目建设单位在招标活动中对审批、核准的招标范围、招标组织形式、招标方式等作出改变的，应向原审批、核准部门重新办理有关审批、核准手续。

第二节　工程项目施工招标投标

一、招标条件与招标准备

（一）招标条件

依法必须招标的工程建设项目，应当具备下列条件才能进行施工招标：

（1）招标人已经依法成立；

（2）初步设计及概算应当履行审批手续的，已经批准；

（3）有相应资金或资金来源已经落实；

（4）有招标所需的设计图纸及技术资料。

（二）自行招标和委托招标

招标人是提出招标项目、进行招标的法人或者其他组织。按照国家有关规定，需要履行项目审批、核准手续的依法必须进行招标的项目，其招标范围、招标方式、招标组织形式应当报项目审批、核准部门审批、核准。项目审批、核准部门应当及时将审批、核准确定的招标范围、招标方式、招标组织形式通报有关行政监督部门。

1. 自行招标

招标人具有编制招标文件和组织评标能力的，可以自行办理招标事宜。任何单位和个人不得强制其委托招标代理机构办理招标事宜。

由国家发展改革委审批、核准（含经国家发展改革委初审后报国务院审批）依法必须进行招标的工程建设项目，招标人自行办理招标的，应具备下列条件：

（1）具有项目法人资格（或者法人资格）；

（2）具有与招标项目规模和复杂程度相适应的工程技术、概预算、财务和工程管理等方面专业技术力量；

（3）有从事同类工程建设项目招标的经验；

（4）熟悉和掌握招标投标法及有关法规规章。

2. 委托招标

招标人不具备自行招标能力的，应委托具有相应经验的工程招标代理机构办理招标事宜。具备自行招标能力的，也可以委托工程招标代理机构招标。

招标人委托工程招标代理机构招标的，招标人与工程招标代理机构须签订《工程招标代理委托合同》，并按双方约定的标准收取代理费。招标代理机构应当在招标人委托的范围内办理招标事宜，并遵守《招标投标法》关于招标人的规定。

招标代理机构不得无权代理、越权代理，不得明知委托事项违法而进行代理；不得在所代理的招标项目中投标或者代理投标，也不得为所代理的招标项目的投标人提供咨询；未经招标人同意，不得转让招标代理业务。

（三）招标备案

招标人应根据行业主管部门的有关规定，办理相应的招标备案手续。例如，依法必须进行招标的房屋建筑和市政基础设施工程项目，招标人自行办理施工招标事宜的，应当在发布招标公告或者发出投标邀请书的5日前，向工程所在地县级以上地方人民政府建设行政主管部门备案，并报送相关材料。

二、确定招标方式和发布招标信息

（一）确定招标方式

招标方式包括公开招标和邀请招标，招标人应依照法律法规和规章的规定确定工程项目采用的招标方式。

1. 公开招标

指招标人以招标公告的方式邀请不特定的法人或者其他组织投标，也称为无限竞争性招标，由招标人按照法定程序，通过报刊、信息网络或者其他媒介发布招标公告，所有符合条件的承包商都可以平等参加投标竞争，从中择优选择中标者的招标方式。

2. 邀请招标

指招标人以投标邀请书的方式邀请特定的法人或者其他组织投标，也称为有限竞争性招标，由招标人选择三家以上具备承担施工招标项目的能力、资信良好的特定承包商，向其发出投标邀请，由被邀请的承包商投标竞争，从中选定中标者的招标方式。

国有资金占控股或者主导地位的依法必须进行招标的项目，应当公开招标。依法必须进行公开招标的项目，有下列情形之一的，可以邀请招标：

（1）项目技术复杂或有特殊要求，或者受自然地域环境限制，只有少量潜在投标人可供选择；

（2）涉及国家安全、国家秘密或者抢险救灾，适宜招标但不宜公开招标；

（3）采用公开招标方式的费用占项目合同金额的比例过大。

按照国家有关规定需要履行项目审批、核准手续的依法必须进行施工招标的工程建设项目，采用邀请招标的，应当由项目审批、核准部门在审批、核准项目时作出认定；其他项目由招标人申请有关行政监督部门作出认定。

全部使用国有资金投资或者国有资金投资占控股或者主导地位的并需要审批的工程建设项目的邀请招标，应当经项目审批部门批准，但项目审批部门只审批立项的，由有关行政监督部门批准。

3. 公开招标与邀请招标的区别

公开招标与邀请招标的区别主要在于：（1）发布信息的方式不同；（2）选择投标人的渠道不同；（3）竞争的范围不同；（4）公开的程度不同。

（二）发布招标信息

招标人在完成招标备案后，须根据已确定的招标方式发布招标信息。招标信息载体包括招标公告和投标邀请书。

1. 招标公告和投标邀请书

发布招标公告是公开招标最显著的特征之一，也是公开招标的第一个环节。招标公告在何种媒介上发布，直接决定了招标信息的传播范围，进而影响到招标的竞争程度和招标效果。实行公开招标的工程项目，应当在报刊、信息网络或者其他媒介上发布招标公告。实行邀请招标的工程项目，应当向三家以上特定的承包商发出投标邀请书。

采取资格预审的，招标人应当发布资格预审公告。

依法必须招标项目的资格预审公告和招标公告应当在“中国招标投标公共服务平台”或者项目所在地省级电子招标投标公共服务平台发布。除在上述发布媒介发布外，招标人或其招标代理机构也可以同步在其他媒介公开资格预审公告和招标公告，但应确保公告内容一致。

2. 招标公告和投标邀请书的内容

发出招标公告和投标邀请书的主要目的是发布招标信息，使那些感兴趣的潜在投标人知悉，前来购买招标文件，编制投标文件并参加投标。因此，招标公告和投标邀请书所载明的内容，对潜在投标人来说至关重要。根据这些内容，投标人才能确定招标项目的各项条件是否为他们所接受，进而决定是否参加投标以及投标策略。

依法必须招标项目的资格预审公告、招标公告和投标邀请书，应当载明以下内容：

（1）招标项目名称、内容、范围、规模、资金来源；

（2）投标人资格能力要求，以及是否接受联合体投标；

（3）获取资格预审文件或招标文件的时间、方式；

（4）递交资格预审申请文件或投标文件的截止时间、方式；

（5）招标人及其招标代理机构的名称、地址、联系人及联系方式；

（6）采用电子招标投标方式的，潜在投标人访问电子招标投标交易平台的网址和方法；

（7）其他依法应当载明的内容。

三、投标申请人资格审查

对投标申请人的资格进行审查，目的在于剔除资格条件不适合承担招标工程的投标申请人。招标人可以在招标公告或者投标邀请书中，要求对投标申请人进行资格审查。

（一）资格审查方式、内容及标准

1. 资格审查方式

分为资格预审和资格后审。资格预审是指在投标前对潜在投标人进行的资格审查；资格后审是指在开标后对投标人进行的资格审查。招标人应根据工程规模、结构复杂程度或技术难度、潜在投标人数量等具体情况，对投标申请人采取资格预审方式或资格后审方式。进行资格预审的，一般不再进行资格后审，但招标文件另有规定的除外。

2. 资格审查内容

主要审查投标申请人是否符合下列条件：

（1）具有独立订立合同的权利；

（2）具有履行合同的能力，包括专业、技术资格和能力，资金、设备和其他物质设施状况，管理能力，经验、信誉和相应的从业人员；

（3）没有处于被责令停业，投标资格被取消，财产被接管、冻结，破产状态；

（4）在最近三年内没有骗取中标和严重违约及重大工程质量问题；

（5）国家规定的其他资格条件。

资格审查时，招标人不得以不合理的条件限制、排斥潜在投标人或者投标人，不得对潜在投标人或者投标人实行歧视待遇。任何单位和个人不得以行政手段或者其他不合理方式限制投标人的数量。

3. 资格审查条件、标准和方法

采取资格预审的，招标人应当在资格预审文件中载明资格预审的条件、标准和方法；采取资格后审的，招标人应当在招标文件中载明对投标人资格要求的条件、标准和方法。招标人不得改变载明的资格条件或者以没有载明的资格条件对潜在投标人或者投标人进行资格审查。

4. 限制、排斥潜在投标人或者投标人的情形

招标人有下列行为之一的，属于以不合理条件限制、排斥潜在投标人或者投标人：

（1）就同一招标项目向潜在投标人或者投标人提供有差别的项目信息；

（2）设定的资格、技术、商务条件与招标项目的具体特点和实际需要不相适应或者与合同履行无关；

（3）依法必须进行招标的项目以特定行政区域或者特定行业的业绩、奖项作为加分条件或者中标条件；

（4）对潜在投标人或者投标人采取不同的资格审查或者评标标准；

（5）限定或者指定特定的专利、商标、品牌、原产地或者供应商；

（6）依法必须进行招标的项目非法限定潜在投标人或者投标人的所有制形式或者组织形式；

（7）以其他不合理条件限制、排斥潜在投标人或者投标人。

（二）资格预审

在招标活动中，招标人经常采用资格预审方式。实施资格预审的目的是保证参与投标的单位均具备相应的资格条件。

1. 资格预审的优点

（1）实行公开招标时，投标人的数量相对很多，实行资格预审，将那些审查不

合格的投标人先行排除，就可以减少多余的投标。

（2）通过对投标申请人进行资格预审，可以对众多投标申请人的技术水平、财务实力、施工经验和业绩进行调查，从而选择在技术、财务和管理各方面都能满足招标工程需要的投标人参加投标。

（3）通过对投标人进行资格预审，筛选出确实有实力和信誉的少量投标人，不仅可以减少招标人印制招标文件的数量，而且可以减轻评标的工作量，缩短招标工作周期，同时对那些可能不具备承担工程任务能力的投标人而言，节省因投标而投入的人力、财力等投标费用。

2. 发布资格预审公告

采取资格预审的，招标人应当发布资格预审公告。

3. 出售资格预审文件

招标人应当按资格预审公告规定的时间、地点出售资格预审文件。自资格预审文件出售之日起至停止出售之日止，最短不得少于5日。招标人可以通过信息网络或者其他媒介发布资格预审文件，通过信息网络或者其他媒介发布的资格预审文件与书面资格预审文件具有同等法律效力，出现不一致时以书面资格预审文件为准，国家另有规定的除外。

对资格预审文件的收费应当限于补偿印刷、邮寄的成本支出，不得以营利为目的。资格预审文件售出后不予退还。

招标人可以对已发出的资格预审文件进行必要的澄清或者修改。澄清或者修改的内容可能影响资格预审申请文件编制的，招标人应当在提交资格预审申请文件截止时间至少3日前，以书面形式通知所有获取资格预审文件的投标申请人；不足3日的，招标人应当顺延提交资格预审申请文件的截止时间。

投标申请人或者其他利害关系人对资格预审文件有异议的，应当在提交资格预审申请文件截止时间2日前提出。招标人应当自收到异议之日起3日内作出答复；作出答复前，应当暂停招标投标活动。

招标人应当合理确定提交资格预审申请文件的时间。依法必须进行招标的项目提交资格预审申请文件的时间，自资格预审文件停止发售之日起不得少于5日。

招标人编制的资格预审文件的内容违反法律、行政法规的强制性规定，违反公开、公平、公正和诚实信用原则，影响资格预审结果的，依法必须进行招标的项目的招标人应当在修改资格预审文件后重新招标。

4. 审查资格预审申请文件

国有资金占控股或者主导地位的依法必须进行招标的项目，招标人应当组建资格审查委员会审查资格预审申请文件。资格审查委员会及其成员应当遵守《招标投标法》和《招标投标法实施条例》有关评标委员会及其成员的规定。

资格预审应当按照资格预审文件载明的标准和方法进行。资格审查办法包括合格制和有限数量制。采用合格制审查办法的，通过初步审查、详细审查的申请人均应确定为通过资格预审的潜在投标人。采用有限数量制审查办法的，资格审查委员会按照资格预审文件规定的评审办法，对通过初步审查和详细审查的资格预审申请文件进行量化打分，按照得分由高到低的顺序确定通过资格预审的申请人。通过资格预审的申请人不超过资格预审文件规定的数量。

5. 通知资格预审结果

资格预审结束后，招标人应当向资格预审合格的潜在投标人发出资格预审合格通知书，告知获取招标文件的时间、地点和方法，并同时向资格预审不合格的潜在投标人告知资格预审结果。资格预审不合格的潜在投标人不得参加投标。通过资格预审的潜在投标人少于3个的，应当重新招标。

（三）资格后审

1. 资格后审要求

对于一些工期要求比较紧，工程技术、结构不复杂的项目，为了争取早日开工，可不进行资格预审，而进行资格后审。实施资格后审的招标工程，招标人应当在招标文件中载明对投标人资格条件的要求、评审标准和方法。投标人在投标文件中应提供资格审查资料，供评标委员会在评标时对投标人的资格进行审查。

2. 资格后审结果

在开标以后，评标委员会应首先对投标人进行资格审查，淘汰不合格的投标人，对其投标文件按否决投标处理，不再进入下一阶段评审。

四、招标文件编制与发放

招标文件是招标人向投标人发出的，向其提供编写投标文件所需的资料，并说明招标项目情况、招标投标规则和程序等内容的书面文件。一般情况下，在发布招标公告或发出投标邀请书前，招标人或其委托的招标代理机构应根据招标项目的特点和要求编制招标文件。

（一）招标文件编制原则

招标文件的编制应遵循下列原则和要求：

（1）招标文件必须遵守国家有关招标投标的法律、法规和部门规章的规定，避免出现招标文件发售、澄清或者修改、投标文件递交时限少于法定时限等情况。

（2）招标文件必须遵循公开、公平、公正的原则，不得以不合理的条件限制或者排斥潜在投标人，不得对潜在投标人实行歧视待遇。

（3）招标文件必须遵循诚实信用的原则，招标人向投标人提供的工程情况，特别是工程项目的审批、资金来源和落实等情况，都要确保真实和可靠。

（4）招标文件内容应当完整，文字应当严谨、规范，避免出现文件前后不一致、条款存在歧义或者重大漏洞等现象，损害招投标当事人的利益。例如，招标文件介绍的工程情况和提出的要求，必须与资格预审文件的内容相一致；招标文件要能清楚地反映工程的规模、性质、商务和技术要求等内容，设计图纸应与技术规范或技术要求相一致，使招标文件系统、完整、准确。

（5）招标文件应当针对招标项目技术、经济特点和实际需求编制，拟订的投标人资格条件和评标办法要保证充分竞争及科学择优，合同条款要考虑发包人和承包人之间风险的合理分担、招标人对项目风险的管理能力和意愿等因素。

（二）招标文件内容

1. 主要内容

招标人根据施工招标项目的特点和需要编制招标文件。招标文件一般包括下列内容：

（1）招标公告或投标邀请书；

（2）投标人须知；

（3）合同主要条款；

（4）投标文件格式；

（5）采用工程量清单招标的，应当提供工程量清单；

（6）技术条款；

（7）设计图纸；

（8）评标标准和方法；

（9）投标辅助材料。

招标人应当在招标文件中规定实质性要求和条件，并用醒目的方式标明。招标人可以要求投标人在提交符合招标文件规定要求的投标文件外，提交备选投标方案，但应当在招标文件中做出说明，并提出相应的评审和比较办法。施工招标项目工期较长的，招标文件中可以规定工程造价指数体系、价格调整因素和调整方法。

招标人编制的招标文件的内容违反法律、行政法规的强制性规定，违反公开、公平、公正和诚实信用原则，影响潜在投标人投标的，依法必须进行招标的项目的招标人应当在修改招标文件后重新招标。

2. 技术指标

招标文件规定的各项技术标准应符合国家强制性标准，并均不得要求或标明某一特定的专利、商标、名称、设计、原产地或生产供应者，不得含有倾向或者排斥潜在投标人的其他内容。如果必须引用某一生产供应者的技术标准才能准确或清楚地说明拟招标项目的技术标准时，则应当在参照后面加上“或相当于”的字样。

3. 标段划分

施工招标项目需要划分标段、确定工期的，招标人应当合理划分标段、确定工期，并在招标文件中载明。对工程技术上紧密相连、不可分割的单位工程不得分割标段。招标人不得以不合理的标段或工期限制或者排斥潜在投标人或者投标人。依法必须进行施工招标的项目的招标人不得利用划分标段规避招标。

4. 投标有效期

招标文件应当规定一个适当的投标有效期，以保证招标人有足够的时间完成评标和与中标人签订合同。投标有效期从投标人提交投标文件截止之日起计算。在原投标有效期结束前，出现特殊情况的，招标人可以书面形式要求所有投标人延长投标有效期。投标人同意延长的，不得要求或被允许修改其投标文件的实质性内容，但应当相应延长其投标保证金的有效期；投标人拒绝延长的，其投标失效，但投标人有权收回其投标保证金。因延长投标有效期造成投标人损失的，招标人应当给予补偿，但因不可抗力需要延长投标有效期的除外。

(三) 招标文件发放

1. 发放形式

招标人应当按招标公告或者投标邀请书规定的时间、地点，向合格的投标申请人发放招标文件。招标人可以通过信息网络或者其他媒介发布招标文件，也可以通过出售方式发布书面招标文件。通过信息网络或者其他媒介发布的招标文件与书面招标文件具有同等法律效力，但出现不一致时以书面招标文件为准。招标人应当保持书面招标文件原始正本的完好。

2. 发放时限

自招标文件出售之日起至停止出售之日止，最短不得少于 5 日。招标文件售出后，不予退还。

3. 文件收费

对招标文件的收费应当限于补偿印刷、邮寄的成本支出，不得以营利为目的。对于所附的设计文件，招标人可以向投标人酌收押金；对于开标后投标人退还设计文件的，招标人应当向投标人退还押金。

4. 投标文件编制时间

招标人应当确定投标人编制投标文件所需要的合理时间。依法必须进行招标的项目，自招标文件开始发出之日起至投标人提交投标文件截止之日止，最短不得少于 20 日。

(四) 招标文件的澄清和修改

招标人可以对已发出的招标文件进行必要的澄清或者修改。澄清或者修改的内容可能影响投标文件编制的，招标人应当在投标截止时间至少 15 日前，以书面形式通知所有获取招标文件的潜在投标人；不足 15 日的，招标人应当顺延提交投标文件的截止时间。

(五) 对招标文件的异议

潜在投标人或者其他利害关系人对招标文件有异议的，应当在投标截止时间 10 日前提出。招标人应当自收到异议之日起 3 日内作出答复；作出答复前，应当暂停招标投标活动。

五、编制工程标底或最高投标限价

1. 标底和最高投标限价编制要求

招标人可根据项目特点决定是否编制标底。招标项目编制标底的，应根据批准的初步设计、投资概算，依据有关计价办法，参照有关工程定额，结合市场供求状况，综合考虑投资、工期和质量等方面的因素合理确定。标底由招标人自行编制或委托中介机构编制，任何单位和个人不得强制招标人编制或报审标底，或干预其确定标底。一个招标工程只能编制一个标底。招标项目可以不设标底，进行无标底招标。

招标人设有最高投标限价的，应当在招标文件中明确最高投标限价或者最高投标限价的计算方法。招标人不得规定最低投标限价。

2. 标底保密及使用要求

工程标底编制完成后应及时封存，在开标前应严格保密，所有接触过工程标底的人员都有保密责任，不得泄露。对设有标底的招标项目，招标人应当在开标时公布标底。标底只能作为评标的参考，不得以投标报价是否接近标底作为中标条件，也不得以投标报价超过标底上下浮动范围作为否决投标的条件。

六、组织踏勘现场与投标预备会

（一）踏勘现场

踏勘现场是指招标人组织潜在投标人对工程现场场地和周围环境等客观条件进行的现场勘察。招标人根据招标项目的具体情况，可以组织潜在投标人踏勘项目现场，但招标人不得单独或者分别组织任何一个潜在投标人进行现场踏勘。潜在投标人到现场调查，可进一步了解招标人的意图和现场周围的环境情况，以获取有用的信息并据此作出是否投标，确定投标策略和投标报价。招标人应主动向潜在投标人介绍所有施工现场的有关情况。

潜在投标人对影响工程施工的现场条件进行全面考察，包括经济、地理、地质、气候、法律环境等情况，对工程项目一般应至少了解下列内容：

（1）施工现场是否达到招标文件规定的条件；

（2）施工的地理位置和地形、地貌、管线设置情况；

（3）施工现场的地质、土质、地下水位、水文等情况；

（4）施工现场的气候条件，如气温、湿度、风力等；

（5）现场的环境，如交通、供水、供电、污水排放等；

（6）临时用地、临时设施搭建等，如工程施工过程中临时使用的工棚，堆放材料的库房以及上述设施用地等。

潜在投标人依据招标人介绍情况作出的判断和决策，由潜在投标人自行负责。潜在投标人在踏勘现场中如有疑问，应在招标人答疑前以书面形式向招标人提出，以便于得到招标人的解答。潜在投标人踏勘现场发现的问题，招标人可以书面形式答复，也可以在投标预备会上解答。

（二）投标预备会

是否组织投标预备会，何时组织投标预备会，由招标人依据项目特点及招标进程自主决定。如果组织投标预备会，考虑到投标预备会后需要将招标文件的澄清和修改书面通知所有购买招标文件的潜在投标人，组织投标预备会的时间一般应在投标截止时间 15 日以前进行，并且应由招标人组织并主持召开，目的在于解答潜在投标人对招标文件和在踏勘现场中提出的问题，包括书面的和在投标预备会上口头提出的问题。投标预备会结束后，由招标人整理会议记录和解答内容（包括会上口头提出的询问和解答），以书面形式将所有问题及解答内容向所有获得招标文件的潜在投标人发放，内容为招标文件的组成部分。

七、投标文件编制与送达

投标人是响应招标、参加投标竞争的法人或者其他组织。招标人的任何不具独立法人资格的附属机构（单位），或者为招标项目的前期准备或者监理工作提供设计、咨询服务的任何法人及其任何附属机构（单位），都无资格参加该招标项目的投标。投标文件是投标人对招标人发出的招标文件进行响应的书面文件，旨在让招标人了解自己的投标报价和实力，进而选择自己。

（一）投标文件编制原则

投标文件的编制应遵循下列原则和要求：

（1）投标人应按招标文件的规定和要求编制投标文件；

（2）投标文件应对招标文件提出的实质性要求和条件做出响应；

（3）投标报价应依据招标文件中商务条款的规定，国家公布的统一工程项目划分、统一计量单位、统一计算规则及设计图纸、技术要求和技术规范编制；

（4）根据招标文件中要求的计价方法，并结合施工方案或施工组织设计，投标人自身的经营状况、技术水平和计价依据，以及招标时的工程要素市场状况，确定企业利润、风险金、措施费等，作出合理报价；

（5）投标报价应由工程成本、利润、税金，保险、措施费以及采用固定价格的风险金等构成；

（6）投标人不得以低于成本的报价竞标，也不得以他人名义投标或者以其他方式弄虚作假，骗取中标。

（二）投标文件内容

1. 主要内容

投标文件一般包括下列内容：

（1）投标函；

（2）投标报价；

（3）施工组织设计；

（4）商务和技术偏差表。

投标人根据招标文件载明的项目实际情况，拟在中标后将中标项目的部分非主体、非关键性工作进行分包的，应当在投标文件中载明。

2. 投标保证金

招标人可以在招标文件中要求投标人提交投标保证金。投标保证金除现金外，可以是银行出具的银行保函、保兑支票、银行汇票或现金支票。投标保证金不得超过项目估算价的百分之二，且最高不得超过八十万元人民币。投标保证金有效期应当与投标有效期一致。投标人应当按照招标文件要求的方式和金额，将投标保证金随投标文件提交给招标人或其委托的招标代理机构。依法必须进行施工招标的项目的境内投标单位，以现金或者支票形式提交的投标保证金应当从其基本账户转出。

（三）投标文件送达与签收

1. 送达及签收要求

投标人应当在招标文件要求提交投标文件的截止时间前，将投标文件密封送达投标地点。招标人收到投标文件后，应当向投标人出具标明签收人和签收时间的凭证，在开标前任何单位和个人不得开启投标文件。在招标文件要求提交投标文件的截止时间后送达的投标文件，招标人应当拒收。

2. 重新招标或终止招标

依法必须进行施工招标的项目提交投标文件的投标人少于 3 个的，招标人在分析招标失败的原因并采取相应措施后，应当依法重新招标。重新招标后投标人仍少于 3 个的，属于必须审批、核准的工程建设项目，报经原审批、核准部门审批、核准后可以不再进行招标；其他工程建设项目，招标人可自行决定不再进行招标。

除不可抗力原因外，招标人在发布招标公告、发出投标邀请书后或者售出招标文件或资格预审文件后不得终止招标。招标人终止招标的，应当及时发布公告，或者以书面形式通知被邀请的或者已经获取资格预审文件、招标文件的潜在投标人。已经发售资格预审文件、招标文件或者已经收取投标保证金的，招标人应当及时退还所收取的资格预审文件、招标文件的费用，以及所收取的投标保证金及银行同期存款利息。

（四）投标文件补充、修改或撤回

投标人在招标文件要求提交投标文件的截止时间前，可以补充、修改、替代或者撤回已提交的投标文件，并书面通知招标人。补充、修改的内容为投标文件的组成部分。

1. 补充修改

投标文件的补充是指对投标文件中遗漏和不足的部分进行增补，投标文件的修改是指对投标文件中已有的内容进行修订。在投标过程中，由于投标人对招标文件的理解和认识水平不一，对招标文件常常发生误解，或者投标文件对一些重要的内容有遗漏，需要补充或者修改的，投标人可以在提交投标文件截止日前，进行补充或者修改。这些修改、补充的文件也应当以密封的方式在规定的截止时间以前送达，并作为投标文件的组成部分。招标人应严格履行签收、登记手续，并存放在安全保密的地方，在开标时一并拆封。在招标文件要求提交投标文件的截止时间后送达的投标文件补充或者修改的内容无效。

2. 撤回

在投标截止日期之前，投标人有权撤回已经送达的投标文件。招标投标活动是一个缔结合同的过程，是否投标完全取决于投标人的意愿。在投标截止日期之前，允许投标人撤回投标文件，但必须以书面形式通知招标人。投标人既可以在法定时间内重新编制投标文件，并在规定时间内送达指定地点，也可以撤回投标文件，放弃投标。如果在投标截止日期之前放弃投标，招标人不得没收其投标保证金。

在提交投标文件截止时间后到招标文件规定的投标有效期终止之前，投标人不得撤销其投标文件，否则招标人可以不退还其投标保证金。在开标前，招标人应妥善保管好已接收的投标文件、修改或撤回通知、备选投标方案等投标资料。

（五）投标人不得存在的关联情形

与招标人存在利害关系可能影响招标公正性的法人、其他组织或者个人，不得参加投标。单位负责人为同一人或者存在控股、管理关系的不同单位，不得参加同一标段投标或者未划分标段的同一招标项目投标。违反上述规定的，相关投标均无效。

（六）联合体投标

1. 联合体组成

两个以上法人或者其他组织可以组成一个联合体，以一个投标人的身份共同投标。联合体各方签订共同投标协议后，不得再以自己名义单独投标，也不得组成新的联合体或参加其他联合体在同一项目中投标。招标人接受联合体投标并进行资格预审的，联合体应当在提交资格预审申请文件前组成。资格预审后联合体增减、更换成员的，其投标无效。

联合体各方均应当具备承担招标项目的相应能力；国家有关规定或者招标文件对投标人资格条件有规定的，联合体各方均应当具备规定的相应资格条件。由同一专业的单位组成的联合体，按照资质等级较低的单位确定资质等级。

2. 联合体要求

联合体各方应当指定牵头人，授权其代表所有联合体成员负责投标和合同实施阶段的主办、协调工作，并应当向招标人提交由所有联合体成员法定代表人签署的授权书。联合体投标的，应当以联合体各方或者联合体中牵头人的名义提交投标保证金。以联合体中牵头人名义提交的投标保证金，对联合体各成员具有约束力。

联合体各方应当签订共同投标协议，明确约定各方拟承担的工作和责任，并将共同投标协议连同投标文件一并提交招标人。联合体中标的，联合体各方应当共同与招标人签订合同，就中标项目向招标人承担连带责任。

（七）串通投标及弄虚作假行为的认定

投标人不得相互串通投标报价，不得排挤其他投标人的公平竞争，损害招标人或者其他投标人的合法权益；投标人不得与招标人串通投标，损害国家利益、社会公共利益或者他人的合法权益；禁止投标人以向招标人或者评标委员会成员行贿的手段谋取中标。投标人不得以低于成本的报价竞标，也不得以他人名义投标或者以其他方式弄虚作假，骗取中标。

1. 串通投标行为的认定

有下列情形之一的，属于投标人相互串通投标：

（1）投标人之间协商投标报价等投标文件的实质性内容；

（2）投标人之间约定中标人；

(3) 投标人之间约定部分投标人放弃投标或者中标；

(4) 属于同一集团、协会、商会等组织成员的投标人按照该组织要求协同投标；

(5) 投标人之间为谋取中标或者排斥特定投标人而采取的其他联合行动。

有下列情形之一的，视为投标人相互串通投标：

(1) 不同投标人的投标文件由同一单位或者个人编制；

(2) 不同投标人委托同一单位或者个人办理投标事宜；

(3) 不同投标人的投标文件载明的项目管理成员为同一人；

(4) 不同投标人的投标文件异常一致或者投标报价呈规律性差异；

(5) 不同投标人的投标文件相互混装；

(6) 不同投标人的投标保证金从同一单位或者个人的账户转出。

有下列情形之一的，属于招标人与投标人串通投标：

(1) 招标人在开标前开启投标文件并将有关信息泄露给其他投标人；

(2) 招标人直接或者间接向投标人泄露标底、评标委员会成员等信息；

(3) 招标人明示或者暗示投标人压低或者抬高投标报价；

(4) 招标人授意投标人撤换、修改投标文件；

(5) 招标人明示或者暗示投标人为特定投标人中标提供方便；

(6) 招标人与投标人为谋求特定投标人中标而采取的其他串通行为。

2. 弄虚作假行为的认定

使用通过受让或者租借等方式获取的资格、资质证书投标的，属于以他人名义投标。

投标人有下列情形之一的，属于以其他方式弄虚作假的行为：

(1) 使用伪造、变造的许可证件；

(2) 提供虚假的财务状况或者业绩；

(3) 提供虚假的项目负责人或者主要技术人员简历、劳动关系证明；

(4) 提供虚假的信用状况；

(5) 其他弄虚作假的行为。

八、开标、评标与定标

(一) 开标

1. 开标时间地点

开标应当在招标文件确定的提交投标文件截止时间的同一时间公开进行。开标地点也应当为招标文件中预先确定的地点。开标应由招标人或其委托的招标代理机构主持，邀请所有投标人参加。投标人少于 3 个的，不得开标，招标人应当重新招标。投标人对开标有异议的，应当在开标现场提出，招标人应当当场作出答复，并制作记录。

投标人或其授权代表有权出席开标会，也可以自主决定不参加开标会。

2. 开标程序

开标时，由投标人或者其推选的代表检查投标文件的密封情况，也可以由招标人委托的公证机构检查并公证；经确认无误后，由工作人员当众拆封，宣读投标人名称、投标价格和投标文件的其他主要内容。招标人在招标文件要求提交投标文件的截止时间前收到的所有投标文件，都应当当众予以拆封、宣读。开标过程应当记录，并存档备查。

3. 拒收投标文件

投标文件有下列情形之一的，招标人应当拒收：

（1）未通过资格预审的申请人提交的投标文件；

（2）逾期送达；

（3）未按招标文件要求密封。

（二）评标

1. 评标委员会

评标由招标人依法组建的评标委员会负责。依法必须进行招标的项目，其评标委员会由招标人的代表和有关技术、经济等方面的专家组成，成员人数为5人以上单数，其中技术、经济等方面的专家不得少于成员总数的2/3。专家应当从事相关领域工作满八年并具有高级职称或者具有同等专业水平，由招标人从国务院有关部门或者省、自治区、直辖市人民政府有关部门提供的专家名册或者招标代理机构的专家库内的相关专业的专家名单中确定；一般招标项目可以采取随机抽取方式，技术复杂、专业性强或者国家有特殊要求的招标项目，采取随机抽取方式确定的专家难以保证胜任的，可以由招标人直接确定。与投标人有利害关系的人不得进入相关项目的评标委员会；已经进入的应当更换。评标委员会成员的名单在中标结果确定前应当保密。评标分为初步评审和详细评审两个阶段进行。

2. 初步评审

评标委员会应当按照招标文件确定的评标标准和方法，对投标文件进行评审和比较。招标文件中没有规定的标准和方法不得作为评标的依据。评标委员会可以书面方式要求投标人对投标文件中含义不明确、对同类问题表述不一致或者有明显文字和计算错误的内容作必要的澄清、说明或补正。澄清、说明或者补正应以书面方式进行并不得超出投标文件的范围或者改变投标文件的实质性内容。评标委员会不得向投标人提出带有暗示性或诱导性的问题，或向其明确投标文件中的遗漏和错误。

评标委员会在对实质上响应招标文件要求的投标进行报价评估时，除招标文件另有约定外，应当进行修正：用数字表示的数额与用文字表示的数额不一致时，以文字数额为准；单价与工程量的乘积与总价之间不一致时，以单价为准，若单价有明显的小数点错位，应以总价为准，并修改单价。调整后的报价经投标人确认后产生约束力。投标文件中没有列入的价格和优惠条件在评标时不予考虑。

投标文件有下列情形之一的，评标委员会应当否决其投标：

（1）投标文件未经投标单位盖章和单位负责人签字；

（2）投标联合体没有提交共同投标协议；

（3）投标人不符合国家或者招标文件规定的资格条件；

（4）同一投标人提交两个以上不同的投标文件或者投标报价，但招标文件要求提交备选投标的除外；

（5）投标报价低于成本或者高于招标文件设定的最高投标限价；

（6）投标文件没有对招标文件的实质性要求和条件作出响应；

（7）投标人有串通投标、弄虚作假、行贿等违法行为。

3. 详细评审

经初步评审合格的投标文件，进入到详细评审阶段。评标委员会应当根据招标文件确定的评标标准和方法，对其技术部分和商务部分作进一步评审、比较。评标方法包括经评审的最低投标价法、综合评估法或者法律、行政法规允许的其他评标方法。

（1）经评审的最低投标价法。一般适用于具有通用技术、性能标准或者招标人对其技术、性能没有特殊要求的招标项目。采用经评审的最低投标价法的，评标委员会应当根据招标文件中规定的评标价格调整方法，对所有投标人的投标报价以及投标文件的商务部分作必要的价格调整。根据经评审的最低投标价法，能够满足招标文件的实质性要求，并且经评审的最低投标价的投标，应当推荐为中标候选人。中标人的投标应当符合招标文件规定的技术要求和标准，但评标委员会无需对投标文件的技术部分进行价格折算。根据经评审的最低投标价法完成详细评审后，评标委员会应当拟定一份“标价比较表”，连同书面评标报告提交招标人。“标价比较表”应当载明投标人的投标报价、对商务偏差的价格调整和说明以及经评审的最终投标价。

（2）综合评估法。不宜采用经评审的最低投标价法的招标项目，应当采取综合评估法评审。根据综合评估法，最大限度地满足招标文件中规定的各项综合评价标准的投标，应当推荐为中标候选人。衡量投标文件是否最大限度地满足招标文件中规定的各项评价标准，可以采取折算为货币的方法、打分的方法或者其他方法。需量化的因素及其权重应当在招标文件中明确规定。评标委员会对各个评审因素进行量化时，应当将量化指标建立在同一基础或者同一标准上，使各投标文件具有可比性。对技术部分和商务部分进行量化后，评标委员会应当对这两部分的量化结果进行加权，计算出每一投标的综合评估价或者综合评估分。根据综合评估法完成评标后，评标委员会应当拟定一份“综合评估比较表”，连同书面评标报告提交招标人。“综合评估比较表”应当载明投标人的投标报价、所作的任何修正、对商务偏差的调整、对技术偏差的调整、对各评审因素的评估以及对每一投标的最终评审结果。

对于投标人提交的优越于招标文件中技术标准的备选投标方案所产生的附加收益，不得考虑进评标价中。符合招标文件的基本技术要求且评标价最低或综合评分最高的投标人，其所提交的备选方案方可予以考虑。

4. 延长投标有效期

评标和定标应当在投标有效期内完成。不能在投标有效期内完成评标和定标的，招标人应当以书面形式通知所有投标人延长投标有效期。投标人同意延长的，不得要求或被允许修改其投标文件的实质性内容，但应当相应延长其投标保证金的有效期；投标人拒绝延长的，其投标失效，但投标人有权收回其投标保证金。因延长投标有效期造成投标人损失的，招标人应当给予补偿，但因不可抗力需要延长投标有效期的除外。

5. 提交评标报告

评标委员会完成评标后，应向招标人提出书面评标报告，并抄送有关行政监督部门。评标报告应当如实记载以下内容：

（1）基本情况和数据表；

（2）评标委员会成员名单；

（3）开标记录；

（4）符合要求的投标一览表；

（5）否决投标的情况说明；

（6）评标标准、评标方法或者评标因素一览表；

（7）经评审的价格或者评分比较一览表；

（8）经评审的投标人排序；

（9）推荐的中标候选人名单与签订合同前要处理的事宜；

（10）澄清、说明、补正事项纪要。

评标委员会推荐的中标候选人应当不超过 3 个，并标明排列顺序。

评标报告由评标委员会全体成员签字。对评标结论持有异议的评标委员会成员可以书面方式阐述其不同意见和理由。评标委员会成员拒绝在评标报告上签字且不陈述其不同意见和理由的，视为同意评标结论。评标委员会应当对此作出书面说明并记录在案。向招标人提交书面评标报告后，评标委员会应将评标过程中使用的文件、表格以及其他资料即时归还招标人。

（三）定标

1. 评标结果和中标结果公示

依法必须进行招标的项目，招标人应当自收到评标报告之日起 3 日内公示中标候选人，公示期不得少于 3 日。投标人或者其他利害关系人对依法必须进行招标的项目的评标结果有异议的，应当在中标候选人公示期间提出。招标人应当自收到异议之日起 3 日内作出答复；作出答复前，应当暂停招标投标活动。

依法必须招标项目的中标候选人公示应当载明以下内容：

（1）中标候选人排序、名称、投标报价、质量、工期（交货期），以及评标情况；

（2）中标候选人按照招标文件要求承诺的项目负责人姓名及其相关证书名称和编号；

（3）中标候选人响应招标文件要求的资格能力条件；

（4）提出异议的渠道和方式；

（5）招标文件规定公示的其他内容。

依法必须招标项目的中标结果公示应当载明中标人名称。

依法必须招标项目的中标候选人公示和中标结果公示应当在“中国招标投标公共服务平台”或者项目所在地省级电子招标投标公共服务平台发布。

2. 确定中标人

评标委员会提出书面评标报告后，招标人最迟应当在投标有效期结束前确定中标人。招标人也可以授权评标委员会直接确定中标人。

中标人的投标应当符合下列条件之一：

（1）能够最大限度满足招标文件中规定的各项综合评价标准；

（2）能够满足招标文件的实质性要求，并且经评审的投标价格最低；但是投标价格低于成本的除外。

国有资金占控股或者主导地位的依法必须进行招标的项目，招标人应当确定排名第一的中标候选人为中标人。排名第一的中标候选人放弃中标、因不可抗力提出不能履行合同、不按照招标文件的要求提交履约保证金，或者被查实存在影响中标结果的违法行为等情形，不符合中标条件的，招标人可以按照评标委员会提出的中标候选人名单排序依次确定其他中标候选人为中标人，也可以重新招标。

招标人不得向中标人提出压低报价、增加工作量、缩短工期或其他违背中标人意愿的要求，以此作为发出中标通知书和签订合同的条件。招标人全部或者部分使用非中标单位投标文件中的技术成果或技术方案时，需征得其书面同意，并给予一定的经济补偿。中标通知书由招标人发出，对招标人和中标人具有法律效力。中标通知书发出后，招标人改变中标结果的，或者中标人放弃中标项目的，应当依法承担法律责任。

（四）提交招标投标情况书面报告

为了有效监督工程项目的招标投标情况，及时发现其中可能存在的问题，依法必须进行施工招标的项目，招标人应当自发出中标通知书之日起15日内，向有关行政监督部门提交招标投标情况的书面报告。

招标投标情况的书面报告应当至少包括下列内容：

（1）招标范围；

（2）招标方式和发布招标公告的媒介；

（3）招标文件中投标人须知、技术条款、评标标准和方法、合同主要条款等内容；

（4）评标委员会的组成和评标报告；

（5）中标结果。

九、签订合同

招标人和中标人应当在投标有效期内并在自中标通知书发出之日起30日内，

按照招标文件和中标人的投标文件订立书面合同。招标人和中标人不得再行订立背离合同实质性内容的其他协议。

招标文件要求中标人提交履约保证金的，中标人应当提交；拒绝提交的，视为放弃中标项目。履约保证金不得超过中标合同金额的10%。招标人要求中标人提供履约保证金的，招标人应当同时向中标人提供工程款支付担保。招标人不得擅自提高履约保证金，不得强制要求中标人垫付中标项目建设资金。

合同中确定的建设规模、建设标准、建设内容、合同价格应当控制在批准的初步设计及概算文件范围内；确需超出规定范围的，应当在中标合同签订前，报原项目审批部门审查同意。凡应报经审查而未报的，在初步设计及概算调整时，原项目审批部门一律不予承认。

招标人不得直接指定分包人，对于不具备分包条件或者不符合分包规定的，招标人有权在签订合同或者中标人提出分包要求时予以拒绝。发现中标人转包或违法分包时，可要求其改正；拒不改正的，可终止合同，并报请有关行政监督部门查处。监理人员和有关行政部门发现中标人违反合同约定进行转包或违法分包的，应当要求中标人改正，或者告知招标人要求其改正；对于拒不改正的，应当报请有关行政监督部门查处。

中标通知书发出后，中标人放弃中标项目的，无正当理由不与招标人签订合同的，在签订合同时向招标人提出附加条件或者更改合同实质性内容的，或者拒不提交所要求的履约保证金的，取消其中标资格，投标保证金不予退还；给招标人的损失超过投标保证金数额的，中标人应当对超过部分予以赔偿；没有提交投标保证金的，应当对招标人的损失承担赔偿责任。

招标人无正当理由不与中标人签订合同，给中标人造成损失的，招标人应当给予赔偿。招标人最迟应当在与中标人签订合同后5日内，向中标人和未中标的投标人退还投标保证金及银行同期存款利息。

第三节　工程项目货物招标投标

工程项目货物，专指与工程建设有关的货物，即构成工程不可分割的组成部分，且为实现工程基本功能所必需的设备、材料等。工程项目货物招标投标属于工程项目招标投标工作的组成部分，其具体招标程序和相关要求与工程项目施工招标类似，本节只重点介绍其特殊规定。

一、货物招标应遵循的原则

工程项目货物招标投标活动除应遵循公开、公平、公正和诚实信用的原则外，还应遵守下列原则：

（1）质量保证原则。招标采购的货物必须保证质量，必须符合设计文件和合同文件对货物的技术性能方面的要求。

（2）安全保证原则。招标采购的货物必须安全，在运输、安装、调试和使用过程中，要保证人身和财产的绝对安全。

（3）进度保证原则。招标采购的货物必须按期到货，保证与工程项目相关各方面的进度要求一致，不因货物供应进度产生问题，而影响工程总进度，使项目拖期。

（4）经济原则。在保证货物质量前提下，货物必须遵守低成本、低价格、使用时低消耗的原则，每种货物的购置费用，原则上不应超过计划安排的投资额。

（5）国产化原则。货物采购要立足国内，除个别关键设备国内无法生产以外，凡是国内能生产的，且能保证质量的，原则上就不应再到国外采购。

二、货物招标的特别规定

（一）招标主体

工程项目货物招标投标活动，依法由招标人负责。工程项目招标人对项目实行总承包招标时，未包括在总承包范围内的货物属于依法必须进行招标的项目范围且达到国家规定规模标准的，应当由工程项目招标人依法组织招标；以暂估价形式包括在总承包范围内的货物属于依法必须进行招标的项目范围且达到国家规定规模标准的，应当依法组织招标。实践中暂估价货物招标相对成熟的做法主要有三种：一是工程项目招标人和总承包中标人共同招标；二是工程项目招标人负责招标，给予总承包中标人参与权和知情权；三是总承包中标人负责招标，给予工程项目招标人参与权和决策权。合同双方当事人的风险和责任承担由合同约定。

（二）招标条件

依法必须招标的工程项目，应当具备下列条件才能进行货物招标：

（1）招标人已经依法成立；

（2）按照国家有关规定应当履行项目审批、核准或者备案手续的，已经审批、核准或者备案；

（3）有相应资金或者资金来源已经落实；

（4）能够提出货物的使用与技术要求。

（三）招标文件

1. 主要内容

工程项目货物招标文件一般包括下列内容：

（1）招标公告或者投标邀请书；

（2）投标人须知；

（3）投标文件格式；

（4）技术规格、参数及其他要求；

（5）评标标准和方法；

（6）合同主要条款。

2. 招标文件的实质性要求

招标人应当在招标文件中规定实质性要求和条件，说明不满足其中任何一项实质性要求和条件的投标将被拒绝，并用醒目的方式标明；没有标明的要求和条件在评标时不得作为实质性要求和条件。对于非实质性要求和条件，应规定允许偏差的最大范围、最高项数，以及对这些偏差进行调整的方法。国家对招标货物的技术、标准、质量等有规定的，招标人应当按照其规定在招标文件中提出相应要求。

3. 标包划分和分包

招标货物需要划分标包的，招标人应合理划分标包，确定各标包的交货期，并在招标文件中如实载明。招标人不得以不合理的标包限制或者排斥潜在投标人或者投标人。依法必须进行招标的项目的招标人不得利用标包划分规避招标。招标人允许中标人对非主体货物进行分包的，应当在招标文件中载明。主要设备、材料或者供货合同的主要部分不得要求或者允许分包。除招标文件要求不得改变标准货物的供应商外，中标人经招标人同意改变标准货物的供应商的，不应视为转包和违法分包。

4. 招标文件技术要求

（1）技术规格要求

招标文件中的技术规格、参数及其他要求部分应详细说明拟采购的货物设计意图、标准规范、特殊功能要求，以及应注意的事项。如设备采购，要说明用途、性能、大小、材质、结构、操作条件、辅件、维护要求等，都要提供详细的技术数据。招标文件规定的各项技术规格应当符合国家技术法规的规定，不得要求或标明某一特定的专利技术、商标、名称、设计、原产地或供应者等，不得含有倾向或者排斥潜在投标人的其他内容。如果必须引用某一供应者的技术规格才能准确或清楚地说明拟招标货物的技术规格时，则应当在参照后面加上“或相当于”的字样。

（2）图纸

图纸是重要技术性文件，招标文件中必须提供设备、材料等详细的、齐全的图纸，其中包括总图、制造详图、安装图、备品备件图以及相关技术文件等。

5. 评标方法

对于技术简单或技术规格、性能、制作工艺要求统一的货物，一般采用经评审的最低投标价法进行评标，但最低投标价不得低于成本；对于技术复杂或技术规格、性能、制作工艺要求难以统一的货物，一般采用综合评估法进行评标。

（四）投标人

投标人是响应招标、参加投标竞争的法人或者其他组织。法定代表人为同一个人的两个及两个以上法人，母公司、全资子公司及其控股公司，都不得在同一货物招标中同时投标。一个制造商对同一品牌同一型号的货物，仅能委托一个代理商参加投标。违法上述规定的，相关投标均无效。

（五）投标文件

投标人应当按照招标文件的要求编制投标文件。投标文件应当对招标文件提出的实质性要求和条件作出响应。工程项目货物投标文件一般包括下列内容：

（1）投标函；

(2) 投标一览表;

(3) 对技术性能参数的详细描述;

(4) 商务和技术偏差表;

(5) 投标保证金;

(6) 有关资格证明文件;

(7) 招标文件要求的其他内容。

投标人根据招标文件载明的货物实际情况,拟在中标后将供货合同中的非主要部分进行分包的,应当在投标文件中载明。

(六) 签订合同

招标人不得向中标人提出压低报价、增加配件或者售后服务量以及其他超出招标文件规定的违背中标人意愿的要求,以此作为发出中标通知书和签订合同的条件。

招标人和中标人应当在投标有效期内并在自中标通知书发出之日起 30 日内,按照招标文件和中标人的投标文件订立书面合同。招标人和中标人不得再行订立背离合同实质性内容的其他协议。

货物合同与工程合同相比,除了在双方的权利和义务、违约索赔等内容类似以外,还有其特殊内容,如产品检验、测试方法与时间,产品的包装要求,运输工具和运输方式,驻厂催交人员和监造人员的工作生活条件等等,这些都要在合同中明确约定。

根据众多货物的不同特点,可采取多种方式签订合同。

(1) 对于重要的设备,最好与一个总厂厂商签订合同,不要分散签订,这样有利于管理。

(2) 对于长时间使用的大宗材料,最好能与几家供货厂商签订连续供货和定期结算的供货合同,以防止独家供货时,厂商一旦出现问题会造成延期供货。

(3) 对于零星物资供应也要引起足够重视。施工现场常因某些零星的少量物资短缺而不得不临时局部停工,这将会打乱整个施工计划。

(4) 在执行订货合同过程中,咨询工程师要密切注意合同履行进展情况,及时做出调整和补充定货。一个大型工程项目的货物供应可能要签订数十个采购合同,其中总有某些合同由于各种原因可能造成延误、变更,甚至违约、终止等,发现这类情况,采购组织应及时作出反应,采取补救措施。

必须审批的工程项目,货物合同价格应当控制在批准的投资概算范围内;确需超出范围的,应当在中标合同签订前,报原项目审批部门审查同意。项目审批部门应当根据招标的实际情况,及时作出批准或者不予批准的决定;项目审批部门不予批准的,招标人应当自行平衡超出的概算。

第四节 工程项目咨询服务招标投标

一、国内工程咨询服务招标的特别规定

根据《招标投标法》和《必须招标的工程项目规定》，工程勘察、设计、监理等服务的单项合同估算价在100万元人民币以上的，必须进行招标。据此，未达到国家规定招标规模或者不在国家规定的必须招标项目范围内的勘察、设计和监理服务，以及其他类型的工程咨询服务（包括规划编制与咨询、投资机会研究、可行性研究、评估咨询、招标代理、工程项目管理等），并未强制规定采用招标方式进行采购，允许招标人采取项目审批部门或主管单位同意的其他较为灵活的采购方式，包括竞争性谈判、直接委托等方式。如果采用招标投标方式选择工程咨询单位，其具体招标程序和相关要求与工程项目施工招标和货物招标类似，下面只重点介绍其特殊规定。

（一）招标条件

依法必须招标的工程项目，应当具备下列条件才能进行工程咨询服务招标：

（1）招标人已经依法成立；

（2）按照国家有关规定应当履行项目审批、核准或者备案手续的，已经审批、核准或者备案；

（3）有相应资金或者资金来源已经落实；

（4）所必需的技术资料已经收集完成；

（5）法律法规规定的其他条件。

（二）招标文件

依法必须招标的工程勘察、设计、监理服务项目，招标人应当使用国家九部委联合编制的《中华人民共和国标准勘察招标文件（2017年版）》《中华人民共和国标准设计招标文件（2017年版）》和《中华人民共和国标准监理招标文件（2017年版）》。其他类型的工程咨询服务项目，招标文件的编制一般需满足下列规定。

1. 主要内容

工程项目咨询服务招标文件一般包括下列内容：

（1）招标公告或者投标邀请书；

（2）投标人须知；

（3）投标文件格式；

（4）委托服务范围；

（5）评标标准和方法；

（6）合同主要条款。

2. 标段划分

招标人可以根据国家相关规定和咨询服务项目的不同特点，在保证咨询项目完

整性、连续性的前提下，按照技术要求实行咨询服务分段、分项招标，也可以实行若干咨询服务阶段一次性总体招标。但招标人不得将依法必须进行招标的咨询服务项目肢解，或者以其他方式规避招标。

3. 委托服务范围

招标人编制的“委托服务范围”也称“任务大纲”，是其要求咨询单位完成的咨询任务的详细说明文件。

（1）委托服务范围的作用。委托服务范围中拟定的工作范围是投标人编制建议书的依据，是双方合同谈判的重要文件之一，经适当修改和补充构成合同文件的组成部分。

（2）委托服务范围的内容。典型的委托服务范围应当包括以下内容：①咨询项目背景材料；②咨询项目的工作范围；③咨询项目目的、目标；④咨询项目所需的服务、调查及数据等；⑤客户和咨询单位各自应尽的职责；⑥对咨询成果和咨询费用报价的要求等。

4. 合同条件

合同条件文本应当选用政府有关主管部门编制的标准格式，或者选用有关行业协会编制的合同示范文本。例如，中国工程咨询协会制定的《工程咨询服务协议书试行本》和根据试行本制定的《工程咨询服务协议书》（含 8 个分册），分别适用于项目建议书编制、可行性研究报告编制、项目评估、招标咨询、工程勘察设计、工程监理、合同管理和运营咨询等八个方面的咨询服务任务。

5. 评标方法

由于工程咨询服务具有智力服务的特点，不宜以服务费用的报价高低作为主要评价因素，因此，国内采购工程咨询服务时使用的评标方法一般为综合评估法，即对投标报价、投标人的业绩、信誉、主要人员的能力以及咨询方案的优劣进行综合评定，按照综合得分由高到低的顺序推荐中标候选人。

6. 投标补偿

对于工程设计招标，结合市场竞争态势和投标人准备投标文件所需投入的实际情况，招标人可分析设立投标补偿的必要性，如需要，在投标人须知中应当明确招标人对投标人进行经济补偿的具体方案，包括补偿范围、标准和办法等。

（三）投标文件

1. 技术文件可采用暗标形式

为保证技术文件评分的公正性，可考虑对技术文件采用暗标评审方式，即技术文件的任何一页均不得出现投标人的名称和其他可识别投标人的字符及徽标（包括文字、符号、图案、暗纹、标识、标志、人员姓名、企业名称、以往工程名称、投标人独有的企业标准名称或编号等），否则按否决投标处理。同时招标文件还应对技术文件的封面材质和颜色、纸张大小、打印颜色、字体、字号、行距、页边距、页眉页脚设置等作出详细规定。

2. 投标文件的特殊形式要求

招标人可结合招标项目重要性、规模和技术特征，以满足评标工作实际需要为原则，合理确定对投标文件的特殊形式要求，特别是表现投标方案的相关技术文件（模型、沙盘、展板、动画、音视频介绍、图纸图册等）的内容、形式、数量和制作要求等。

3. 投标报价

投标人应充分了解招标项目的总体情况，结合委托服务范围、拟投入的主要人员、咨询服务期限和市场竞争情况等因素进行报价。2016 年 1 月 1 日，国家发展改革委颁布第 31 号令，废止了项目建设前期工作、勘察设计、监理、招标代理等各类工程咨询服务收费标准，上述咨询服务收费由实行政府指导价全面转变为实行市场竞争报价。

二、国际工程咨询服务的采购方式及程序

（一）国际工程咨询服务常用采购方式

国际上通行的工程咨询服务的采购方式有两类：招标方式和非招标方式。我国使用国际金融组织贷款项目的咨询服务，分别采用公开招标、邀请招标、框架合同、竞争性谈判、直接委托等方式选聘咨询单位和个人咨询专家。与国际通行的工程咨询服务常用的采购方式基本相同。

1. 框架合同

框架合同选择方式，是通过公开招标、邀请招标相结合的两阶段招标选聘咨询单位，执行框架合同咨询任务。框架合同选聘方式的第一阶段，是选聘人确定咨询服务框架合同范围并编制招标文件，然后按照公开招标程序选聘，并分别与经评审后排名前 4～6 名的咨询单位签订框架合同保留协议，形成保留咨询单位短名单。框架合同选聘方式的第二阶段，是选聘人细化框架合同内的咨询任务并编制具体项目招标文件，按照邀请招标的程序和评审办法，评审各保留咨询单位提供的具体项目的技术建议书和财务建议书，从中选定综合分数排名第一的咨询单位，并与其谈判和签订框架合同内具体项目咨询服务合同。

合同金额在限额以内，需要较长时间陆续完成的系列咨询服务项目，并符合下列情形之一的，可采用框架合同选聘方式：

（1）工程项目管理咨询或几个阶段咨询的系列项目；

（2）咨询服务内容和特点相同的项目；

（3）咨询服务内容和特点不同的短期、简单的项目。

框架合同方式，是亚洲开发银行倡导的一种采购方式。

2. 个人咨询专家的选聘

选聘个人咨询专家的方式，一般是由选聘人向几个具备相应资格或能力的专家发送委托咨询服务范围材料，并通知其准备个人应聘材料。选聘人通过调查、面谈或组织资格评估，选择专业技术知识、工作经验最符合要求的专家承担咨询任务。选聘个人咨询专家，应符合下列条件：

（1）个人能够独立完成，选聘咨询单位不值得；

（2）除办公条件外，不需要个人所在单位提供支持、组织管理和承担责任；

（3）个人的经验和资历是主要的合格条件。聘请个人咨询专家，一般是承担课题研究、参加评审工作或担任咨询顾问等，有的相对固定，有的“一事一聘”，视工程咨询任务的具体情况而定，选聘过程和环节也因不同情况而简单或复杂。

（二）国际工程咨询服务采购程序

对于咨询服务而言，世亚行贷款项目的选择方法主要包括6类——基于质量和费用的选择、基于质量的选择、固定预算下的选择、最低费用的选择、基于咨询顾问资历的选择和单一来源的选择。其中，基于质量和费用的选择方法、基于质量的选择方法是采购咨询服务最常用的两种方法。

1. 基于质量和费用的选择

基于质量和费用的选择是在列入短名单的咨询公司中使用竞争程序，根据其技术建议书的质量和所提供服务的价格来选择咨询公司。

具体选择程序如下：

（1）准备任务大纲，明确咨询服务的工作目标和范围、职能和职责等；

（2）准备费用估算及预算；

（3）刊登广告；

（4）准备咨询公司长、短名单；

（5）准备并发出建议书征询文件，包括：邀请信、咨询顾问须知、技术建议书标准格式、财务建议书标准格式、任务大纲、标准合同格式、世亚行成员国名单；

（6）接收建议书：技术建议书和财务建议书应分别装在密封的信封中同时提交（即采用双信封形式提交技术建议书和财务建议书）；

（7）评审技术建议书：对技术建议书进行质量评审并打分，评审因素一般包括：

1）咨询公司与咨询任务有关的特别经验；

2）针对任务大纲制定的方法和工作计划的适当性；

3）提供咨询任务的主要业务人员的资格和胜任能力，考虑人员的一般资格、对工作的适合性、在类似地区工作的经验和语言；

4）知识转让（培训）计划的适应性；

5）主要人员中当地人员的参与。

（8）财务建议书公开拆封：对于技术建议书未能达到最低的合格分或技术建议书被认为未对建议书征询文件和任务大纲做出响应的咨询公司，其财务建议书将不予拆封并在合同签订后被原封退回。借款人应通知那些达到最低合格分的咨询公司，并告知拆封财务建议书的日期、时间和地点。在拆封财务建议书时，应大声宣读咨询公司的名称、技术得分和建议的价格。

（9）评审财务建议书：如财务建议书存在算术错误，应予以校正。一般情况下，最低报价的建议书可得财务满分100分，其他建议书的财务得分按其报价成反比递减，即 $S_f=100\times F_m/F$，其中 S_f 是财务得分，F_m 是最低报价，F 是该建议书的报价。

(10) 质量和费用综合评审：总分应在对质量和费用的得分加权后再相加得到，并决定了咨询公司的最终排名。费用权重一般为20%。

(11) 谈判并向所选中的公司授予合同：借款人应邀请得分最高的公司进行谈判。谈判应包括对技术建议书、建议的技术方式与方法、工作计划、组织机构与人员配备的讨论以及咨询公司对改进任务大纲的建议。借款人和咨询公司将共同确定任务大纲、人员配备、工作时间表、后勤支持和递交报告等内容。如果谈判失败无法达成协议，借款人将邀请排名表中的下一家咨询公司进行合同谈判。

2. 基于质量的选择

基于质量的选择是仅对技术建议书的质量进行评审，而与技术建议书排名最高的咨询公司就财务建议书与合同进行谈判的一种方法。

征询文件只要求咨询公司提交技术建议书（不提交财务建议书），在使用基于质量和费用的选择方法中所使用的方法完成技术建议书评审后，借款人应要求获最高技术分的咨询公司提供一份详细的财务建议书。然后，借款人应与咨询公司就财务建议书和合同进行谈判。

3. 固定预算下的选择

此方法仅适用于简单的咨询任务，而且能够准确地界定，同时预算也是固定的。建议书征询文件应说明可获得的预算，并要求咨询公司以不同的信封分别提交其在预算范围内的最佳技术和财务建议书。首先对所有技术建议书进行评审，然后当众拆封达到最低合格分的咨询公司的财务建议书，并宣布其报价。超过指定预算金额的建议书应被拒绝。余者中技术建议书得分最高的咨询公司将被邀请进行合同谈判。

4. 最低费用的选择

此方法仅适用于为标准的或常规性质的咨询任务（审计、非复杂工程的工程设计等）选择咨询公司，而这类任务一般都有公认的惯例和标准。使用此方法时，应为“质量”设定一个“最低”合格分值。短名单上的咨询公司将被邀请同时用两个信封分别提交技术建议书和财务建议书。首先对所有技术建议书进行评审，未达到最低合格分的技术建议书将被拒绝，其余的财务建议书将被当众拆封。报价最低的咨询公司将被邀请进行合同谈判。

5. 基于咨询顾问资历的选择

此方法可用于小型的咨询任务（通常不超过20万美元），不宜为此准备和评审有竞争的建议书。在这种情况下，借款人应准备任务大纲，寻求有兴趣的意向表示、咨询公司与咨询任务有关的经验和能力情况，制定短名单，选择拥有最合适资质和业绩的公司。被选中的公司应提交一份技术财务综合建议书，然后受邀请进行合同谈判。

6. 单一来源的选择

使用此方法选择咨询公司将无法得到质量和费用方面的竞争所带来的好处，同时在选择过程中缺乏透明度，因此，只可在例外的情况下使用。

只有在单一来源的选择方法表现出比竞争性选择具有明显优势时，此方法才是适当的：这项工作是公司以前承担工作的自然连续；或在紧急情况下，如应对灾害以及在紧急情况之后的一段时间内所需要的咨询服务；或非常小的咨询任务（通常不超过10万美元）；或只有一家公司是合格的或具有特殊价值的经验。

三、国际工程咨询服务投标

（一）投标准备

如果工程咨询单位准备参加某项咨询项目的投标，首先应做好投标前的准备工作，主要是组织咨询投标团队和编写咨询单位实力介绍文件；加强与客户的沟通，进行深入的调查研究，以获取更详细的相关信息，努力争取被列入招标短名单中。

1. 组织咨询项目的投标团队

一个好的投标团队是争取获得咨询项目的基本保证。咨询单位要通过投标团队编制一系列的文件，表现本单位的实力和水平，以赢得客户的信任。投标团队应由有经验的专业技术人员、工程管理人员和商务人员组成，必要时也应有法律人员参加。这个团队的负责人应具有更全面的知识和更丰富的工作经验，并具有组织管理才能，能充分发挥全体成员的积极性，同时，还应具备勇于开拓与不断进取的精神。

投标团队在项目咨询招标初期应做好以下工作：

（1）认真填报、及时递交资格预审申请文件，积极争取列入短名单中。

（2）编制并主动向招标人提交本咨询单位“实力介绍文件”，让招标人充分了解本单位的实力、水平和信誉。

（3）加强与客户的联系，详细了解客户对咨询服务的要求。

（4）通过各种渠道，尽可能收集与项目有关的信息资料。了解项目所在国家或地区的政治、经济、文化、法律、自然条件等方面的情况。

（5）研究制定初步的投标计划，认真考虑承担咨询任务的专家人选。

2. 编写咨询单位实力介绍文件

实力介绍文件是介绍咨询单位情况的材料。通过这份材料向客户宣传本咨询单位的服务范围、专业特长、科技水平和综合实力，说明以往所取得的工程咨询业绩，使新客户开始了解本咨询单位，使老客户了解本咨询单位新的进步和成果，为进入短名单创造条件。

咨询单位实力介绍文件的内容一般包括：

（1）咨询单位的背景与机构。介绍咨询单位的历史和背景、参加国际、国内组织及注册情况、产权结构、内部组织机构（包括分支机构）的情况等。

（2）咨询单位的资源情况。介绍咨询单位的人力资源，包括人员和专业构成、工作经验、主要咨询人员的业务简历和水平；咨询单位拥有的设备资源，其中包括勘测设备、试验室和试验设备、分析仪器以及计算机和专用软件等；咨询单位的财务状况等。

（3）咨询单位的业务与经验。介绍咨询单位的资质、业务领域和服务范围，已完成的工程咨询项目的情况，包括独立或合作承担的咨询项目的客户、地点、规模和技术特点，咨询单位提供的咨询服务形式、内容、完成的时间和完成的质量等。

（4）咨询单位的荣誉和信誉。结合具体工程实例，介绍咨询单位在科技进步和提高投资效益等方面的咨询成果，曾经获得的国际组织、项目所在国、当地政府、客户的表彰和奖励的情况。

文件中列举的数字、图表、照片应真实可靠，维护咨询单位的良好信誉和形象。

（二）投标文件的编制

工程咨询服务的投标文件通常采用"建议书"的形式，建议书分为技术建议书和财务建议书。咨询单位在通过资格预审进入了短名单，并购买了招标文件之后，应立即着手建议书的编制工作。

1. 编制准备工作

在正式编制建议书之前，应充分做好各项准备工作，以便能编写出高水平的咨询服务投标文件。这些准备工作包括：

（1）认真研究招标文件。咨询项目的招标文件是编制建议书的基本依据。通过认真分析研究，明确需要咨询单位提供的咨询服务的类型、工作内容、工作的深度和进度要求，所需要的咨询专家的专业和资历，以及客户可能给予的协助等。

（2）充分了解工程项目的有关信息。一份高质量的技术建议书，在很大程度上取决于对工程项目的背景、所处环境及相关条件的深入了解。调查研究通常可以采用资料查询、实地考察、与客户及其相关咨询单位会晤等方式。除了具体掌握项目本身的信息之外，还应全面了解项目所在地的地理、地质、水文、气象等数据。对于海外项目还要了解当地的政治、经济、社会、人文等方面的情况。

（3）合理选配执行任务的咨询专家。为了满足客户对咨询专家和服务质量的要求，咨询单位在技术建议书中应明确提出咨询专家的人选，介绍每位专家的专业特长、工作简历，着重介绍与咨询项目相关的工作经验。项目组的组长应选择经验丰富、业绩突出的专家担任，并合理选配项目组的成员。

2. 技术建议书的编制

技术建议书应根据招标文件中投标人须知、委托服务范围的要求编制，典型的技术建议书可参考下述结构形式和内容编写：

（1）概述。介绍投标单位（包括合作者）名称；说明建议书的结构与主要内容；简述投标单位承担该咨询项目的优势，所选派专家的经验和特长，所建议的咨询方案的可行性和先进性。

（2）投标单位概况。简要叙述本单位的情况，相当于咨询单位实力介绍文件的摘要。如果与其他单位联合投标，还应介绍合作单位的情况，说明联合体的组成结构和各成员之间的分工、协作方式等。

（3）工程咨询的经验。介绍本单位资质、工程经验和业绩，重点说明曾经在类似项目、类似地区、类似自然条件下完成的咨询任务的情况。特别是近几年完成的项目，尤其是海外项目的经验。其表达应图文并茂，充分展示本单位的技术水平、工作经验和承担该咨询项目的优势。

（4）对本项目的理解。阐述项目的背景及其对所在地区、行业、企业发展的影响；项目的特征、技术指标与环境条件；影响本项目的关键因素和敏感性因素等。

（5）对委托服务范围的理解与建议。阐述对委托服务范围内每项任务的工作内容与深度的理解，在执行任务中与项目相关单位的协调，对委托服务范围提出改进意见和合理化建议。

（6）完成任务的方法与途径。详细描述为完成任务拟采取的方法、途径和步骤，包括：完成咨询任务的总体方案与计划、各子项任务的划分、工作标准、技术措施、质量保证体系、提交成果的方式、内容和时间。本部分为技术建议书的核心内容。

（7）工作进度计划。在充分考虑项目所在地区的政治、经济、法律法规、自然条件、宗教信仰和风俗习惯等因素的基础上，编制切实可行的工作进度计划，以文字、图表等形式表明项目的总体进度安排，各子项任务开始与结束的时间及其相互衔接。

（8）咨询人员工作安排。介绍项目组组长和成员的组成，简述主要咨询人员资历和工作经验；咨询单位总部对项目组的支持；项目组每个成员的任务分工及其工作时间安排计划。咨询人员的工作安排可用横道图表示，并作为财务建议书中费用估算的时间依据。

（9）需要客户提供的协助。根据委托服务范围，列出为完成咨询任务所需要客户提供的协助，包括：提供相关文件、基础资料、辅助设施与设备，以及人员的协助和配合；帮助办理咨询专家的入境、出境手续，以及咨询单位使用的仪器设备进出关手续等。

（10）附件。技术建议书的附件通常包括：①委托服务范围；②咨询单位从事类似咨询项目实例（按招标文件的格式和要求填写）；③项目组成员和咨询单位主要支持人员简历（按招标文件的格式和要求填写）；④咨询单位实力介绍；⑤客户要求的其他文件资料。

3. *财务建议书的编制*

财务建议书也称商务建议书，咨询单位应按照招标文件的要求编写。通常在招标文件投标人须知规定了财务建议书的内容和格式，其中包括要求填写的表格和数据等。

财务建议书的内容一般包括：

（1）咨询费用估算方法及财务建议书的编制说明；

（2）咨询费用总金额，包括：咨询人员的酬金、可报销费用和不可预见费的金额；

（3）咨询人员酬金的估算明细；

（4）可报销费用估算明细；

（5）不可预见费估算；

（6）附件，包括支付程序和支付方式；由注册会计师审计的咨询单位资产负债表和损益表、社会福利明细表等。

（三）合同谈判

1. 派出谈判小组

工程咨询单位在接到客户的谈判通知后，应准时派出谈判小组前往指定地点参加合同谈判。谈判小组一般应由编写建议书的负责人、财务与法律人员、项目组组长等人组成。谈判小组组长应具有广博的业务知识、丰富的工程咨询经验和一定的合同谈判经验，能够对谈判中的问题及时作出应对和决策。谈判小组组长应持有公司法定代表人签署的授权书，证明他有资格代表本单位进行谈判以达成具有法律效力的协议。

2. 谈判准备

在谈判前要做好谈判的准备：拟定出谈判大纲，列出咨询单位希望在谈判中需要解决的问题和解决方案；确定谈判小组组长的授权范围；整理好谈判使用的参考资料。谈判围绕合同文件进行，并以此为基础进行商谈，最终明确界定甲乙双方的权利、责任和义务，并达成协议后结束。

进行合同谈判，从咨询单位的角度应特别注意下列问题：

（1）区分合同生效期和咨询服务开始日期；

（2）明确“不可抗力”的具体含义，以及在不可抗力出现时，咨询单位应采用的对策和应得到的合理补偿；

（3）咨询单位需要客户提供的支持应详细开列出来，并作为合同的一部分；

（4）明确支付的细节，如支付方式、支付时间、外汇支付方式和比例、延期支付的补偿等；

（5）明确税务、保险等方面双方各自应尽的责任和义务；

（6）明确争端解决的程序、方法，如双方同意采用仲裁解决争端，应写明仲裁机构、仲裁规则、仲裁地点等。

双方通过谈判取得一致意见并签署协议书之后，咨询项目就进入实施准备阶段。

四、工程咨询服务费用计算

不同的工程咨询项目，签订不同类型的合同，采用不同的计费方式。常用的咨询服务收费方式有人月费单价法、按日计费法、成本加酬金计费法、总价法、工程造价百分比法以及顾问费法等方法。如何选用计费方式，完全取决于咨询项目的工作内容和性质、采用的合同类型等。咨询服务范围非常明确，且咨询单位可以控制费用的项目，可以采用总价法、工程造价百分比法，也可以采用成本加固定酬金法；而咨询服务范围不太明确或难以准确确定范围的项目，可以按照咨询专家提供服务时发生的费用计费，采用人月费单价法、按日计费法及顾问费法更为适合。

（一）人月费单价法

人月费单价法是目前国际上广泛采用的一种工程咨询服务费用的估算方法，也是国际竞争性工程咨询招标常用的费用计算方法。应用人月费单价法计算工程咨询服务费用，由酬金、可报销费用和不可预见费三部分组成。

1. 酬金

咨询项目的酬金部分由承担咨询任务全体成员酬金总和构成。每位咨询人员的酬金数额等于他（她）的人月费率乘以其人月数。

（1）人月费率。人月费率也称月酬金，由咨询人员的基本工资、社会福利费、海外津贴与艰苦地区津贴，以及咨询单位管理费和利润组成。

1）基本工资。咨询单位付给咨询人员的月工资，不包括其他额外收入。

2）社会福利费。咨询单位为工作人员支付的社会保障费及其他福利和津贴费。主要有：退休基金；休假日工资（包括公共假日、每年咨询单位规定的休假、病假等)；各种津贴费，如住房津贴、交通津贴、生活津贴等；奖金；社会保险费；健康和医疗费；其他费用。社会福利费一般取基本工资的某个百分比计算。

3）海外津贴与艰苦地区津贴。是咨询单位发给在海外或在艰苦地区执行咨询任务的工作人员的补助费，其数额根据不同的国别和地区以及生活条件的艰苦程度来确定。

4）咨询单位管理费。该项费用是咨询单位用于行政管理和业务经营活动方面的费用，一般以单位的年度费用支出为依据，可以采用基本工资的某个百分比计算。根据一些国际金融组织的规定，社会福利费、咨询单位管理费可分别按与基本工资的比例关系计算，所占比例要根据上年度（世界银行规定为前 3 年）咨询单位损益表、社会福利费明细表和管理费明细表中的实际数据确定。因此，在财务建议书中报价时，应附有经过注册会计师事务所审计的损益表、福利明细表和管理费明细表作为证明材料。

5）咨询单位利润。指税前利润，通常以基本工资、社会福利费和咨询单位管理费之和的百分比来计算。

以上 5 部分相加就得出项目咨询人员的人月费率。

在工程咨询市场上，由于咨询人员来自不同的国家，技术水平不同，咨询项目的复杂程度不同，人月费率的数额彼此相差很大。来自美国、加拿大等发达国家的咨询专家的人月费率较高，而来自印度、马来西亚等发展中国家的咨询专家的人月费率较低。

我国咨询专家在海外执行咨询任务，按国际惯例计算人月费率时，必须考虑到我国基本工资包含的内容和国外不同，报价不宜过低，避免造成误解，被国外同行和客户认为我国咨询专家水平低，并影响咨询单位的收益。

（2）人月数的计算。人月数是以月数计算的咨询人员的工作时间。根据委托服务范围对咨询任务所作的说明，可确定预期的咨询工作类型和范围、工作深度和进度，编制详细的作业计划、专业分工与人员配备，以及相应的进度计划。进度计划通常以简单直观的“横道图”表示，作为计算各位咨询人员工作月数的依据。由此可以很容易地得到每个咨询人员的人月数。利用已计算出的人月费率和人月数相乘，可以分别计算出每个咨询人员的酬金。

项目的全部咨询人员的酬金之和就是应支付的咨询服务费中的酬金部分。

2. 可报销费用

可报销费用是为执行咨询服务任务而发生的工作费用，预算中包括：

(1) 国际与国内交通旅行费；

(2) 食宿费（世行、亚行规定每一类地区有对应的食宿标准）；

(3) 通讯费；

(4) 各种资料的编制、打印、复印、邮寄费；

(5) 办公设备、用品费；

(6) 为当地提供的设施和服务所付的费用；

(7) 其他工作费用。

以上各项花费为可报销费用，客户按具体开支准予报销。

3. 不可预见费

不可预见费是指在执行咨询任务的过程中发生在酬金和可报销费用之外的费用。例如由于工作量额外增加而导致的咨询专家酬金；由于通货膨胀、汇率波动而引起的成本费用的增加等。该项费用相当于客户的备用金，通常取酬金和可报销费用之和的 5 ％ ～15 ％。如果不发生上述情况，客户则不支付这项费用。

按以上方法估算出咨询人员的酬金、可报销费用和不可预见费并相加，即得出按人月费单价法计算的咨询服务费用的数额。

（二）按日计费法

按日计费法是按咨询人员的工作日数计算所需费用的计费方法，即以每日费率乘以相应的工作日数，加上其他非工资性的工作支出，如差旅费、办公费等。计算工作日时，应按每日 8 小时计算，并应包括咨询人员为执行咨询任务时所付出的全部时间，如旅途时间等。对于加班工作时间应相应地提高费率。

（三）成本加酬金法

成本加酬金法是在经双方讨论同意的估算成本的基础上，再加一笔酬金的计费方法。酬金可以是双方事先商定的固定数目的金额或按成本的某个百分比计取，这里所说的成本包括咨询人员的工资与各种社会福利费，办公费、差旅费等可报销费用，以及咨询项目的管理费；而酬金包含咨询单位的利润、咨询专家的奖金等。酬金的数额大小依据服务范围和复杂程度确定，酬金的组成分项需要单列出来并依照日程表或根据进度目标支付。如果咨询人员与客户双方商定需要增加人员以便按原定期限完成任务，则通常增付给他们的只是成本费用，而不增加酬金或利润。

（四）总价法

总价法是工程咨询单位与客户针对某项咨询任务商定的以总价计算咨询服务费

用的方法。根据咨询任务的具体情况和双方协议，可分为固定总价和调值总价等形式。

固定总价是指双方一旦就总支付费用达成协议，支付费用的总金额就被固定下来，不因实际执行的咨询任务比预计的工作量大而增加费用。如果原计划咨询任务有较大变更或增加新的内容，工作量增加的部分应另外协商计算费用。

调值总价常用于服务时间较长（如一年以上）的咨询任务，在合同条款中通常双方商定：如果在咨询任务执行过程中出现通货膨胀等情况，合同总价可根据合同规定的方法作适当的调整。

（五）工程造价百分比法

工程造价百分比法是按工程建设项目总投资（估算或概算）的某个百分比计算咨询费用。一般情况下，工程造价低的项目取费百分比高一些，工程造价高的项目取费百分比低一些；工程难度大、技术复杂的项目取费标准高于工程难度小、技术不复杂的项目。根据咨询服务内容的不同取费高低可以有较大差异。国际金融组织，如世界银行不主张采用工程造价百分比法计算工程咨询费用，认为不利于降低工程成本。

（六）顾问费法

顾问费法是客户在一段时间内聘用个人咨询专家或咨询单位提供咨询服务，以支付顾问费的方式计算咨询费用。这同企业雇用顾问律师类似，适合于持续时间较长，又需要依靠咨询专家的知识和经验随时提供咨询服务的项目。顾问费的数额高低与工程咨询服务的性质、工作内容和价值有关，也与咨询专家的经验、专业知识和技术水平有关。顾问费的支付方式可以按月支付，或按双方事先商定的其他方式支付。

第五节　电子招标投标

电子招标投标活动是指以数据电文形式，依托电子招标投标系统完成的全部或者部分招标投标交易、公共服务和行政监督活动。数据电文形式的招标投标活动与纸质形式的招标投标活动具有同等法律效力。

为规范电子招标投标活动，促进电子招标投标健康发展，国家发展改革委等八部委联合制定《电子招标投标办法》，自 2013 年 5 月 1 日起施行。根据《“互联网＋”招标采购行动方案（2017－2019 年）》，2018 年，市场化、专业化、集约化的电子招标采购广泛应用，依托电子招标投标公共服务平台全面实现交易平台、监督平台以及其他信息平台的互联互通、资源共享和协同运行；2019 年，覆盖全国、分类清晰、透明规范、互联互通的电子招标采购系统有序运行，以协同共享、动态监督和大数据监管为基础的公共服务体系和综合监督体系全面发挥作用，实现招标投标行业向信息化、智能化转型。

一、电子招标投标交易系统和平台

（一）电子招标投标系统

根据功能的不同，电子招标投标系统可分为交易平台、公共服务平台和行政监督平台。

（1）交易平台。交易平台是招标投标当事人通过数据电文形式完成招标投标交易活动的信息平台。交易平台主要用于在线完成招标投标全部交易过程，编辑、生成、对接、交换和发布有关招标投标数据信息，为行政监督部门和监察机关依法实施监督、监察和受理投诉提供所需的信息通道。

（2）公共服务平台。公共服务平台是为满足各交易平台之间电子招标投标信息对接交换、资源共享的需要，并为市场主体、行政监督部门和社会公众提供信息交换、整合和发布的信息平台。公共服务平台具有招标投标相关信息对接交换和发布、资格信誉和业绩验证、行业统计分析、连接评标专家库、提供行政监督通道等服务功能。属于依法必须公开的信息，公共服务平台应当无偿提供。

（3）行政监督平台。行政监督平台是行政监督部门和监察机关在线监督电子招标投标活动并与交易平台、公共服务平台对接交换相关监督信息的信息平台。行政监督平台应当公布监督职责权限、监督电子招标投标环节、程序、时限和信息交换等要求。

（二）电子招标投标交易平台

（1）建设和运营主体。依法设立的招标投标交易场所、招标人、招标代理机构以及其他依法设立的法人组织可以按行业、专业类别，建设和运营电子招标投标交易平台。国家鼓励电子招标投标交易平台平等竞争。

（2）建设和运营原则。电子招标投标交易平台的建设和运营，应按照标准统一、互联互通、公开透明、安全高效的原则以及市场化、专业化、集约化方向进行。电子招标投标交易平台服务器应当设在中华人民共和国境内。电子招标投标交易平台应当允许社会公众、市场主体免费注册登录和获取依法公开的招标投标信息，为招标投标活动当事人、行政监督部门和监察机关按各自职责和注册权限登录使用交易平台提供必要条件。

（3）平台的主要功能。应当具备的主要功能包括：在线完成招标投标全部交易过程；编辑、生成、对接、交换和发布有关招标投标数据信息；提供行政监督部门和监察机关依法实施监督和受理投诉所需的监督通道等。

（4）开放数据接口。电子招标投标交易平台应当按照技术规范规定，执行统一的信息分类和编码标准，为各类电子招标投标信息的互联互通和交换共享开放数据接口、公布接口要求。电子招标投标交易平台接口应当保持技术中立，与各类需要分离开发的工具软件相兼容对接，不得限制或者排斥符合技术规范规定的工具软件与其对接。

（5）运营机构。应当是依法成立的法人，拥有一定数量的专职信息技术、招标专业人员。运营机构应当根据国家有关法律法规及技术规范，建立健全电子招标投标交易平台规范运行和安全管理制度，加强监控、检测，及时发现和排除隐患，并采用可靠的身份识别、权限控制、加密、病毒防范等技术，防范非授权操作，保证交易平台的安全、稳定、可靠。运营机构还应当采取有效措施，验证初始录入信息的真实性，并确保数据电文不被篡改、不遗漏和可追溯。运营机构不得以任何手段限制或者排斥潜在投标人，不得泄露依法应当保密的信息，不得弄虚作假、串通投标或者为弄虚作假、串通投标提供便利。

二、电子招标和投标

（一）电子招标

（1）确定交易平台。招标人或者其委托的招标代理机构应当在其使用的电子招标投标交易平台注册登记，选择使用除招标人或招标代理机构之外第三方运营的电子招标投标交易平台的，还应当与电子招标投标交易平台运营机构签订使用合同，明确服务内容、服务质量、服务费用等权利和义务，并对服务过程中相关信息的产权归属、保密责任、存档等依法作出约定。相关交易平台运营机构不得以技术和数据接口配套为由，要求潜在投标人购买指定的工具软件。

（2）发布招标信息。招标人或者其委托的招标代理机构应当在资格预审公告、招标公告或者投标邀请书中载明潜在投标人访问电子招标投标交易平台的网络地址和方法。依法必须进行公开招标项目的上述相关公告应当在电子招标投标交易平台和国家指定的招标公告媒介同步发布。招标人或者其委托的招标代理机构应当及时将数据电文形式的资格预审文件、招标文件加载至电子招标投标交易平台，供潜在投标人下载或者查阅。

（3）信息保密要求。在投标截止时间前，电子招标投标交易平台运营机构不得向招标人或者其委托的招标代理机构以外的任何单位和个人泄露下载资格预审文件、招标文件的潜在投标人名称、数量以及可能影响公平竞争的其他信息。

（4）文件澄清方式。招标人对资格预审文件、招标文件进行澄清或者修改的，应当通过电子招标投标交易平台以醒目的方式公告澄清或者修改的内容，并以有效方式通知所有已下载资格预审文件或者招标文件的潜在投标人。

（二）电子投标

（1）运营机构限制要求。电子招标投标交易平台的运营机构，以及与该机构有控股或者管理关系可能影响招标公正性的任何单位和个人，不得在该交易平台进行的招标项目中投标和代理投标。

（2）注册登记和验证。投标人应当在资格预审公告、招标公告或者投标邀请书载明的电子招标投标交易平台注册登记，如实递交有关信息，并经电子招标投标交易平台运营机构验证。

（3）递交相关文件。投标人应当通过资格预审公告、招标公告或者投标邀请书载明的电子招标投标交易平台递交数据电文形式的资格预审申请文件或者投标文件。

(4) 投标文件加密要求。电子招标投标交易平台应当允许投标人离线编制投标文件，并且具备分段或者整体加密、解密功能。投标人应当按照招标文件和电子招标投标交易平台的要求编制并加密投标文件。投标人未按规定加密的投标文件，电子招标投标交易平台应当拒收并提示。

(5) 投标文件修改或撤回。投标人应当在投标截止时间前完成投标文件的传输递交，并可以补充、修改或者撤回投标文件。投标截止时间前未完成投标文件传输的，视为撤回投标文件。投标截止时间后送达的投标文件，电子招标投标交易平台应当拒收。

电子招标投标交易平台收到投标人送达的投标文件，应当即时向投标人发出确认回执通知，并妥善保存投标文件。在投标截止时间前，除投标人补充、修改或者撤回投标文件外，任何单位和个人不得解密、提取投标文件。

三、电子开标、评标和中标

(一) 电子开标

(1) 开标时间。电子开标应当按照招标文件确定的时间，在电子招标投标交易平台上公开进行，所有投标人均应当准时在线参加开标。

(2) 文件解密。开标时，电子招标投标交易平台自动提取所有投标文件，提示招标人和投标人按招标文件规定方式按时在线解密。解密全部完成后，应当向所有投标人公布投标人名称、投标价格和招标文件规定的其他内容。

因投标人原因造成投标文件未解密的，视为撤销其投标文件；因投标人之外的原因造成投标文件未解密的，视为撤回其投标文件，投标人有权要求责任方赔偿因此遭受的直接损失。部分投标文件未解密的，其他投标文件的开标可以继续进行。招标人可以在招标文件中明确投标文件解密失败的补救方案，投标文件应按照招标文件的要求作出响应。

(3) 开标记录。电子招标投标交易平台应当生成开标记录并向社会公众公布，但依法应当保密的除外。

(二) 电子评标

(1) 进行在线评标。电子评标应当在有效监控和保密的环境下在线进行。根据国家规定应当进入依法设立的招标投标交易场所的招标项目，评标委员会成员应当在依法设立的招标投标交易场所登录招标项目所使用的电子招标投标交易平台进行评标。评标中需要投标人对投标文件澄清或者说明的，招标人和投标人应当通过电子招标投标交易平台交换数据电文。

(2) 提交评标报告。评标委员会完成评标后，应当通过电子招标投标交易平台向招标人提交数据电文形式的评标报告。

(三) 电子中标

(1) 公示中标候选人和公布中标结果。依法必须进行招标的项目中标候选人和中标结果应当在电子招标投标交易平台进行公示和公布。

(2) 发出中标通知书。招标人确定中标人后，应当通过电子招标投标交易平台以数据电文形式向中标人发出中标通知书，并向未中标人发出中标结果通知书。

(3) 签订合同。招标人应当通过电子招标投标交易平台，以数据电文形式与中标人签订合同。

(4) 异议与答复。投标人或者其他利害关系人依法对资格预审文件、招标文件、开标和评标结果提出异议，以及招标人答复，均应当通过电子招标投标交易平台进行。

(5) 电子签名。招标投标活动中的下列数据电文应当按照《中华人民共和国电子签名法》和招标文件的要求进行电子签名并进行电子存档：①资格预审公告、招标公告或者投标邀请书；②资格预审文件、招标文件及其澄清、补充和修改；③资格预审申请文件、投标文件及其澄清和说明；④资格审查报告、评标报告；⑤资格预审结果通知书和中标通知书；⑥合同；⑦国家规定的其他文件。

四、监督管理

(一) 行政监督和监察

电子招标投标活动及相关主体应当自觉接受行政监督部门、监察机关依法实施的监督、监察。行政监督部门、监察机关结合电子政务建设，提升电子招标投标监督能力，依法设置并公布有关法律法规规章、行政监督的依据、职责权限、监督环节、程序和时限、信息交换要求和联系方式等相关内容。行政监督部门、监察机关及其工作人员，除依法履行职责外，不得干预电子招标投标活动，并遵守有关信息保密的规定。

(二) 信息记录和归档

电子招标投标交易平台应当依法设置电子招标投标工作人员的职责权限，如实记录招标投标过程、数据信息来源，以及每一操作环节的时间、网络地址和工作人员，并具备电子归档功能。电子招标投标公共服务平台应当记录和公布相关交换数据信息的来源、时间并进行电子归档备份。任何单位和个人不得伪造、篡改或者损毁电子招标投标活动信息。

(三) 投诉处理

投标人或者其他利害关系人认为电子招标投标活动不符合有关规定的，应通过相关行政监督平台进行投诉。行政监督部门和监察机关在依法监督检查招标投标活动或者处理投诉时，通过其平台发出的行政监督或者行政监察指令，招标投标活动当事人和电子招标投标交易平台、公共服务平台的运营机构应当执行，并如实提供相关信息，协助调查处理。

第六节　政府采购

一、政府采购适用的范围

（一）政府采购的含义

政府采购，是指各级国家机关、事业单位和团体组织，使用财政性资金采购依法制定的集中采购目录以内的或者采购限额标准以上的货物、工程和服务的行为。

（二）政府采购工程项目适用的法律

政府采购工程以及与工程建设有关的货物、服务，采用招标方式采购的，适用《中华人民共和国招标投标法》及其实施条例；采用其他方式采购的，适用《中华人民共和国政府采购法》及其实施条例。

政府采购工程以及与工程建设有关的货物、服务，应当执行政府采购政策，包括节约能源、保护环境、扶持不发达地区和少数民族地区、促进中小企业发展等。

政府采购工程依法不进行招标的，应当依照《中华人民共和国政府采购法》及其实施条例规定的竞争性谈判或者单一来源采购方式采购。

二、政府采购方式、适用条件和操作程序

（一）政府采购方式

政府采购工程、货物和服务可采用公开招标、邀请招标、竞争性谈判、竞争性磋商、单一来源采购以及国务院政府采购监督管理部门认定的其他采购方式。其中，公开招标应作为政府采购的主要采购方式。

（二）公开招标

指采购人依法以发布招标公告的方式邀请不特定的供应商参加投标。采用这种方式可以吸引众多的供应商参加投标，为一切有能力的供应商提供一个平等竞争的机会。但招标工作量较大，所需时间较多，招标费用较高。

（三）邀请招标

指采购人从符合相应资格条件的供应商中随机抽取 3 家以上供应商，向其发出投标邀请书，邀请其参加投标。同公开招标相比较，邀请招标参与竞争的供应商数目少、招标工作量较小、可以节约招标的时间和费用。具有特殊性、只能从有限范围的供应商处采购的，或者采用公开招标方式的费用占政府采购项目总价值的比例过大的货物或服务，经批准后，可以采用邀请招标方式采购。

采用邀请招标方式的，采购人或者采购代理机构应当通过以下方式产生符合资格条件的供应商名单，并从中随机抽取 3 家以上供应商向其发出投标邀请书：

（1）发布资格预审公告征集；

（2）从省级以上人民政府财政部门建立的供应商库中选取；

（3）采购人书面推荐。

采用第（1）项方式产生符合资格条件供应商名单的，采购人或者采购代理机构应当按照资格预审文件载明的标准和方法，对潜在投标人进行资格预审。

采用第（2）项或第（3）项方式产生符合资格条件供应商名单的，备选的符合资格条件供应商总数不得少于拟随机抽取供应商总数的两倍。

随机抽取是指通过抽签等能够保证所有符合资格条件供应商机会均等的方式选定供应商。随机抽取供应商时，应当有不少于两名采购人工作人员在场监督，并形成书面记录，随采购文件一并存档。

投标邀请书应当同时向所有受邀请的供应商发出。

采购人、采购代理机构不得将投标人的注册资本、资产总额、营业收入、从业人员、利润、纳税额等规模条件作为资格要求或者评审因素，也不得通过将除进口货物以外的生产厂家授权、承诺、证明、背书等作为资格要求，对投标人实行差别待遇或者歧视待遇。

（四）竞争性谈判

指采购人或者代理机构邀请3家以上符合相应资格条件的供应商，就采购事宜进行谈判。

1. 适用条件

符合下列情形之一的货物或服务，经批准后可以采用竞争性谈判方式采购：

（1）招标后没有供应商投标或者没有合格标的或者重新招标未能成立的；

（2）技术复杂或者性质特殊，不能确定详细规格或者具体要求的；

（3）采用招标所需时间不能满足用户紧急需要的；

（4）不能事先计算出价格总额的。

2. 采购程序

采购人、采购代理机构应当通过发布公告、从省级以上财政部门建立的供应商库中随机抽取或者采购人和评审专家分别书面推荐的方式邀请不少于3家符合相应资格条件的供应商参与竞争性谈判。

采取采购人和评审专家书面推荐方式选择供应商的，采购人和评审专家应当各自出具书面推荐意见。采购人推荐供应商的比例不得高于推荐供应商总数的50%。

采用竞争性谈判方式采购的，应当遵循下列程序：

（1）成立谈判小组。谈判小组由采购人的代表和有关专家共3人以上的单数组成，其中专家的人数不得少于成员总数的2/3。

（2）制定谈判文件。谈判文件应当明确谈判程序、谈判内容、合同草案的条款以及评定成交的标准等事项。

（3）确定邀请参加谈判的供应商名单。谈判小组从符合相应资格条件的供应商名单中确定不少于3家的供应商参加谈判，并向其提供谈判文件。

（4）谈判。谈判小组所有成员集中与单一供应商分别进行谈判。在谈判中，谈判的任何一方不得透露与谈判有关的其他供应商的技术资料、价格和其他信息。谈判文件有实质性变动的，谈判小组应当以书面形式通知所有参加谈判的供应商。

（5）确定成交供应商。谈判结束后，谈判小组应当要求所有参加谈判的供应商在规定时间内进行最后报价，采购人从谈判小组提出的成交候选人中根据符合采购需求、质量和服务相等且报价最低的原则确定成交供应商，并将结果通知所有参加谈判的未成交的供应商。

（五）竞争性磋商

指采购人或者代理机构邀请3家以上符合相应资格条件的供应商，就采购事宜进行磋商。

1. 适用条件

符合下列情形之一的项目，经批准后可以采用竞争性磋商方式采购：

（1）政府购买服务项目；

（2）技术复杂或者性质特殊，不能确定详细规格或者具体要求的；

（3）因艺术品采购、专利、专有技术或者服务的时间、数量事先不能确定等原因不能事先计算出价格总额的；

（4）市场竞争不充分的科研项目，以及需要扶持的科技成果转化项目；

（5）按照招标投标法及其实施条例必须进行招标的工程建设项目以外的工程建设项目。

2. 采购程序

采购人、采购代理机构应当通过发布公告、从省级以上财政部门建立的供应商库中随机抽取或者采购人和评审专家分别书面推荐的方式邀请不少于3家符合相应资格条件的供应商参与竞争性磋商采购活动。

采取采购人和评审专家书面推荐方式选择供应商的，采购人和评审专家应当各自出具书面推荐意见。采购人推荐供应商的比例不得高于推荐供应商总数的50％。

采用公告方式邀请供应商的，竞争性磋商应当遵循下列程序：

（1）发布竞争性磋商公告。采购人、采购代理机构应当在省级以上人民政府财政部门指定的政府采购信息发布媒体发布竞争性磋商公告。

（2）发布竞争性磋商文件。竞争性磋商文件（以下简称磋商文件）应当根据采购项目的特点和采购人的实际需求制定，并经采购人书面同意。

（3）供应商提交首次响应文件。从磋商文件发出之日起至供应商提交首次响应文件截止之日止不得少于10日。

（4）成立磋商小组。磋商小组由采购人代表和评审专家共3人以上单数组成，其中评审专家人数不得少于磋商小组成员总数的2/3。

（5）磋商。磋商小组所有成员应当集中与单一供应商分别进行磋商，并给予所有参加磋商的供应商平等的磋商机会。在磋商过程中，磋商小组可以根据磋商文件和磋商情况实质性变动采购需求中的服务要求以及合同草案条款，但不得变动磋商文件中的其他内容。实质性变动的内容，须经采购人代表确认。

对磋商文件作出的实质性变动是磋商文件的有效组成部分，磋商小组应当及时以书面形式同时通知所有参加磋商的供应商。

供应商应当按照磋商文件的变动情况和磋商小组的要求重新提交响应文件。

磋商文件能够详细列明采购标的的技术、服务要求的，磋商结束后，磋商小组应当要求所有实质性响应的供应商在规定时间内提交最后报价，提交最后报价的供应商不得少于3家。

磋商文件不能详细列明采购标的的技术、服务要求，需经磋商由供应商提供最终设计方案或解决方案的，磋商结束后，磋商小组应当按照少数服从多数的原则投票推荐3家以上供应商的设计方案或者解决方案，并要求其在规定时间内提交最后报价。

最后报价是供应商响应文件的有效组成部分。属于市场竞争不充分的科研项目，或者需要扶持的科技成果转化项目的，提交最后报价的供应商可以为2家。

(6) 确定成交供应商。经磋商确定最终采购需求和提交最后报价的供应商后，由磋商小组采用综合评分法对提交最后报价的供应商的响应文件和最后报价进行综合评分。磋商小组应当根据综合评分情况，按照评审得分由高到低顺序推荐3名以上成交候选供应商，并编写评审报告。属于市场竞争不充分的科研项目，或者需要扶持的科技成果转化项目的，可以推荐2家成交候选供应商。

(六) 询价

指采购人或者代理机构邀请3家以上符合相应资格条件的供应商，就采购货物进行报价。

1. 适用条件

采购的货物规格、标准统一、现货货源充足且价格变化幅度小的政府采购项目，经批准后可以采用询价方式采购。

2. 采购程序

采取询价方式采购的，应当遵循下列程序：

(1) 成立询价小组。询价小组由采购人的代表和有关专家共3人以上的单数组成，其中专家的人数不得少于成员总数的2/3。询价小组应当对采购项目的价格构成和评定成交的标准等事项作出规定。

(2) 确定被询价的供应商名单。询价小组根据采购需求，从符合相应资格条件的供应商名单中确定不少于3家的供应商，并向其发出询价通知书让其报价。

(3) 询价。询价小组要求被询价的供应商一次报出不得更改的价格。

(4) 确定成交供应商。采购人根据符合采购需求、质量和服务相等且报价最低的原则确定成交供应商，并将结果通知所有被询价的未成交的供应商。

(七) 单一来源采购

指由采购人直接选定1家供应商，通过谈判达成协议，为其提供货物或服务。符合下列情形之一的货物或服务，经批准后可以采用单一来源方式采购：

(1) 只能从唯一供应商处采购的；

（2）发生了不可预见的紧急情况不能从其他供应商处采购的；

（3）必须保证原有采购项目一致性或者服务配套的要求，需要继续从原供应商处添购，且添购资金总额不超过原合同采购金额10%的。

采取单一来源方式采购的，采购人与供应商应当遵循《政府采购法》规定的原则，在保证采购项目质量和双方商定合理价格的基础上进行采购。

第五章　工程项目合同管理

合同是指具有平等民事主体资格的当事人，为了达到一定目的，经过自愿、平等、协商一致而设立、变更、终止民事权利义务关系而达成的协议。工程项目实行合同管理，是建立工程项目现代管理制度的重要举措。通过合同管理，可以降低成本，减少费用支出，缩短工期，达到预期目标。咨询工程师应当掌握工程项目合同管理的专门知识和技能，切实做好工程咨询工作。本章着重讲述工程项目合同管理的基本原则和法律依据，重点介绍工程项目施工、货物、服务采购合同的订立、履行、管理、索赔等内容。为适应日益开放的国际市场要求，还特别介绍了国际咨询工程师联合会（FIDIC）的基本情况，以及 FIDIC 施工合同条件的主要内容，供大家在工作中借鉴和参考。

第一节　概述

一、工程项目合同管理的基本原则

1. 符合法律法规的原则

订立合同的主体、内容、形式、程序等都要符合法律法规规定。合同当事人订立、履行合同，应当遵守法律、行政法规，订立合同唯有遵守法律和行政法规，合同才受国家法律的保护，当事人预期的经济利益目的才有保障。

2. 平等自愿的原则

平等是指合同当事人享有平等的权利和义务；自愿是指合同当事人在法律、法规允许范围内，根据自己的意愿签订合同，即有权选择订立合同的对象，合同的条款内容，合同订立时间以及依法变更和解除合同，任何单位和个人不得非法干预。贯彻平等自愿的原则，必须体现签约各方在法律地位上的完全平等。合同要在双方友好协商的基础上订立，签约双方都是平等的，任何一方都不得把自己的意志（例如单方提出的不平等条款）强加于另一方，更不得强迫对方同自己签订合同。

3. 公平原则

公平原则是民法的基本原则之一。合同当事人应当遵循公平原则确定各方的权利和义务。根据公平原则，民事主体必须按照公平的观念设立、变更或者取消民事法律关系。在订立工程项目合同中贯彻公平原则，反映了商品交换等价有偿的客观规律和要求。贯彻该原则的最基本要求即是签约各方的合同权利、义务要对等而不能失去公平，要合理分担责任。

4. 诚实信用原则

合同当事人行使权利、履行义务应当遵循诚实信用原则。诚实信用原则实质上是社会良好道德、伦理观念上升为国家意志的体现。在订立合同中贯彻诚实信用原则，要求当事人应当诚实，实事求是向对方介绍自己订立合同的条件、要求和履约能力，充分表达自己的真实意愿，不得有隐瞒、欺诈的成分，在拟定合同条款时，要充分考虑对方的合法权益和实际困难，以善意的方式设定合同权利和义务。

5. 等价有偿的原则

等价有偿原则是开展民事活动的一项原则，也是订立合同的一项基本原则。

6. 不得损害社会公共利益和扰乱社会经济秩序原则

合同当事人订立、履行合同，应当尊重社会公德，不得扰乱社会经济秩序，损害社会公共利益。

二、工程项目合同管理的法律依据

规范工程项目合同管理，不但需要规范与合同管理直接相关的法律法规，也需要完善相关法律体系。目前，我国这方面的立法体系已基本完善。与工程项目合同有直接关系的法律包括《中华人民共和国民法通则》（以下简称《民法通则》）、《中华人民共和国合同法》（简称《合同法》）和《中华人民共和国招标投标法》（简称《招标投标法》）。

1.《民法通则》

《民法通则》是调整平等主体的公民之间、法人之间、公民与法人之间的财产关系和人身关系的基本法律。合同关系也是一种财产（债）关系，因此，《民法通则》对规范合同关系作出了原则性的规定。

2.《合同法》

《合同法》是规范我国市场经济财产流转关系的基本法，工程项目合同的订立和履行也要遵守其基本规定，工程项目实施过程中，会涉及大量的合同，均需遵守《合同法》的规定。

3.《招标投标法》

《招标投标法》是规范工程建设市场竞争的主要法律，也是规范合同管理行为的法律，能够有效地实现公开、公平、公正的竞争。国家对工程项目招标的范围和规模有明确的规定，必须通过招标投标确定承包人，发包人和承包人的合同行为也必须遵守《招标投标法》的规定。

4.《建筑法》

《建筑法》是规范建筑活动的基本法律，工程项目合同的订立和履行就是一种建筑活动，合同的内容也必须遵守《建筑法》的规定。

5. 其他法律

工程项目合同的订立和履行还涉及其他一些法律关系，则需要遵守相应的法律规定。在工程项目合同的订立和履行中需要提供担保的，则应当遵守《中华人民共和国担保法》的规定。在工程项目合同的订立和履行中需要投保的，则应当遵守《中华人民共和国保险法》的规定。在工程项目合同的订立和履行中需要建立劳动关系的，则应当遵守《中华人民共和国劳动法》的规定。在合同的订立和履行过程中如果要涉及合同的公证、鉴证等活动，则应当遵守国家对公证、鉴证等的规定。如果合同在履行过程中发生了争议，双方订有仲裁协议（或者争议发生后双方达成仲裁协议的），则应按照《中华人民共和国仲裁法》的规定进行仲裁；如果双方没有仲裁协议（争议发生后双方也没有达成仲裁协议的），则应按照《中华人民共和国民事诉讼法》将诉讼作为争议的最终解决方式。

三、工程项目合同的特点

1. 工程项目合同是一个合同群体

因为工程项目投资多，工期长，参与单位多，一般由多项合同组成一个合同群，这些合同之间分工明确，层次清楚，自然形成一个合同体系。

2. 合同标的物仅限于工程项目涉及的内容

与一般的产品合同不同，工程项目合同涉及面主要是建筑物、构筑物的建设，线路、管网的建设，土木工程的建设以及设备、材料购置安装等的管理，而且都是一次性过程。

3. 合同内容庞杂

与产品合同比较，工程项目合同庞大复杂。大型项目要涉及到几十种专业，上百个工种，几万人作业，合同内容自然庞大复杂。如三峡水利水电工程，共签定78个大合同，5000多个小合同，合同内容极其复杂。

4. 工程项目合同主体只能是法人

《合同法》《招标投标法》《建设工程质量管理条例》等法律和行政法规，都规定了工程项目合同的当事人只能是法人，公民个人不能成为工程项目合同的当事人。

5. 工程项目合同的订立和履行具有特殊性

工程项目标的物属于不动产，工程项目对国家、社会和人民生活影响较大，在工程项目的合同订立上必须符合政府的规定，在履行中必须接受政府的监督和检查。因此，工程项目合同一般都采用书面形式。

四、工程项目合同体系

合同管理贯穿于工程项目实施的全过程，在项目建设的各阶段都必须用合同的形式来约束各方的责任、权利和义务。经过多年的努力，我国的工程项目合同已经形成了一个完整的体系。按照建设程序中不同阶段的划分，工程项目合同包括前期咨询合同、勘察设计合同、监理合同、招标代理合同、工程造价咨询合同、工程施工合同、材料设备采购、租赁合同、贷款合同等。仅工程施工合同，按照承包序列划分，就包括施工总承包合同、专业分包合同以及劳务分包合同。

为提示当事人在订立合同时更好地明确各自的权利义务，防止合同纠纷，根据《合同法》等有关法律法规，在国家发展改革委等九部委联合出台的《标准施工招标文件》《简明标准施工招标文件》《标准设计施工总承包招标文件》《标准勘察招标文件》《标准设计招标文件》《标准监理招标文件》《标准材料采购招标文件》《标准设备采购招标文件》中，均包括有合同文本，基本上覆盖了工程项目的建设全过程。

1. 工程项目前期咨询合同

工程项目前期咨询合同，是在项目建设的投资决策阶段，进行可行性研究与项目评价等咨询活动所签订的合同。工程项目前期咨询合同涉及投资决策的正确与否，涉及工程项目的成败，因此，加强工程项目前期咨询阶段的合同管理，就显得非常重要。

对咨询单位来说，按合同规定开展工程项目的各项调查研究工作，咨询成果要达到约定的标准和深度要求，经过内外评审之后，按规定的数量和时间向业主提供咨询成果，业主接受咨询成果，按约定支付咨询费用。

2. 勘察、设计合同

工程勘察设计合同是发包人与承包人为完成一定的勘察、设计任务，明确双方权利义务关系的协议。承包人应当完成发包人委托的勘察、设计任务，发包人则应接受符合约定要求的勘察、设计成果并支付报酬。一般情况下，工程勘察合同与设计合同是两个合同。但是，这两个合同的特点和管理内容相似，因此，我们往往将这两个合同统称为工程勘察设计合同。

勘察设计合同的发包人一般是建设单位或项目管理部门，承包人是持有工程勘察设计资质证书、工程勘察设计收费资格证书和企业法人营业执照的工程勘察设计单位。

3. 工程监理合同

工程监理合同是指委托人与监理人就委托的工程项目管理内容签订的明确双方权利、义务关系的协议。监理合同是委托合同的一种。在工程建设过程中，工程项目发包人（委托人）和监理人（受托人）应按照相关法律、行政法规以及规章，签订工程监理合同。

工程项目委托监理的法律关系，是指建设单位、监理单位以及第三人之间，依据国家法律、行政法规的规定和约定，相互之间形成的权利、义务和责任的法律关系。

工程项目委托监理法律关系，是工程建设活动中的一种特殊的法律关系。依据法律规定在监理人与委托人、承包人之间分别形成不同的法律关系。监理合同的标的是服务，是以对工程项目实施控制和管理为主要内容，委托的工作内容必须符合工程项目建设程序，委托人与监理人应当依据法律规定和合同约定，全面地、实际地履行委托监理合同的义务，从而确保相对人的权利得以实现，以利委托监理的工程项目按期、按质、按量地交工，从而实现当事人订立合同的目标。

4. 工程施工合同

施工合同即工程承包合同，是发包人和承包人为完成商定的建设工程，明确相互权利、义务关系的合同。依照施工合同，承包人应完成一定的建设、安装工程任务，发包人应提供必要的施工条件并支付工程价款。施工合同是工程项目合同的一种，它与其他工程项目合同一样是一种双务合同，在订立时也应遵守自愿、公平、诚实信用等原则。

施工合同是工程建设的主要合同，是工程建设质量控制、进度控制、投资控制的主要依据。在市场经济条件下，建设市场主体之间相互的权利义务关系主要是通过合同确立的，因此，在建设领域加强对施工合同的管理具有十分重要的意义。

5. 货物采购合同

货物采购合同也即工程建设中涉及的重要设备材料的采购合同，是指平等主体的法人、其他组织之间，为实现工程项目货物买卖，设立、变更、终止相互权利义务关系的协议。

货物采购包括材料采购和设备采购两种类型，采购合同涉及的条款繁简程度差异较大。材料采购合同的条款一般限于材料交货阶段，主要涉及交接程序、检验方式和质量要求、合同价款的支付等。大型设备的采购，除了交货阶段的工作外，往往还需包括设备生产阶段、设备安装调试阶段、设备试运行阶段、设备性能达标检验和保修等方面的条款约定。

第二节　工程项目施工合同管理

工程项目合同是发包人与承包人就完成具体工程项目的勘察、设计、施工、监理、设备材料供应等工作内容，确定双方权利和义务的协议。工程项目合同体系中，每项合同订立的条件、程序以及合同的主要内容等不尽相同。由于施工合同是工程建设的主要合同，是工程质量控制、进度控制、投资控制的主要依据，本节以施工合同为主进行阐述。

一、施工合同订立

（一）施工合同的组成

根据国家发展改革委等九部委《标准施工招标文件》（2007 年版），合同由《合同协议书》《通用合同条款》《专用合同条款》3 部分组成，并附有履约担保格式、预付款担保格式等合同附件。

1. 《合同协议书》

是施工合同的总纲性法律文件，经过双方当事人签字盖章后合同即成立。共计 10 条，主要包括：合同文件构成及优先顺序、签约合同价、项目经理、合同工期、质量标准、合同价格形式、承诺以及合同生效条件等重要内容，集中约定了合同当事人基本的权利义务。

2.《通用合同条款》

是合同当事人根据《中华人民共和国合同法》等法律法规的规定，就工程建设的实施及相关事项，对合同当事人的权利义务作出的原则性约定。共计 24 条，具体条款分别为：一般约定、发包人义务、监理人、承包人、材料和工程设备、施工设备和临时设施、交通运输、测量放线、施工安全、治安保卫和环境保护、进度计划、开工和竣工、暂停施工、工程质量、试验和检验、变更、价格调整、计量与支付、竣工验收、缺陷责任与保修责任、保险、不可抗力、违约、索赔和争议的解决。前述条款安排既考虑了现行法律法规对工程建设的有关要求，也考虑了建设工程施工管理的特殊需要，对于依法必须招标的工程建设项目，招标人在编写项目招标文件时，应不加修改地直接引用《标准施工招标文件》（2007 年版）的“通用合同条款”。

3.《专用合同条款》

是对通用合同条款原则性约定的细化、完善、补充、修改或另行约定的条款。合同当事人可以根据不同建设工程的特点及具体情况，通过双方的谈判、协商对相应的专用合同条款进行修改补充。在使用专用合同条款时应注意，专用合同条款的编号应与相应的通用合同条款的编号一致，合同当事人可以通过对专用合同条款的修改，满足具体建设工程的特殊要求。

4. 附件

共计 2 个，包括：《履约担保格式》《预付款担保格式》。

（二）合同文件的组成及解释顺序

1. 合同文件的组成

构成工程施工合同的文件包括：

（1）合同协议书；

（2）中标通知书；

（3）投标函及投标函附录；

（4）专用合同条款；

（5）通用合同条款；

（6）技术标准和要求；

（7）图纸；

（8）已标价工程量清单；

（9）其他合同文件。

2. 合同文件的解释顺序

上述合同文件应能够互相解释、互相说明。当合同文件中出现不一致时，上面的顺序就是合同的优先解释顺序。当合同文件出现含糊不清或者当事人有不同理解时，按照合同争议的解决方式处理。

（三）合同涉及的有关各方

（1）合同当事人。指发包人和承包人。

1）发包人。指与承包人在合同协议书中签字的当事人。

2）承包人。指与发包人签订合同协议书承担工程施工的当事人。

（2）合同相关方。包括监理人、分包人等。

1）监理人。指受发包人委托对合同履行实施管理的法人或其他组织，监理人委派总监理工程师常驻施工场地。

2）分包人。指从承包人处分包合同中某一部分工程，并与其签订分包合同的分包人。

（3）有关各方代表。包括发包人代表、项目经理、总监理工程师等。

1）发包人代表。指由发包人任命并派驻施工现场，在发包人授权范围内行使发包人权利的人。

2）项目经理。指由承包人任命并派驻施工现场，在承包人授权范围内负责合同履行，且按照法律规定具有相应资格的项目负责人。

3）总监理工程师。指由监理人任命并派驻施工现场进行工程监理的总负责人。

（四）合同的标的

标的是合同当事人的权利义务指向的对象。工程施工合同的标的是工程，包括永久工程和临时工程，即发包人在合同文件中明确规定由承包人承担施工任务的具体工作范围和内容。

（五）合同工期、质量、价款

合同工期、质量、价款是协议书中最为重要的内容，也是合同的实质性条款。按照《招标投标法》规定，实行招标投标的工程，招标人和中标人必须按照招标文件和中标人的投标文件订立书面合同，招标人和中标人不得再行订立背离合同实质性内容的其他协议。

1．合同工期

合同工期指承包人在投标函中承诺的完成合同工程所需的期限。由于发包人原因造成工期延误或者出现异常恶劣气候条件导致工期延误的，承包人有权要求发包人延长工期。

2．质量标准

质量标准是合同协议书中的核心内容，由发包人在招标文件中予以约定。质量标准的评定一般以国家或者专业的质量检验评定标准为准。发包人不得以任何理由，要求承包人在施工中违反法律、行政法规以及建设工程质量、安全标准，降低工程质量。

3．合同价款

合同价款包括签约合同价和合同价格。签约合同价指签定合同时合同协议书中写明的，包括了暂列金额、暂估价的合同总金额。合同价格指承包人按合同约定完成了包括缺陷责任期内的全部承包工作后，发包人应付给承包人的金额，包括在履行合同过程中按合同约定进行的变更和调整。因此，发包人和承包人最终结算的合同价款是合同价格，而不是最初招标确定的合同签约价。

（六）合同生效

《合同法》第四十四条规定：依法成立的合同，自成立时生效。法律、行政法规规定应当办理批准、登记等手续生效的，依照其规定。对于施工合同，《建筑法》及其他法律、行政法规并未规定需要办理批准、登记手续才能生效。同时，按照《合同法》第三十二条规定，当事人采用合同书形式订立合同的，自双方当事人签字或者盖章时合同成立。《建筑法》和《合同法》都要求采用书面形式订立施工合同，因此，施工合同自双方当事人签字或者盖章时生效。另外，《合同法》第四十五条还规定，当事人对合同的效力可以约定附条件。附生效条件的合同，自条件成就时生效。因此，发包人和承包人可以在协议书中约定合同生效的条件。如合同经公证或鉴证后生效。

合同订立时间指合同双方签字盖章的时间。双方如不约定合同生效条件，则合同订立时间就是合同生效时间。合同订立地点指合同双方签字盖章的地点。

（七）施工合同的主要条款

工程施工合同双方的权利义务，主要体现在合同条款中。合同条款除明确规定了有关施工合同的标的、数量、质量、价款、履行期限、履行地点和方式、违约责任等内容外，还阐明了施工过程中的工程进度管理、质量管理、费用管理、安全管理、环保管理、索赔程序、合同争议管理等内容。由于篇幅所限，不能一一诠释，主要条款内容将在后文详细阐述。

（八）签订合同应注意的关键问题和环节

1. 合同形式选择

《合同法》第十条规定：当事人订立合同，有书面形式、口头形式和其他形式。法律、行政法规规定采用书面形式的，应当采用书面形式。第二百七十条又规定：建设工程合同应当采用书面形式。书面形式是指合同书、信件和数据电文，具体包括电报、电传、传真、电子数据交换和电子邮件等可以有形地表现所载内容的形式。对于因时间紧迫，合同双方达成的口头协议，应在事后补签书面合同或协议，避免出现合同纠纷。

2. 合同文本起草

工程项目合同签订之前，需要由一方负责起草拟签订合同的文本。一般来讲，合同文本由谁起草，谁就能掌握主动，所以，应重视合同文本的起草。如果是通过招标投标形成的合同，则一般由招标人事先按照《招标投标法》第十九条的规定，在编制招标文件时就包括了拟签订合同的主要条款。尤其是国家发展改革委等九部委联合起草《标准施工招标文件》也已经包括了施工合同的主要条款，这些都为工程项目合同起草工作奠定了基础。

3. 合同主体资格审查

工程项目合同的主体只能为法人，公民个人不能成为建设工程合同的当事人。资格审查是审查合同相对方的民事权利能力和民事行为能力。《合同法》第九条规定：当事人订立合同，应当具有相应的民事权利能力和民事行为能力。也就是说，工程项目合同双方应审查对方是否有从事相关经营的资格（含资质）、履约能力以及对合同标的处分权等。合同一方可要求对方提供相应的证明文件，并在所提供的文件上签名盖章确保真实有效。

4. 合同谈判

《招标投标法》第四十六条规定：招标人和中标人应当自中标通知书发出之日起 30 日内，按照招标文件和中标人的投标文件订立书面合同。招标人和中标人不得再行订立背离合同实质性内容的其他协议。中标通知书发出之日起 30 日，就是合同双方主体进行合同谈判的时间。进行合同谈判，应针对《通用合同条款》内容，对合同文本中双方各自的工作内容、完成时限等在《专用合同条款》内进行细化，对《通用合同条款》未涉及事宜签订补充条款。但对质量、工期、价格等合同实质性内容不得谈判，必须按照招标形成的中标结果签订合同。

5. 合同签订

工程项目合同签订时应首先检查相对方签字人的身份，如果签字人是企业法定代表人的，应具有相关证明材料。如果是法定代表人授权委托人的，一定要有法定代表人的授权委托书，授权委托书上应载明授权范围、权限、时限并有授权人的签名、盖章。合同文本中具体内容如果有修改的，应在修改处盖章注明，并保持双方存留合同文字内容的一致性。

二、施工合同履行

工程项目的发包单位与承包单位应当依法订立书面合同，明确双方的权利和义务。发包单位和承包单位应当全面履行合同约定的义务。不按照合同约定履行义务的，依法承担违约责任。下面以《标准施工招标文件》（2007 年版）“通用合同条款”为例，具体阐述合同履行管理。

（一）发包人的义务

（1）发包人在履行合同过程中应遵守法律，并保证承包人免于承担因发包人违反法律而引起的任何责任。

（2）发包人应委托监理人向承包人发出开工通知。

（3）发包人应按合同约定向承包人提供施工场地，以及施工场地内地下管线和地下设施等有关资料，并保证资料的真实、准确、完整。

（4）发包人应协助承包人办理法律规定的有关施工证件和批件。

（5）发包人应根据合同进度计划，组织设计单位向承包人进行设计交底。

（6）发包人应按合同约定向承包人及时支付合同价款。

（7）发包人应按合同约定及时组织竣工验收。

（8）发包人应履行合同约定的其他义务。

（二）承包人的义务

1. 承包人的一般义务

（1）承包人在履行合同过程中应遵守法律，并保证发包人免于承担因承包人违反法律而引起的任何责任。

(2) 承包人应按有关法律规定纳税，应缴纳的税金包括在合同价格内。

(3) 承包人应按合同约定以及监理人作出的指示，实施、完成全部工程，并修补工程中的任何缺陷。除专用合同条款另有约定外，承包人应提供为完成合同工作所需的劳务、材料、施工设备、工程设备和其他物品，并按合同约定负责临时设施的设计、建造、运行、维护、管理和拆除。

(4) 承包人应按合同约定的工作内容和施工进度要求，编制施工组织设计和施工措施计划，并对所有施工作业和施工方法的完备性和安全可靠性负责。

(5) 承包人应按合同约定采取施工安全措施，确保工程及其人员、材料、设备和设施的安全，防止因工程施工造成的人身伤害和财产损失。

(6) 承包人应按照合同约定负责施工场地及其周边环境与生态的保护工作。

(7) 承包人在进行合同约定的各项工作时，不得侵害发包人与他人使用公用道路、水源、市政管网等公共设施的权利，避免对邻近的公共设施产生干扰。承包人占用或使用他人的施工场地，影响他人作业或生活的，应承担相应责任。

(8) 承包人应按监理人的指示为他人在施工场地或附近实施与工程有关的其他各项工作提供可能的条件。除合同另有约定外，提供有关条件的内容和可能发生的费用，由监理人另行商定或确定。

(9) 工程接收证书颁发前，承包人应负责照管和维护工程。工程接收证书颁发时尚有部分未竣工工程的，承包人还应负责该未竣工工程的照管和维护工作，直至竣工后移交给发包人为止。

(10) 承包人应履行合同约定的其他义务。

2. 承包人现场查勘

发包人应将其持有的现场地质勘探资料、水文气象资料提供给承包人，并对其准确性负责。但承包人应对其阅读上述有关资料后所作出的解释和推断负责。承包人应对施工场地和周围环境进行查勘，并收集有关地质、水文、气象条件、交通条件、风俗习惯以及其他为完成合同工作有关的当地资料。在全部合同工作中，应视为承包人已充分估计了应承担的责任和风险。

3. 履约担保

发包人需要承包人提供履约担保的，由合同当事人在专用合同条款中约定履约担保的方式、金额及期限等。承包人应保证其履约担保在发包人颁发工程接收证书前一直有效。发包人应在工程接收证书颁发后28天内把履约担保退还给承包人。

《国务院办公厅关于清理规范工程建设领域保证金的通知》(国办发〔2016〕49号) 对保证金收取的类别、形式等作出了具体规定，发包人应遵守相关规定：

(1) 对建筑业企业在工程建设中需缴纳的保证金，除依法依规设立的投标保证金、履约保证金、工程质量保证金、农民工工资保证金外，其他保证金一律取消。

(2) 对保留的投标保证金、履约保证金、工程质量保证金、农民工工资保证金，推行银行保函制度，建筑业企业可以银行保函方式缴纳。

(3) 在工程项目竣工前，已经缴纳履约保证金的，建设单位不得同时预留工程质量保证金。

(三) 工期和进度管理

1. 合同进度计划

(1) 合同进度计划的编制。承包人应按合同约定的内容和期限，编制详细的施工进度计划和施工方案说明报送监理人。监理人应在合同约定的期限内批复或提出修改意见，否则该进度计划视为已得到批准。经监理人批准的施工进度计划称合同进度计划，是控制合同工程进度的依据。承包人还应根据合同进度计划，编制更为详细的分阶段或分项进度计划，报监理人审批。

(2) 合同进度计划的修订。如果工程的实际进度与合同进度计划不符，承包人可以向监理人提交修订合同进度计划的申请报告，并附有关措施和相关资料，报监理人审批；监理人也可以直接向承包人作出修订合同进度计划的指示，承包人应按该指示修订合同进度计划，报监理人审批。监理人在批复前应获得发包人同意。

2. 开工

(1) 开工通知。监理人应在开工日期 7 天前向承包人发出开工通知。监理人在发出开工通知前应获得发包人同意。工期自监理人发出的开工通知中载明的开工日期起计算。承包人应在开工日期后尽快施工。

(2) 开工准备。承包人应按合同进度计划，向监理人提交工程开工报审表，经监理人审批后执行。开工报审表应详细说明按合同进度计划正常施工所需的施工道路、临时设施、材料设备、施工人员等施工组织措施的落实情况以及工程的进度安排。

3. 工期延误

在履行合同过程中，由于发包人的下列原因造成工期延误的，承包人有权要求发包人延长工期和（或）增加费用，并支付合理利润。

(1) 增加合同工作内容；

(2) 改变合同中任何一项工作的质量要求或其他特性；

(3) 发包人迟延提供材料、工程设备或变更交货地点的；

(4) 因发包人原因导致的暂停施工；

(5) 提供图纸延误；

(6) 未按合同约定及时支付预付款、进度款；

(7) 发包人造成工期延误的其他原因。

由于出现合同约定的异常恶劣气候的条件导致工期延误的，承包人有权要求发包人延长工期。

由于承包人原因，未能按合同进度计划完成工作，或监理人认为承包人施工进度不能满足合同工期要求的，承包人应采取措施加快进度，并承担加快进度所增加的费用。由于承包人原因造成工期延误，承包人应按合同约定的金额支付逾期竣工违约金。承包人支付逾期竣工违约金，不免除承包人完成工程及修补缺陷的义务。

4. 工期提前

发包人要求承包人提前竣工，或承包人提出提前竣工的建议能够给发包人带来效益的，应由监理人与承包人共同协商采取加快工程进度的措施和修订合同进度计划。发包人应承担承包人由此增加的费用，并向承包人支付合同约定的相应奖金。

（四）工程质量管理

工程施工中的质量控制是合同履行中的重要环节。施工合同的质量控制涉及许多方面的因素，任何一个方面的缺陷和疏漏，都可能造成工程质量无法达到预期的标准。

1. 工程质量要求

工程质量验收按合同约定验收标准执行。因承包人原因造成工程质量达不到合同约定验收标准的，监理人有权要求承包人返工直至符合合同要求为止，由此造成的费用增加和（或）工期延误由承包人承担。因发包人原因造成工程质量达不到合同约定验收标准的，发包人应承担由于承包人返工造成的费用增加和（或）工期延误，并支付承包人合理利润。

2. 承包人的质量管理和检查

（1）承包人应在施工场地设置专门的质量检查机构，配备专职质量检查人员，建立完善的质量检查制度。承包人应在合同约定的期限内，提交工程质量保证措施文件，包括质量检查机构的组织和岗位责任、质检人员的组成、质量检查程序和实施细则等，报送监理人审批。

（2）承包人应加强对施工人员的质量教育和技术培训，定期考核施工人员的劳动技能，严格执行规范和操作规程。

（3）承包人应按合同约定对材料、工程设备以及工程的所有部位及其施工工艺进行全过程的质量检查和检验，并作详细记录，编制工程质量报表，报送监理人审查。

3. 监理人的质量检查

监理人有权对工程的所有部位及其施工工艺、材料和工程设备进行检查和检验。承包人应为监理人的检查和检验提供方便，包括监理人到施工场地，或制造、加工地点，或合同约定的其他地方进行察看和查阅施工原始记录。承包人还应按监理人指示，进行施工场地取样试验、工程复核测量和设备性能检测，提供试验样品、提交试验报告和测量成果以及监理人要求进行的其他工作。监理人的检查和检验，不免除承包人按合同约定应负的责任。

4. 工程隐蔽部位覆盖前的检查

（1）经承包人自检确认的工程隐蔽部位具备覆盖条件后，承包人应通知监理人在约定的期限内检查。承包人的通知应附有自检记录和必要的检查资料。监理人应按时到场检查。经监理人检查确认质量符合隐蔽要求，并在检查记录上签字后，承包人才能进行覆盖。监理人检查确认质量不合格的，承包人应在监理人指示的时间内修整返工后，由监理人重新检查。

（2）监理人未按合同约定的时间进行检查的，除监理人另有指示外，承包人可自行完成覆盖工作，并作相应记录报送监理人，监理人应签字确认。监理人事后对检查记录有疑问的，可按合同的约定重新检查。

（3）承包人覆盖工程隐蔽部位后，监理人对质量有疑问的，可要求承包人对已覆盖的部位进行钻孔探测或揭开重新检验，承包人应遵照执行，并在检验后重新覆盖恢复原状。经检验证明工程质量符合合同要求的，由发包人承担由此增加的费用和（或）工期延误，并支付承包人合理利润；经检验证明工程质量不符合合同要求的，由此增加的费用和（或）工期延误由承包人承担。

（4）承包人未通知监理人到场检查，私自将工程隐蔽部位覆盖的，监理人有权指示承包人钻孔探测或揭开检查，由此增加的费用和（或）工期延误由承包人承担。

5. 清除不合格工程

（1）承包人使用不合格材料、工程设备，或采用不适当的施工工艺，或施工不当，造成工程不合格的，监理人可以随时发出指示，要求承包人立即采取措施进行补救，直至达到合同要求的质量标准，由此增加的费用和（或）工期延误由承包人承担。

（2）由于发包人提供的材料或工程设备不合格造成的工程不合格，需要承包人采取措施补救的，发包人应承担由此增加的费用和（或）工期延误，并支付承包人合理利润。

（五）安全文明施工与环境保护

1. 发包人的施工安全责任

（1）发包人应按合同约定履行安全职责，授权监理人按合同约定的安全工作内容监督、检查承包人安全工作的实施，组织承包人和有关单位进行安全检查。

（2）发包人应对其现场机构雇佣的全部人员的工伤事故承担责任，但由于承包人原因造成发包人人员工伤的，应由承包人承担责任。

（3）发包人应负责赔偿以下各种情况造成的第三者人身伤亡和财产损失：工程或工程的任何部分对土地的占用所造成的第三者财产损失；由于发包人原因在施工场地及其毗邻地带造成的第三者人身伤亡和财产损失。

2. 承包人的施工安全责任

（1）承包人应按合同约定履行安全职责，执行监理人有关安全工作的指示，并在约定的期限内，按合同约定的安全工作内容，编制施工安全措施计划报送监理人审批。

（2）承包人应加强施工作业安全管理，特别应加强易燃、易爆材料、火工器材、有毒与腐蚀性材料和其他危险品的管理，以及对爆破作业和地下工程施工等危险作业的管理。

（3）承包人应严格按照国家安全标准制定施工安全操作规程，配备必要的安全生产和劳动保护设施，加强对承包人人员的安全教育，并发放安全工作手册和劳动保护用具。

（4）承包人应按监理人的指示制定应对灾害的紧急预案，报送监理人审批。承包人还应按预案做好安全检查，配置必要的救助物资和器材，切实保护好有关人员的人身和财产安全。

（5）合同约定的安全作业环境及安全施工措施所需费用应遵守有关规定，并包括在相关工作的合同价格中。因采取合同未约定的安全作业环境及安全施工措施增加的费用，由监理人按合同商定或确定。

（6）承包人应对其履行合同所雇佣的全部人员，包括分包人人员的工伤事故承担责任，但由于发包人原因造成承包人人员工伤事故的，应由发包人承担责任。

（7）由于承包人原因在施工场地内及其毗邻地带造成的第三者人员伤亡和财产损失，由承包人负责赔偿。

3. 环境保护

（1）承包人在施工过程中，应遵守有关环境保护的法律，履行合同约定的环境保护义务，并对违反法律和合同约定义务所造成的环境破坏、人身伤害和财产损失负责。

（2）承包人应按合同约定的环保工作内容，编制施工环保措施计划，报送监理人审批。

（3）承包人应按照批准的施工环保措施计划有序地堆放和处理施工废弃物，避免对环境造成破坏。因承包人任意堆放或弃置施工废弃物造成妨碍公共交通、影响城镇居民生活、降低河流行洪能力、危及居民安全、破坏周边环境，或者影响其他承包人施工等后果的，承包人应承担责任。

（4）承包人应按合同约定采取有效措施，对施工开挖的边坡及时进行支护，维护排水设施，并进行水土保护，避免因施工造成的地质灾害。

（5）承包人应按国家饮用水管理标准定期对饮用水源进行监测，防止施工活动污染饮用水源。

（6）承包人应按合同约定，加强对噪声、粉尘、废气、废水和废油的控制，努力降低噪声，控制粉尘和废气浓度，做好废水和废油的治理和排放。

4. 事故处理

工程施工过程中发生事故的，承包人应立即通知监理人，监理人应立即通知发包人。发包人和承包人应立即组织人员和设备进行紧急抢救和抢修，减少人员伤亡和财产损失，防止事故扩大，并保护事故现场。需要移动现场物品时，应作出标记和书面记录，妥善保管有关证据。发包人和承包人应按国家有关规定，及时如实地向有关部门报告事故发生的情况，以及正在采取的紧急措施等。

5. 劳动保护

（1）承包人应与其雇佣的人员签订劳动合同，并按时发放工资。

（2）承包人应按劳动法的规定安排工作时间，保证其雇佣人员享有休息和休假的权利。因工程施工的特殊需要占用休假日或延长工作时间的，应不超过法律规定的限度，并按法律规定给予补休或付酬。

（3）承包人应为其雇佣人员提供必要的食宿条件，以及符合环境保护和卫生要求的生活环境，在远离城镇的施工场地，还应配备必要的伤病防治和急救的医务人员与医疗设施。

（4）承包人应按国家有关劳动保护的规定，采取有效的防止粉尘、降低噪声、控制有害气体和保障高温、高寒、高空作业安全等劳动保护措施。其雇佣人员在施工中受到伤害的，承包人应立即采取有效措施进行抢救和治疗。

（5）承包人应按有关法律规定和合同约定，为其雇佣人员办理保险。

（6）承包人应负责处理其雇佣人员因工伤亡事故的善后事宜。

（六）工程费用管理

合同价格，是指发包人用于支付承包人按照合同约定完成承包范围内全部工作的金额，包括合同履行过程中按合同约定发生的价格变化。

1. 工程的计量

工程量清单中的工程量计算规则应按有关国家标准、行业标准的规定执行。对于单价子目和总价子目，合同约定了不同的计量方式：

（1）已标价工程量清单中的单价子目工程量为估算工程量。结算工程量是承包人实际完成的，并按合同约定的计量方法进行计量的工程量。单价子目已完成工程量按月计量，承包人按月编制已完成工程量报表和有关计量资料，监理人在 7 天内进行复核。承包人完成工程量清单中每个子目的工程量后，监理人应要求承包人派员共同对每个子目的历次计量报表进行汇总，以核实最终结算工程量。

（2）总价子目的计量和支付应以总价为基础，承包人实际完成的工程量，是进行工程目标管理和控制进度支付的依据。总价子目的计量周期按批准的支付分解报告确定。承包人按照约定的计量周期对已完成的工程进行计量，并提交合同总价支付分解表所表示的阶段性或分项计量的支持性资料，以及所达到工程形象目标或分阶段需完成的工程量和有关计量资料，监理人负责进行复核。

2. 预付款

预付款用于承包人为合同工程施工购置材料、工程设备、施工设备、修建临时设施以及组织施工队伍进场等。预付款必须专用于合同工程，预付款的额度和预付、扣回办法在合同中约定。

3. 工程进度款支付

（1）付款周期。付款周期应按照约定与计量周期保持一致。

（2）承包人应在每个付款周期末向监理人提交进度付款申请单，并附相应的支持性证明文件。进度付款申请单应包括下列内容：截至本次付款周期末已实施工程的价款；应增加和扣减的变更金额；应增加和扣减的索赔金额；应支付的预付款和扣减的返还预付款；应扣减的质量保证金；根据合同应增加和扣减的其他金额。

（3）监理人在收到承包人进度付款申请单以及相应的支持性证明文件后的 14 天内完成核查，提出发包人到期应支付给承包人的金额以及相应的支持性材料，经发包人审查同意后，由监理人向承包人出具经发包人签认的进度付款证书。监理人有权扣发承包人未能按照合同要求履行任何工作或义务的相应金额。监理人出具进度付款证书，不应视为监理人已同意、批准或接受了承包人完成的该部分工作。

（4）发包人应在监理人收到进度付款申请单后的28天内，将进度应付款支付给承包人。发包人不按期支付的，按合同的约定支付逾期付款违约金。

（5）在对以往历次已签发的进度付款证书进行汇总和复核中发现错、漏或重复的，监理人有权予以修正，承包人也有权提出修正申请。经双方复核同意的修正，应在本次进度付款中支付或扣除。

4. 合同价格的调整

（1）对于因物价波动引起的价格调整，可在合同中约定不予调整、采用价格指数调整价格差额、采用造价信息调整价格差额或其他调整方式。根据《工程建设项目施工招标投标办法》的规定，施工招标项目工期超过十二个月的，招标文件中可以规定工程造价指数体系、价格调整因素和调整方法。

（2）在基准日后，因法律变化导致承包人在合同履行中所需要的工程费用发生除物价波动以外的增减时，监理人应根据法律、国家或省、自治区、直辖市有关部门的规定，由总监理工程师与合同当事人商定或确定需调整的合同价款。

5. 合同变更

（1）变更的范围

合同履行过程中发生以下情形的，应按照合同约定进行变更：

1）取消合同中任何一项工作，但被取消的工作不能转由发包人或其他人实施；

2）改变合同中任何一项工作的质量或其他特性；

3）改变合同工程的基线、标高、位置或尺寸；

4）改变合同中任何一项工作的施工时间或改变已批准的施工工艺或顺序；

5）为完成工程需要追加的额外工作。

（2）变更权

发包人和监理人均可以提出变更。变更指示只能由监理人发出，监理人发出变更指示前应征得发包人同意。承包人收到经发包人签认的变更指示后，方可实施变更。未经许可，承包人不得擅自对工程的任何部分进行变更。变更指示应说明变更的目的、范围、变更内容以及变更的工程量及其进度和技术要求，并附有关图纸和文件。承包人收到变更指示后，应按变更指示进行变更工作。

（3）变更程序

1）监理人向承包人发出变更意向书→承包人提交变更实施方案→发包人同意变更实施方案→监理人发出变更指示。若承包人收到监理人的变更意向书后认为难以实施此项变更，应立即通知监理人，说明原因并附详细依据。监理人与承包人和发包人协商后确定撤销、改变或不改变原变更意向书。

2）监理人直接发出变更指示。

3）承包人提出书面变更建议→监理人与发包人共同研究后确认存在变更的，作出变更指示。

(4) 变更估价

承包人应在收到变更指示或变更意向书后的14天内，向监理人提交变更报价书，报价内容应根据合同约定的估价原则，详细开列变更工作的价格组成及其依据，并附必要的施工方法说明和有关图纸。变更工作影响工期的，承包人还应提出调整工期的具体细节。监理人认为有必要时，可要求承包人提交要求提前或延长工期的施工进度计划及相应施工措施等详细资料。

1) 已标价工程量清单中有适用于变更工作的子目的，采用该子目的单价。

2) 已标价工程量清单中无适用于变更工作的子目，但有类似子目的，可在合理范围内参照类似子目的单价，由监理人与合同当事人商定或确定变更工作的单价。

3) 已标价工程量清单中无适用或类似子目的单价，可按照成本加利润的原则，由总监理工程师与合同当事人商定或确定变更工作的单价。

(5) 承包人的合理化建议

在履行合同过程中，承包人可对发包人提供的图纸、技术要求以及其他方面提出合理化建议。合理化建议书的内容应包括建议工作的详细说明、进度计划和效益以及与其他工作的协调等，并附必要的设计文件。承包人提出的合理化建议降低了合同价格、缩短了工期或者提高了工程经济效益的，发包人可按合同有关规定给予奖励。

6. 竣工结算和最终结清

工程接收证书颁发后，承包人和发包人应进行竣工结算；缺陷责任期终止证书签发后，承包人和发包人应进行合同价格最终结清。

(七) 索赔管理

索赔是合同当事人在合同实施过程中，根据法律、合同规定及惯例，对并非由于自己的过错，而是属于应由合同对方承担责任的情况造成，且实际发生了损失，向对方提出给予补偿的要求。索赔事件的发生，可以是违约行为造成，也可以由不可抗力引起；可以是合同当事人一方引起，也可以是任何第三方行为引起。索赔的性质属于经济补偿行为，而不是惩罚。索赔的损失结果与被索赔人的行为并不一定存在法律上的因果关系。

《标准施工招标文件》(2007年版)规定合同各方提出索赔的程序及索赔处理程序如下。

1. 承包人的索赔

根据合同约定，承包人认为有权得到追加付款和(或)延长工期的，应按以下程序向发包人提出索赔：

(1) 承包人应在知道或应当知道索赔事件发生后28天内，向监理人递交索赔意向通知书，并说明发生索赔事件的事由；承包人未在前述28天内发出索赔意向通知书的，丧失要求追加付款和(或)延长工期的权利。

(2) 承包人应在发出索赔意向通知书后28天内，向监理人正式递交索赔报告，索赔报告应详细说明索赔理由以及要求追加的付款金额和（或）延长的工期，并附必要的记录和证明材料。

（3）索赔事件具有持续影响的，承包人应按合理时间间隔继续递交延续索赔通知，说明持续影响的实际情况和记录，列出累计的追加付款金额和（或）工期延长天数。

（4）在索赔事件影响结束后28天内，承包人应向监理人递交最终索赔通知书，说明最终要求索赔的追加付款金额和延长的工期，并附必要的记录和证明材料。

2. 对承包人索赔的处理

对承包人索赔的处理程序如下：

（1）监理人收到承包人提交的索赔通知书后，应及时审查索赔通知书的内容、查验承包人的记录和证明材料，必要时监理人可要求承包人提交全部原始记录副本。

（2）监理人应按合同商定或确定追加的付款和（或）延长的工期，并在收到上述索赔通知书或有关索赔的进一步证明材料后的42天内，将索赔处理结果答复承包人。

（3）承包人接受索赔处理结果的，发包人应在作出索赔处理结果答复后28天内完成赔付。承包人不接受索赔处理结果的，按争议解决的约定办理。

3. 承包人提出索赔的期限

（1）承包人接受了竣工付款证书后，应被认为已无权再提出在合同工程接收证书颁发前所发生的任何索赔。

（2）承包人提交的最终结清申请单中，只限于提出工程接收证书颁发后发生的索赔。提出索赔的期限自接受最终结清证书时终止。

4. 发包人的索赔

发生索赔事件后，监理人应及时书面通知承包人，详细说明发包人有权得到的索赔金额和（或）延长缺陷责任期的细节和依据。发包人提出索赔的期限和要求与承包人提出索赔的约定相同，延长缺陷责任期的通知应在缺陷责任期届满前发出。

监理人商定或确定发包人从承包人处得到赔付的金额和（或）缺陷责任期的延长期。承包人应付给发包人的金额可从拟支付给承包人的合同价款中扣除，或由承包人以其他方式支付给发包人。

5. 承包人可向发包人索赔的条款

根据《标准施工招标文件》（2007年版）中的“通用合同条款”，承包人可向发包人提出费用、工期和利润索赔的条款一览表如下所示：

条款号	主要内容	承包人可要求权利
通用合同条款		
1.10.1	在施工场地发掘出文物、古迹以及具有地质研究或考古价值的其他遗迹、化石、钱币或物品	费用和（或）工期
3.4.5	监理人未能按合同约定发出指示、指示延误或指示错误	费用和（或）工期

续表

条款号	主要内容	承包人可要求权利
4.1.8	承包人应按监理人的指示为他人在施工场地或附近实施与工程有关的其他各项工作提供可能的条件	费用
4.11.2	承包人遇到不利物质条件	费用和（或）工期
5.2.4	发包人提供的材料和工程设备，要求向承包人提前交货的	费用
5.2.6	发包人提供的材料和工程设备的规格、数量或质量不符合合同要求，或由于发包人原因发生交货日期延误及交货地点变更等情况的	费用和（或）工期＋合理利润
5.4.3	发包人提供的材料或工程设备不符合合同要求的	费用和（或）工期
8.3	发包人提供基准资料错误导致承包人测量放线工作的返工或造成工程损失的	费用和（或）工期＋合理利润
9.2.5	采取合同未约定的安全作业环境及安全施工措施	费用
11.3	由于发包人原因造成工期延误	费用和（或）工期＋合理利润
11.4	异常恶劣的气候条件导致工期延误	工期
11.6	发包人要求承包人提前竣工	费用＋奖金
12.2	由于发包人原因引起的暂停施工造成工期延误	工期和（或）费用＋合理利润
12.4.2	暂停施工后因发包人原因无法按时复工的	工期和（或）费用＋合理利润
13.1.3	因发包人原因造成工程质量达不到合同约定验收标准的	费用和（或）工期＋合理利润
13.5.3	监理人对覆盖工程重新检查，经检验证明工程质量符合合同要求的	费用和（或）工期＋合理利润
13.6.2	由于发包人提供的材料或工程设备不合格造成的工程不合格，需要承包人采取措施补救的	费用和（或）工期＋合理利润
14.1.3	监理人要求承包人重新试验和检验，重新试验和检验结果证明该项材料、工程设备和工程符合合同要求	费用和（或）工期＋合理利润
18.4.2	发包人在全部工程竣工前，使用已接收的单位工程导致承包人费用增加的	费用和（或）工期＋合理利润
18.6.2	由于发包人的原因导致试运行失败的	费用＋合理利润
19.2.3	属发包人原因造成的工程缺陷或损坏	费用＋合理利润
21.3.1	不可抗力	部分费用和（或）工期
22.2.2	由于发包人违约导致承包人暂停施工	费用和（或）工期＋合理利润

6. **发包人可向承包人索赔的条款**

根据《标准施工招标文件》（2007 年版）中的“通用合同条款”，发包人可向承包人提出费用和工期索赔的条款一览表如下所示：

条款号	主要内容	发包人可要求权利（或承包人应承担的义务）
通用合同条款		
5.2.5	发包人提供的材料和工程设备，承包人要求更改交货日期或地点的	费用和（或）工期
5.4.1	承包人提供了不合格的材料或工程设备	费用和（或）工期
6.3	承包人使用的施工设备不能满足合同进度计划和（或）质量要求时，监理人要求承包人增加或更换施工设备	费用和（或）工期
11.5	由于承包人原因导致工期延误	赶工费用＋逾期竣工违约金
12.1	由于承包人原因导致暂停施工	费用和（或）工期
12.4.2	暂停施工后承包人无故拖延和拒绝复工的	费用和工期
13.1.2	因承包人原因造成工程质量达不到合同约定验收标准的，监理人要求承包人返工直至符合合同要求	费用和（或）工期
13.5.3	监理人对覆盖工程重新检查，经检验证明工程质量不符合合同要求的	费用和（或）工期
13.5.4	承包人未通知监理人到场检查，私自将工程隐蔽部位覆盖的，监理人指示承包人钻孔探测或揭开检查	费用和（或）工期
13.6.1	承包人使用不合格材料、工程设备，或采用不适当的施工工艺，或施工不当，造成工程不合格的	费用和（或）工期
14.1.3	监理人要求承包人重新试验和检验，重新试验和检验结果证明该项材料、工程设备和工程不符合合同要求	费用和（或）工期
18.6.2	由于承包人的原因导致试运行失败的	费用
19.2.3	属承包人原因造成的工程缺陷或损坏	费用
22.1.2	承包人违约	费用和（或）工期
22.1.6	在工程实施期间或缺陷责任期内发生危及工程安全的事件，承包人无能力或不愿进行抢救，而且此类抢救属于承包人义务范围之内	费用和（或）工期

（八）竣工验收管理

1. 竣工验收与国家验收

（1）竣工验收指承包人完成了全部合同工作后，发包人按合同要求进行的验收。国家验收是政府有关部门根据法律、规范、规程和政策要求，针对发包人全面组织实施的整个工程正式交付投运前的验收。

（2）需要进行国家验收的，竣工验收是国家验收的一部分。竣工验收所采用的各项验收和评定标准应符合国家验收标准。发包人和承包人为竣工验收提供的各项竣工验收资料应符合国家验收的要求。

2. 竣工验收程序

（1）承包人向监理人报送竣工验收申请报告。当工程具备以下条件时，承包人即可向监理人报送竣工验收申请报告：

1）除监理人同意列入缺陷责任期内完成的尾工（甩项）工程和缺陷修补工作外，合同范围内的全部单位工程以及有关工作，包括合同要求的试验、试运行以及检验和验收均已完成，并符合合同要求；

2）已按合同约定的内容和份数备齐了符合要求的竣工资料；

3）已按监理人的要求编制了在缺陷责任期内完成的尾工（甩项）工程和缺陷修补工作清单以及相应施工计划；

4）监理人要求在竣工验收前应完成的其他工作；

5）监理人要求提交的竣工验收资料清单。

（2）监理人审查竣工验收申请报告的各项内容，并按以下不同情况进行处理。

1）监理人审查后认为尚不具备竣工验收条件的，应在收到竣工验收申请报告后的28天内通知承包人，指出在颁发接收证书前承包人还需进行的工作内容。承包人完成监理人通知的全部工作内容后，应再次提交竣工验收申请报告，直至监理人同意为止。

2）监理人审查后认为已具备竣工验收条件的，应在收到竣工验收申请报告后的28天内提请发包人进行工程验收。发包人经过验收后同意接收工程的，应在监理人收到竣工验收申请报告后的56天内，由监理人向承包人出具经发包人签认的工程接收证书；发包人验收后同意接收工程但提出整修和完善要求的，限期修好，并缓发工程接收证书，整修和完善工作完成后，监理人复查达到要求的，经发包人同意后，再向承包人出具工程接收证书；发包人验收后不同意接收工程的，监理人应按照发包人的验收意见发出指示，要求承包人对不合格工程认真返工重作或进行补救处理，并承担由此产生的费用，承包人在完成不合格工程的返工重作或补救工作后，应重新提交竣工验收申请报告。

3）经验收合格工程的实际竣工日期，以提交竣工验收申请报告的日期为准，并在工程接收证书中写明。

4）发包人在收到承包人竣工验收申请报告56天后未进行验收的，视为验收合格，实际竣工日期以提交竣工验收申请报告的日期为准，但发包人由于不可抗力不能进行验收的除外。

（九）缺陷责任与保修

1. 工程保修的原则

在工程移交发包人后，因承包人原因产生的质量缺陷，承包人应承担质量缺陷责任和保修义务。缺陷责任期届满，承包人仍应按合同约定的工程各部位保修年限承担保修义务。

2. 缺陷责任期

缺陷责任期自实际竣工日期起计算，合同当事人应在合同约定缺陷责任期的具体期限，但该期限一般为1年，最长不超过2年。单位工程先于全部工程进行验收，经验收合格并交付使用的，该单位工程缺陷责任期自单位工程验收合格之日起算。

由于承包人原因造成某项缺陷或损坏使某项工程或工程设备不能按原定目标使用而需要再次检查、检验和修复的，发包人有权要求承包人相应延长缺陷责任期，但缺陷责任期最长不超过2年。

缺陷责任期终止后14天内，由监理人向承包人出具经发包人签认的缺陷责任期终止证书，并退还剩余的质量保证金。

3. 缺陷责任

（1）承包人应在缺陷责任期内对已交付使用的工程承担缺陷责任。

（2）缺陷责任期内，发包人对已接收使用的工程负责日常维护工作。发包人在使用过程中，发现已接收的工程存在新的缺陷或已修复的缺陷部位或部件又遭损坏的，承包人应负责修复，直至检验合格为止。

（3）监理人和承包人应共同查清缺陷和（或）损坏的原因。经查明属承包人原因造成的，应由承包人承担修复和查验的费用。经查验属发包人原因造成的，发包人应承担修复和查验的费用，并支付承包人合理利润。

（4）承包人不能在合理时间内修复缺陷的，发包人可自行修复或委托其他人修复，所需费用和利润的承担，按第（3）项约定办理。

4. 质量保证金

在工程项目竣工前，已经缴纳履约保证金的，发包人不得同时预留工程质量保证金。采用工程质量保证担保、工程质量保险等其他保证方式的，发包人不得再预留保证金。

发包人应按照合同约定方式预留保证金，保证金总预留比例不得高于工程价款结算总额的3%。合同约定由承包人以银行保函替代预留保证金的，保函金额不得高于工程价款结算总额的3%。

5. 保修责任

发包人和承包人应根据有关法律规定，在合同中约定工程质量保修范围、期限和责任。保修期自实际竣工日期起计算。在全部工程竣工验收前，已经发包人提前验收的单位工程，其保修期的起算日期相应提前。

（十）违约责任

1. 发包人违约

（1）发包人违约的情形。在履行合同过程中发生的下列情形，属发包人违约：

1）发包人未能按合同约定支付预付款或合同价款，或拖延、拒绝批准付款申请和支付凭证，导致付款延误的；

2）发包人原因造成停工的；

3）监理人无正当理由没有在约定期限内发出复工指示，导致承包人无法复工的；

4）发包人无法继续履行或明确表示不履行或实质上已停止履行合同的；

5）发包人不履行合同约定其他义务的。

（2）发包人违约的责任。发包人发生除上述第4）项以外的违约情况时，承包人可向发包人发出通知，要求发包人采取有效措施纠正违约行为。发包人收到承包人通知后的28天内仍不履行合同义务，承包人有权暂停施工，并通知监理人，发包人应承担由此增加的费用和（或）工期延误，并支付承包人合理利润。

（3）因发包人违约解除合同。发生上述第4）项的违约情况时，承包人可书面通知发包人解除合同。承包人按上述第（2）款约定暂停施工满28天后，发包人仍不纠正违约行为的，承包人可向发包人发出解除合同通知。但承包人的这一行动不免除发包人承担的违约责任，也不影响承包人根据合同约定享有的索赔权利。

（4）因发包人违约解除合同后的付款。承包人按照合同约定解除合同的，发包人应在解除合同后28天内向承包人支付下列金额，承包人应在此期限内及时向发包人提交要求支付下列金额的有关资料和凭证：

1）合同解除日以前所完成工作的价款。

2）承包人为该工程施工订购并已付款的材料、工程设备和其他物品的金额。发包人付款后，该材料、工程设备和其他物品归发包人所有。

3）承包人为完成工程所发生的，而发包人未支付的金额。

4）承包人撤离施工场地以及遣散承包人人员的金额。

5）由于解除合同应赔偿的承包人损失。

6）按合同约定在合同解除日前应支付给承包人的其他金额。

发包人应按本项约定支付上述金额并退还质量保证金和履约担保，但有权要求承包人支付应偿还给发包人的各项金额。

承包人应妥善做好已竣工工程和已购材料、设备的保护和移交工作，按发包人要求将承包人设备和人员撤出施工场地，发包人应为承包人撤出提供必要条件。

2. 承包人违约

（1）承包人违约的情形。在履行合同过程中发生的下列情况属承包人违约：

1）承包人违反合同约定，私自将合同的全部或部分权利转让给其他人，或私自将合同的全部或部分义务转移给其他人；

2）承包人违反合同约定，未经监理人批准，私自将已按合同约定进入施工场地的施工设备、临时设施或材料撤离施工场地；

3）承包人违反合同约定使用了不合格材料或工程设备，工程质量达不到标准要求，又拒绝清除不合格工程；

4）承包人未能按合同进度计划及时完成合同约定的工作，已造成或预期造成工期延误；

5）承包人在缺陷责任期内，未能对工程接收证书所列的缺陷清单的内容或缺陷责任期内发生的缺陷进行修复，而又拒绝按监理人指示再进行修补；

6）承包人无法继续履行或明确表示不履行或实质上已停止履行合同；

7）承包人不按合同约定履行义务的其他情况。

（2）承包人违约的责任。承包人发生上述第 6）项约定的违约情况时，发包人可通知承包人立即解除合同，并按有关法律处理。承包人发生除上述第 6）项约定以外的其他违约情况时，监理人可向承包人发出整改通知，要求其在指定的期限内改正。承包人应承担其违约所引起的费用增加和（或）工期延误；经检查证明承包人已采取了有效措施纠正违约行为，具备复工条件的，可由监理人签发复工通知复工。

（3）因承包人违约解除合同。监理人发出整改通知 28 天后，承包人仍不纠正违约行为的，发包人可向承包人发出解除合同通知。合同解除后，发包人可派员进驻施工场地，另行组织人员或委托其他承包人施工。发包人因继续完成该工程的需要，有权扣留使用承包人在现场的材料、设备和临时设施。但发包人的这一行动不免除承包人应承担的违约责任，也不影响发包人根据合同约定享有的索赔权利。

（4）因承包人违约解除合同后的处理。

1）合同解除后，监理人按合同商定或确定承包人实际完成工作的价值，以及承包人已提供的材料、施工设备、工程设备和临时工程等的价值。

2）合同解除后，发包人应暂停对承包人的一切付款，查清各项付款和已扣款金额，包括承包人应支付的违约金。

3）合同解除后，发包人应按合同约定向承包人索赔由于解除合同给发包人造成的损失。

4）合同双方确认上述往来款项后，出具最终结清付款证书，结清全部合同款项。

5）发包人和承包人未能就解除合同后的结清达成一致而形成争议的，按解决争议的约定办理。

（5）协议权益的转让。因承包人违约解除合同的，发包人有权要求承包人将其为实施合同而签订的材料和设备的订货协议或任何服务协议利益转让给发包人，并在解除合同后的 14 天内，依法办理转让手续。

3. 第三人造成的违约

在履行合同过程中，一方当事人因第三人的原因造成违约的，应当向对方当事人承担违约责任。一方当事人和第三人之间的纠纷，依照法律规定或者按照约定解决。

（十一）合同争议解决

1. 争议的解决方式

发包人和承包人在履行合同中发生争议的，可以友好协商解决或者提请争议评审组评审。合同当事人友好协商解决不成、不愿提请争议评审或者不接受争议评审组意见的，可根据合同约定采用下列一种方式解决。

（1）向约定的仲裁委员会申请仲裁；

（2）向有管辖权的人民法院提起诉讼。

2. 友好解决

在提请争议评审、仲裁或者诉讼前，以及在争议评审、仲裁或诉讼过程中，发包人和承包人均可共同努力友好协商解决争议。

3. 争议评审

采用争议评审的，发包人和承包人应在开工日后的28天内或在争议发生后，协商成立争议评审组。争议评审组由有合同管理和工程实践经验的专家组成。争议评审组应在不受任何干扰的情况下进行独立、公正的评审，作出书面评审意见，并说明理由。评审过程如下所示：申请人向争议评审组提交评审申请报告→被申请人向争议评审组提交答辩报告→争议评审组邀请合同双方代表和有关人员举行调查会→争议评审组独立作出书面评审意见。在争议评审期间，争议双方暂按总监理工程师的确定执行。

发包人和承包人接受评审意见的，由监理人根据评审意见拟定执行协议，经争议双方签字后作为合同的补充文件，并遵照执行。

争议评审组的评审意见并不具有法律强制性。发包人或承包人如果不接受评审意见，可要求提交仲裁或提起诉讼。

第三节　工程项目货物采购合同管理

货物采购合同是工程项目合同体系中的重要组成部分，与施工合同居于同样重要的地位。工程项目是一个特殊的产品，发包人购买的是一个过程，即工程实体的形成过程，而构成工程实体的工作中，最为重要的就是施工和货物采购。货物采购合同应依据工程承包合同的相关内容订立，在实践中，有的货物可以由发包人负责提供，也可以由承包人负责采购，无论是发包人自己采购的货物，还是承包人采购的货物，都应当由双方当事人在施工合同中作出明确约定，并符合施工合同对货物的质量要求和工程进度的实际需要。也就是说，货物采购合同的订立要以施工合同为依据，并且与其它工程建设事项互相衔接。

2017年，国家发展改革委等九部委联合制订了《标准材料采购招标文件》《标准设备采购招标文件》，下面以设备采购为主，简要介绍货物采购合同的主要内容。

一、货物采购合同的当事人

（一）买方

买方是指在合同中约定，具有购买货物需求和支付货物价款能力的当事人以及取得该当事人资格的合法继承人。

（二）卖方

卖方是指在合同中约定，被买方接受的具有卖出货物能力的当事人以及取得该当事人资格的合法继承人。

二、货物采购合同的标的

货物采购合同的标的是货物，包括工程建设所需要的供水、供电管线，消防设施等设备，机械、仪表和相关配件、备件，以及水泥、砖瓦石料、钢筋、木料、玻璃等工程建设所必需的重要设备和材料。

三、设备采购合同的主要内容

（一）合同范围

卖方应根据供货要求、中标设备技术性能指标的详细描述、技术服务和质保期服务计划等合同文件的约定向买方提供合同设备、技术服务和质保期服务。

合同设备指卖方按合同约定应向买方提供的设备、装置、备品、备件、易损易耗件、配套使用的软件或其他辅助电子应用程序及技术资料，或其中任何一部分。

技术资料指各种纸质及电子载体的与合同设备的设计、检验、安装、调试、考核、操作、维修以及保养等有关的技术指标、规格、图纸和说明文件。

技术服务指卖方按合同约定，在合同设备验收前，向买方提供的安装、调试服务，或者在由买方负责的安装、调试、考核中对买方进行的技术指导、协助、监督和培训等。

质保期服务指在质量保证期内，卖方向买方提供的合同设备维护服务、咨询服务、技术指导、协助以及对出现故障的合同设备进行修理或更换的服务。

（二）合同价格与支付

1. 合同价格

合同协议书中载明的签约合同价包括卖方为完成合同全部义务应承担的一切成本、费用和支出以及卖方的合理利润。除合同另有约定外，签约合同价为固定价格。合同价格指卖方按合同约定履行了全部合同义务后，买方应付给卖方的金额。

2. 合同价款的支付

除合同另有约定外，买方应通过以下方式和比例向卖方支付合同价款：

（1）预付款。合同生效后，买方在收到卖方开具的注明应付预付款金额的财务收据正本一份并经审核无误后28日内，向卖方支付签约合同价的10%作为预付款。

买方支付预付款后，如卖方未履行合同义务，则买方有权收回预付款；如卖方依约履行了合同义务，则预付款抵作合同价款。

（2）交货款。卖方按合同约定交付全部合同设备后，买方在收到卖方提交的下列全部单据并经审核无误后28日内，向卖方支付合同价格的60%：

1）卖方出具的交货清单正本一份；

2）买方签署的收货清单正本一份；

3）制造商出具的出厂质量合格证正本一份；

4）合同价格100%金额的增值税发票正本一份。

（3）验收款。买方在收到卖方提交的买卖双方签署的合同设备验收证书或已生效的验收款支付函正本一份并经审核无误后28日内，向卖方支付合同价格的25%。

(4) 结清款。买方在收到卖方提交的买方签署的质量保证期届满证书或已生效的结清款支付函正本一份并经审核无误后28日内，向卖方支付合同价格的5%。

如果依照合同约定卖方应向买方支付费用的，买方有权从结清款中直接扣除该笔费用。

除合同另有约定外，在买方向卖方支付验收款的同时或其后的任何时间内，卖方可在向买方提交买方可接受的金额为合同价格5%的合同结清款保函的前提下，要求买方支付合同结清款，买方不得拒绝。

3. 买方扣款的权利

当卖方应向买方支付合同项下的违约金或赔偿金时，买方有权从上述任何一笔应付款中予以直接扣除和（或）兑付履约保证金。

(三) 监造及交货前检验

1. 监造

合同约定买方对合同设备进行监造的，双方应按下列规定履行：

(1) 在合同设备的制造过程中，买方可派出监造人员，对合同设备的生产制造进行监造，监督合同设备制造、检验等情况。监造的范围、方式等应符合供货要求等合同文件的约定。

(2) 买方监造人员可到合同设备及其关键部件的生产制造现场进行监造，卖方应予配合。卖方应免费为买方监造人员提供工作条件及便利，包括但不限于必要的办公场所、技术资料、检测工具及出入许可等。买方监造人员的交通、食宿费用由买方承担。

(3) 卖方制订生产制造合同设备的进度计划时，应将买方监造纳入计划安排，并提前通知买方；买方进行监造不应影响合同设备的正常生产。卖方应提前7日将需要买方监造人员现场监造事项通知买方；如买方监造人员未按通知出席，不影响合同设备及其关键部件的制造或检验，但买方监造人员有权事后了解、查阅、复制相关制造或检验记录。

(4) 买方监造人员在监造中如发现合同设备及其关键部件不符合合同约定的标准，则有权提出意见和建议。卖方应采取必要措施消除合同设备的不符，由此增加的费用和（或）造成的延误由卖方负责。

(5) 买方监造人员对合同设备的监造，不视为对合同设备质量的确认，不影响卖方交货后买方依照合同约定对合同设备提出质量异议和（或）退货的权利，也不免除卖方依照合同约定对合同设备所应承担的任何义务或责任。

2. 交货前检验

合同约定买方参与交货前检验的，双方应按下列规定履行：

(1) 合同设备交货前，卖方应会同买方代表根据合同约定对合同设备进行交货前检验并出具交货前检验记录，有关费用由卖方承担。卖方应免费为买方代表提供工作条件及便利，包括但不限于必要的办公场所、技术资料、检测工具及出入许可等。买方代表的交通、食宿费用由买方承担。

(2) 卖方应提前7日将需要买方代表检验事项通知买方；如买方代表未按通知出席，不影响合同设备的检验。若卖方未依照合同约定提前通知买方而自行检验，则买方有权要求卖方暂停发货并重新进行检验，由此增加的费用和（或）造成的延误由卖方负责。

(3) 买方代表在检验中如发现合同设备不符合合同约定的标准，则有权提出异议。卖方应采取必要措施消除合同设备的不符，由此增加的费用和（或）造成的延误由卖方负责。

(4) 买方代表参与交货前检验及签署交货前检验记录的行为，不视为对合同设备质量的确认，不影响卖方交货后买方依照合同约定对合同设备提出质量异议和（或）退货的权利，也不免除卖方依照合同约定对合同设备所应承担的任何义务或责任。

(四) 包装和标记要求

1. 包装

卖方应对合同设备进行妥善包装，以满足合同设备运至施工场地及在施工场地保管的需要。包装应采取防潮、防晒、防锈、防腐蚀、防震动及防止其他损坏的必要保护措施，从而保护合同设备能够经受多次搬运、装卸、长途运输并适宜保管。

每个独立包装箱内应附装箱清单、质量合格证、装配图、说明书、操作指南等资料。

2. 标记

卖方应在每一包装箱相邻的四个侧面以不可擦除的、明显的方式标记必要的装运信息和标记，以满足合同设备运输和保管的需要。

根据合同设备的特点和运输、保管的不同要求，卖方应在包装箱上清楚地标注“小心轻放”“此端朝上，请勿倒置”“保持干燥”等字样和其他适当标记。对于专用合同条款约定的超大超重件，卖方应在包装箱两侧标注“重心”和“起吊点”以便装卸和搬运。如果发运合同设备中含有易燃易爆物品、腐蚀物品、放射性物质等危险品，则应在包装箱上标明危险品标志。

(五) 交货条款

卖方应根据合同约定的交付时间和批次在施工场地车面上将合同设备交付给买方。买方对卖方交付的包装的合同设备的外观及件数进行清点核验后应签发收货清单，并自负风险和费用进行卸货。买方签发收货清单不代表对合同设备的接受，双方还应按合同约定进行后续的检验和验收。

合同设备的所有权和风险自交付时起由卖方转移至买方，合同设备交付给买方之前包括运输在内的所有风险均由卖方承担。

买方如果发现技术资料存在短缺和（或）损坏，卖方应在收到买方的通知后7日内免费补齐短缺和（或）损坏的部分。如果买方发现卖方提供的技术资料有误，卖方应在收到买方通知后7日内免费替换。如由于买方原因导致技术资料丢失和

（或）损坏，卖方应在收到买方的通知后 7 日内补齐丢失和（或）损坏的部分，但买方应向卖方支付合理的复制、邮寄费用。

（六）开箱检验、安装、调试、考核、验收

1. 开箱检验

（1）合同设备交付后应进行开箱检验，即合同设备数量及外观检验。开箱检验在合同约定的下列任一时间进行：

1）合同设备交付时；

2）合同设备交付后的一定期限内。

如开箱检验不在合同设备交付时进行，买方应在开箱检验 3 日前将开箱检验的时间和地点通知卖方。

（2）合同设备的开箱检验应在施工场地进行。开箱检验由买卖双方共同进行，卖方应自负费用派遣代表到场参加开箱检验。

（3）在开箱检验中，买方和卖方应共同签署数量、外观检验报告，报告应列明检验结果，包括检验合格或发现的任何短缺、损坏或其他与合同约定不符的情形。

（4）如果卖方代表未能依约或按买方通知到场参加开箱检验，买方有权在卖方代表未在场的情况下进行开箱检验，并签署数量、外观检验报告，对于该检验报告和检验结果，视为卖方已接受，但卖方确有合理理由且事先与买方协商推迟开箱检验时间的除外。

（5）如开箱检验不在合同设备交付时进行，则合同设备交付以后到开箱检验之前，应由买方负责按交货时外包装原样对合同设备进行妥善保管。在开箱检验时如果合同设备外包装与交货时一致，则开箱检验中发现的合同设备的短缺、损坏或其他与合同约定不符的情形，由卖方负责，卖方应补齐、更换及采取其他补救措施。如果在开箱检验时合同设备外包装不是交货时的包装或虽是交货时的包装但与交货时不一致且出现很可能导致合同设备短缺或损坏的包装破损，则开箱检验中发现合同设备短缺、损坏或其他与合同约定不符的情形的风险，由买方承担，但买方能够证明是由于卖方原因或合同设备交付前非买方原因导致的除外。

（6）如双方在供货要求等合同文件中约定由第三方检测机构对合同设备进行开箱检验或在开箱检验过程中另行约定由第三方检验的，则第三方检测机构的检验结果对双方均具有约束力。

（7）开箱检验的检验结果不能对抗在合同设备的安装、调试、考核、验收中及质量保证期内发现的合同设备质量问题，也不能免除或影响卖方依照合同约定对买方负有的包括合同设备质量在内的任何义务或责任。

2. 安装、调试

（1）开箱检验完成后，双方应对合同设备进行安装、调试，以使其具备考核的状态。安装、调试应按照合同约定的下列任一种方式进行：

1）卖方按照合同约定完成合同设备的安装、调试工作；

2）买方或买方安排第三方负责合同设备的安装、调试工作，卖方提供技术服务。

在安装、调试过程中，如由于买方或买方安排的第三方未按照卖方现场服务人员的指导导致安装、调试不成功和（或）出现合同设备损坏，买方应自行承担责任。如在买方或买方安排的第三方按照卖方现场服务人员的指导进行安装、调试的情况下出现安装、调试不成功和（或）造成合同设备损坏的情况，卖方应承担责任。

（2）安装、调试中合同设备运行需要的用水、用电、其他动力和原材料（如需要）等均由买方承担。

（3）双方应对合同设备的安装、调试情况共同及时进行记录。

3. 考核

（1）安装、调试完成后，双方应对合同设备进行考核，以确定合同设备是否达到合同约定的技术性能考核指标。考核中合同设备运行需要的用水、用电、其他动力和原材料（如需要）等均由买方承担。

（2）如由于卖方原因合同设备在考核中未能达到合同约定的技术性能考核指标，则卖方应在双方同意的期限内采取措施消除合同设备中存在的缺陷，并在缺陷消除以后，尽快进行再次考核。

（3）由于卖方原因未能达到技术性能考核指标时，为卖方进行考核的机会不超过三次。如果由于卖方原因，三次考核均未能达到合同约定的技术性能考核指标，则买卖双方应就合同的后续履行进行协商，协商不成的，买方有权解除合同。但如合同中约定了或双方在考核中另行达成了合同设备的最低技术性能考核指标，且合同设备达到了最低技术性能考核指标的，视为合同设备已达到技术性能考核指标，买方无权解除合同，且应接受合同设备，但卖方应按专用合同条款的约定进行减价或向买方支付补偿金。

（4）如由于买方原因合同设备在考核中未能达到合同约定的技术性能考核指标，则卖方应协助买方安排再次考核。由于买方原因未能达到技术性能考核指标时，为买方进行考核的机会不超过三次。

（5）考核期间，双方应及时共同记录合同设备的用水、用电、其他动力和原材料（如有）的使用及设备考核情况。对于未达到技术性能考核指标的，应如实记录设备表现、可能原因及处理情况等。

4. 验收

（1）如合同设备在考核中达到或视为达到技术性能考核指标，则买卖双方应在考核完成后 7 日内签署合同设备验收证书一式二份，双方各持一份。验收日期应为合同设备达到或视为达到技术性能考核指标的日期。

（2）如由于买方原因合同设备在三次考核中均未能达到技术性能考核指标，买卖双方应在考核结束后 7 日内签署验收款支付函。

卖方有义务在验收款支付函签署后 12 个月内应买方要求提供相关技术服务，协助买方采取一切必要措施使合同设备达到技术性能考核指标。买方应承担卖方因此产生的全部费用。

在上述 12 个月的期限内，如合同设备经过考核达到或视为达到技术性能考核指标，则买卖双方应按照合同约定签署合同设备验收证书。

(3) 如由于买方原因在最后一批合同设备交货后 6 个月内未能开始考核，则买卖双方应在上述期限届满后 7 日内签署验收款支付函。

卖方有义务在验收款支付函签署后 6 个月内应买方要求提供不超出合同范围的技术服务，协助买方采取一切必要措施使合同设备达到技术性能考核指标，且买方无需因此向卖方支付费用。

在上述 6 个月的期限内，如合同设备经过考核达到或视为达到技术性能考核指标，则买卖双方应按照合同约定签署合同设备验收证书。

(4) 在第 (2) 项和第 (3) 项情形下，卖方也可单方签署验收款支付函提交买方，如果买方在收到卖方签署的验收款支付函后 14 日内未向卖方提出书面异议，则验收款支付函自签署之日起生效。

(5) 合同设备验收证书的签署不能免除卖方在质量保证期内对合同设备应承担的保证责任。

(七) 质量保证期和质保期服务

质量保证期指合同设备验收后，卖方按合同约定保证合同设备适当、稳定运行，并负责消除合同设备故障的期限。

除供货要求等合同文件另有约定外，合同设备整体质量保证期为验收之日起 12 个月。如对合同设备中关键部件的质量保证期有特殊要求的，买卖双方可在专用合同条款中约定。

在质量保证期内如果合同设备出现故障，卖方应自负费用提供质保期服务，对相关合同设备进行修理或更换以消除故障。更换的合同设备和（或）关键部件的质量保证期应重新计算。但如果合同设备的故障是由于买方原因造成的，则对合同设备进行修理和更换的费用应由买方承担。

质量保证期届满后，买方应在 7 日内向卖方出具合同设备的质量保证期届满证书。

卖方应为质保期服务配备充足的技术人员、工具和备件并保证提供的联系方式畅通。除供货要求等合同文件另有约定外，卖方应在收到买方通知后 24 小时内做出响应，如需卖方到合同设备现场，卖方应在收到买方通知后 48 小时内到达，并在到达后 7 日内解决合同设备的故障（重大故障除外）。如果卖方未在上述时间内作出响应，则买方有权自行或委托他人解决相关问题或查找和解决合同设备的故障，卖方应承担由此发生的全部费用。

(八) 卖方的保证

卖方保证：

(1) 合同设备符合合同约定的规格、标准、技术性能考核指标等，能够安全和稳定地运行，且合同设备（包括全部部件）全新、完整、未使用过。

（2）合同范围内提供的备品备件能够满足合同设备在质量保证期结束前正常运行及维修的需要，如在质量保证期结束前因卖方原因出现备品备件短缺影响合同设备正常运行的，卖方应免费提供。

（3）如果在合同设备设计使用寿命期内发生合同项下备品备件停止生产的情况，卖方应事先将拟停止生产的计划通知买方，使买方有足够的时间考虑备品备件的需求量。根据买方要求，卖方应采取以下1）或2）措施：

1）以不高于同期市场价格或其向任何第三方销售同类产品的价格提供合同设备正常运行所需的全部备品备件。

2）免费提供可供买方或第三方制造停产备品备件所需的全部技术资料，以便买方持续获得上述备品备件以满足合同设备在寿命期内正常运行的需要。卖方保证买方或买方委托的第三方制造及买方使用这些备品备件不侵犯任何人的知识产权。

（4）在合同设备设计使用寿命期内，如果卖方发现合同设备由于设计、制造、标识等原因存在足以危及人身、财产安全的缺陷，卖方将及时通知买方并及时采取修正或者补充标识、修理、更换等措施消除缺陷。

（九）违约责任

1. 违约责任

合同一方不履行合同义务、履行合同义务不符合约定或者违反合同项下所作保证的，应向对方承担继续履行、采取修理、更换、退货等补救措施或者赔偿损失等违约责任。

2. 卖方迟延交付的违约责任

卖方未能按时交付合同设备（包括仅迟延交付技术资料但足以导致合同设备安装、调试、考核、验收工作推迟的）的，应向买方支付迟延交付违约金。除专用合同条款另有约定外，迟延交付违约金的计算方法如下：

（1）从迟交的第一周到第四周，每周迟延交付违约金为迟交合同设备价格的0.5%；

（2）从迟交的第五周到第八周，每周迟延交付违约金为迟交合同设备价格的1%；

（3）从迟交第九周起，每周迟延交付违约金为迟交合同设备价格的1.5%。

在计算迟延交付违约金时，迟交不足一周的按一周计算。迟延交付违约金的总额不得超过合同价格的10%。

迟延交付违约金的支付不能免除卖方继续交付相关合同设备的义务，但如迟延交付必然导致合同设备安装、调试、考核、验收工作推迟的，相关工作应相应顺延。

3. 买方迟延付款的违约责任

买方未能按合同约定支付合同价款的，应向卖方支付延迟付款违约金。除专用合同条款另有约定外，迟延付款违约金的计算方法如下：

（1）从迟付的第一周到第四周，每周迟延付款违约金为迟延付款金额的0.5%。

（2）从迟付的第五周到第八周，每周迟延付款违约金为迟延付款金额的1%。

（3）从迟付第九周起，每周迟延付款违约金为迟延付款金额的1.5%。

在计算迟延付款违约金时，迟付不足一周的按一周计算。迟延付款违约金的总额不得超过合同价格的10%。

（十）争议的解决

设备采购合同发生争议，合同双方可通过友好协商解决。友好协商解决不成的，可在合同中约定下列一种方式解决：

（1）向约定的仲裁委员会申请仲裁。

（2）向有管辖权的人民法院提起诉讼。

四、材料采购合同的主要内容

材料采购合同与设备采购合同较为类似，但合同条款相对简单，下面重点介绍与设备采购合同的不同点。

（一）合同范围

卖方应根据供货要求、中标材料质量标准的详细描述、相关服务计划等合同文件的约定向买方提供合同材料和相关服务。

合同材料指卖方按合同约定应向买方提供的材料及技术资料，或其中任何一部分。

相关服务指在质量保证期届满前卖方提供的与合同材料有关的辅助服务，包括简单加工、解决合同材料存在的质量问题，以及为买方检验、使用和修补合同材料进行的技术指导、培训、协助等。

（二）合同价格

合同协议书中载明的签约合同价包括卖方为完成合同全部义务应承担的一切成本、费用和支出以及卖方的合理利润。

除合同另有约定外，供货周期不超过12个月的签约合同价为固定价格。供货周期超过12个月且合同材料交付时材料价格变化超过合同约定的幅度的，双方应按照合同条款中约定的调整方法对合同价格进行调整。

（三）交货条款

（1）卖方应根据合同约定的交付时间和批次在施工场地卸货后将合同材料交付给买方，买方对卖方交付的合同材料的外观及件数进行清点核验后应签发收货清单。买方签发收货清单不代表对合同材料的接受，双方还应按合同约定进行后续的检验和验收。

（2）合同材料的所有权和风险自交付时起由卖方转移至买方，合同材料交付给买方之前包括运输在内的所有风险均由卖方承担。

（3）买方如果发现技术资料存在短缺和（或）损坏，卖方应在收到买方的通知后7日内免费补齐短缺和（或）损坏的部分。如果买方发现卖方提供的技术资料有误，卖方应在收到买方通知后7日内免费替换。如由于买方原因导致技术资料丢失和（或）损坏，卖方应在收到买方的通知后7日内补齐丢失（和）或损坏的部分，但买方应向卖方支付合理的复制、邮寄费用。

（四）质量保证期

质量保证期指合同材料验收后，卖方按合同约定保证合同材料正常使用，并负责解决合同材料存在的任何质量问题的期限。

除合同另有约定外，合同材料的质量保证期自合同材料验收之日起算，至合同材料验收证书或进度款支付函签署之日起12个月止（以先到的为准）。

除非因买方使用不当，合同材料在质量保证期内如破损、变质或被发现存在任何质量问题，卖方应负责对合同材料进行修补和退换。更换的合同材料的质量保证期应重新计算。

质量保证期届满且卖方按照合同约定履行完毕质量保证期内义务后，买方应在7日内向卖方出具合同材料的质量保证期届满证书。

五、货物采购合同的履行

货物的生产过程，是履行货物采购合同的一个重要环节。与工程采购不同，货物采购合同签订后要实行催交和现场监造与检验，这是货物合同履行的重要保证，是货物招标投标工作的延续。

（一）催交

因为采购的货物是在制造厂家生产制造的，货物是否能及时交付，一方面固然要依靠供货人的努力，另一方面，还要依靠购货人派遣咨询工程师作为驻厂代表进行催交货物。

催交工作的主要任务是督促供货人能按合同规定的期限要求提供货物和技术文件，以满足现场施工安装的需要，故催交工作贯穿于合同签订后直到货物制造完成，并具备出厂检验合格的全过程。催交工作的重点是保证货物生产制造的进度和工期，在催交的过程中，驻厂代表及时地发现制造过程中的问题，并且能采取有效的控制和改正措施，以防止进度拖延。

催交工作是货物采购必不可少的重要环节。国外工程公司对催交工作也十分重视，为确保设备、材料按时到货，保证工程顺利进行，不惜投入一定的人力做催交工作。做好催交工作，对保证工程项目的总进度具有重要作用。催交工作主要包括下列内容：

1. 催促供货。供货人按照合同规定，及时向购货人提交一份详细的制造进度表，明确交货日期，以便购货人催交工作的开展。

2. 检查供货。检查供货人主要原材料的采购和准备进展情况，并检查供货人主要外协配件和配套辅机的采购进展情况。

3. 检查设备、材料的制造、组装、试验、检验和装运的准备情况。检查各关键工序是否按生产计划进行。催交人员应不断评估供货人的进度状态，确保全部关键控制点的进度按期进行。

（二）现场监造与检验

与工程采购不同，为确保货物的质量符合采购合同规定的要求，避免由于质量问题而影响工程建设，或给以后生产经营带来困难，货物采购尤其是设备采购，购货人需要派遣咨询工程师在制造厂家进行现场监造与检验，包括对原材料进货的检验、设备制造加工监造检验、组装和中间产品的监造检验、整体货物性能的监造检验、包装监造检验、运输条件检验等。现场监造与检验的要求应事先在合同中约定。

1. 监造与检验的主要内容

（1）咨询工程师的职责就是保证货物的质量和制造进度。货物质量主要是通过建立和实施质量保证体系来保证的。咨询工程师应首先了解制造厂质量保证体系文件的制订和有效实施情况，并对其提出建议。

（2）咨询工程师应掌握货物采购合同的全部内容，特别是要掌握合同中的技术标准、规范要求、货物的质量要求和交货时间要求，以及检验标准要求，并且据此制定监造检验计划，列出重点监造检验目录。

（3）在货物制造开始之前，咨询工程师要组织召开协调会议，使供货人明确产品要求、检验内容、方式、时间以及各自的权利义务等。

（4）货物制造工作中，根据需要咨询工程师应进驻制造现场进行监造与检验。监造与检验的方法一般是目检、实测、记录、照相等。当需要使用测试仪器时，供货人应提供协助和方便。

（5）货物制造完毕后，咨询工程师应参加全面的质量验收，认真做好出厂前的检验测试，把问题消除在出厂之前，并写出检验报告。检验报告应该是根据货物采购合同及其附件提出的技术规格和要求，对采购的设备和材料进行检验、测试和其它有关质量检查的真实情况的记录。为提高检验报告的质量，咨询工程师应根据经验编制统一的格式。检验报告的结论部分，应该明确被检验的设备和材料可以验收、有条件验收、拒收等。

（6）根据具体情况，也可聘请有资格和有信誉的第三方检验机构承担货物的检验工作。

（7）设备、材料运抵施工现场后，主持仓储的管理人员要开箱检验，合格后方能入库。

2. 监造与检验的要求

（1）在货物制造之前，咨询工程师要召开预检会议，审查制造厂的检验计划。

（2）货物检验应按货物采购合同文件规定的标准、规范进行。

（3）认真做好检验报告，因为检验报告是对货物质量的真实记录。

（4）对合格产品，有关参检方要联名签字，并且一切文件要完整无损。对不合格产品，咨询工程师要提出处理意见。

（5）对产品质量有争议的问题，应聘请第三方检验，也可请专家或有关专业部门检验，得出公正的结论。

货物制造完毕，运抵施工现场并入库后，货物监造工作宣布结束。

第四节　工程项目咨询服务合同管理

工程项目咨询服务合同是工程项目合同体系中的重要组成部分，与施工、货物合同居于同样重要的地位。2017 年，国家发展改革委等九部委联合制订了《标准勘察招标文件》《标准设计招标文件》《标准监理招标文件》，由于这三类合同条款较为类似，本节重点介绍勘察合同的主要内容以及设计、监理合同的不同点。

一、勘察合同的主要内容

（一）合同当事人

（1）发包人。指与勘察人签订合同协议书的当事人及其合法继承人。发包人应任命发包人代表，在授权范围和约定期限内代表发包人行使权利和履行义务。

（2）勘察人。指与发包人签订合同协议书的当事人及其合法继承人。勘察人应任命项目负责人，代表勘察人行使权利和履行义务。

（二）合同当事人的义务

1. 发包人义务

发包人的义务一般包括：

（1）遵守法律。发包人在履行合同过程中应遵守法律，并保证勘察人免于承担因发包人违反法律而引起的任何责任。

（2）向勘察人发出开始勘察通知。

（3）办理证件和批件。法律规定和（或）合同约定由发包人负责办理的工程建设项目必须履行的各类审批、核准或备案手续，发包人应当按时办理，勘察人应给予必要的协助。法律规定和（或）合同约定由勘察人负责办理的勘察所需的证件和批件，发包人应给予必要的协助。

（4）及时支付合同价款。

（5）提供勘察资料。

（6）合同约定的其他义务。

2. 勘察人的义务

勘察人的义务一般包括：

（1）遵守法律。勘察人在履行合同过程中应遵守法律，并保证发包人免于承担因勘察人违反法律而引起的任何责任。

（2）依法纳税。勘察人应按有关法律规定纳税，应缴纳的税金（含增值税）包括在合同价格之中。

（3）完成全部勘察工作。勘察人应按合同约定以及发包人要求，完成合同约定的全部工作，并对工作中的任何缺陷进行整改、完善和修补，使其满足合同约定的目的。勘察人应按合同约定提供勘察文件，以及为完成勘察服务所需的劳务、材料、勘察设备、实验设施等，并应自行承担勘探场地临时设施的搭设、维护、管理和拆除。

（4）保证勘察作业规范、安全和环保。勘察人应按法律、规范标准和发包人要求，采取各项有效措施，确保勘察作业操作规范、安全、文明和环保，在风险性较大的环境中作业时应当编制安全防护方案并制定应急预案，防止因勘察作业造成的人身伤害和财产损失。

（5）避免勘探对公众与他人的利益造成损害。勘察人在进行合同约定的各项工作时，不得侵害发包人与他人使用公用道路、水源、市政管网等公共设施的权利，避免对邻近的公共设施产生干扰，保证勘探场地的周边设施、建构筑物、地下管线、架空线和其他物体的安全运行。勘察人占用或使用他人的施工场地，影响他人作业或生活的，应承担相应责任。

（6）合同约定的其他义务。

（三）合同范围

合同约定的勘察范围包括工程范围、阶段范围和工作范围：

（1）工程范围指所勘察工程的建设内容。

（2）阶段范围指工程建设程序中的可行性研究勘察、初步勘察、详细勘察、施工勘察等阶段中的一个或者多个阶段。

（3）工作范围指工程测量、岩土工程勘察、岩土工程设计（如有）、提供技术交底、施工配合、参加试车（试运行）、竣工验收和发包人委托的其他服务中的一项或者多项工作。

（四）勘察服务期限

勘察服务期限指勘察人在投标函中承诺的完成合同勘察服务所需的期限，包括按合同约定所做的调整。

1. 开始勘察

（1）符合合同约定的开始勘察条件的，发包人应提前7天向勘察人发出开始勘察通知。勘察服务期限自开始勘察通知中载明的开始勘察日期起计算。

（2）因发包人原因造成合同签订之日起90天内未能发出开始勘察通知的，勘察人有权提出价格调整要求，或者解除合同。发包人应当承担由此增加的费用和（或）周期延误。

2. 发包人引起的周期延误

在履行合同过程中，由于发包人的下列原因造成勘察服务期限延误的，发包人应当延长勘察服务期限并增加勘察费用，具体方法在合同中约定：

（1）合同变更；

（2）未按合同约定期限及时答复勘察事项；

（3）因发包人原因导致的暂停勘察；

（4）未按合同约定及时支付勘察费用；

（5）发包人提供的基准资料错误；

(6) 未及时履行合同约定的相关义务；

(7) 未能按照合同约定期限对勘察文件进行审查；

(8) 发包人造成周期延误的其他原因。

3. 非人为因素引起的周期延误

(1) 由于出现合同规定的异常恶劣气候条件、不利物质条件等因素导致周期延误的，勘察人有权要求发包人延长周期和（或）增加费用。

(2) 勘察人发现地下文物或化石时，应按规定及时报告发包人和文物部门，并采取有效措施进行保护；勘察人有权要求发包人延长周期和（或）增加费用。

4. 勘察人引起的周期延误

由于勘察人原因造成周期延误，勘察人应支付逾期违约金。

5. 行政管理部门引起的周期延误

由于行政管理部门审查延迟造成费用增加和（或）周期延误的，由发包人承担。

6. 提前完成勘察

(1) 根据发包人要求或者基于专业能力判断，勘察人认为能够提前完成勘察的，可向发包人递交一份提前完成勘察建议书，包括实施方案、提前时间、勘察费用变动等内容。除合同另有约定之外，发包人接受建议书的，不因提前完成勘察而减少勘察费用；增加勘察费用的，所增费用由发包人承担。

(2) 发包人要求提前完成勘察但勘察人认为无法实施的，应在收到发包人书面指示后 7 天内提出异议，说明不能提前完成的理由。发包人应在收到异议后 7 天内予以答复。任何情况下，发包人不得压缩合理的勘察服务期限。

(3) 由于勘察人提前完成勘察而给发包人带来经济效益的，发包人可以在合同条款中约定勘察人因此获得的奖励内容。

(五) 合同价格

(1) 签约合同价指签订合同时合同协议书中写明的勘察费用总金额。合同价格指勘察人按合同约定完成了全部勘察工作后，发包人应付给勘察人的金额，包括在履行合同过程中按合同约定进行的变更和调整。费用指为履行合同所发生的或将要发生的所有合理开支，包括管理费和应分摊的其他费用，但不包括利润。

(2) 合同中应约定合同价款的确定方式、调整方式和风险范围划分。

(3) 勘察费用实行发包人签证制度，即勘察人完成勘察项目后通知发包人进行验收，通过验收后由发包人代表对实施的勘察项日、数量、质量和实施时间签字确认，以此作为计算勘察费用的依据之一。

(4) 除合同另有约定外，合同价格应当包括收集资料，踏勘现场，制订纲要，进行测绘、勘探、取样、试验、测试、分析、评估、配合审查等，编制勘察文件，设计施工配合，青苗和园林绿化补偿，占地补偿，扰民及民扰，占道施工，安全防护，文明施工，环境保护，农民工工伤保险等全部费用和国家规定的增值税税金。

(5) 发包人要求勘察人进行外出考察、试验检测、专项咨询或专家评审时，相应费用不含在合同价格之中，由发包人另行支付。

（六）合同变更

1. 变更情形

合同履行中发生下述情形时，合同一方均可向对方提出变更请求，经双方协商一致后进行变更，勘察服务期限和勘察费用的调整方法在合同中约定。

（1）勘察范围发生变化；

（2）除不可抗力外，非勘察人的原因引起的周期延误；

（3）非勘察人的原因，对工程同一部分重复进行勘察；

（4）非勘察人的原因，对工程暂停勘察及恢复勘察。

基准日后，因颁布新的或修订原有法律、法规、规范和标准等引发合同变更情形的，按照上述约定进行调整。

2. 合理化建议

（1）合同履行中，勘察人可对发包人要求提出合理化建议。合理化建议应以书面形式提交发包人，被发包人采纳并构成变更的，执行上述约定。

（2）勘察人提出的合理化建议降低了工程投资、缩短了施工期限或者提高了工程经济效益的，发包人应按合同约定给予奖励。

（七）勘察责任

（1）勘察工作质量应满足法律规定、规范标准、合同约定和发包人要求等。勘察人应做好勘察服务的质量与技术管理工作，建立健全内部质量管理体系和质量责任制度，加强勘察服务全过程的质量控制，建立完整的勘察文件的设计、复核、审核、会签和批准制度，明确各阶段的责任人。

（2）发包人有权对勘察工作质量进行检查和审核。勘察人应为发包人的检查和检验提供方便，包括发包人到勘察场地、试验室或合同约定的其他地方进行察看，查阅、审核勘察的原始记录和其他文件。发包人的检查和审核，不免除勘察人按合同约定应负的责任。

（3）勘察文件存在错误、遗漏、含混、矛盾、不充分之处或其他缺陷，无论勘察人是否通过了发包人审查或审查机构审查，勘察人均应自费对前述问题带来的缺陷和工程问题进行改正，但因发包人提供的文件错误导致的除外。

因勘察人原因造成勘察文件不合格的，发包人有权要求勘察人采取补救措施，直至达到合同要求的质量标准，并按合同约定承担责任。

因发包人原因造成勘察文件不合格的，勘察人应当采取补救措施，直至达到合同要求的质量标准，由此造成的勘察费用增加和（或）勘察服务期限延误由发包人承担。

（4）勘察责任为勘察单位项目负责人终身责任制。项目负责人应当保证勘察文件符合法律法规和工程建设强制性标准的要求，对因勘察导致的工程质量事故或质量问题承担责任。

（八）知识产权

（1）除合同另有约定外，勘察人完成的勘察工作成果，除署名权以外的著作权和其他知识产权均归发包人享有。

（2）勘察人在从事勘察活动时，不得侵犯他人的知识产权。因侵犯专利权或其他知识产权所引起的责任，由勘察人自行承担。因发包人提供的勘察资料导致侵权的，由发包人承担责任。

（3）勘察人在投标文件中采用专利技术、专有技术的，相应的使用费视为已包含在投标报价之中。

二、设计合同的主要内容

（一）合同当事人

（1）发包人。指与设计人签订合同协议书的当事人及其合法继承人。发包人应任命发包人代表，在授权范围和约定期限内代表发包人行使权利和履行义务。

（2）设计人。指与发包人签订合同协议书的当事人及其合法继承人。设计人应任命项目负责人，代表设计人行使权利和履行义务。

（二）合同范围

合同约定的设计范围包括工程范围、阶段范围和工作范围：

（1）工程范围指所设计工程的建设内容。

（2）阶段范围指工程建设程序中的方案设计、初步设计、扩大初步（招标）设计、施工图设计等阶段中的一个或者多个阶段。

（3）工作范围指编制设计文件、编制设计概算、预算、提供技术交底、施工配合、参加试车（试运行）、编制竣工图、竣工验收和发包人委托的其他服务中的一项或者多项工作。

（三）设计和设计文件要求

（1）设计人应按照法律规定，以及国家、行业和地方的规范和标准完成设计工作，并应符合发包人要求。各项规范、标准和发包人要求之间如对同一内容的描述不一致时，应以描述更为严格的内容为准。

（2）除合同另有约定外，设计人完成设计工作所应遵守的法律规定，以及国家、行业和地方的规范和标准，均应视为在基准日适用的版本。基准日之后，前述版本发生重大变化，或者有新的法律，以及国家、行业和地方的规范和标准实施的，设计人应向发包人提出遵守新规定的建议。发包人应在收到建议后 7 天内发出是否遵守新规定的指示。发包人指示遵守新规定的，按照合同变更的约定执行。

（3）设计文件的编制应符合法律法规、规范标准的强制性规定和发包人要求，相关设计依据应完整、准确、可靠，设计方案论证充分，计算成果规范可靠，并能够实施。

（4）设计服务应当根据法律、规范标准和发包人要求，保证工程的合理使用寿命年限，并在设计文件中予以注明。

（5）设计文件的深度应满足本合同相应设计阶段的规定要求，满足发包人的下步工作需要，并应符合国家和行业现行规定。

(6) 设计文件必须保证工程质量和施工安全等方面的要求，按照有关法律法规规定在设计文件中提出保障施工作业人员安全和预防生产安全事故的措施建议。

三、监理合同的主要内容

(一) 合同当事人

(1) 委托人。指与监理人签订合同协议书的当事人及其合法继承人。委托人应任命委托人代表，在授权范围和约定期限内代表委托人行使权利和履行义务。

(2) 监理人。指与委托人签订合同协议书的当事人及其合法继承人。监理人应任命总监理工程师，代表监理人行使权利和履行义务。

(二) 合同范围

合同约定的监理范围包括工程范围、阶段范围和工作范围：

(1) 工程范围指所监理工程的建设内容。

(2) 阶段范围指工程建设程序中的勘察阶段、设计阶段、施工阶段、缺陷责任期及保修阶段中的一个或者多个阶段。

(3) 工作范围指监理工作中的质量控制、进度控制、投资控制、合同管理、信息管理、组织协调和安全监理、环保监理中的一项或者多项工作。

(三) 合同价格

(1) 签约合同价指签订合同时合同协议书中写明的监理报酬总金额。合同价格指监理人按合同约定完成了全部监理工作后，委托人应付给监理人的金额，包括在履行合同过程中按合同约定进行的变更和调整。费用指为履行合同所发生的或将要发生的所有合理开支，包括管理费和应分摊的其他费用，但不包括利润。

(2) 合同中应约定合同价款的确定方式、调整方式和风险范围划分。

(3) 除合同另有约定外，合同价格应当包括收集资料、踏勘现场、制订纲要、实施监理、编制监理文件等全部费用和国家规定的增值税税金。

(4) 委托人要求监理人进行外出考察、试验检测、专项咨询或专家评审时，相应费用不含在合同价格之中，由委托人另行支付。

第五节　FIDIC 合同条件

FIDIC 是国际咨询工程师联合会法文名称（Federation Internationale des Ingenieurs Conseils）的缩写，中文译作“菲迪克”。它成立于 1913 年，是国际工程咨询界最具权威的组织。中国工程咨询协会（CNAEC）于 1996 年代表我国工程咨询业加入 FIDIC，成为其正式会员。

FIDIC 对全球工程建设和管理领域的贡献之一，就是提供了一个重要的知识宝库——FIDIC 文献。FIDIC 文献确立了工程咨询行业先进的管理理念和科学的管理方法，构成了 FIDIC 完整的知识体系。它制定的有关工程建设、项目管理的合同条款等，已被联合国、世行、亚行等国际组织普遍认同和广泛采用。

一、FIDIC合同条件的种类

FIDIC出版的各类合同条件先后有：

(1)《土木工程施工合同条件》(1987年第4版，1992年修订版)(红皮书)；

(2)《电气与机械工程合同条件》(1992年第3版)(黄皮书)；

(3)《土木工程施工分包合同条件》(1994年第1版)(与红皮书配套使用)；

(4)《设计——建造与交钥匙工程合同条件》(1995年第1版)(桔皮书)；

(5)《施工合同条件》(1999年第1版)(新红皮书)；

(6)《生产设备和设计——施工合同条件》(1999年第1版)(新黄皮书)；

(7)《设计采购施工(EPC)/交钥匙工程合同条件》(1999年第1版)(银皮书)；

(8)《简明合同格式》(1999年第1版)(绿皮书)；

(9)《施工合同条件》(多边开发银行协调版，2010年版)；

(10)《设计—建造—运营合同条件》(2008年第1版)(金皮书)；

(11)《施工分包合同条件》(试用版，2009年)；

(12)《施工合同条件》(2017年版)(新红皮书)；

(13)《生产设备和设计——施工合同条件》(2017年版)(新黄皮书)；

(14)《设计采购施工(EPC)/交钥匙工程合同条件》(2017年版)(银皮书)。

每一种FIDIC合同条件文本主要包括两个部分，即通用条件和专用条件，在使用中可利用专用条件对通用条件的内容进行修改和补充，以满足各类项目的不同需要。FIDIC合同条件把与工程管理相关的技术、经济、法律三者有机地结合在一起，构成了一个较为完善的合同体系。其特点是：公平、务实、严谨、操作性强，适用范围广。

二、新版FIDIC合同条件的适用范围和特点

FIDIC于1999年出版了“新红皮书”、“新黄皮书”、“银皮书”和“绿皮书”，2008年出版了“金皮书”，2017年发布了“新红皮书”、“新黄皮书”、“银皮书”1999年版的第二版，它们在继承了以往合同条件优点的基础上，在内容、结构和措辞等方面作了较大充实、修改和调整，是经典的FIDIC合同文本。

(一)新版FIDIC合同条件的适用范围

(1)《施工合同条件》(Conditions of Contract for Construction)，简称“新红皮书”。该文件推荐用于由雇主或其代表——工程师设计的建筑或工程项目，主要用于单价合同。在这种合同形式下，通常由工程师负责监理，由承包商按照雇主提供的设计施工，但也可以包含由承包商设计的土木、机械、电气和构筑物的某些部分。

(2)《生产设备和设计——施工合同条件》(Conditions of Contract for Plant and Design-Build)，简称“新黄皮书”。该文件推荐用于电气和(或)机械设备供货和建筑或工程的设计与施工，通常采用总价合同。由承包商按照雇主的要求，提

供生产设备和（或）设计与施工，可以包括土木、机械、电气和建筑物的任何组合，进行工程总承包。也可以对部分工程采用单价合同。

(3)《设计采购施工（EPC）/交钥匙工程合同条件》(Conditions of Contract for EPC/Turnkey Projects)，简称“银皮书”。该文件可适用于以交钥匙方式提供工厂或类似设施的加工或动力设备、基础设施项目或其他类型的开发项目，采用总价合同。这种合同条件下，项目的最终价格和要求的工期具有更大程度的确定性；由承包商承担项目实施的全部责任，雇主较少介入。即由承包商进行所有的设计、采购和施工，最后提供一个设施配备完整、可以投产运行的项目。

(4)《简明合同格式》(Short Form of Contract)，简称“绿皮书”。该文件适用于投资金额较小的建筑或工程项目。根据工程的类型和具体情况，这种合同格式也可用于投资金额较大的工程，特别是较简单的、或重复性的、或工期短的工程。在此合同格式下，一般都由承包商按照雇主或其代表——工程师提供的设计实施工程，但对于部分或完全由承包商设计的土木、机械、电气和（或）构筑物的工程，此合同也同样适用。

(5)《设计－建造和运营合同条件》(Conditions of Contract for Design, Build and Operate Projects)，简称“金皮书”。该文件适用于将设计－建造义务同长期的运营承诺结合起来的项目。FIDIC 是基于绿地设计－建造－运营方案来编写本合同条件的，项目建成后的运营期一般为 20 年；为使设计创新、建设质量和运营效果达到最佳统一，将一个单一合同授予一个单一的承包实体（通常是一个联合体或合营体）；承包商对项目融资或者最后商业上是否成功不负责任。对于不是基于传统的设计－建造－运营程序或者运营期远低于 20 年的合同，本合同条件并不适用。

（二）1999 年版 FIDIC 合同条件的特点

1999 年版 FIDIC 合同条件，同过去版本比较具有以下特点：

(1) 在编排格式上统一化。新版中的通用条件部分均分为 20 条，条款的标题以及部分条款的内容能一致的都尽可能一致。

(2) 四种新版合同条件的使用范围大大拓宽，适用的项目种类更加广泛。

(3) 新版条款的内容作了较大的改进和补充。

(4) 在编写思想上也有了新的变化。新版本尽可能地在通用条件中作出全面而细致的规定，便于用户在专用条件中自行修改编写。

(5) 新版本对业主、承包商双方的职责、业务以及工程师的职权都作了更为严格而明确的规定，提出了更高的要求。

(6) 新版合同条件在文字上更加简明，句子结构也相对简单，比老版本易读、易懂。

（三）2017 年版 FIDIC 合同条件的特点

2017 版 FIDIC 合同条件与 1999 年版相比，各本相对应合同条件的应用和适用范围，业主和承包商的权利、职责和义务，业主与承包商之间的风险分配原则，合同价格类型和支付方式，合同条件的总体结构都基本保持不变。2017 版 FIDIC 合同条件与1999年版相比，主要有以下特点：

（1）通用条件将索赔与争端区分开，并增加了争端预警机制。

（2）合同条件在篇幅上大幅增加，融入了更多项目管理思维，相关规定更加详细和明确，更具可操作性。

（3）加强和拓展了工程师的地位和作用，同时强调工程师的中立性。

（4）更加强调在风险与责任分配及各项处理程序上业主和承包商的对等关系。

三、1999年版FIDIC施工合同条件的主要内容

（一）合同文件的组成

通用条件的条款规定，合同文件包括以下几方面的内容，对业主和承包商有约束力：

（1）合同协议书。业主发出中标函的28天内，接到承包商提交的有效履约保证后，双方签署的法律性标准化格式文件。为了避免履行合同过程中产生争议，专用条件指南中说明最好注明接受的合同价格、基准日期和开工日期。

（2）中标函。业主签署的对投标书的正式接受函，可能包含作为备忘录记载的合同签订前谈判时可能达成一致并共同签署的补遗文件。

（3）投标函。承包商填写并签字的法律性投标函和投标函附录，包括报价和对招标文件及合同条款的确认文件。

（4）合同专用条件。

（5）合同通用条件。

（6）规范。

（7）图纸。

（8）资料表和构成合同组成部分的其他文件。

（二）合同担保

1. 承包商提供的担保

通用条件中规定，承包商签订合同时应提供履约担保，接受预付款前应提供预付款担保。范本给出的履约担保格式，分为企业法人提供的保证书和金融机构提供的保函两类。保证书和保函均为不需承包商确认违约的无条件担保形式。预付款担保应采用金融机构提供的保函。

（1）履约担保的保证期限。履约担保应担保承包商圆满完成施工和保修的义务，而并非到工程师颁发工程接收证书为止。工程接收证书的颁发是对承包商按合同约定圆满完成施工义务的证明，承包商还应承担的义务仅为保修义务，因此范本中推荐的履约担保格式内说明，如果双方有约定的话，允许颁发整个工程的接收证书后将履约担保的担保金额减少一定的百分比。

（2）业主凭担保索赔。由于无条件担保对承包商的风险较大，因此通用条件中明确规定了四种情况下业主可以凭履约担保索赔，其他情况则按合同约定的违约责任条款处理。

2. 业主提供的担保

大型工程建设资金的融资可能包括从某些国际援助机构、开发银行等筹集的款项，这些机构往往要求业主应保证履行给承包商付款的义务，因此在专用条件范例中，增加了业主应向承包商提交“支付保函”的可选择使用的条款，并附有保函格式。业主提供的支付保函担保金额可以按总价或分项合同价的某一百分比计算，担保期限至缺陷通知期满后 6 个月，并且为无条件担保，使合同双方的担保义务对等。

通用条件的条款中未明确规定业主必须向承包商提供支付保函，具体工程的合同内是否包括此条款，取决于业主主动选用或融资机构的强制性规定。

（三）合同价格

通用条件中分别定义了“接受的合同款额”和“合同价格”的概念。“接受的合同款额”指业主在中标函中对实施、完成和修复工程缺陷所接受的金额，来源于承包商的投标报价并对其确认。合同价格则指按照合同各条款的约定，承包商完成建造和保修任务后，对所有合格工程有权获得的全部工程款。

最终结算的合同价可能与中标函中注明的接受的合同款额不一定相等。主要是因为大型复杂工程的施工期较长，通用条件中包括合同工期内因物价变化对施工成本产生影响后计算调价费用的条款，每次支付工程进度款时均要考虑约定可调价范围内项目当地市场价格的涨落变化，而这笔调价款没有包含在中标价格内，仅在合同条款中约定了调价原则和调价费用的计算方法。合同履行过程中，可能因业主的行为或业主应承担风险责任的事件发生后，导致承包商施工成本增加，根据合同条款规定应对承包商受到的实际损害给予补偿。此外在最终结算的合同价中还可能包括由于承包商原因或业主原因引起的费用索赔等情况。

（四）指定分包商

指定分包商是由业主（或工程师）指定完成某项特定工作内容，并与承包商签订分包合同的特殊分包商。通用条件规定，业主有权将部分工程项目的施工任务或涉及提供材料、设备、服务等工作内容，指定给某个符合要求的分包商实施。

确定指定分包商的原因，主要是业主在招标阶段划分合同包时，某部分施工内容有较强的专业技术要求，一般承包商不具备相应的实施能力，但如果确定为一个单独的合同，工程师又难于进行协调管理，为避免独立合同太多，造成互相之间干扰，则将这部分工作内容列入指定范围，由指定分包商与承包商签订分包合同。指定分包商与一般分包商处于同等地位，工程师对其监督、协调工作应纳入对承包商的管理之中。

（五）解决合同争议的方式

任何合同争议均交由仲裁或诉讼解决，一方面往往会导致合同关系的破裂，另一方面解决起来费时、费钱且对双方的信誉有不利影响。为了解决工程师的决定可能处理得不公正的情况，通用条件中增加了“争端裁决委员会”处理合同争议的程序。

1. 解决合同争议的程序

(1) 提交工程师决定。FIDIC 编制的施工合同条件的基本出发点之一，是合同履行过程中建立以工程师为核心的项目管理模式，因此不论是承包商的索赔还是业主的索赔均应首先提交给工程师。任何一方要求工程师对此作出决定时，工程师应与双方协商尽力达成一致。如果未能达成一致，则应按照合同规定并适当考虑有关情况后作出公正的决定。

(2) 提交争端裁决委员会决定。双方起因于合同的任何争端，包括对工程师签发的证书、作出的决定、指示、意见或估价不同意接受时，可将争议提交合同争端裁决委员会，并将副本送交对方和工程师。裁决委员会在收到提交的争议文件后 84 天内作出合理的裁决。作出裁决后的 28 天内任何一方未提出不满意裁决的通知，则此裁决即为最终的决定。

(3) 双方协商。任何一方对裁决委员会的裁决不满意，或裁决委员会在 84 天内没能作出裁决，在此期限后的 28 天内应将争议提交仲裁。仲裁机构在收到申请后的 56 天才开始审理，这一时间要求双方尽力以友好的方式解决合同争议。

(4) 仲裁。如果双方仍未能通过协商解决争议，则只能在合同约定的仲裁机构最终解决。

2. 争端裁决委员会

签订合同时，业主与承包商通过协商组成裁决委员会。裁决委员会可约定为 1 名或 3 名成员，一般由 3 名成员组成，合同每一方应提名 1 位成员，由对方批准。双方应与这两名成员共同并商定第三位成员，第三人作为主席。争端裁决委员会属于非强制性但具有法律效力的行为，相当于我国法律中解决合同争议的调解，但其性质则属于个人委托。成员应对承包合同的履行和合同的解释方面有经验，能流利地使用合同中规定的交流语言。

(六) 施工阶段的合同管理

1. 施工进度管理

(1) 承包商编制施工进度计划。承包商应在合同约定的日期或接到中标函后的 42 天内（合同未作约定）开工，工程师则应至少提前 7 天通知承包商开工日期。承包商收到开工通知后的 28 天内，按工程师要求的格式和详细程度提交施工进度计划，说明为完成施工任务而准备采用的施工方法、施工组织方案、进度计划安排，以及按季度列出根据合同预计应支付给承包商费用的资金估算表。

合同履行过程中，一个准确的施工计划对合同涉及的有关各方都有重要的作用，不仅要求承包商按计划施工，而且工程师也应按计划作好保证施工顺利进行的协调管理工作，同时也是判定业主是否在移交施工现场、提供图纸以及他应提供的材料、设备等方面存在延误导致影响施工进度的依据。

(2) 工程师对施工进度的监督。为了便于工程师对合同的履行进行有效的监督和管理以及协调各合同之间的配合，承包商每个月都应向工程师提交进度报告，说明前一阶段的进度情况和施工中存在的问题，以及下一阶段的实施计划和准备采取的相应措施。

当工程师发现实际进度与计划进度严重偏离时，不论实际进度是超前还是滞后于计划进度，为了使进度计划有实际指导意义，有权随时指示承包商编制改进的施工进度计划，并再次提交工程师认可后执行，新进度计划将代替原来的计划。

（3）顺延合同工期。通用条件规定，可以给承包商合理延长合同工期的条件通常可能包括延误发放图纸、延误移交施工现场、承包商依据工程师提供的错误数据导致放线错误、不可预见的外界条件、施工中遇到文物和古迹而对施工进度的干扰以及发生不可抗力事件等影响。

2. 施工质量管理

（1）建立承包商的质量体系。通用条件规定，承包商应按照合同的要求建立一套质量管理体系，以保证施工符合合同要求。在每一工作阶段开始实施之前，承包商应将所有工作程序的细节和执行文件提交工程师，供其参考。工程师有权审查质量体系的任何方面，包括月进度报告中包含的质量文件，对不完善之处可以提出改进要求。保证工程质量是承包商的基本义务，遵照工程师认可的质量体系施工，并不能解除其依据合同应承担的任何职责、义务和责任。

（2）现场资料管理。承包商的投标书被认为是他在投标阶段对招标文件中提供的图纸、资料和数据进行过认真审查和核对，并通过现场考察和质疑已取得了对工程可能产生影响的有关风险、意外事故及其它情况的全部必要资料。业主同样有义务向承包商提供基准日后得到的所有相关资料和数据。不论是招标阶段提供的资料还是后续提供的资料，业主应对资料和数据的真实性和正确性负责，但对承包商依据资料的理解、解释或推论而导致的错误不承担责任。

（3）对质量的检查和检验。为了保证工程质量，工程师除了按合同规定进行正常的检验外，还可以在认为必要时依据变更程序指示承包商变更规定检验的位置或细节、进行附加检验或试验等。由于额外检验和试验是基准日前承包商无法合理预见的情况，如果影响到费用和工期，则视检验结果是否合格划分责任归属。

（4）对承包商设备的控制。工程质量的好坏和施工进度的快慢，很大程度上取决于承包商投入施工的机械设备、临时工程在数量和型号上的满足程度。而且承包商在投标书中报送的设备计划，是业主决标时考虑的主要因素之一。对承包商设备的控制包括对承包商自有的施工设备和租赁的施工设备的控制。工程师若发现承包商使用的施工设备影响了工程进度或施工质量时，有权要求承包商增加或更换施工设备，由此增加的费用和工期延误责任由承包商承担。

（5）环境保护。承包商的施工应遵守环境保护的有关法律和法规的规定，采取一切合理措施保护现场内外的环境，限制因施工作业引起的污染、噪音或其他对公众和财产造成损害和妨碍影响。施工产生的散发物、地面排水和排污不能超过环保规定的数值。

3. 工程变更管理

工程变更，是指施工过程中出现了与签订合同时预计的条件不一致的情况，而需要改变原定施工承包范围内的某些工作内容。土建工程受自然条件等外界的影响较大，工程情况比较复杂，且在招标阶段依据初步设计图纸招标，因此在施工合同履行过程中不可避免地会发生变更。工程师可以根据施工进展的实际情况，在认为必要时针对合同中任何工作工程量的改变等方面发布变更指令，变更估价由双方按照合同条款约定的程序和原则确定。

（七）工程进度款的支付管理

1. 预付款

预付款又称动员预付款，是业主为了帮助承包商解决施工前期开展工作时的资金短缺，从未来的工程款中提前支付的一笔款项。合同工程是否有预付款，以及预付款的金额多少、支付（分期支付的次数及时间）和扣还方式等均要在专用合同条件内约定。通用条件内规定了预付款的支付和扣回的相关管理程序。

（1）预付款的支付。预付款的数额由承包商在投标书内确认。承包商需首先将履约保函和预付款保函交给业主并通知工程师，工程师在 21 天内签发“预付款支付证书”，业主按合同约定的数额和货币类型、比例支付预付款。预付款保函金额始终保持与预付款等额，即随着承包商对预付款的偿还逐渐递减保函金额。

（2）预付款的扣还。预付款在分期支付工程进度款时按百分比扣减的方式偿还。

2. 用于永久工程的设备和材料款预付

由于通用条件是针对包工包料承包的单价合同编制的，因此规定由承包商自筹资金采购工程材料和设备，只有当材料和设备用于永久工程后，才能将这部分费用计入工程进度款内结算支付。通用条件的条款规定，为了帮助承包商解决订购大宗主要材料和设备所占用资金的周转，订购物资经工程师确认合格后，按发票价值80%作为设备和材料预付的款额，包括在当月应支付的工程进度款内。双方也可以在专用合同条件内修正这个百分比，目前施工合同的约定通常在 60%～90%范围内。

3. 业主的资金安排

为了保障承包商按时获得工程款的支付，通用条件内规定，如果合同内没有约定支付表，当承包商提出要求时，业主应提供资金安排计划。

4. 保留金

保留金是按合同约定从承包商应得的工程进度款中相应扣减的一笔金额保留在业主手中，作为约束承包商严格履行合同义务的措施之一。当承包商有一般违约行为使业主受到损失时，可从该项金额内直接扣除损害赔偿费。例如，承包商未能在工程师规定的时间内修复缺陷工程部位，业主雇用其他人完成后，这笔费用可从保留金内扣除。

合同内以履约保函和保留金两种手段作为约束承包商忠实履行合同义务的措施，当承包商严重违约而使合同不能继续顺利履行时，业主可以凭履约保函向银行获取损害赔偿；而因承包商的一般违约行为令业主蒙受损失时，通常利用保留金补偿损失。履约保函和保留金的约束期均是承包商负有施工义务的责任期限（包括施工期和保修期）。

5. 工程进度款的支付程序

（1）工程量计量。工程量清单中所列的工程量仅是对工程的估算量，不能作为承包商完成合同规定施工义务的结算依据。每次支付工程月进度款前，均需通过测量来核实实际完成的工程量，以计量值作为支付依据。

采用单价合同的施工工作内容应以计量的实际数量作为支付进度款的依据，而总价合同或单价包干混合式合同中按总价承包的部分可以按图纸工程量作为支付依据，仅对变更部分予以计量。

（2）承包商提供报表。每个月的月末，承包商应按工程师规定的格式提交一式6份本月支付报表，提出本月已完成合格工程的应付款要求和对应扣款的确认。

（3）工程师签证。工程师接到报表后，对承包商完成的工程形象、项目、质量数量以及各项价款的计算进行核查。若有疑问时，可要求承包商共同复核工程量。在收到承包商的支付报表的28天内，按核查结果以及总价承包分解表中核实的实际完成情况签发支付证书。

（4）业主支付。承包商的报表经过工程师认可并签发工程进度款的支付证书后，业主应在接到证书后及时向承包商付款。业主的付款时间不应超过工程师收到承包商的月进度付款申请单后的56天。如果逾期支付，业主将承担延期付款的违约责任，延期付款的利息按银行贷款利率加3%计算。

（八）竣工验收阶段的合同管理

1. 竣工检验和移交工程

（1）竣工检验。承包商完成工程并准备好竣工报告所需报送的资料后，应提前21天将某一确定的日期通知工程师，说明此日后已准备好进行竣工检验。工程师应指示在该日期后14天内的某日进行。此项规定同样适用于按合同规定分部移交的工程。

（2）颁发工程接收证书。工程通过竣工检验达到了合同规定的“基本竣工”要求后，承包商在他认为可以完成移交工作前14天以书面形式向工程师申请颁发接收证书。基本竣工是指工程已通过竣工检验，能够按照预定目的交给业主占用或使用，而非完成了合同规定的包括扫尾、清理施工现场及不影响工程使用的某些次要部位缺陷修复工作后的最终竣工，剩余工作允许承包商在缺陷通知期内继续完成。这样规定有助于准确判定承包商是否按合同规定的工期完成施工义务，也有利于业主尽早使用或占有工程，及时发挥工程效益。

工程师接到承包商申请后的28天内，如果认为已满足竣工条件，即可颁发工程接收证书；若不满意，则应书面通知承包商，指出还需完成哪些工作后才达到基本竣工条件。工程接收证书中包括确认工程达到竣工的具体日期。颁发工程接收证书，不仅表明承包商对该部分工程的施工义务已经完成，而且对工程照管的责任也转移给业主。

如果合同约定工程不同区段有不同竣工日期时，每完成一个区段均应按上述程序颁发部分工程的接收证书。

2. 未能通过竣工检验

（1）重新检验。如果工程或某区段未能通过竣工检验，承包商对缺陷进行修复和改正，在相同条件下重复进行此类未通过的试验和对任何相关工作的竣工检验。

（2）重复检验仍未能通过。当整个工程或某区段未能通过按重新检验条款规定所进行的重复竣工检验时，工程师应有权选择以下任何一种处理方法：

1）指示再进行一次重复的竣工检验；

2）如果由于该工程缺陷致使业主基本上无法享用该工程或区段所带来的全部利益，拒收整个工程或区段（视情况而定），在此情况下，业主有权获得承包商的赔偿；

3）业主可颁发接收证书，承包商继续履行合同规定的所有其他义务，但合同价格应予减少，减少的金额应足以弥补竣工检验未通过的后果给业主带来的价值损失。

3. 竣工结算

颁发工程接收证书后的 84 天内，承包商应按工程师规定的格式报送竣工报表。工程师接到竣工报表后，应对照竣工图进行工程量详细核算，对其它支付要求进行审查，然后再依据检查结果签署竣工结算的支付证书。此项签证工作，工程师也应在收到竣工报表后 28 天内完成。业主依据工程师的签证予以支付。

（九）缺陷通知期阶段的合同管理

缺陷通知期即国内施工文本所指的缺陷责任期，自工程接收证书中写明的竣工日开始，至工程师颁发履约证书为止的日历天数。尽管工程移交前进行了竣工检验，但只是证明承包商的施工工艺达到了合同规定的标准，设置缺陷通知期的目的是为了考验工程在动态运行条件下是否达到了合同中技术规范的要求。因此，从开工之日起至颁发履约证书日止，承包商要对工程的施工质量负责。若承包商未能负责，业主有权雇用其他人实施并予以付款。如果是承包商应承担的责任所导致，业主有权按照业主索赔的程序要求承包商赔偿。

第六章　工程项目进度管理

工程项目进度管理，是指在项目实施过程中，对各阶段的进展程度和项目最终完成的期限所进行的管理，目的是保证项目在满足时间约束的条件下实现项目总目标。加强进度管理，按期完成项目建设任务，是工程项目管理的一项重要任务。本章重点讲述保证项目按时完成的各过程，包括工程项目的工作定义、工作顺序安排、工作资源估算、工作时间估算、进度计划制定与优化、进度控制等主要内容和基本方法。

第一节　工程项目进度管理过程、工作定义与工作顺序安排

一、进度管理过程

进度管理包括为确保项目按期完成所必须的所有过程，包括规划进度管理、工作定义、工作顺序安排、工作资源估算、工作时间估算、进度计划制定和进度控制等。其过程如图 6—1 所示。

（一）规划进度管理

规划进度管理是为规划、编制、执行和控制项目进度而制定政策、程序和文档的过程。其主要目的是，为如何在整个项目过程中管理项目进度提供指南和方向。

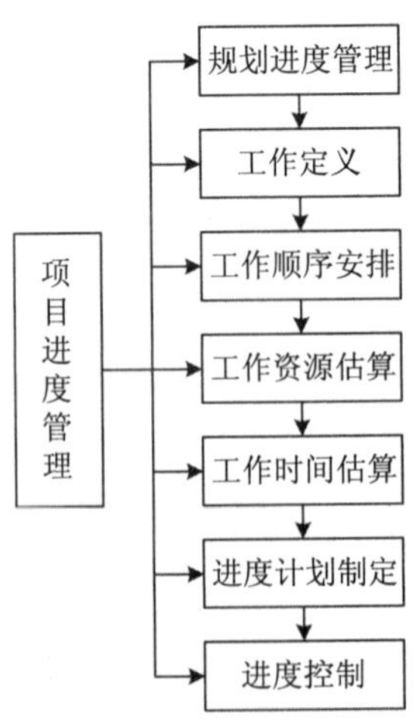

图 6—1　项目进度管理过程

（二）工作定义

确定为产生项目可交付成果而必须进行的具体工作。

（三）工作顺序安排

确定各项工作之间的逻辑关系，并形成文件（图、表、文字资料等）。

（四）工作资源估算

估算执行各项工作所需材料、人员和设备等资源的种类和数量。

（五）工作时间估算

估算完成各项工作所需要的工作时间。

（六）进度计划制定

分析工作顺序、工作时间、资源需求，以及进度制约因素，从而制定项目进度计划。

（七）进度控制

监督项目工作状态，将计划执行效果与计划进行比较，找出偏差，分析偏差原因，采取相应纠偏措施，控制进度计划的变更，调整后续工作计划，保证进度计划目标的实现。

虽然这些过程相互独立，相互之间有明确的界面，但是对于一些小项目，工作顺序安排、工作时间估算以及进度计划制定，由于彼此之间联系紧密，常常被看成一个过程，但每一过程所使用的方法不同，所以本书还是把它们当作不同的过程来介绍。

二、工作定义

工作（Activity）定义，就是对工作分解结构（WBS）中规定的可交付成果或半成品的产生所必须进行的具体工作（活动或作业）进行定义，并形成相应的文件，包括：工作清单和工作分解结构的更新。

在工程项目中，工作具有层次性，且工作的范围可大可小，需根据具体情况和需要来确定。例如：挖土、垫层、砖基础、回填土各是一项工作，也可以把上述四项工作综合为一项基础工程。

（一）工作定义的依据

1. 进度管理计划

进度管理计划规定了管理工作所需的详细程度。

2. 项目范围说明书

在工作定义过程中，应明确考虑范围说明书中的项目交付成果、限制性条件和假设等。项目交付成果是各层次子产品的总和，当交付成果均达成后，标志着项目的完成。限制性条件是指限制项目团队进行选择的因素，比如因管理或合同要求的里程碑事件的强制完成事件。假设是指在项目管理中被当成真实的、现实的或确定的因素来使用的条件，比如每周的工作时间或工程实施年限。

3. 工作分解结构（WBS）

范围管理中做出的 WBS 是工作定义的基本依据。WBS 通过子单元来表达主单元，每一工作的编码都是唯一的，因此十分明确。任何工作项目都可通过计算其下层工作的成本、进度得到该工作的成本和进度。由于 WBS 是从粗到细、分层划分的树状结构，因此根据 WBS 可以列出不同粗细程度的工作清单。

4. 环境因素

影响工作定义的环境因素包括组织文化和结构、商业数据库中发布的商业信息以及项目管理信息系统等。过去开展类似项目的各种历史信息对于工作定义也具有重要的指导和参考作用。

5. 组织过程资产

影响工作定义的组织过程资产包括现有的、正式和非正式的、与工作规划相关的政策、程序和指南，经验教训知识库，标准化流程以及来自以往项目的、包含标准工作清单或部分工作清单的模板等。

（二）工作定义的方法

1. 分解法

分解技术是在项目工作分解结构的基础上，将项目工作按照一定的层次结构逐步分解为更小的、更具体的和更容易控制的许多具体的项目工作，从而找出完成项目目标所需的所有工作的技术。

2. 模板法

所谓模板法是指借用历史资料，参照过去的样板。已完成的类似项目的工作清单或其一部分往往可以作为一个新项目工作清单的模板。模板中相关工作的属性信息包括了资源技术清单、工作时间、风险、预期交付成果以及其他描述信息。利用这些类似的清单作为样板，可以大大加快工作分解的进程。

3. 滚动式规划

随着工作的不断分解，项目范围所包括的内容更加详细。滚动式规划是一种迭代式、渐进明细的规划技术，即详细规划近期要完成的工作，同时在较高层级上粗略规划远期工作。因此，在项目生命周期的不同阶段，工作的详细程度会有所不同。在早期的战略规划阶段，信息尚不明确，工作只能分解到已知的详细水平，而随着了解到更多的信息，近期即将实施的工作就可以分解为更加具体的工作。

4. 专家判断

在制定详细项目范围说明书、工作分解结构和项目进度计划方面具有经验和技能的项目团队成员或其他专家，可以为工作定义提供专业知识。

（三）工作定义的成果

1. 工作清单

工作清单必须包括项目中将要进行的所有工作，以利于确保工作清单的完整，但同时又不包括任何本项目范围之外的不必要的工作。与工作分解结构类似，工作清单应该包括对每项工作的说明，这样才能使项目团队成员知道如何完成该项工作。

2. 工作属性

工作属性是指每项工作所具有的多重属性，用来扩充对工作的描述。工作属性随时间演进。在项目初始阶段，工作属性包括工作标识、WBS标识和工作标签或名称；在工作属性编制完成时，包括工作编码、工作描述、紧前工作、紧后工作、逻辑关系、提前量与滞后量、资源需求、强制日期、制约因素和假设条件。工作属性可用于分配工作的负责人、确定开展工作的地区或地点、编制开展工作的项目日历以及明确工作类型，如支持型工作、独立型工作和依附型工作。工作属性还可用于编制进度计划，进行工作的选择、排序和分类。应用的领域不同，属性的数量也不同。

3. 里程碑清单

里程碑是项目中的重要时点或事件。里程碑清单列出了所有项目里程碑，并说明每个里程碑是强制性的（如合同要求的）还是选择性的（如根据历史信息确定的）。里程碑与常规的进度工作类似，有相同的结构和属性，但是里程碑的持续时间为零，因为里程碑代表的是一个时间点。

4. 修正的工作分解结构

利用工作分解结构确定为产生项目可交付成果而必须进行的具体工作时，项目团队成员可能发现需要附加一些可交付成果或重新编写可交付成果说明，增加某一工作或对某一工作进行细化，形成新的工作分解结构。

三、工作顺序安排

工作顺序安排就是确定各项工作之间的依赖关系，并形成文档。为了进一步编制切实可行的进度计划，首先必须对工作进行准确的顺序安排。工作顺序安排可以利用计算机进行（如项目管理软件），也可以手工来做。在一些小项目中，或大型项目的早期阶段，手工技术更为有效，而在实际运用过程中，手工和计算机可以结合起来使用。

（一）工作顺序安排的依据

1. 进度管理计划

进度管理计划规定了用于项目进度规划的方法和工具，对工作排序具有指导作用。

2. 工作清单

工作清单列出了项目所需的、待排序的全部进度工作。这些工作的依赖关系和其他制约因素会对工作排序产生影响。

3. 工作属性

工作属性中可能描述了事件之间的必然顺序或确定的紧前紧后关系。

4. 里程碑清单

里程碑事件应作为工作排序的一部分，以确保满足里程碑实现日期的要求。

5. 项目范围说明书

项目范围说明书中包含产品范围描述，而产品范围描述中又包含可能影响工作排序的产品特征，如待建厂房的布局图或软件项目中的子系统界面。项目范围说明书中的其他信息也可能影响工作排序，如项目可交付成果、项目制约因素和假设条件。虽然工作清单中已经体现了这些因素的影响结果，但还是需要对产品范围描述进行整体审查以确保准确性。

6. 环境因素

能够影响工作排序过程的环境因素包括政府或行业标准、项目管理信息系统、进度规划工具、公司的工作授权系统等。

7. 组织过程资产

能够影响排列工作顺序过程的组织过程资产包括公司知识库中有助于确定进度规划方法论的项目档案，现有的、正式或非正式的、与工作规划有关的政策、程序和指南，以及有助于加快项目工作网络图编制的各种模板等。

(二) 工作顺序安排的方法

工作顺序安排的方法很多，如：双代号网络图法、单代号网络图法、双代号时标网络图法、条件网络图法，也可以利用网络样板。本章介绍常用的四种工作顺序安排方法：双代号网络图法、双代号时标网络图法、单代号网络图法和单代号搭接网络图法。

1. 双代号网络图法

双代号绘图法就是利用箭线表示工作而在节点处将工作连接起来表示依赖关系的一种绘制项目网络图的方法。这种方法也叫箭线工作法。

(1) 双代号网络图的基本概念

1) 工作（活动或作业）

在双代号网络图中，工作用一根箭线和两个圆圈来表示。工作的名称写在箭线的上面，完成工作所需要的时间写在箭线的下面，箭尾表示工作开始，箭头表示工作结束。圆圈中的两个号码用来代表这项工作。如图 6—2 所示。

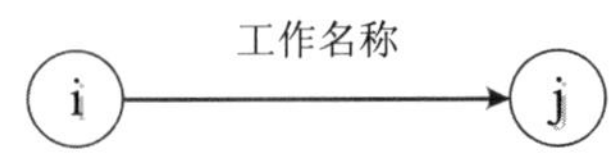

图 6—2 双代号表示法

工作通常分为两种：第一种为需要消耗时间和资源，用实箭线（——→）表示；第二种为既不消耗时间，也不消耗资源，我们称为虚工作，用虚箭线（----→）表示。虚工作是人为的虚设工作，只表示相邻前后工作之间的逻辑关系。

2) 节点（结点或事件）

在箭线的出发和交汇处画上圆圈，用以标志该圆圈前面一项或若干项工作的结束和允许后面一项或若干项工作开始的时间点称为节点。

在双代号网络图（图 6—3）中，节点不同于工作，它不需要消耗时间或资源，它只标志着工作的结束和开始的瞬间，起着连接工作的作用。

起点节点是指网络图的第一个节点，表示执行项目计划的开始，没有内向箭线。终点节点是指达到了项目计划的最终目标，它没有外向箭线。除起点节点和终点节点外，其余称中间节点，它既表示完成一项或几项工作的结果，又表示一项或几项紧后工作开始的条件。

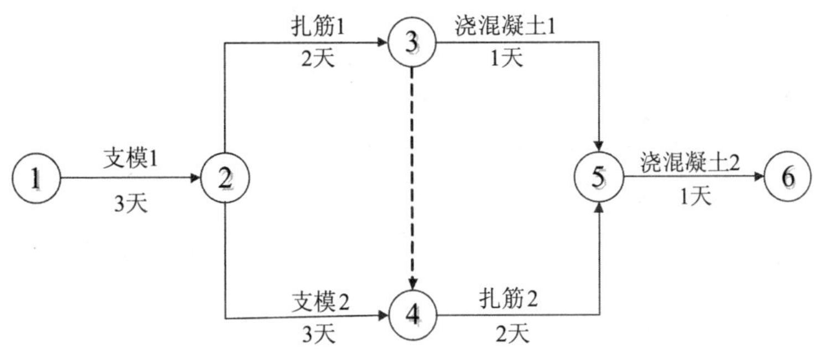

图 6—3 双代号网络图

3）线路

网络图中从起点节点开始，沿箭头方向顺序通过一系列箭线与节点，最后到达终点节点的通路称为线路。线路既可依次用该线路上的节点编号来表示，也可依次用该线路上的工作名称来表示，如图 6—3 所示，该网络图中有三条线路，这三条线路既可表示为 1—2—4—5—6、1—2—3—4—5—6 和 1—2—3—5—6，也可表示为：支模 1→支模 2→扎筋 2→浇混凝土 2、支模 1→扎筋 1→扎筋 2→浇混凝土 2 和支模 1→扎筋 1→浇混凝土 1→浇混凝土 2。

线路上所有工作的持续时间之和称为该线路的总持续时间。总持续时间最长的线路称作关键路径，其他线路长度均小于关键路径，称为非关键路径。关键线路的长度就是网络计划的总工期。如图 6—3 所示，线路 1—2—4—5—6 或支模 1→支模 2→扎筋 2→浇混凝土 2 为关键线路。

4）紧前工作、紧后工作和平行工作

在网络图中，相对于某工作而言，紧排在该工作之前的工作称为该工作的紧前工作。在双代号网络图中，工作与其紧前工作之间可能有虚工作。如图 6—3 所示，支模 1 是支模 2 在组织关系上的紧前工作；扎筋 1 和扎筋 2 之间虽然存在虚工作，但扎筋 1 仍然是扎筋 2 在组织关系上的紧前工作；支模 1 则是扎筋 1 在工艺关系上的紧前工作。

在网络图中，相对于某工作而言，紧排在该工作之后的工作称为该工作的紧后工作。在双代号网络图中，工作与其紧后工作之间可能有虚工作。如图 6—3 所示，扎筋 2 是扎筋 1 在组织关系上的紧后工作。浇混凝土 1 是扎筋 1 在工艺关系上的紧后工作。

在网络图中，相对于某工作而言，可以与该工作同时进行的工作即为该工作的平行工作。如图 6—3 所示，扎筋 1 和支模 2 互为平行工作。

5）逻辑关系

网络图中工作之间相互制约或相互依赖的关系称为逻辑关系。逻辑关系包括工艺关系和组织关系。

①工艺关系

生产性工作之间由工艺过程决定的，非生产性工作之间由工作程序决定的先后顺序关系叫工艺关系。如图 6—4 所示：挖槽 1→铺垫层 1→砌地基 1→回填土 1 为工艺关系。工艺关系也称为硬逻辑关系。

②组织关系

工作之间由于组织安排需要或资源（人力、材料、机械设备和资金等）调配需要而规定的先后顺序关系叫组织关系。如图 6—4 所示：挖槽 1→挖槽 2，铺垫层 1→铺垫层 2 等为组织关系。组织关系也称为软逻辑关系，软逻辑关系可以由项目团队确定。

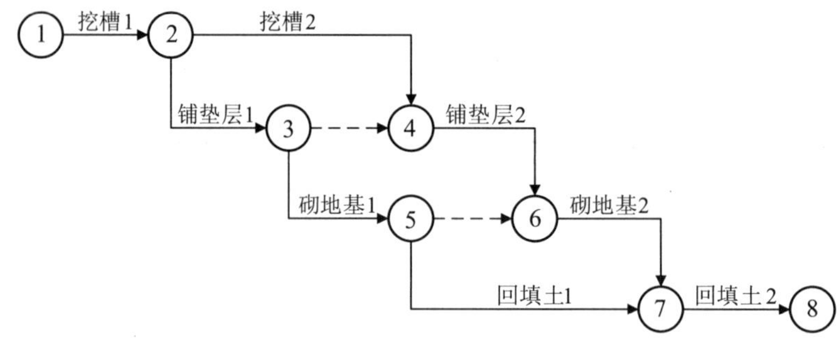

图 6—4　基础工程网络图

网络图必须正确地表达整个工程或任务的工艺流程和各工作开展的先后顺序，以及它们之间相互依赖和相互制约的逻辑关系。因此，绘制网络图时必须遵循一定的基本规则和要求。

（2）双代号网络图的绘制基本规则

1）网络图必须按照已定的逻辑关系绘制。由于网络图是有向、有序网状图形，所以必须严格按照工作之间的逻辑关系绘制，这是保证工程质量和资源优化配置及合理使用所必需的。例如，有 A、B、C、D 四项工作，它们之间的逻辑关系见表 6—1。网络图 6—5（a）正确表达了它们之间的约束关系。若绘出的网络图如 6—5（b）则错误，因 C 的紧前工作没有 B，所以，必须在 A 与 D 之间引入虚工作。

表 6—1　逻辑关系表

工作	A	B	C	D
紧前工作	—	—	A	A、B

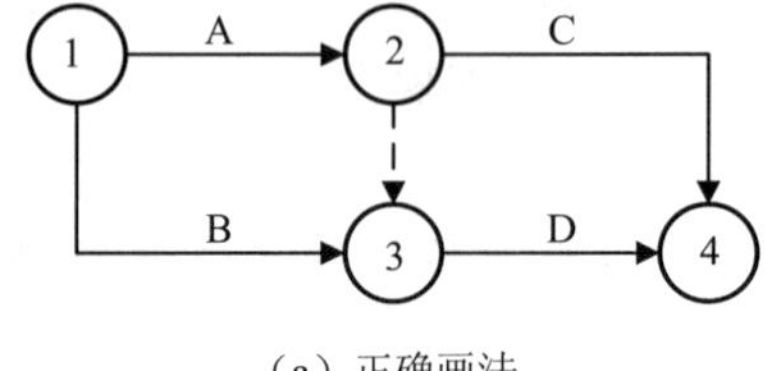

（a）正确画法

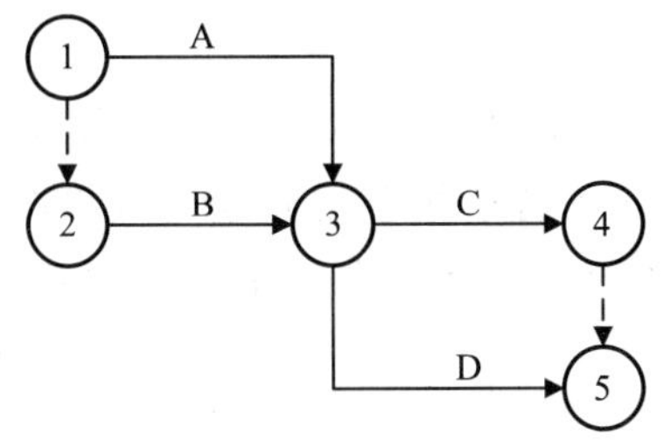

（b）错误画法

图 6－5　A、B、C、D 四项工作的网络图

2）网络图应只有一个起点节点和一个终点节点（多目标网络计划除外）。除终点和起点节点外，不允许出现没有内向箭线的节点和没有外向箭线的节点。如果一个网络图中出现多个起点或多个终点，如图 6－6（a）所示，节点 1、2 皆为没有内向箭线的起点节点，节点 8、9 皆为没有外向箭线的终点节点。其解决方法就是将没有紧前工作的节点合并为一个点，把没有外向箭线的节点合并为一个点，如图 6－6（b）所示。

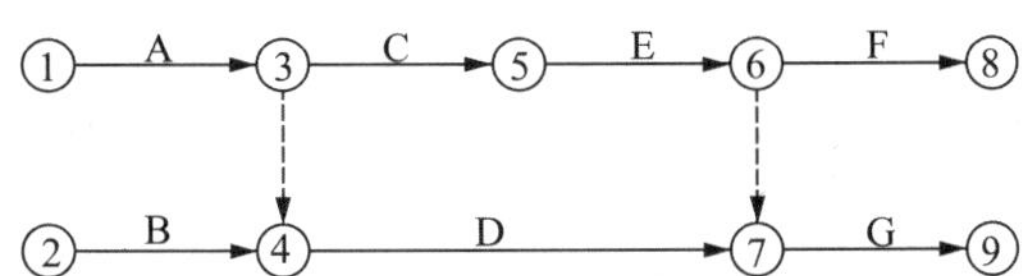

图 6－6（a）　存在多个起点节点和多个终点节点的错误网络图

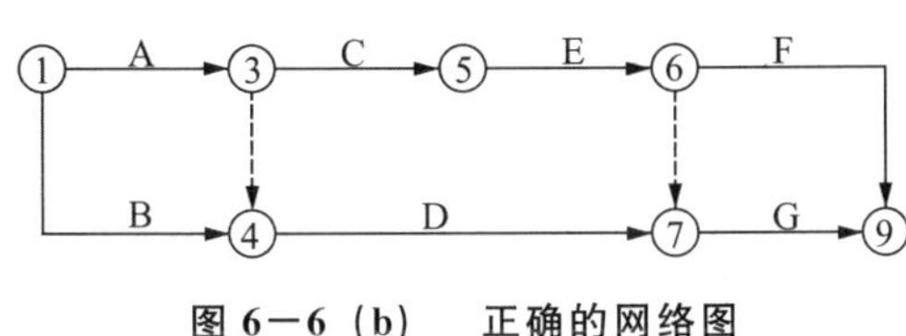

图 6－6（b）　正确的网络图

3）网络图中所有节点都必须编号，并应使箭尾节点的编号小于箭头节点的编号。

4）网络图中不允许出现从一个节点出发顺箭线方向又回到原出发点的循环回路。如果出现循环回路，会造成逻辑关系混乱，使工作无法按顺序进行。如图 6－7 所示，网络图中存在不允许出现的循环回路 CDGF。当然，此时的节点编号也发生错误。

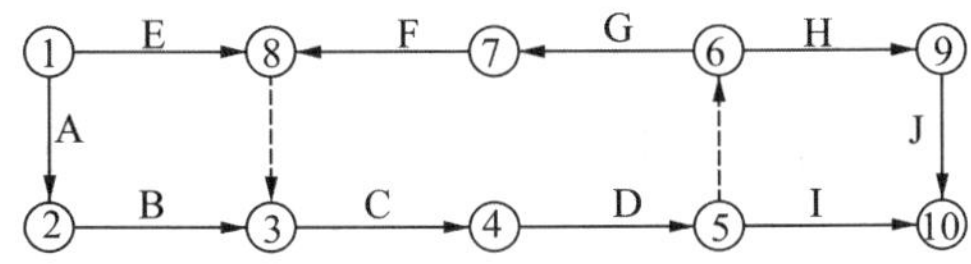

图 6－7　存在循环回路错误和节点编号错误的网络图

5）工作或事件的字母代号或数字编号，在同一任务的网络图中，不允许重复使用。

6）网络图中的箭线（包括虚箭线，以下同）应保持自左向右的方向，不应出现箭头向左或偏向左方的箭线。若遵循该规则绘制网络图，就不会出现循环回路。

7）网络图中不允许出现没有箭尾节点的箭线和没有箭头节点的箭线。图6－8即为错误的画法。

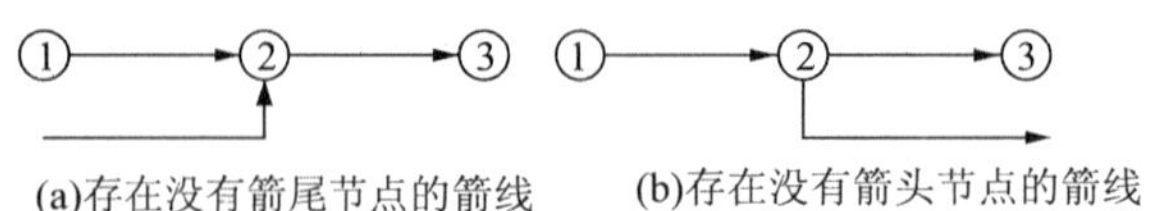

图6－8　错误的画法

8）严禁在箭线上引入或引出箭线，图6－9即为错误的画法。

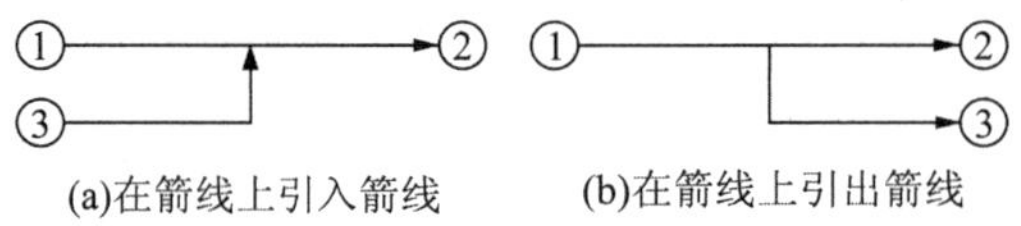

图6－9　错误的画法

9）应尽量避免网络图中工作箭线的交叉。当交叉不可避免时，可以采用过桥法或指向法处理，如图6－10所示。

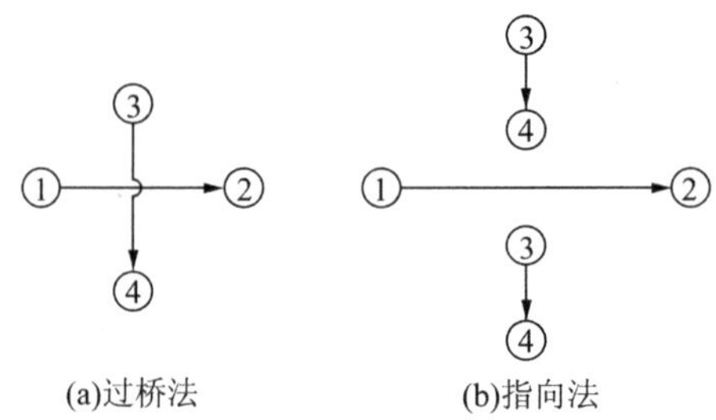

图6－10　箭线交叉的表示方法

（3）双代号网络图的绘制步骤

1）根据已知的紧前工作确定出紧后工作；

2）从左到右确定出各工作的始节点位置号和终节点位置号；

3）根据节点位置号和逻辑关系绘出初步网络图；

4）检查逻辑关系有无错误，如与已知条件不符，则可加虚工作加以改正。

（4）绘图示例

现举例说明前面介绍的双代号网络图的绘制方法。

【例6－1】 已知工作之间的逻辑关系见表6－2，则可按下述步骤绘制其双代号网络图。

表 6－2　工作逻辑关系表

工作	A	B	C	D	E	F	G
紧前工作	—	—	A	A、B	A、B	C、D、E	D、E

1. 绘制工作箭线 A 和工作箭线 B，如图 6－11（a）所示。

2. 按前述规则绘制工作箭线 C、D 和 E，如图 6－11（b）所示。

3. 按前述规则绘制工作箭线 F，如图 6－11（c）所示。

4. 按前述规则绘制工作箭线 G，当确认给定的逻辑关系表达正确后，再进行节点编号。表 6－2 给定逻辑关系所对应的双代号网络图如图 6－11（d）所示。

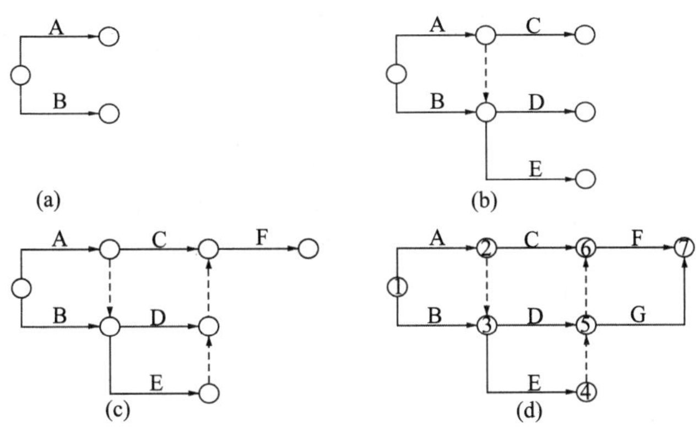

图 6－11　例 6－1 绘图过程

【例 6－2】 已知工作之间的逻辑关系见表 6－3，则可按下述步骤绘制其双代号网络图。

表 6－3　工作逻辑关系表

工作	A	B	C	D	E
紧前工作	—	—	A、B	B	C、D

1. 绘制工作箭线 A 和工作箭线 B，如图 6－12（a）所示。

2. 按前述规则分别绘制工作箭线 C 和 D，如图 6－12（b）所示。

3. 按前述规则绘制工作箭线 E。当确认给定的逻辑关系表达正确后，再进行节点编号。表 6－3 给定逻辑关系所对应的双代号网络图如图 6－12（c）所示。

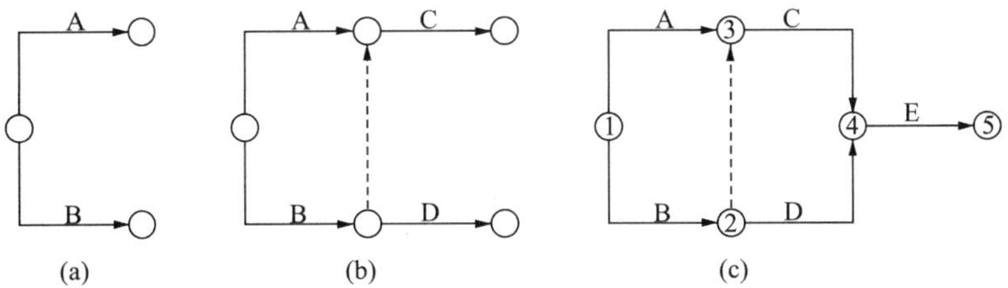

图 6－12　例 6－2 绘图过程

2. 双代号时标网络计划

(1) 双代号时标网路计划的表示方法

双代号时标网络计划（简称时标网络计划）是指以水平时间坐标为尺度绘制的双代号网络计划。时标单位可以是小时、天、周、月、季、年等，应根据需要在编制网络计划之前确定。在时标网络计划中，以实箭线表示工作，实箭线的水平投影长度表示该工作的持续时间；以虚箭线表示虚工作，由于虚工作的持续时间为零，故虚箭线只能垂直画；以波形线表示工作与其紧后工作之间的间隔时间（以终点节点为完成节点的工作除外，当计划工期等于计算工期时，这些工作箭线中波形线的水平投影长度表示其自由时差）。因此，时标网络计划既是一个网络计划，又类似于用横道图表示的一个水平进度计划。它既能标明计划的时间过程，又能在图上显示出各项工作开始、完成时间，关键线路和关键工作所具有的时差。

(2) 时标网络计划的绘制方法

时标网络计划宜按各项工作的最早开始时间编制。为此，在编制时标网络计划时应使每一个节点和每一项工作（包括虚工作）尽量向左靠，直至不出现从右向左的逆向箭线为止。同时在绘制时标网络计划时应先绘制无时标的网络计划草图，然后按间接绘制法或直接绘制法进行。

1) 间接绘制法

所谓间接绘制法，是指先根据无时标的网络计划草图计算其时间参数并确定关键线路，然后在时标网络计划表中进行绘制。其绘制步骤是先将所有节点按其最早时间定位在时标网络计划表中的相应位置，然后再用规定线型（实箭线和虚箭线）按比例绘出工作和虚工作。当某些工作箭线的长度不足以达到该工作的完成节点时，须用波形线补足，箭头应画在与该工作完成节点的连接处。

2) 直接绘制法

所谓直接绘制法，是指不计算时间参数而直接按无时标的网络计划草图绘制时标网络计划。

【例 6—3】 已知某双代号网络计划如图 6—13 所示，则可按下述步骤利用直接绘制法来绘制其时标网络计划。

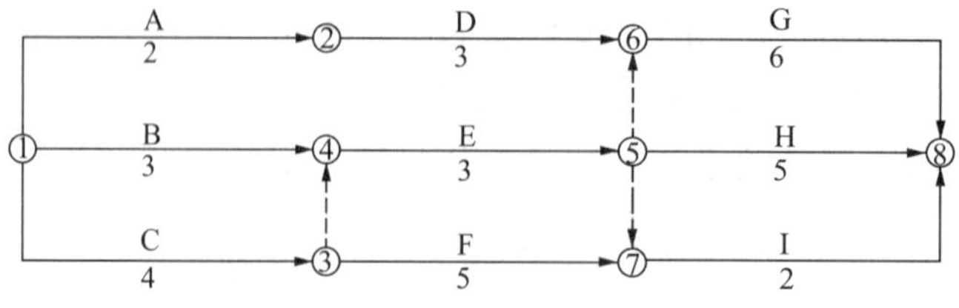

图 6—13　双代号网络计划

(1) 将网络计划的起点节点定位在时标网络计划表的起始刻度线上。如图 6—14 所示，节点 1 就定位在时标网络计划表的起始刻度线“0”位置上。

(2) 按工作的持续时间绘制以网络计划起点节点为开始节点的工作箭线。如图

6－14 所示，分别绘出工作箭线 A、B 和 C。

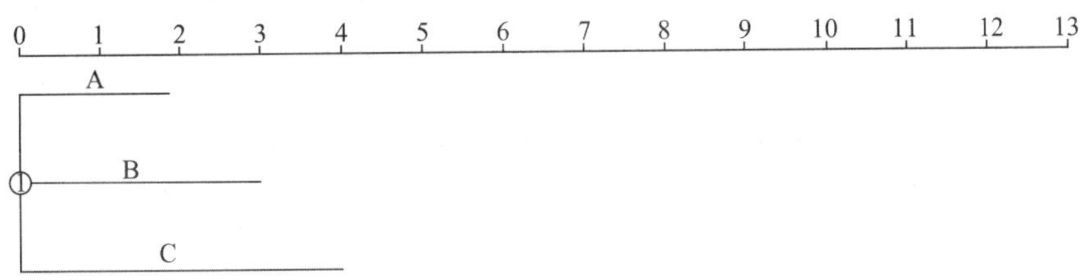

图 6－14 直接绘制法第一步

（3）除网络计划的起点节点外，其他节点必须在所有以该节点为完成节点的工作箭线均绘出后，定位在这些工作箭线中最迟的箭线末端。当某些工作箭线的长度不足以到达该节点时，须用波形线补足，箭头画在与该节点的连接处。例如在本例中，节点 2 直接定位在工作箭线 A 的末端；节点 3 直接定位在工作箭线 C 的末端；节点 4 的位置需要在绘出虚箭线 3—4 之后，定位在工作箭线 B 和虚箭线 3—4 中最迟的箭线末端，即坐标“4”的位置上。此时，工作箭线 B 的长度不足以到达节点 4，因而用波形线补足，如图 6－15 所示。

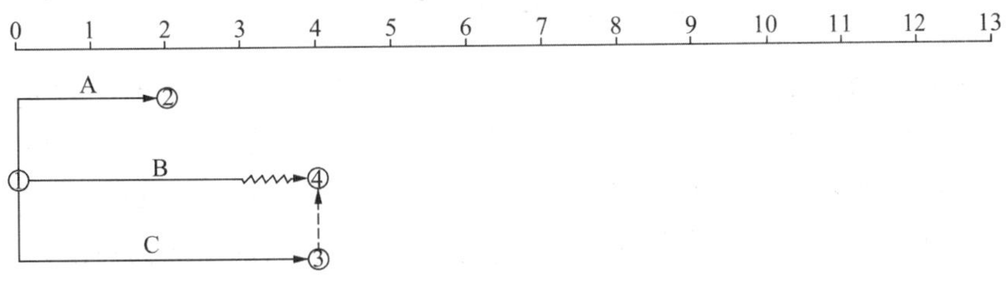

图 6－15 直接绘制法第二步

（4）当某个节点的位置确定之后，即可绘制以该节点为开始节点的工作箭线。例如在本例中，在图 6－15 基础上，可以分别以节点 2、节点 3 和节点 4 为开始节点绘制工作箭线 D、E 和 F，如图 6－16 所示。

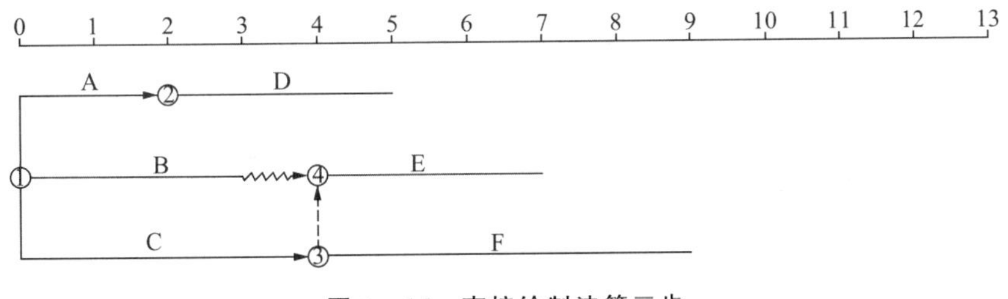

图 6－16 直接绘制法第三步

（5）利用上述方法从左至右依次确定其他各个节点的位置，直至绘出网络计划的终点节点，例如在本例中，在图 6－16 基础上，可以分别确定节点 5、节点 6 和节点 7 的位置，并在他们之后分别绘制工作箭线 H、工作箭线 G 和工作箭线 I，如图 6－17 所示。

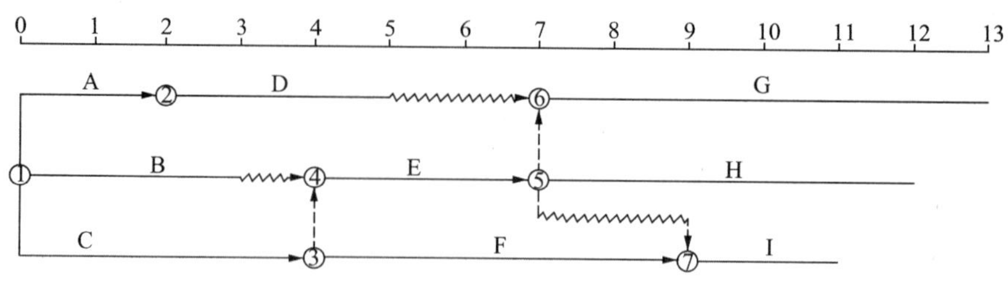

图 6—17 直接绘制法第四步

最后，根据工作箭线 G、H 和 I 确定出终点节点的位置。本例所对应的时标网络计划如图 6—18 所示，图中双箭线表示的线路为关键线路。

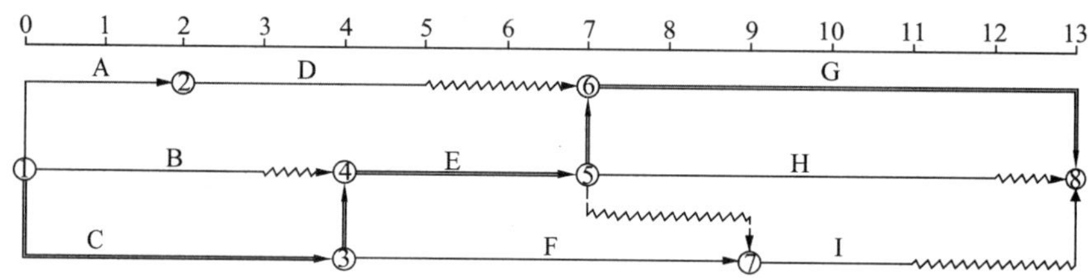

图 6—18 双代号时标网络计划

在绘制时标网络计划时，特别需要注意的问题是处理好虚箭线。首先，应将虚箭线与实箭线等同看待，只是其对应工作的持续时间为零；其次，尽管它本身没有持续时间，但可能存在波形线，因此，要按规定画出波形线。在画波形线时，其垂直部分仍应画为虚线（如图 6—18 所示时标网络计划中的虚箭线⑤—⑦）。

3. 单代号网络图法

单代号绘图法是利用节点代表工作而用表示依赖关系的箭线将节点联系起来的一种绘制项目网络图的方法，这种方法也叫节点工作法，如图 6—19 所示。大多数项目管理软件包都使用单代号网络技术。

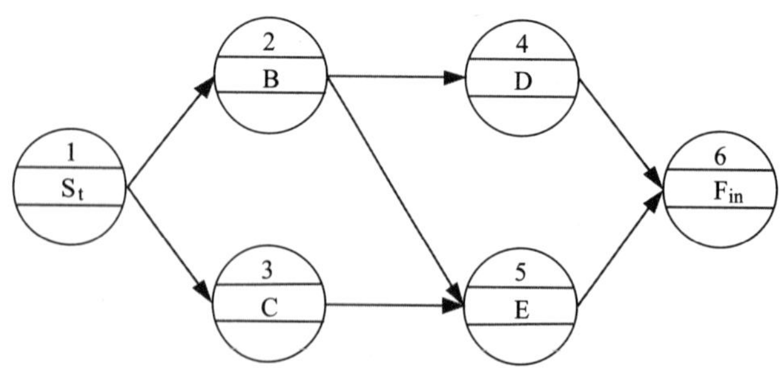

图 6—19 单代号网络计划图

1，2，3，4，5，6—节点编号；B，C，D，E—工作；St—虚拟起点节点；Fin—虚拟终点节点

（1）单代号绘图符号

1）节点

单代号网络图中的节点一般用圆圈或方框来绘制，它表示一项工作。在圆圈或方框内可以写上工作的编号、名称和需要的作业时间，如图 6—20 所示。

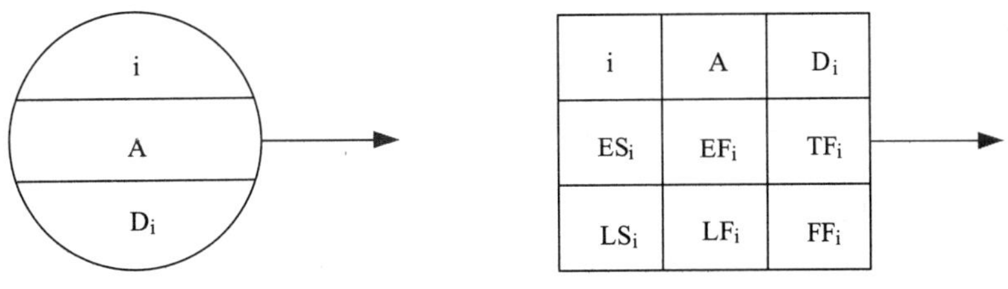

（a）圆节点表示方法　　(b)矩形节点表示方法

图 6—20　单代号网络图工作的表示方法

i—节点编号；A—工作；Di—持续时间；ESi—最早开始时间；EFi—最早完成时间；LSi—最迟开始时间；LFi—最迟完成时间；TFi—总时差；FFi—自由时差

单代号网络图中的节点必须编号，编号标注在节点内，其号码可简短，但严禁重复。箭线的箭尾节点编号应小于箭头节点的编号。一项工作必须有唯一的一个节点及相应的一个编号。

2）箭线

箭线表示紧邻工作之间的逻辑关系，既不占用时间，也不消耗资源。箭线应画成水平直线、折线或斜线。箭线水平投影的方向应自左向右，表示工作的行进方向。

3）线路

单代号网络图中，各条线路应用该线路上的节点编号从小到大依次表述。工作之间的逻辑关系包括工艺关系和组织关系，在网络图中均表现为工作之间的先后顺序（见表 6—1）。

4）单代号网络的时间参数标注

单代号网络计划中的时间参数应按照图 6—21 所示标注，其中 $LAG_{i,j}$ 为间隔时间。

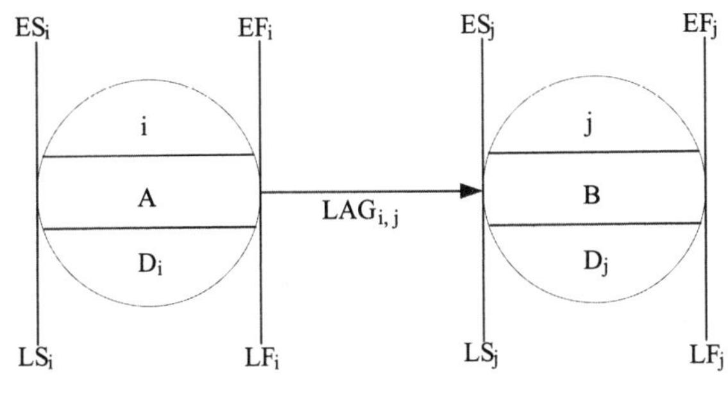

（a）时间参数标注形式一

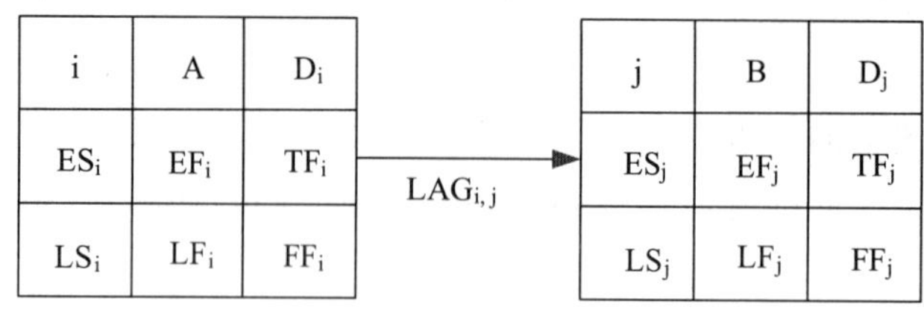

（b）时间参数标注形式二

图 6－21 单代号网络计划时间参数标注形式

（2）绘制基本规则

1）单代号网络图应正确表达已定的逻辑关系。

2）单代号网络图中，不得出现回路。

3）单代号网络图中，不得出现双向箭头或无箭头的连线。

4）单代号网络图中，不得出现没有箭尾节点的箭线和没有箭头节点的箭线。

5）绘制网络图时，箭线不宜交叉。当交叉不可避免时，可采用过桥法或指向法绘制。

6）单代号网络图应只有一个起点节点和一个终点节点；当网络图中有多项起点节点或多项终点节点时，应在网络图的两端分别设置一项虚拟节点，作为该网络图的起点节点和终点节点。

单代号网络图的绘制规则大部分与双代号网络图的绘图规则相同，故不再进行解释。

（3）绘制步骤

1）列出工作清单，包括工作之间的逻辑关系，找出每一工作的紧前工作有哪些；

2）根据工作清单，先绘没有紧前工作的工作节点；

3）逐个检查工作清单中的每一工作，如该工作的紧前工作节点已全部绘在图上，则绘该工作节点并用箭线与紧前工作连接起来；

4）重复上述步骤，直至绘出整个计划的所有工作节点；

5）检查起点节点和终点节点是否分别为唯一的节点，否则应设置相应的虚拟节点。

（4）绘图示例

绘制单代号网络图比绘制双代号网络图容易得多，这里仅举一例说明单代号网络图的绘制方法。

【例 6－4】 已知工作之间的逻辑关系见表 6－4，绘制单代号网络图的过程如图 6－22 所示。

表 6—4　工作关系逻辑表

工作	A	B	C	D	E	F	G	H	I
紧前 工作	—	—	A	B	A、B	D、E	C	E	F、G、H

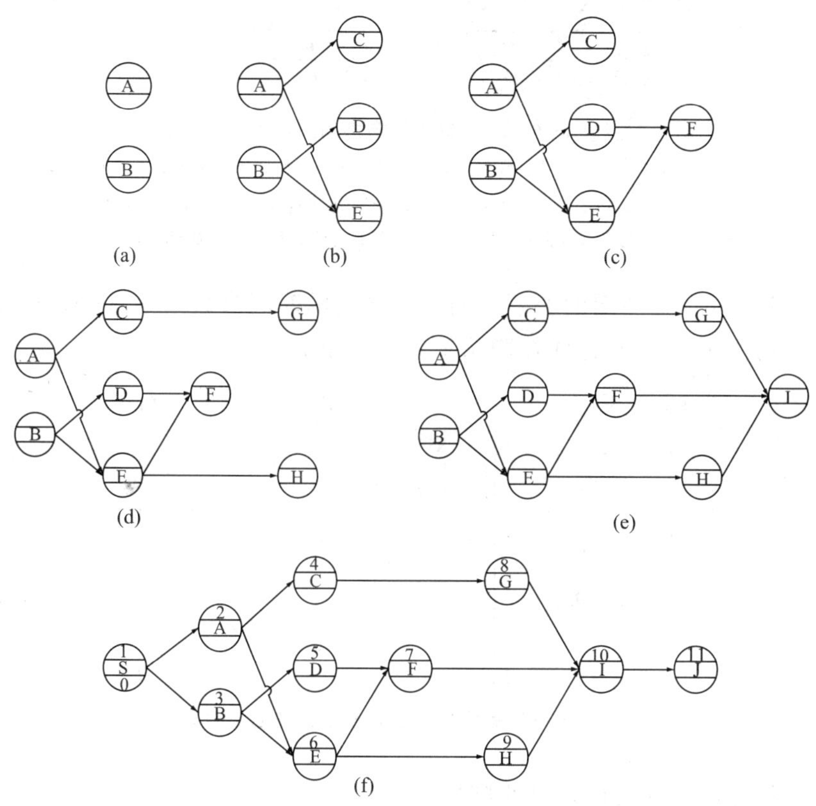

图 6—22　例 6—4 绘图过程

4. 单代号搭接网络计划

（1）基本概念

在普通双代号和单代号网络计划中，各项工作按依次顺序进行，即任何一项工作都必须在它的紧前工作全部完成后才能开始。但是，在项目实施过程中，不一定要等到前一项工作完全完成后，才开始进行下一项工作。例如，在新产品开发项目中，当设计进行到一定程度后还未全部完成时，就可开始进行原材料和一些零部件的采购工作。

为了更接近于项目的实际情况，可使用搭接网络技术。搭接网络技术是用标注相邻工作之间的时间差值（即时距）来表示其搭接关系的网络计划。单代号搭接网络计划中，工作的时距应标注在箭线旁，表示搭接关系，如图 6—23 所示。节点的标注应与单代号网络图相同。

单代号搭接网络计划中的时间参数基本内容和形式应按图 6—24 的方式标注。工作名称和工作持续时间标注在节点圆圈内，工作的时间参数（如 ES，EF，LS，

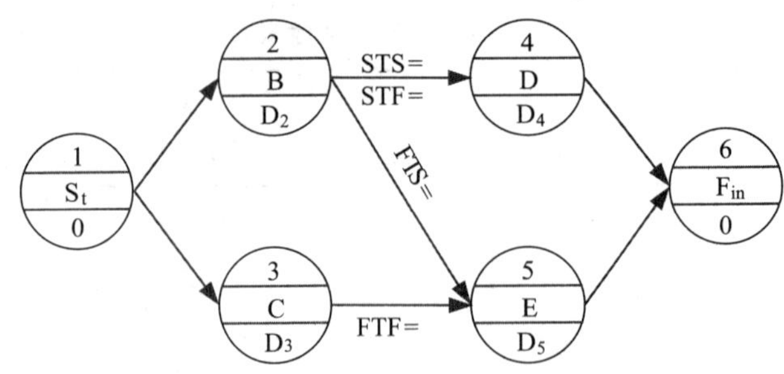

图 6－23 单代号搭接网络计划

1，2，3，4，5，6—节点编号；B，C，D，E—工作；St—虚拟起点节点；Fin—虚拟终点节点；D2，D3，D4，D5—持续时间；STS—开始到开始时距；STF—开始到完成时距；FTS—完成到开始时距；FTF—完成到完成时距

LF，TF，FF）标注在圈圈的上下。而工作之间的时间参数（如 STS，FTF，STF，FTS 和间隔时间 $LAG_{i,j}$）标注在联系箭线的上下方。

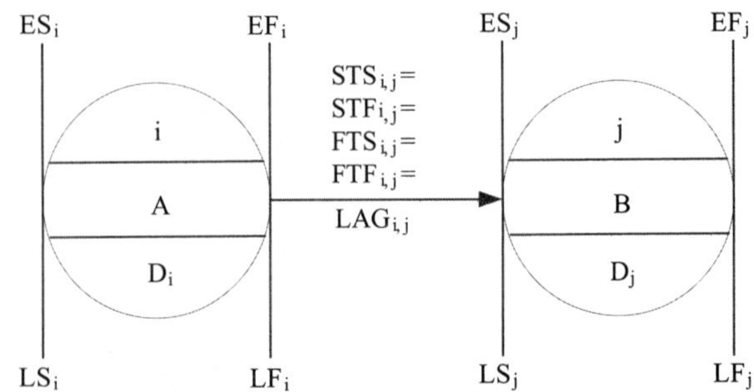

图 6－24 单代号搭接网络计划时间参数标注形式

（2）单代号搭接网络计划中的搭接关系

单代号搭接网络图的绘制规则与单代号网络图的绘制规则一致。单代号搭接网络的搭接关系应以时距表示，即前项工作的开始或完成时间与紧后工作的开始或完成时间之间的间距。

1）完成到开始（FTS）

时距 FTS 表示本工作完成时间与其紧后工作开始时间的搭接关系，见图 6－25。例如，修一条堤坝的护坡时，一定要等到土堤自然沉降后才能修护坡，这种等待的时间就是 FTS 时距。

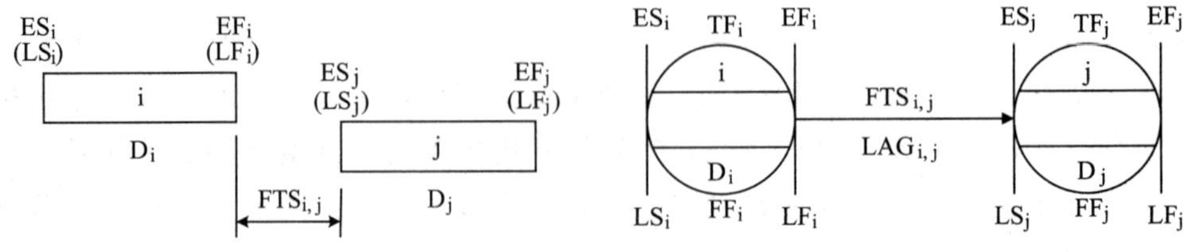

图 6－25 时距 FTS 的表示方法

2）完成到完成（FTF）

时距 FTF 表示本工作完成时间与其紧后工作完成时间的搭接关系，见图 6－26。例如，相邻两工作的施工速度小于紧后工作时，则必须考虑为紧后工作留有充分的工作面，否则紧后工作就将因无工作面而无法进行。这种结束工作时间之间的差值就是 FTF 时距。

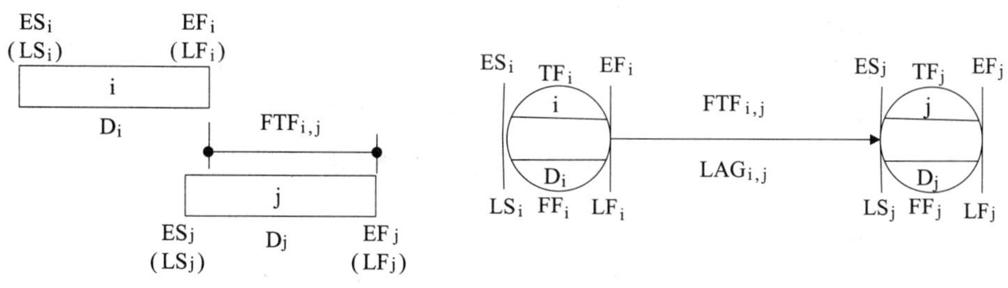

(a)从横道图看FTF时距　　(b)用单代号搭接网络计划方法表示

图 6－26　时距 FTF 的表示方法

3）开始到开始（STS）

时距 STS 表示本工作开始时间与其紧后工作开始时间的搭接关系，见图 6－27。例如，道路工程中的铺设路基和浇注路面，待路基开始工作一定时间为路面工程创造一定工作条件后，路面工程即可开始进行，这种开始工作之间的差值就是 STS 时距。

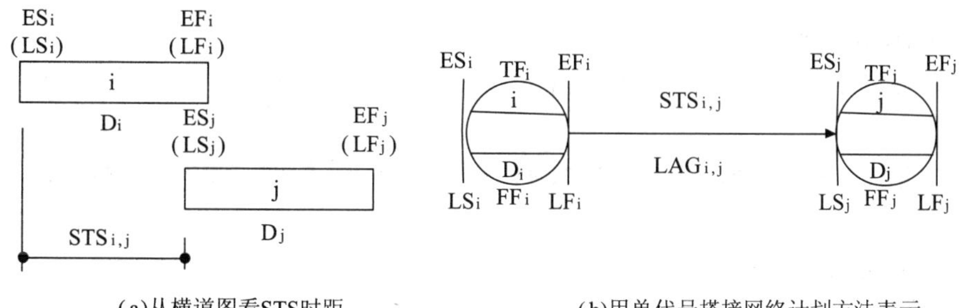

(a)从横道图看STS时距　　(b)用单代号搭接网络计划方法表示

图 6－27　时距 STS 的表示方法

4）开始到完成（STF）

时距 STF 表示本工作开始时间与其紧后工作完成时间的搭接关系，见图 6－28。例如，要挖掘带有部分地下水的土壤，地下水位以上的土壤可以在降低地下水位工作完成之前开始，而在地下水位以下的土壤则必须要等降低地下水位之后才能开始。降低地下水位工作的完成与何时挖地下水位以下的土壤有关，至于降低地下水位何时开始，则与挖土没有直接联系。这种开始到结束的限制时间就是 STF 时距。

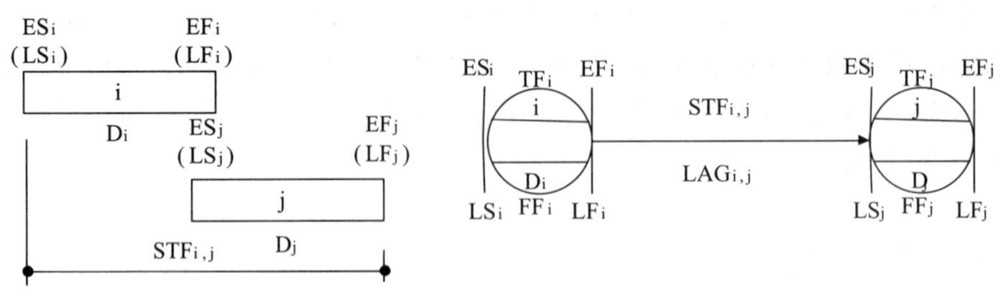

(a)从横道图看STF时距　　(b)用单代号搭接网络计划方法表示

图 6－28　时距 STF 的表示方法

5）混合时距

在搭接网络计划中，两项工作之间可同时由以上四种基本连接关系中的两种以上来限制工作间的逻辑关系。例如 i、j 两项工作可能同时由 STS 与 FTF 时距限制，或 STF 与 FTS 时距限制等。

（三）工作顺序安排的成果

1．项目网络图

项目网络图就是以图的形式揭示项目工作（活动）的逻辑关系。可以手工完成，也可以在计算机上完成。该图可以包括项目的全部工作细节，也可以只有一个或多个概括性的工作。网络图中还应附有简要的文字，说明工作顺序安排的基本方法。对于任何特殊的顺序都应详细说明。

2．项目文件更新

需要更新的项目文件包括工作清单、工作属性、里程碑清单、风险登记册等。

第二节　工程项目工作资源估算与工作时间估算

一、工作资源估算

工作资源估算包括确定需要何种资源（人员、设备、材料、资金等）、每种资源的使用数量以及每一种资源提供给工作使用的时间。其主要作用是明确完成工作所需的资源种类、数量和特性，以便作出更准确的成本和持续时间估算。

工程项目实施的不同阶段，其所需资源的特点也有所差别。

1．工程项目前期阶段

要作出正确的决策，需要高级专业技术人员深入细致的市场调查和技术经济分析，并且编制可行性研究报告，辅助决策者进行判断和决策。所以，此阶段的资源主要是人力资源，而所需的材料和设备则起辅助作用，消耗量与人力资源相比也较少，所需要的资金投入也不大。虽然与施工阶段相比所需资源较少，但对整个工程项目总体投资的影响程度却是最重要的。

2. 工程项目准备阶段

工程项目准备工作需要大量的专业人员，特别是设计工作需要各种专业工程师，还需要电脑（包括各类软件）、绘图仪器等设备，以及各种资料，如数据、规范、法律法规、专业书籍。此阶段的资源也是以人力资源为主，但对实施阶段的影响十分重要。

3. 工程项目实施阶段

工程项目实施阶段的主要任务是施工。施工是建筑物实体的生产，所需资源主要包括：劳动力、建筑材料和设备、周转材料、施工机械设备和临时设施以及后勤供应等。这些资源是工程项目实施必不可少的，它们的费用往往占工程总费用的80％以上。

4. 工程项目试生产及竣工验收阶段

资源需求已接近尾声，主要是对各种资料的整理以及工程的最后调试工作，资源需求量已很少。

各阶段所需资源情况见图 6－29。

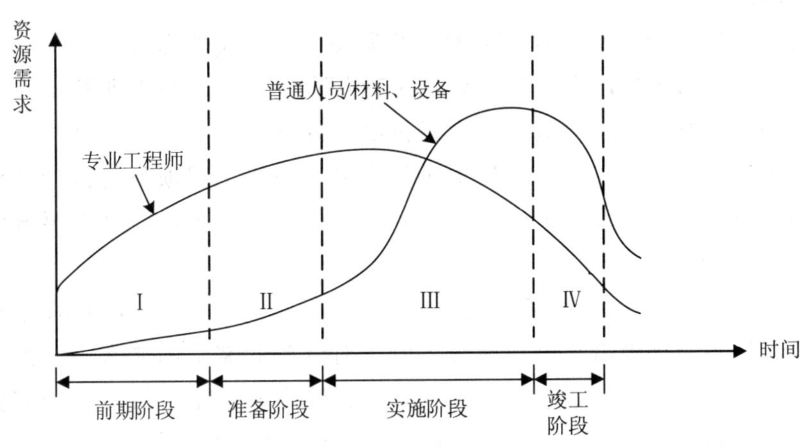

图 6－29 工程项目各阶段资源消耗情况

（一）工作资源估算的依据

1. 进度管理计划

进度管理计划中确定了资源估算准确度和所使用的计量单位。

2. 工作清单

工作清单中定义了需要资源的工作。

3. 工作属性

工作属性为估算每项工作所需的资源提供了主要依据。

4. 资源日历

资源日历表明了每种具体资源可用的工作日或工作班次。在估算资源需求情况时，需要了解在规划的工作期间，哪些资源（如人力资源、设备和材料）可用。资源日历规定了在项目期间特定的项目资源何时可用、可用多久。可以在工作或项目层面建立资源日历。另外还需考虑更多的资源属性，例如，经验或技能水平、来源地和可用时间等。

5. 风险登记册

风险事件可能影响资源的可用性及对资源的选择。

6. 工作成本估算

资源的成本可能影响对资源的选择。

7. 环境因素

能够影响估算工作资源过程的环境因素包括资源所在位置、可用性和技能水平等。

8. 组织过程资产

能够影响估算工作资源过程的组织过程资产包括人员配备的政策和程序，租用、购买用品和设备的政策与程序以及以往项目中类似工作所使用的资源类型的历史信息等。

（二）工作资源估算的方法

1. 资源需求分析

资源需求分析需确定需要哪些资源以及需要的数量及使用时间。

（1）在工程项目前期阶段，需要咨询工程师牵头，组织各专业技术人员对工程项目进行全面、系统的分析，为决策者提供决策的依据。

（2）在工程项目准备阶段，要依据决策成果，围绕工程项目的设计进行大量的工作，需要建筑、结构、水、电、暖等多专业工程师的参与，同时需要电脑（含软件）、绘图仪等设备。

（3）工程项目实施阶段对管理人员、技术人员，特别是一般劳动力的需求很多，对材料和设备的需求就更大，而竣工阶段对资源的需求则非常少。施工阶段的资源需求分析，主要通过工程量的计算并参考预算定额确定直接劳务的需要量、主要和大宗建筑材料的需要量、所需机械的台数及使用时间。同时，参考一定的比例或经验，估算出工程项目所需的间接劳务和管理人员的数量。

2. 资源供给分析

资源供给可以从工程项目组织内部或外部解决，而且解决的方式也多种多样，这时就要分析资源的可获得性及获得的难易程度。

（1）对内部资源进行分析。比如设计单位分析内部拥有的设计人员和各种设备，以及人员和设备的可用性。有时虽然拥有自己的设计人员，但他们可能还要完成其他的工程项目，对这种资源的可获得性就要进行更加详细的分析。

（2）对外部资源进行分析。比如前期阶段，建设方可以委托专业的咨询公司来完成可行性研究等工作；准备阶段，设计单位的部分专业设计可以委托外部的专业工程师完成。

3. 备选方案分析

确定需要哪些资源和如何可以得到这些资源后，就要进行备选方案分析。工程项目很多工作都有若干备选的实施方案，如使用不同能力或技术水平的劳动力、不同规模或类型的设备、不同的工具，以及自制、租赁或购买相关资源等。通过比较这些资源类型、获取方式等对进度的影响及其使用成本，从而确定资源的组合模式（即各种资源所占比例与组合方式）。事实上，不同备选方案下的资源组合对进度或成本的影响很大，如在混凝土工程中，自建混凝土搅拌站或采用商品混凝土，用混凝土泵车浇注或用普通方法浇注，其费用有明显的不同。当然，具体使用何种方式不是唯一的和绝对的，要根据实际情况选择最合适的资源组合模式。比如，综合考虑劳动力成本与机械费用的差值、工作面大小、进度要求等多方面因素。

4. 资源分配及资源计划

确定了资源的供给方式和组合模式后，就要根据不同任务的资源需求对其进行资源分配。这是一个系统工程，既要保证各个任务得到合适的资源，又要努力实现资源总量最少、使用平衡。简言之，所有任务都分配到了所需的资源，而所有的资源也得到充分的利用。编制资源计划可以通过自下而上的估算，即从下到上逐层汇总 WBS 中每一工作需要的资源类型和数量，从而得到项目所需各种资源的数量、取得方式、使用时间等，也就得到了资源计划。

5. 资源计划的优化

各种资源在工程费用中占有相当大的比重，资源的合理组合、供应及使用对工程项目的经济效益具有很大的影响。因此，通过对资源计划的优化，能够实现工程项目收益最大化或项目成本最小化的目的。

首先，通过定义优先级确定各种资源的重要性。优先级的定义可以随着项目的不同而不同，一般有以下几个标准：（1）资源的数量和价值量；（2）资源增减的可能性；（3）获得程度；（4）可替代性；（5）供应问题对项目的影响。然后，根据资源的优先级对资源消耗计划进行优化及平衡。

（三）工作资源估算的成果

1. 工作资源需求

工作资源需求明确了工作包中每个工作所需的资源类型和数量。这些资源汇总后得到每个工作包和每个工作时段的资源估算。资源需求描述的详细程度随应用范围的不同而变化。在每个工作的资源需求文件中，都应说明每种资源的估算依据，以及为确定资源类型、资源的供应能力和所需数量所做的假设。

2. 资源分解结构

资源分解结构是资源依类别和类型的层级展现。资源类别包括人力、材料和设备等。资源类型包括技能水平、等级水平或适用于项目的其他类型。资源分解结构有助于结合资源使用情况，组织与报告项目的进度数据。表 6－5 给出了一个示例。

表 6—5 资源分解结构表

工序（工作包）		资源需求								
编码	名称	人工/工日	挖掘机 $1m^3$/台班	推土机 59kW/台班	汽车 15t/台班	拖拉机 74kW/台班	推土机 74kW/台班	推土机 103kW/台班	蛙式打夯机 2.8kW/台班	刨毛机
1	挖、装、运，汽运 2km	48000	110408	8160	67200					
2	拖拉机压实 d=1.65m	168000				20160	5280		96000	5280
3	推运 60m	3000						2400		
4	拖拉机压实 d=1.65m	17500				2100	550		1000	550

3. 项目文件的更新

需要更新的项目文件包括工作清单、工作属性以及资源日历等。

二、工作时间估算

工作时间估算就是估计完成每一项工作可能需要的时间。工作时间是一个随机变量，由于无法事先确定未来项目实际进行时将处于何种环境，所以对工作时间只能进行近似估算。但是估算的任务应尽可能地接近现实，便于项目的正常实施。为了达到这个目的，无论采用何种估算方法，在项目实施之前进行工作时间估算时，创造一个可行的环境是必须的，所以，进行工作时间估算时，必须考虑工作范围、所需资源类型、估算的资源数量和资源日历。工作完成时间估算所需的各种依据应该由项目团队中最熟悉具体工作的个人或小组提供。对持续时间的估算应该渐进明细，在估算过程中应考虑所依据数据的数量和质量。例如，在工程与设计项目中，随着数据越来越详细，越来越准确，持续时间估算的准确性也会越来越高。

（一）工作时间估算的依据

1. 进度管理计划

进度管理计划规定了用于估算工作持续时间的方法和准确度，以及其他标准，如项目更新周期。

2. 工作清单

工作清单列出了需要进行时间估算的所有工作，它与工作分解结构一起，作为进行工作时间估算的重要依据。

3. 工作属性

工作属性为估算每个工作的持续时间提供了主要依据。

4. 工作资源需求

估算的工作资源需求会对工作持续时间产生影响。对于大多数工作来说，所分配的资源能否达到要求，将对其持续时间有显著影响。例如，向某个工作新增资源或分配低技能资源，就需要增加沟通、培训和协调工作，从而可能导致工作效率或生产率下降，以致完成工作需要更长的时间。

5. 资源日历

资源日历中的资源可用性、资源类型和资源性质，都会影响工作的持续时间。例如，经验丰富的人员完成指定工作所用时间一般要比经验少的人短。

6. 项目范围说明书

在估算工作持续时间时，需要考虑项目范围说明书中所列的假设条件和制约因素。假设条件包括现有条件、信息的可用性以及报告期的长度等；制约因素包括可用的熟练资源以及合同条款和要求等。

7. 已识别的风险

对于每一项工作，项目团队在基准持续时间估算的基础上，应考虑风险因素，特别是那些发生概率或后果评定分数高的风险因素。

8. 资源分解结构

资源分解结构按照资源类别和资源类型，提供了已识别资源的层级结构。

9. 环境因素

能够影响估算工作持续时间过程的环境因素包括持续时间估算数据库和其他参考数据、生产率测量指标、发布的商业信息以及团队成员的所在地等。

10. 组织过程资产

能够影响估算工作持续时间过程的组织过程资产包括关于持续时间的历史信息、项目日历、进度规划方法以及经验教训等。

11. 社会运行的各类相关数据

如政府行政审批时限，工日、工时定额等。

（二）工作时间估算的方法

1. 类比估算

类比估算法也被称作自上而下的估算，是指以从前类似工作的实际持续时间为基本依据，估算将来的计划工作的持续时间。这是一种粗略的估算方法，有时需要根据项目复杂性方面的已知差异进行调整。在项目详细信息不足时，就经常使用这种技术来估算项目持续时间，如项目的早期阶段就经常使用这种办法估算项目的持续时间。

2. 利用历史数据

在时间估算中可利用的历史资料包括：

（1）定额

我国有规模庞大的定额体系。按粗细程度可分为概算定额、预算定额和施工定额；按照主编单位和管理权限可将定额分为全国统一定额、行业统一定额、地区统一定额、企业定额；按内容可分为人工消耗定额、材料消耗定额和机械台班定额。在利用定额资料进行工作时间估算时，要注意定额反映的是各部门或各省市在正常条件下的平均生产率水平，并不代表某一具体项目的劳动生产率，所以项目团队成员要根据自己的经验和本项目的实际情况，对定额数据进行调整。利用定额进行时间估算一般采用单一时间估算法。

单一时间估算法就是根据工程定额、施工方法、投入的劳动力、机具设备和资源量等资料估算出一个时间消耗值。计算公式如下：

$$D_{ij}=\frac{Q}{S\cdot R\cdot n} \tag{6－1}$$

式中：D_{ij}——完成 $i-j$ 项工作的持续时间（小时、天、周、月）；

Q——该项工作的工作量；

S——产量定额；

R——投入 $i-j$ 工作的人数或机械台班；

n——工作的班次。

用这种方法估算，一般要求各项工作可变因素少，并且具有一定的时间消耗历史资料。

（2）项目档案

参加该项目的各个单位可能保存以前完成项目的档案资料，这些可用来估算时间。

（3）商业化的时间估算数据库

这些数据库在估算工作时间不受实际工作内容影响的项目时非常有用，例如，混凝土养护所需要的时间；对于某种类型的申请，政府机构的审批时间等等。

（4）项目团队成员的知识

项目团队成员以前完成项目的实际工作时间或时间估算。这些记忆可能很有用，但一般不如有案可稽的结果可靠。

3. 专家判断估算

因为影响工作时间的因素很多，一般很难对其长短进行估算。只要有可能，应当由专家根据历史资料和他们的经验进行估算。当各项工作可变因素多，又不具备一定的时间消耗历史资料时，就不能估算出一个肯定的单一的时间值，而只能根据概率理论计算期望值。专家判断估算常常采用三时估算法。

三时估算法就是首先估算出三个时间值，即最乐观时间 a、最可能时间 m 和最保守时间 b。再加权平均算出一个期望值作为工作的持续时间。华罗庚提出以下方法来计算工作所需时间的期望值和方差。假定取 m 值的可能性两倍于取 a 值的可能性，应用加权平均，在（a，m）之间的平均值是 $\frac{a+2m}{3}$；同样，在（m，b）之间的平均值是 $\frac{2m+b}{3}$。设这两个平均值又以同等的可能性出现。则又得加权平均值为 $\frac{1}{2}\left(\frac{a+2m}{3}+\frac{2m+b}{3}\right)=\frac{a+4m+b}{6}$，即工作 $i-j$ 所需时间的期望值为：

$$d_{ij} = \frac{a + 4m + b}{6} \tag{6-2}$$

工作所需时间的方差（Variance）为：

$$\sigma_{ij}^{2} = \frac{1}{2}\left[\left(\frac{a + 4m + b}{6} - \frac{a + 2m}{3}\right)^{2} + \left(\frac{a + 4m + b}{6} - \frac{2m + b}{3}\right)^{2}\right] = \left(\frac{b - a}{6}\right)^{2} \tag{6-3}$$

方差是衡量估算偏差的特征值。

如果假定工作时间服从 β 分布，也能推导出公式（6－2）和（6－3）的结果。因此，完成某一工作所需时间出现的概率，可以表示成以 $d_{ij} = \frac{a + 4m + b}{6}$ 为期望值，以 $\sigma_{ij} = \frac{b - a}{6}$ 为标准差的概率分布曲线。

4. **模拟法**

模拟法是指采用不同的假定计算出工作的多种持续时间。最常用的是蒙特卡罗分析法，即首先确定每项工作可能的持续时间分布，进而利用这些结果计算整个项目可能的持续时间分布。图 6－30。

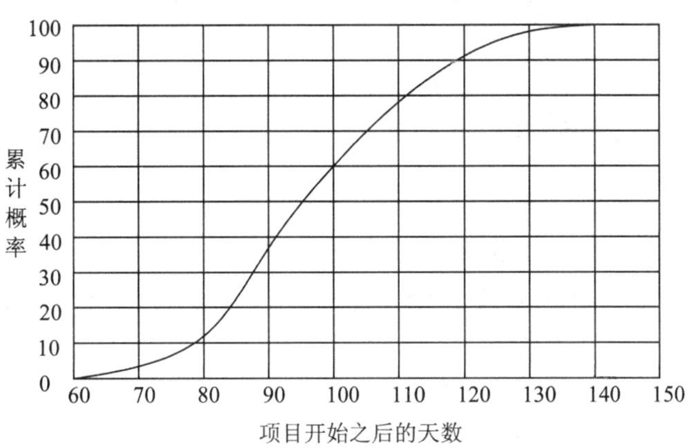

图 6－30　模拟法（项目计划进度的蒙特卡罗仿真结果）

5. **群体决策技术**

基于团队的群体决策技术（如头脑风暴、德尔菲技术或名义小组技术）可以调动团队成员参与的积极性，有利于获取额外的信息，提高估算的准确度，并提高团队成员对估算结果的责任感。

6. **储备分析**

在进行持续时间估算时，项目团队可以选择增加一个附加时间，成为储备时间、应急时间或缓冲时间，并将其纳入项目进度计划中，用来应对进度方面的风险或不确定性。储备时间可以是估算时间的一个百分比、某一固定的时间段，或者可以通过定量分析来确定，如蒙特卡洛模拟法。随着项目信息逐渐明确，可以动用、减少或取消储备时间。应该在项目进度文件中清楚地列出应急储备时间。

（三）工作时间估算的成果

1. 时间估算

对完成某一工作所需工作时间的定量估算。这种估算的结果应当指明变化范围，例如：

（1）3周±3天，表明完成该工作至少需要12天，但最多不超过18天（假定每周工作5天）。

（2）超过2周的概率为10%，也就是说，完成该工作需要2周或更短时间的概率为90%。

2. 项目文件更新

需要更新的项目文件包括工作清单、工作属性以及为估算工作时间而制定的假设条件和估算依据。

第三节　工程项目进度计划制定

制定进度计划就是根据项目的工作定义、工作顺序及工作持续时间估算的结果和所需要的资源，创建项目进度模型的过程。其主要任务是确定项目各工作的起始和完成日期、具体的实施方案和措施。制定可行的项目进度计划，往往是一个反复进行的过程。

一、制定进度计划的依据

制定进度计划的依据主要包括项目网络图、时间估算、资源储备说明、项目日历和资源日历、强制日期、关键事件或主要里程碑、假定前提以及提前和滞后等。

1. 进度管理计划。进度管理计划规定了用于制定进度计划的进度规划方法和工具，以及推算进度计划的方法。

2. 工作清单。工作清单明确了需要在进度模型中包含的工作。

3. 工作属性。工作属性提供了创建进度模型所需的细节信息。

4. 项目进度网络图。项目进度网络图中包含用于推算进度计划的紧前和紧后工作的逻辑关系。

5. 工作资源需求。工作资源需求明确了每个工作所需的资源类型和数量，用于创建进度模型。

6. 资源日历。资源日历规定了在项目期间的某种资源可用性。

7. 时间估算。时间估算是完成各工作所需的工作时段数，用于进度计划的推算。

8. 项目范围说明书。项目范围说明书中包含了会影响项目进度计划制定的假设条件和制约因素。

9. 风险登记册。风险登记册中的所有已识别风险的详细信息及特征，会影响进度模型。

10. 项目人员分派。项目人员分派明确了分配到每个工作的资源。

11. 资源分解结构。资源分解结构提供的详细信息，有助于开展资源分析和情况报告。

12. 环境因素。能够影响进度计划制定的环境因素包括标准、沟通渠道以及用以创建进度模型的进度规划工具等。

13. 组织过程资产。能够影响制定进度计划过程的组织过程资产包括进度规划方法论和项目日历等。

二、制定进度计划的方法

制定进度计划的方法很多，最常用的方法有：关键线路法（Critical Path Method，CPM），计划评审技术（Program Evaluation and Review Technique，PERT），图示评审技术（Graphical Evaluation and Review Technique，GERT）等。

关键线路法是计划中工作与工作之间的逻辑关系肯定，且每项工作只估算一个肯定的持续时间的网络计划技术。它是沿着项目进度网络线路进行正向与反向分析，从而计算出所有计划工作理论上的最早开始与完成时间、最迟开始与完成时间，不考虑资源限制。由此计算而得到的最早开始与完成时间、最迟开始与完成时间不一定是项目的进度表，他们只不过表明计划工作在给定的工作持续时间、逻辑关系、时间提前与滞后量，以及其他已知制约条件下，应当安排的时间段与长短。

计划评审技术是计划中工作与工作之间的逻辑关系肯定，但每项工作的持续时间不肯定，一般采用加权平均时间估算，并对按期完成项目的可能性做出评价的网络计划方法。PERT 与 CPM 的根本区别在于它使用了加权平均时间估算，做出来的进度安排计划要比 CPM 使用最大可能估算做出的现实。

图示评审技术是工作和工作之间的逻辑关系和工作的持续时间都具有不肯定性（即某些工作可能根本不进行，而另一些工作则可能进行多次）而按概率处理的网络计划技术。

下面仅对关键线路法进行介绍，计算在逻辑关系和持续时间都确定的情况下各项工作的时间参数。

1. **工作持续时间和工期**

（1）工作持续时间 D_{ij}——是指一项工作从开始到完成的时间。

（2）工期泛指完成一项任务所需要的时间。在网络计划中，工期一般有以下三种：

1）计算工期 T_c——是指根据网络计划时间参数计算而得到的工期。

2）要求工期 T_r——是指任务委托人所提出的指令性工期。

3）计划工期 T_p——是指根据要求工期和计算工期所确定的作为实施目标的工期。

①当已规定了要求工期时，计划工期不应超过要求工期，即

$$T_p \leqslant T_r \tag{6-4}$$

②当未规定要求工期时，可令计划工期等于计算工期，即

$$T_p = T_c \tag{6-5}$$

2. 网络图中的六个时间参数

网络图中的时间参数主要有六个：最早开始时间；最早完成时间；最迟开始时间；最迟完成时间；总时差和自由时差。各时间参数的含义如下。

（1）工作最早开始时间 ES_{i-j}（Earliest Start Time）——是指在其所有紧前工作全部完成后，本工作有可能开始的最早时刻。

（2）工作最早完成时间 EF_{i-j}（Earliest Finish Time）——是指在其所有紧前工作全部完成后，本工作有可能完成的最早时刻。工作的最早完成时间等于工作最早开始时间与其持续时间之和。

（3）工作最迟完成时间 LF_{i-j}（Latest Finish Time）——是指在不影响整个任务按期完成的前提下，本工作必须完成的最迟时刻。

（4）工作最迟开始时间 LS_{i-j}（Latest Start Time）——是指在不影响整个任务按期完成的前提下，本工作必须开始的最迟时刻。工作的最迟开始时间等于工作最迟完成时间与其持续时间之差。

（5）总时差 TF_{i-j}（Total Float Time）——是指在不影响总工期的前提下，本工作可以利用的机动时间。

（6）自由时差 FF_{i-j}（Free Float Time）——是指在不影响其紧后工作最早开始时间的前提下，本工作可以利用的机动时间。

3. 双代号网络图中时间参数的计算

（1）计算步骤和计算公式

1）工作最早时间的计算

工作 $i-j$ 的最早开始时间 ES_{i-j} 应从网络计划的起始节点开始，顺着箭线的方向依次逐项计算。起始节点的最早开始时间，若无规定，其值应等于 0。即，若网络计划起点节点的编号为 1，则 $ES_{i-j}=0(i=1)$ 。其他工作 i 的最早开始时间 ES_{i-j} 应按照下式计算：

$$ES_{i-j} = \max\{ES_{h-i} + D_{h-i}\} \tag{6-6}$$

式中：ES_{h-i} ——工作 $i-j$ 的各项紧前工作 $h-i$（非虚工作）的最早开始时间；

D_{h-i} ——工作 $i-j$ 的各项紧前工作 $h-i$（非虚工作）的持续时间；

工作最早完成时间 EF_{i-j} 应按下式计算：

$$EF_{i-j} = ES_{i-j} + D_{i-j} \tag{6-7}$$

2）计算工期 T_c

T_c 应按下式计算：

$$T_c = \max\{EF_{i-n}\} \tag{6-8}$$

3）工作最迟时间的计算

工作 $i-j$ 的最迟完成时间 LF_{i-j} 应从网络计划的终止节点开始，逆着箭线的方向依次逐项计算。以终点节点（$j=n$）为箭头节点的工作，最迟完成时间 LF_{i-n} 应根据网络计划的计划工期 T_p 计算，即：$LF_{i-n}=T_p$。其他节点所代表工作 i 的最迟完成时间 LF_{i-j} 应按下列公式计算：

$$LF_{i-j}=\min\{LF_{j-k}-D_{j-k}\} \tag{6-9}$$

式中：LF_{j-k}——工作 $i-j$ 的各项紧后工作 $j-k$（非虚工作）的最迟完成时间；

D_{j-k}——工作 $i-j$ 的各项紧后工作 $j-k$（非虚工作）的持续时间。

工作 $i-j$ 的最迟开始时间 $LSi-j$ 应按下列公式计算：

$$LS_{i-j}=LF_{i-j}-D_{i-j} \tag{6-10}$$

4）工作总时差的计算

工作 $i-j$ 的总时差 TF_{i-j} 应按下列公式计算：

$$TF_{i-j}=LS_{i-j}-ES_{i-j} \tag{6-11}$$

或

$$TF_{i-j}=LF_{i-j}-EF_{i-j} \tag{6-12}$$

5）工作自由时差的计算

当工作 $i-j$ 有紧后工作 $j-k$ 时，其自由时差应按下式计算：

$$FF_{i-j}=\min\{ES_{j-k}\}-EF_{i-j} \tag{6-13}$$

式中：ES_{j-k}——工作 $i-j$ 的各项紧后工作 $j-k$（非虚工作）的最早开始时间。

以终点节点（$j=n$）为箭头节点的工作，其自由时差应按下式计算：

$$FF_{i-j}=T_p-EF_{i-n} \tag{6-14}$$

按工作计算法计算网络计划中各时间参数，其计算结果应标注在箭线之上，如图 6—31 所示。

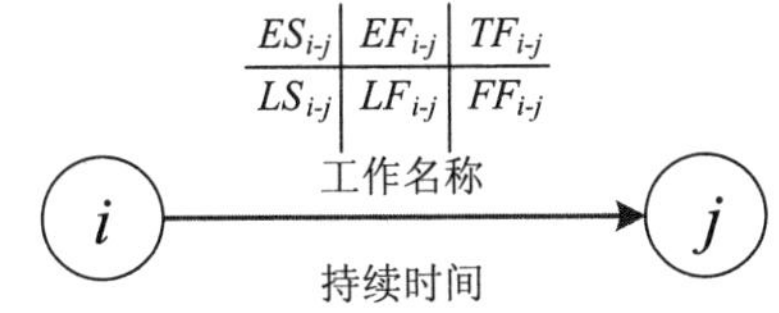

图 6—31　双代号网络计划的时间参数标注方法

（2）关键工作和关键路线的确定

1）关键工作

网络计划中总时差最小的工作是关键工作。

2）关键线路

自始至终全部由关键工作组成的线路为关键线路，或线路上总的持续时间最长的线路为关键线路。网络图上的关键线路一般用粗箭线或双箭线表示。

（3）网络图的计算方式

1）图上计算法

直接在网络图上进行时间参数计算的方法叫图上计算法。例 6—5 就是依据前面介绍的步骤用图上计算法来计算各工作的时间参数，计算结果如图 6—32 所示。

【例 6—5】 图上计算法，如图 6—32 所示。

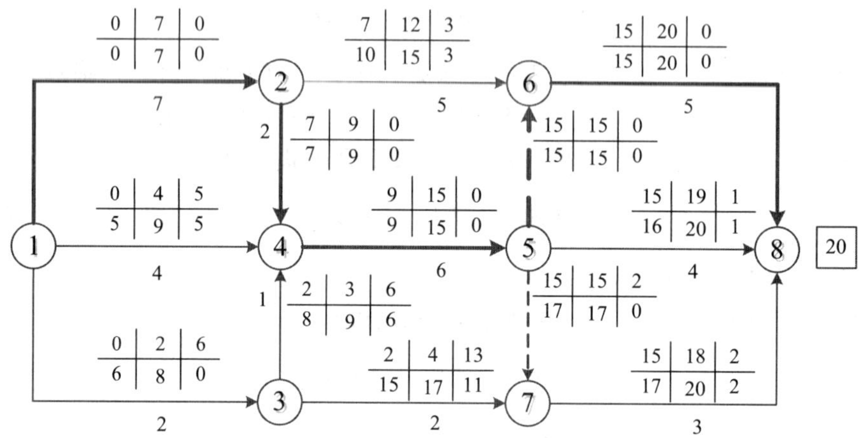

图 6—32　网络图上计算时间

2）表上计算法

表上计算法就是直接在表上计算时间参数的方法。仍以图 6—32 为例，做表上计算，见表 6—6，先把第二、第三列的数字填上，然后填第一列。

表 6—6　时间参数计算表

紧前工作数 / 紧后工作数	$i-j$	D_{ij}	ES_{ij}	EF_{ij}	LS_{ij}	LF_{ij}	TF_{ij}	FF_{ij}	关键工作	日历日期
①	②	③	④	⑤	⑥	⑦	⑧	⑨	⑩	11
0/2	1—2	7	0	7	0	7	0	0	√	
0/2	1—3	2	0	2	6	8	6	0		
0/1	1—4	4	0	4	5	9	5	5		
1/1	2—4	2	7	9	7	9	0	0	√	
1/1	2—6	5	7	12	10	15	3	3		
1/1	3—4	1	2	3	8	9	6	6		
1/1	3—7	2	2	4	15	17	13	11		
3/3	4—5	6	9	15	9	15	0	0	√	
1/1	5—6	0	15	15	15	15	0	0	√	
1/1	5—7	0	15	15	17	17	2	0		
1/0	5—8	4	15	19	16	20	1	1		
2/0	6—8	5	15	20	15	20	0	0	√	
2/0	7—8	3	15	18	17	20	2	2		

最早时间是从上往下逐个计算，最迟时间是从下往上逐个计算。

4. **单代号网络图中时间参数的计算**

如节点不太多，网络图绘制完以后，经检查正确无误，即可在网络图上直接计算时间参数，计算方法与双代号网络相同，计算最早时间是从左向右逐个节点进行计算，即从第1个节点算到最后一个节点；计算最迟时间则从最后一个节点算起，一直算到第1个节点。有了最早与最迟时间参数后，即可计算工作的总时差和自由时差，将时差为零的节点用粗黑线连接起来即为关键线路。如节点数很多，时间参数的计算一般利用项目管理软件来完成。

（1）工作最早时间的计算

工作 i 的最早开始时间 ES_i 应从网络计划的起始节点开始，顺着箭线的方向依次逐项计算。起始节点的最早开始时间，若无规定，其值应等于0，即：$ES_i = 0(i=0)$ 。其他工作 i 的最早开始时间 ES_i 应按照下式计算：

$$ES_i = \max\{ES_h + D_h\} = \max\{EF_h\} \tag{6-15}$$

式中：ES_h ——工作 i 的各项紧前工作 h 的最早开始时间；

D_h ——工作 i 的各项紧前工作 h 的持续时间；

EF_h ——工作 i 的各项紧前工作 h 的最早完成时间。

工作最早完成时间 EF_i 应按下式计算：

$$EF_i = ES_i + D_i \tag{6-16}$$

（2）计算工期 T_c

T_c 等于网络计划的终点节点 n 的最早完成时间 EF_n ，即：

$$T_c = EF_n \tag{6-17}$$

（3）间隔时间

相邻两项工作 i 和工作 j 的间隔时间 $LAG_{i,j}$ 的计算应符合下列规定

1）当终点节点为虚拟节点时，其间隔时间应按下式计算：

$$LAG_{i,n} = T_p - EF_i \tag{6-18}$$

2）其他节点之间的间隔时间应按下式计算：

$$LAG_{i,j} = ES_j - EF_i \tag{6-19}$$

（4）工作总时差的计算

工作 i 的总时差 TF_i 应从网络计划的终点节点开始，逆着箭线方向依次逐项计算。终点节点所代表工作 n 的总时差 TF_n 的计算为 $TF_n = T_p - EF_n$ 。其他工作 i 的总时差 TF_i 应按下式计算：

$$TF_i = \min\{TF_j + LAG_{i,j}\} \tag{6-20}$$

式中：TF_i ——工作 i 的各项紧后工作 j 的总时差。

(5) 工作自由时差的计算

终点节点所代表工作 n 的自由时差 FF_n 的计算为 $FF_n=T_p-EF_n$ 。其他工作 i 的自由时差 FF_i 的计算应按下式计算：

$$FF_i=\min\{LAG_{i,j}\} \tag{6-21}$$

(6) 工作最迟时间的计算

工作 i 的最迟完成时间 LF_i 应从网络计划的终止节点开始，逆着箭线的方向依次逐项计算。终止节点所代表的工作 n 的最迟完成时间 LF_n 应根据网络计划的计划工期 T_p 计算，即：$LF_i=T_p$ 。其他节点所代表工作 i 的最迟完成时间 LF_i 应按下列公式计算：

$$LF_i=\min\{LS_j\} \tag{6-22}$$

或

$$LF_i=EF_i+TF_i \tag{6-23}$$

式中：LS_j ——工作 i 的各项紧后工作 j 的最迟开始时间；

TF_i ——工作 i 的总时差。

工作 i 的最迟开始时间 LS_i 应按下列公式计算：

$$LS_i=LF_i-D_i \tag{6-24}$$

或

$$LS_i=ES_i+TF_i \tag{6-25}$$

(7) 关键工作和关键线路的确定

1) 关键工作：总时差最小的工作是关键工作。

2) 关键线路：从起点节点开始到终点节点均为关键工作，且所有工作的间隔时间为零的线路为关键线路。

【例 6—6】 已知网络计划资料见表 6—7，试绘制单代号网络计划。若计划工期等于计算工期，试计算各项工作的 6 个时间参数并确定关键线路，标注在网络计划上。

表 6—7 某网络计划工作逻辑关系及持续时间表

工作	紧前工作	紧后工作	持续时间（d）
A_1	—	A_2、B_1	2
A_2	A_1	A_3、B_2	2
A_3	A_2	B_3	2
B_1	A_1	B_2、C_1	3
B_2	A_2、B_1	B_3、C_2	3
B_3	A_3、B_2	D、C_3	3
C_1	B_1	C_2	2
C_2	B_2、C_1	C_3	4
C_3	B_3、C_2	E、F	2

续表

工作	紧前工作	紧后工作	持续时间（d）
D	B_3	G	2
E	C_3	G	1
F	C_3	I	2
G	D E	H、I	4
H	G	—	3
I	F、G	—	3

1. 根据表 6－7 中网络计划的有关资料，按照网络图的绘制规则，绘制单代号网络图如图 6－33 所示。

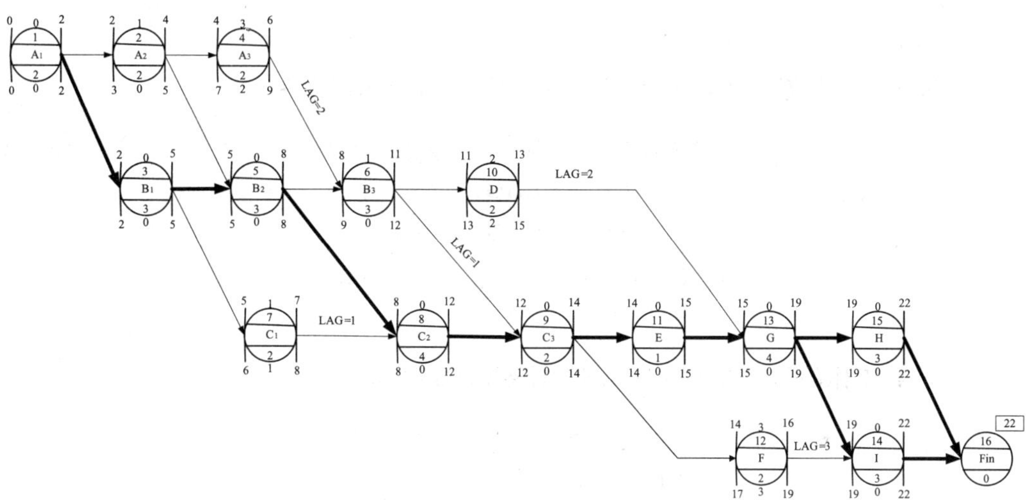

图 6－33　单代号网络图计算实例

2. 计算最早开始时间和最早完成时间

因为未规定最早开始时间，所以 $ES_1=0$。

其他工作 i 的最早开始时间和最早完成时间按式（6－15）、式（6－16）依次计算，如：

$$EF_1=0+2=2$$

$$ES_5=\max\{EF_2,\ EF_3\}=\max\{4,\ 5\}=5$$

$$EF_5=ES_5+D_5=5+3=8$$

已知计划工期等于计算工期，故有 $T_p=T_c=EF_{16}=22$

3. 计算相邻两项之间的间隔时间 $LAG_{i,\ j}$

$$LAG_{15,\ 16}=T_p-EF_{15}=22-22=0$$

$$LAG_{14,\ 16}=T_p-EF_{14}=22-22=0$$

$$LAG_{12,\ 14}=ES_{14}-EF_{12}=19-16=3$$

4. 计算工作的总时差 TF_i

已知计划工期等于计算工期 $T_p=T_c=22$，故终点节点(16) 节点的总时差为零，即：

$$TF_{16}=T_p-EF_{16}=22-22=0$$

其他工作总时差如：

$$TF_{15}=TF_{16}+LAG_{15,16}=0+0=0$$
$$TF_{14}=TF_{16}+LAG_{14,16}=0+0=0$$
$$TF_{13}=\min\{(TF_{15}+LAG_{13,15}),(TF_{14}+LAG_{13,14})\}$$
$$=\min\{(0+0),(0+0)\}=0$$
$$TF_{12}=TF_{14}+LAG_{12,14}=0+3=3$$

5. 计算工作的自由时差 FF_i

已知计划工期等于计算工期 $T_p=T_c=22$，故自由时差如：

$$EF_{16}=T_p-EF_{16}=22-22=0$$
$$FF_{15}-LAG_{15,16}=0$$
$$FF_{14}-LAG_{14,16}=0$$
$$FF_{13}=\min\{LAG_{13-15},LAG_{13-14}\}=\min\{0,0\}=0$$
$$FF_{12}=LAG_{12,14}=3$$

6. 计算工作的最迟开始时间 LS_i 和最迟完成时间 LF_i

$$LS_1=ES_1+TF_1=0+0=0$$
$$LF_1=EF_1+TF_1=2+0=2$$
$$LS_2=ES_2+TF_2=2+1=3$$
$$LS_2=EF_2+TF_2=4+1=5$$

将以上计算结果标注在图 6－33 中的相应位置。

7. 关键工作和关键线路的确定

根据计算结果，总时差为零的工作：A1、B1、B2、C2、C3、E、G、H、I，均为关键工作。

从起点节点（1）节点开始到终点节点（16）节点均为关键工作，且所有工作之间间隔时间为零的线路，即（1）—（3）—（5）—（8）—（9）—（11）—（13）—（14）—（16）、（1）—（3）—（5）—（8）—（9）—（11）—（13）—（15）—（16）为关键线路，用粗箭线标示在图 6－33 中。

三、进度计划优化

按上述方法编制的进度计划只是个初步方案，应在这个初步方案的基础上进一步检查初步方案是否符合工期要求，还应按照既定目标对初始方案进行调整和优化。进度计划的优化方法有：工期优化、费用优化和资源优化三种。

(一) 工期优化

工期优化是指压缩计算工期以满足工期要求，或在一定条件下使工期最短的过程。工期优化一般通过压缩关键工作的持续时间来进行，其计算步骤如下：

1. 计算网络计划中的时间参数，并找出关键线路和关键工作；

2. 按要求工期计算应缩短的时间 ΔT ：

$$\Delta T = T_c - T_r \tag{6-26}$$

式中：T_c ——网络计划的计算工期；

T_r ——要求工期。

3. 确定各关键工作能缩短的持续时间；

4. 选择应缩短持续时间的关键工作，将其持续时间压至最短，并重新计算网络计划的计算工期和关键线路。若被压缩的工作变成非关键工作，则应延长其持续时间，使之仍为关键工作。选择应缩短持续时间的关键工作应考虑下列因素：

1）缩短持续时间对质量和安全影响不大的工作；

2）有充足备用资源的工作；

3）缩短持续时间增加费用最少的工作。

5. 若计算工期仍超过要求工期，则重复上述 2～4，直到满足工期要求或工期已不能再缩短为止。

6. 当所有关键工作的持续时间都已达到其能缩短的极限而工期仍不满足要求时，应对计划的原技术、组织方案进行调整或对要求工期重新审定。

【例 6－7】 某项目的合同工期为 38 周。施工总进度计划如图 6－34 所示（时间单位：周），各工作可以缩短的时间及其增加的赶工费见表 6－8。现建设单位要求将总工期缩短 2 周，问如何调整计划才能既实现建设单位的要求又能使支付施工单位的赶工费用最少？

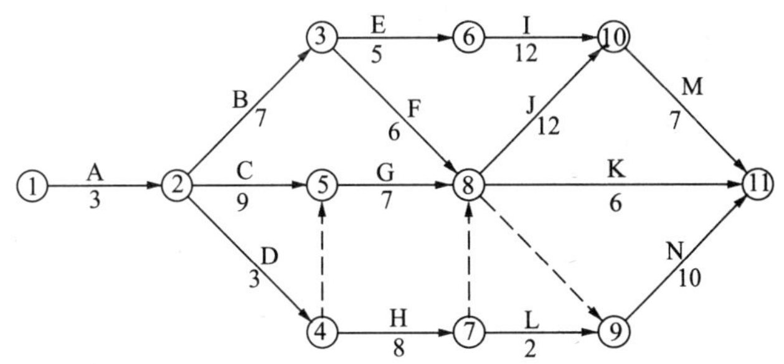

图 6－34 初始网络计划

表 6－8 各工作可以缩短的时间及其增加的赶工费

分部工程名称	A	B	C	D	E	F	G	H	I	J	K	L	M	N
可缩短的时间（周）	0	1	1	1	2	1	1	0	2	1	1	0	1	3
增加的赶工费（万元/周）	—	0.7	1.2	1.1	1.8	0.5	0.4	—	3.0	2.0	1.0	—	0.8	1.5

该网络计划的工期优化可按以下步骤进行：

（1）根据各项工作的正常持续时间，用标号法确定网络计划的计算工期和关键线路，如图 6－35 所示。此时关键线路为 1－2－5－8－10－11。

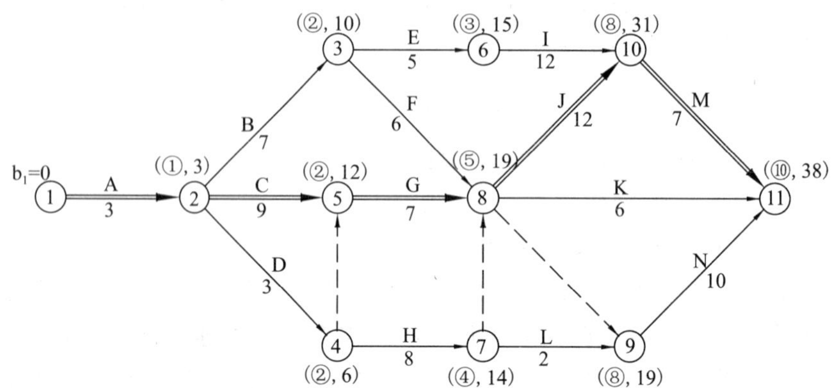

图 6－35　初始网络计划中的关键线路

（2）按要求计算应缩短的时间

$$\Delta T = T_c - T_r = 2$$

（3）由于此时关键工作为工作 A、工作 C、工作 G、工作 J 和工作 M，而工作 A 没有可缩短的时间，其他工作中工作 G 的赶工费用系数最小，故应将工作 G 作为优先压缩对象。

（4）由于关键工作 G 可缩短的时间为 1 周，将关键工作 G 的持续时间压缩至最短持续时间 6，利用标号法确定新的计算工期和关键线路，如图 6－36 所示。

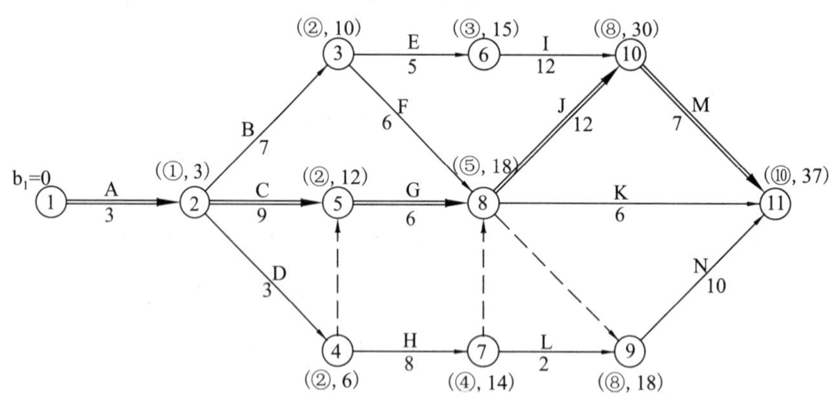

图 6－36　第一次压缩后的网络计划

（5）由于此时计算工期为 37，仍大于要求工期，故需继续压缩。需要缩短的时间 $\Delta T_1 = 1$。此时关键工作仍为工作 A、工作 C、工作 G、工作 J 和工作 M，而其中工作 A 可压缩时间为 0，工作 G 压缩达到极限。所以只能在工作 C、工作 J 和工作 M 中挑选增加赶工费用最小的工作为优先压缩对象。三个压缩方案中压缩工作 M 所增加的赶工费用最小，挑选工作 M 作为优先压缩的对象。将工作 M 的持续时间压缩1（压缩至最短），再用标号法确定计算工期和关键线路，如图6—37所示。此时，关键线路仍为1—2—5—8—10—11。

此时，计算工期为36，已等于要求工期，故图6—37所示网络计划即为优化方案。

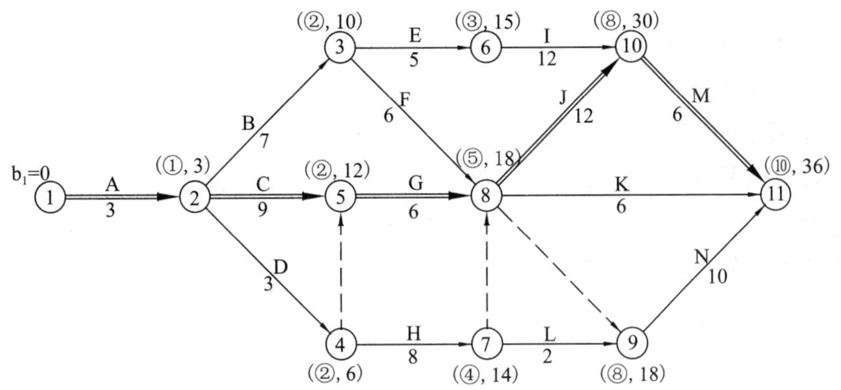

图6—37　第二次压缩后的网络计划

（二）费用优化

费用优化又叫工期成本优化，是寻求最低成本的最短工期安排，或按要求工期寻求最低成本的计划安排过程。

1. 费用和时间的关系

在进行费用优化时，把工程费用分为两部分，一为直接费，如人工费、材料费、施工机械使用费等。若要缩短工期，可能需夜班工作或在拥挤的工作面上工作，引起工效降低和直接费的增加。二为间接费，例如企业管理费。如果缩短工期间接费将减少，由于两者对于工期长短来说，具有相反的性质，所以，总费用如图6—38所示。在总费用曲线中，必定有一个总费用最少的工期，这就是费用优化所寻求的目标，对应的工期称为最优工期。

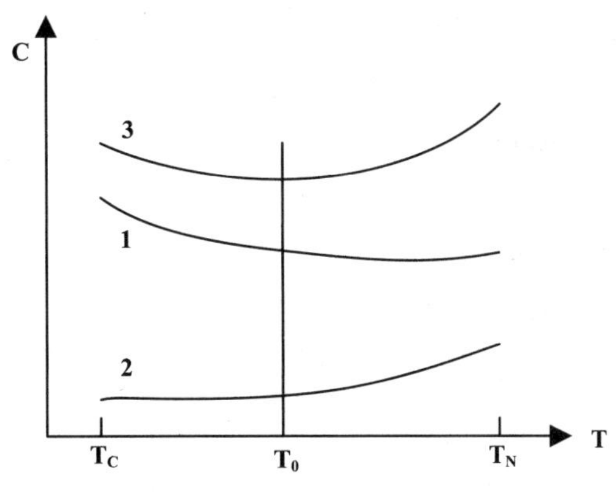

图6—38　工期——费用曲线

1——直接费；2——间接费；3——总费用

T_C——最短工期；T_N——正常工期；T_0——最优工期

寻求最低费用和最优工期的过程一般由计算机进行。简单的网络计划也可由手工完成，其基本思路是从网络计划的各工作持续时间和费用的关系中，依次找出能使计划工期缩短而又能使直接费用增加最少的工作，不断地缩短其持续时间，同时考虑其间接费用迭加，即可求出工程总费用最低时的最优工期和工期指定时相应的最低费用。

2. 费用优化的步骤

按照上述基本思路，费用优化可按以下步骤进行。

（1）按工作的正常持续时间确定计算工期和关键线路。

（2）计算各项工作的直接费用率。

直接费用率是指一项工作每缩短一个单位时间所需增加的直接费。它等于最短时间直接费和正常时间直接费之差，再除以正常持续时间与最短持续时间之差的商值，即：

$$\Delta C_{i-j} = \frac{CC_{i-j} - CN_{i-j}}{DN_{i-j} - DC_{i-j}} \tag{6—27}$$

式中：ΔC_{i-j} ——工作 $i-j$ 的直接费用率；

CC_{i-j} ——工作 $i-j$ 持续时间为最短时间时所需的直接费用；

CN_{i-j} ——工作 $i-j$ 持续时间为正常时间时所需的直接费用；

DN_{i-j} ——工作 $i-j$ 的正常持续时间；

DC_{i-j} ——工作 $i-j$ 的最短持续时间。

（3）确定间接费用率。

间接费用率是指一项工作每缩短一个单位时间所减少的间接费。工作 $i-j$ 的间接用费率表示为 ΔCI_{i-j}，它一般都是由各单位根据工作的实际情况而加以确定的。

（4）计算工程总费用。

（5）确定缩短持续时间的关键工作。

当只有一条关键线路时，应找出直接费用率最小的一项关键工作，作为缩短持续时间的对象；当有多条关键线路时，应找出组合直接费用率最小的一组关键工作，作为缩短持续时间的对象，并压缩相同的时间。

（6）确定持续时间的缩短值。

确定持续时间缩短值的原则是：缩短时间的工作不得变为非关键工作，其持续时间也不能小于其最短持续时间。

（7）计算关键工作持续时间缩短后增加的总费用。

工作持续时间压缩后，工期会相应缩短，项目的直接费会增加，而间接费会减少，所以其总费用应为：

$$C_t = C_{t+\Delta t} + \Delta T[\Delta C_{i-j} - \Delta CI_{i-j}] \tag{6—28}$$

式中：C_t ——将工期缩至 t 时的总费用；

$C_{t+\Delta t}$ ——工期为 $t+\Delta t$ 时的总费用；

ΔT ——工期缩短值；

ΔC_{i-j} ——缩短持续时间工作的直接费用率；

ΔCI_{i-j} ——缩短持续时间工作的间接费用率。

（8）重复上述（5）～（6）步骤，直至计算工期满足要求工期或总费用不可降低为止。

（9）计算优化后的工程总费用。

（三）资源优化

工程项目中的资源包括人力、材料、动力、设备、机具、资金等。资源的供应情况是影响工程进度的主要因素。因此在编制进度计划时一定要以现有的资源条件为基础，通过改变工作的开始时间，使资源按时间的分布符合优化目标。资源优化包括资源有限—工期最短的优化及工期固定—资源均衡的优化。

1. 资源有限—工期最短的优化

资源有限—工期最短的优化是通过调整计划安排以满足资源限制条件并使工期延长最少。其调整步骤如下：

（1）计算网络计划每天资源需用量。

（2）从计划开始日期起，逐日检查每天资源需用量是否超过资源限量，如果在整个工期内每天均能满足资源限量的要求，优化方案就编制完成。否则必须进行计划调整。

（3）调整网络计划。对资源冲突的诸项工作做新的顺序安排。顺序安排的选择标准是工期延长的时间最短；延长的工期等于：

$$\Delta T_{m-n,i-j}=EF_{m-n}-LS_{i-j} \tag{6-29}$$

式中：$\Delta T_{m-n,i-j}$ ——将工作 $i-j$ 安排在工作 $m-n$ 之后进行时网络计划的工期延长值；

EF_{m-n} ——工作 $m-n$ 的最早完成时间；

LS_{i-j} ——工作 $i-j$ 的最迟开始时间。

（4）重复以上步骤，直至出现优化方案为止。

2. 工期固定—资源均衡的优化

工期固定—资源均衡的优化是通过调整计划安排，在工期保持不变的条件下，使资源需用量尽可能均衡的过程。

四、进度计划编制的成果

1. 进度基准

进度基准是经过批准的进度模型，只有通过正式的变更控制程序才能进行变更，用作与实际结果进行比较的依据。它被相关干系人接受和批准，其中包含基准开始日期和基准结束日期。在监控过程中，将用实际开始和结束日期与批准的基准日期进行比较，以确定是否存在偏差。进度基准是项目管理计划的组成部分。

2. 工程项目进度计划

项目进度计划是进度模型的主要成果，展示了工作之间的相互关联，以及计划开始与结束日期、持续时间、里程碑和所需资源。即使在早期阶段就进行了资源规划，在未确认资源分配和计划开始与结束日期之前，项目进度计划都只是初步的。一般要在项目管理计划编制完成之前进行这些确认。还可以编制一份目标项目进度模型，规定每个工作的目标开始日期与目标结束日期。项目进度计划可以是概括的(有时称为主进度计划或里程碑进度计划）或详细的。进度计划的表示方法有以下几种。

（1）横道图

横道图是传统的进度计划表示方法，其左边按工作的先后顺序列出项目的工作名称，图右边是进度表，图上边的横栏表示时间，用水平线段在时间坐标下标出项目的进度线，水平线段的位置和长短反映该项目从开始到完工的时间。利用横道图可将每天、每周或每月实际进度情况定期记录在横道图上。如图6－39所示。

工作编号	工作名称	工时消耗	时间(周)	进度(周)							
				10	11	12	1	2	3	4	5(月)
1	土方工程	1470	12								
2	基础工程	7730	22								
3	主体工程	7330	12								
4	钢结构工程	3770	10								
5	围护工程	2640	10								
6	管道工程	4250	19								
7	防火工程	3220	16								
8	机电安装	3470	15								
9	屋面工程	3150	8								
10	装修工程	8470	16								

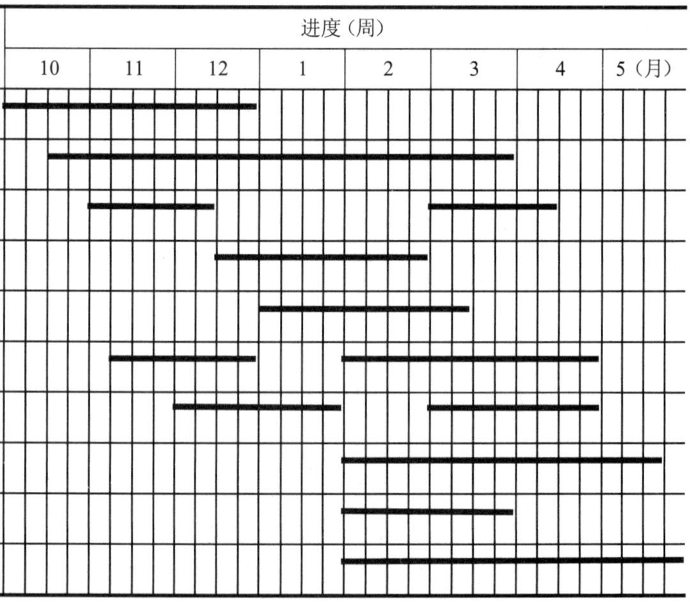

图6－39　用横道图表示的进度计划

（2）时标网络图

时标网络图将项目的网络图和横道图结合了起来，既表示项目的逻辑关系，又表示工作时间。时标网络图具有以下特点：

1）它既是一个网络计划，又是一个水平进度计划，能够清楚地标明计划的时间进程，便于使用。

2）能在图上直接显示出各项工作的开始和完成时间，工作的自由时差及关键线路。在使用过程中，可以随时确定哪些工作已经完成，哪些工作正在进行及哪些工作就要开始。

3）由于网络图能清楚地表示出哪些工作需要同时进行，因此可以确定同一时间对材料、机械、设备以及人力的需要量。

（3）里程碑法（亦称可交付成果法）

里程碑法是在横道图上或网络图上标示出一些关键事项，这些事项能够被明显地确认，一般是反映进度计划执行中各个阶段的目标。通过这些关键事项在一定时间内的完成情况可反映项目进度计划的进展情况，因而这些关键事项被称为“里程碑”。

（4）进度曲线法

这种方法是以时间为横轴，以完成累计工作量（该工作量的具体表示内容可以是实物工程量的大小、工时消耗或费用支出额，也可以用相应的百分比来表示）为纵轴，按计划时间累计完成任务量的曲线作为预定的进度计划。从整个项目的实施进度来看，由于项目的初期和后期速度比较慢，因而进度曲线大体呈 S 形。如图 6－40所示。

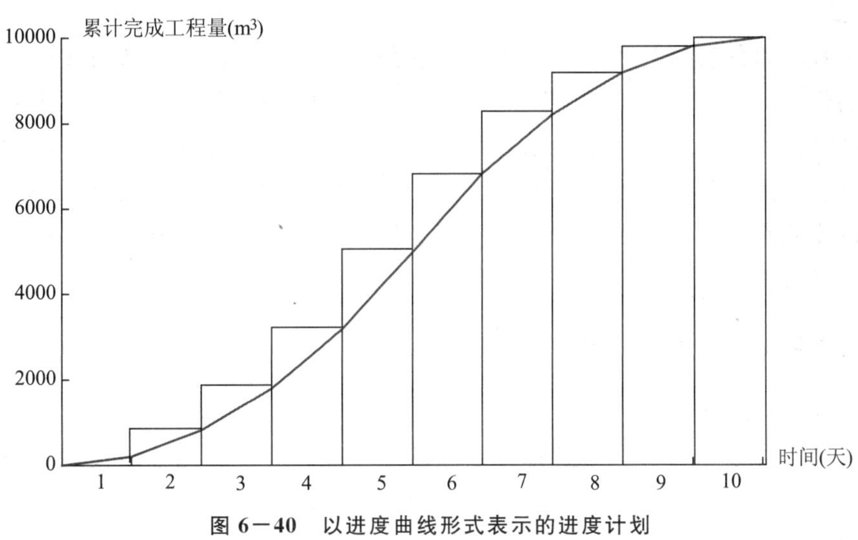

图 6－40　以进度曲线形式表示的进度计划

3. 进度数据

项目进度模型中的进度数据是用以描述和控制进度计划的信息集合。进度数据至少包括进度里程碑、进度活动、工作属性，以及已知的全部假设条件与制约因素。经常可用作支持细节的信息，包括每个时段的资源需求（往往以资源直方图表示）、备选的进度计划（如经资源平衡或未经资源平衡的进度计划）以及进度的储备时间等。

4. 项目日历

项目日历中规定了可以开展进度活动的工作日和工作班次。它把可用于开展进度活动的时间段（按天或更小的时间单位）与不可用的时间段区分开来。在一个进度模型中，可能需要采用不止一个项目日历来编制项目进度计划，因为有些工作需要不同的工作时段。可能需要对项目日历进行更新。

5. 经修正的项目管理计划

项目管理计划中需要修正或更新的内容包括进度基准、进度管理计划等。

6. 项目文件更新

需要更新的项目文件包括：

(1) 工作资源需求：资源平衡可能对所需资源类型与数量的初步估算产生影响，因而需要对工作资源需求进行更新；

(2) 工作属性：制定进度计划过程中可能改变了资源需求和其他相关内容，需要对相应的工作属性进行更新；

(3) 日历；

(4) 风险登记册：需要更新风险登记册以反映进度假设条件所隐含的机会或威胁。

第四节　工程项目进度控制

在工程项目的实施过程中，由于受到种种因素的干扰，经常造成实际进度与计划进度的偏差。这种偏差得不到及时纠正，必将影响进度目标的实现。为此，在项目进度计划的执行过程中，必须采取系统的控制措施，经常地进行实际进度与计划进度的比较，发现偏差，及时采取纠偏措施。进度计划控制的具体内容包括：(1) 对造成进度变化的因素施加影响，以保证这种变化朝着有利的方向发展；(2) 确定进度是否已发生变化；(3) 在变化实际发生时，对这种变化实施管理。

一、项目进度控制的依据

1. 项目管理计划

项目管理计划中包含进度管理计划和进度基准。进度管理计划描述了应该如何管理和控制项目进度。进度基准作为与实际结果相比较的依据，用于判断是否需要进行变更、采取纠正或预防措施。

2. 项目进度计划

批准的项目进度计划，称为进度基准计划。进度基准计划在技术和资源方面都必须是可行的。

3. 进度报告

进度报告提供了有关进度绩效的信息，如哪些计划的日期已经达到，哪些还没有。进度报告还可提醒项目团队注意将来有可能引起问题的事项。

4. 项目日历

在一个进度模型中，可能需要采用不止一个项目日历来编制项目进度计划，因为有些工作需要不同的工作时段，可能需要对项目日历进行更新。

5. 进度数据

在控制进度的过程中，需要对进度数据进行审查和更新。

6. 组织过程资产

能够有效进度控制的组织过程资产包括与进度控制有关的政策、程序和指南，进度控制工具以及监督和报告进度的方法等。

二、项目进度控制方法

（一）进度监测的系统过程

在工程项目实施过程中，咨询工程师应经常地、定期地对进度计划的执行情况进行跟踪检查，发现问题后，及时采取措施加以解决。进度监测的系统过程如图6－41所示。

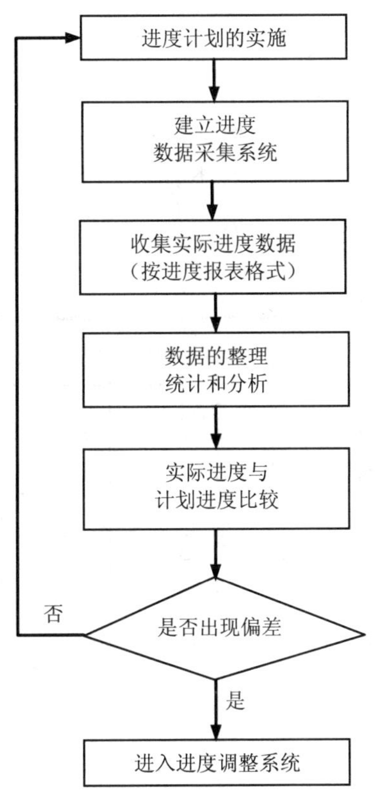

图6－41 项目进度监测系统

1. 进度计划执行中的跟踪检查

对进度计划的执行情况进行跟踪检查是计划执行信息的主要来源，是进度分析和调整的依据。跟踪检查的主要工作是定期收集反映工程实际进度的有关数据，收集的数据应当全面、真实、可靠，不完整或不正确的进度数据将导致判断不准确或决策失误。为了全面、准确地掌握进度计划的执行情况，咨询工程师应认真做好以下三方面的工作：（1）定期收集进度报表资料；（2）现场实地检查工程进展情况；（3）定期召开现场会议。

2．实际进度数据的加工处理

为了进行实际进度与计划进度的比较，必须对收集到的实际进度数据进行加工处理，形成与计划进度具有可比性的数据。例如，对检查时段实际完成工作量的进度数据进行整理、统计和分析，确定本期累计完成的工作量，本期已完成的工作量占计划总工作量的百分比等。

3．实际进度与计划进度的对比分析

将实际进度数据与计划进度数据进行比较，可以确定工程实际执行状况与计划目标之间的差距。常用的进度比较方法有趋势分析、关键路径法和挣值管理。

（1）趋势分析

趋势分析检查项目绩效随时间的变化情况，以确定绩效是在改善还是在恶化。图形分析技术有助于理解当前绩效，并与计划的完工日期进行对比。

1）横道图比较法

横道图比较法是指将项目实施过程中检查实际进度收集的数据，经加工整理后直接用横道线平行绘于原计划的横道线下，进行实际进度与计划进度的比较方法。其特点是形象、直观。如图 6－42 所示。

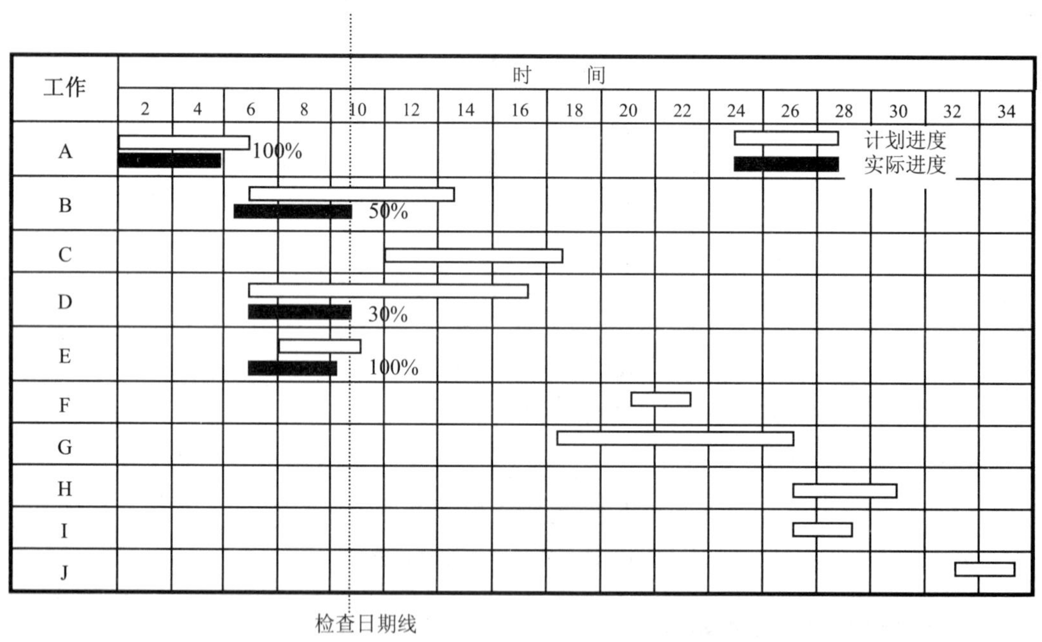

图 6－42　实际进度与计划进度比较

图 6－42 所表达的比较方法仅适用于工程项目中的各项工作都是均匀进展的情况，即每项工作在单位时间内完成的任务量都相等的情况。事实上，工程项目中各项工作的进展情况不一定是匀速的。根据工程项目中各项工作的进展是否匀速，可分别采取以下两种方法进行实际进度与计划进度的比较：

①匀速进展横道图比较法。指在工程项目中每项工作在单位时间内完成的任务量相等，此时，每项工作累计完成的任务量与时间成线性关系，完成的任务量可以

用实物工程量、劳动消耗量或费用支出表示，或用其物理量的百分比表示。

②非匀速进展横道图比较法。指当工作在不同单位时间里的进展速度不相等时，在用涂黑粗线表示工作实际进度的同时，还要标出其对应时刻完成任务量的累计百分比，并将该百分比与其同时刻计划完成任务量的累计百分比相比较，判断工作实际进度与计划进度之间的关系。

2）前锋线比较法

前锋线比较法是通过绘制某检查时刻工程项目实际进度前锋线，进行工程实际进度与计划进度比较的方法，它主要适用于时标网络计划。所谓前锋线，是指在原时标网络计划上，从检查时刻的时标点出发，用点划线依次将各项工作实际进展位置点连接而成的折线。前锋线比较法就是通过实际进度前锋线与原进度计划中各工作箭线交点的位置来判断工作实际进度与计划进度的偏差，进而判定该偏差对后续工作及总工期影响程度的一种方法，如图 6－43 所示。

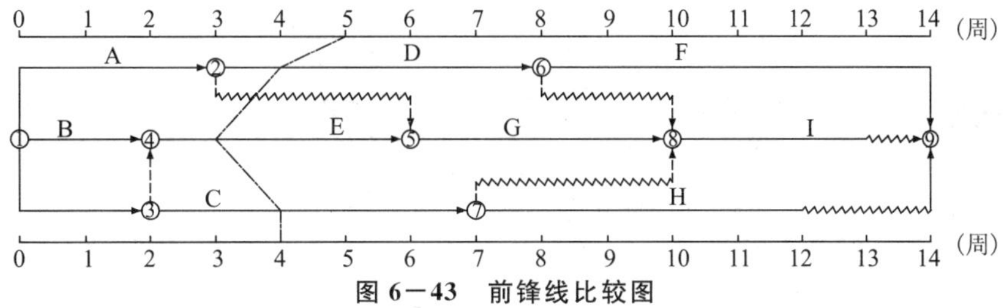

图 6－43　前锋线比较图

3）S 形曲线比较法

S 形曲线比较法是将项目的各检查时间实际完成的工作量在 S 形曲线图上进行实际进度与计划进度相比较的一种偏差分析方法。如图 6－44 所示，横坐标表示进

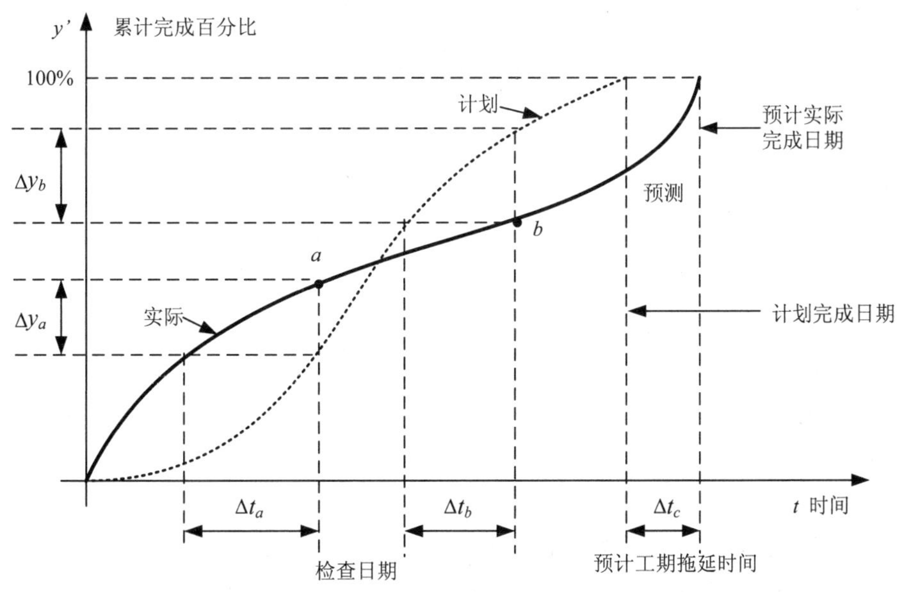

图 6－44　S 形曲线比较图

度时间，纵坐标表示累计工作量完成情况。对大多数项目而言，在其开始实施阶段和将要完成的阶段，由于准备工作及其他配合事项等因素的影响，其进展程度一般都较慢一点，而在项目实施的中间阶段，一切趋于正常，进展程度也稍快一些。

通过将项目进度基准计划的S形曲线和实际S形曲线绘制在同一张图上，可以得到项目实际进度比计划进度超前或拖后的时间，项目实际进度比计划进度超额或拖欠的工作量完成情况。另外，还能进行后续的进度预测。

4）香蕉曲线比较法

香蕉曲线是由两条S形曲线组合而成的闭合曲线。在一个坐标上，绘制一条各工作均按最早开始时间安排进度的S曲线（简称ES曲线），再绘制一条各工作均按最迟开始时间安排进度的S曲线（简称LS曲线），两条曲线形成香蕉状，如图6—45所示。在项目进度实施过程中，实际进度曲线应当落在ES曲线和LS曲线包含的区域内，如图6—45中R曲线所示。

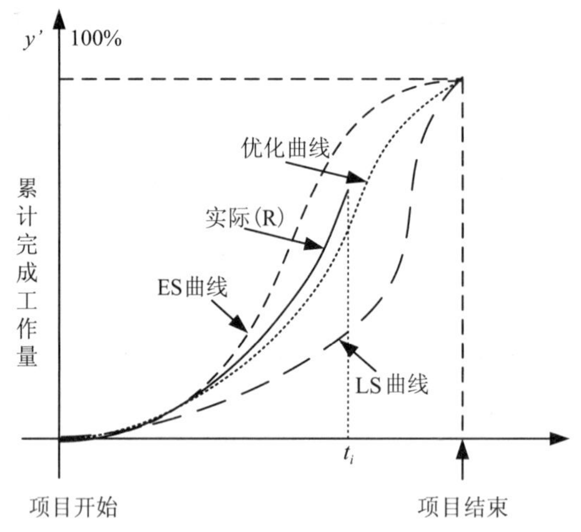

图6—45　香蕉曲线比较图

利用香蕉曲线进行比较，所获得的信息和S形曲线基本一致，但是由于它存在按照最早开始时间的计划曲线和最迟开始的计划曲线构成的合理进度区域，从而使得判断实际进度是否偏离计划进度以及对总工期是否会产生影响更为明确、直观。

5）列表比较法

当工程进度计划用非时标网络图表示时，可以采用列表比较法进行实际进度与计划进度的比较。这种方法是记录检查日期应该进行的工作名称及其已经作业的时间，然后列表计算有关时间参数，并根据工作总时差进行实际进度与计划进度比较的方法，见表6—9。

（2）关键路径法

通过比较关键线路的进展情况来确定进度状态。关键线路上的差异将对项目的结束日期产生直接影响。评估次关键路径上的工作进展情况，有助于识别进度风险。

表 6—9　工程进度检查比较表

工作代号	工作名称	检查计划时尚需作业周数	到计划最迟完成时尚余周数	原有总时差	尚有总时差	情况判断
⑦—⑨	G	5	7	4	2	拖后两周，但不影响工期
⑤—⑧	K	2	2	1	0	拖后一周，但不影响工期
⑤—⑨	L	4	3	2	—1	拖后三周，影响工期 1 周

（3）挣值管理

采用进度绩效测量指标，如进度偏差（SV）和进度绩效指数（SPI），评价实际进度偏离初始进度基准的程度。总时差和最早结束时间偏差也是评价项目时间绩效的基本指标。进度控制的重要工作包括：分析偏离进度基准的原因与程度，评估这些偏差对未来工作的影响，确定是否需要采取纠正或预防措施。例如，非关键线路上的某个工作发生较长时间的延误，可能不会对整体项目进度产生影响；而某个关键或次关键工作的稍许延误，却可能需要立即采取行动。

（二）进度调整的系统过程

在项目进度监测过程中，一旦发现实际进度偏离计划进度，即出现进度偏差时，必须认真分析产生偏差的原因及其对后续工作及总工期的影响，并采取合理的、有效的进度计划调整措施，确保进度目标的实现，具体过程如图 6—46 所示。

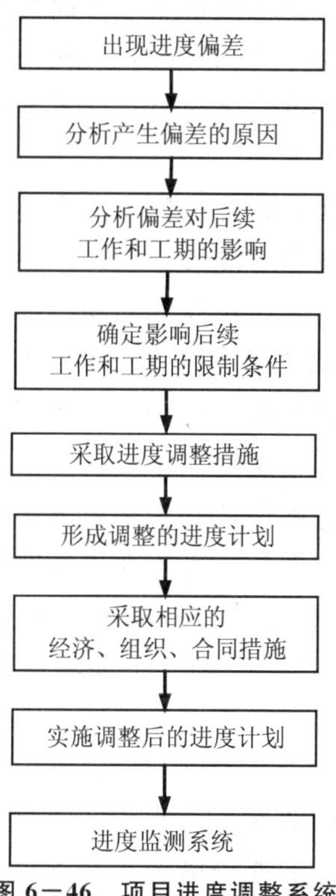

图 6—46　项目进度调整系统

1. 分析产生偏差的主要原因

进度拖延是工程项目建设过程中经常发生的现象。对进度拖延原因分析可采用因果关系分析图、影响因素分析表，工程量、劳动效率对比分析等方法，详细分析进度拖延的各种影响因素，及各因素影响量的大小。进度拖延的原因是多方面的，常见的有：

(1) 工程项目各相关单位之间的协调配合

工程项目是一个多专业、多方面协调合作的复杂过程，如果政府部门、业主、咨询单位、设计单位、施工单位、物资供应单位、贷款单位、监理单位等各单位之间，以及土建、水电、通信、运输等各专业之间没有形成良好的协作，必然会影响工程建设的顺利实施。例如，工程设计通常是分阶段进行的，如果初步设计不能顺利得到批准，必然会影响到后续详细设计中的施工图设计、施工方案设计进度。又如资金方面，如果业主在工程预付款或进度款的支付中有所延迟，则会对施工单位的施工进度造成影响。

(2) 工程变更

边界条件的变化，如设计变更、设计错误、外界（如政府，上层机构）对项目提出新的要求或限制。当工程项目在已施工的部分发现一些问题或者由于业主提出了新的要求而必须进行工程变更时，会影响设计工作进度。例如，材料代用、设备选用的失误将会导致原有工程设计失效而重新进行设计。

(3) 风险因素

风险因素包括政治、经济、技术及自然等方面的各种预见或不可预见因素。政治方面有战争、内乱、罢工、拒付债务、制裁等；经济方面有延迟付款、汇率浮动、换汇控制、通货膨胀、分包单位违约等；技术方面有工程事故、试验失败、标准变化等；自然方面有地震、洪水等。

(4) 工期及相关计划的失误和管理过程中的失误

计划工期及进度计划超出现实可能性；管理过程中的失误，如计划部门与实施者之间，总、分包商之间，业主和承包商之间缺少沟通、工作脱节等等。

2. 分析进度偏差是否影响到其后续工作和总工期

当某项工作发生实际进度偏差时，要分析该进度偏差是否影响到其后续工作的进展以及是否影响了总工期，这在实际工作中需要借助网络计划进行判断。根据该项工作是否处于关键线路、其进度偏差是否超过该项工作的总时差和自由时差来判断对后续工作和总工期的影响。例如：由于业主方对即将投入施工的某工程材料的要求发生改变而需要重新进行采购时，如该工作不是关键工作（即不在关键线路上），其材料的重新采购不一定会影响到总工期和后续工作；如再继续分析发现采购时间超过了该项工作的自由时差而未超过总时差，则此次变更只影响到了后续工作而未影响到总工期。

进度偏差的分析判断过程如图 6－47 所示。通过分析，进度控制人员可以根据进度偏差的影响程度，制定相应的纠偏措施进行调整，以获得符合实际进度情况和计划目标的新进度计划。

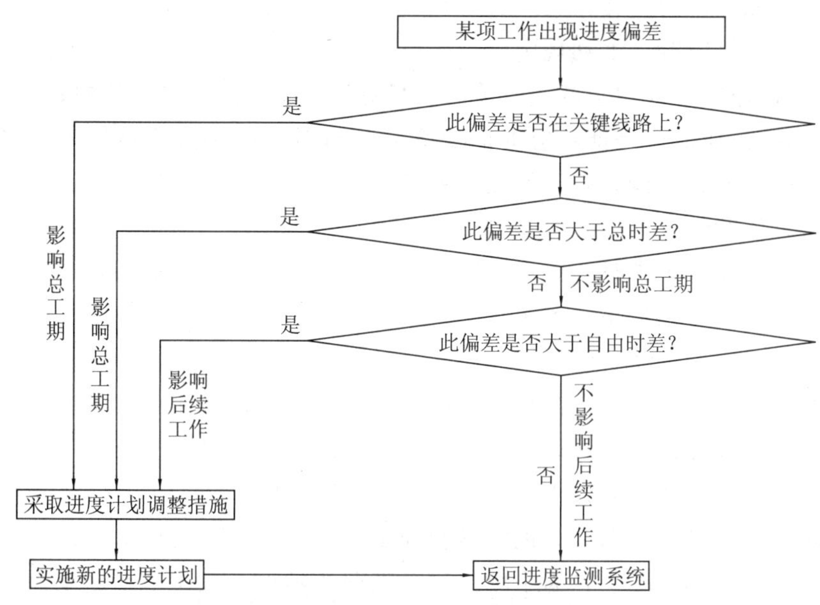

图 6－47　进度偏差对后续工作和总工期影响分析过程图

3. 进度计划调整

进度计划的调整措施包括调整工作的逻辑关系，增、减工作，调整资源的投入，调整工作的持续时间等。

（1）调整逻辑关系

当工程项目实施中产生的进度偏差影响到总工期，且有关工作的逻辑关系允许改变时，可以改变关键线路和超过计划工期的非关键线路上的有关工作之间的逻辑关系。在工作面及资源允许的情况下组织流水作业是其中的典型方法。例如：某钢筋混凝土结构建筑物的施工项目中，其主体工程由支模板、绑钢筋和浇筑混凝土三个施工过程组成，其中每个施工过程都需要 15 天时间完成，主体工程的总工期是 45 天。如现有缩短工期的需要，可在工作面和资源允许条件下把整个工作面划分为若干工作段，采取流水作业的方法以充分发挥生产效率，减少工作面的单一专业占用造成的时间间歇。在这里如果取三个工作段，则总工期减少为 25 天，如图 6－48所示。调整时应避免影响原定计划工期和其他工作的顺利进行。

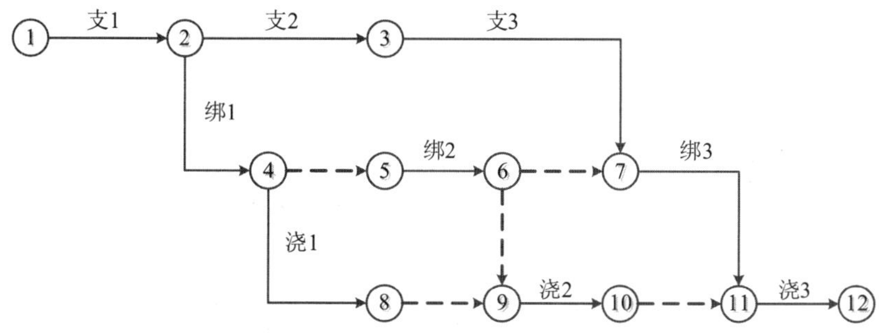

图 6－48　某主体工程流水作业网络计划

(2) 增、减工作的调整方法

增、减工作时应符合下列规定:

1) 不打乱原网络计划总的逻辑关系，只对局部逻辑关系进行调整;

2) 在增减工作后应重新计算时间参数，分析对原网络计划的影响;当对工期有影响时，应采取调整措施，以保证计划工期不变。

(3) 调整资源的投入

当资源供应发生异常时，应采用资源优化方法对计划进行调整，或采取应急措施，使其对工期的影响最小。

(4) 调整工作的持续时间

这种方法通过采取增加资源投入、提高劳动效率等措施来缩短某些工作的持续时间，使工程进度加快，以保证按计划工期完成该项目。这些被压缩了持续时间的工作是位于关键线路和超过计划工期的非关键线路上的工作。如果某项工作进度拖延的时间超过其总时差，那么无论它是否处于关键线路，都将会对后续工作和总工期产生影响，在这种情况下，为了减少对总工期的延误，应采取措施缩短关键线路上后续工作的持续时间，并用工期优化的方法对原网络计划进行调整。其调整方法视限制条件及其对后续工作的影响程度的不同而有所区别，一般分为以下三种情况:

1) 网络计划中某项工作进度拖延的时间已超过其自由时差但未超过其总时差

当一项工作拖延的时间未超过其自由时差时，这种拖延对后续工作没有任何影响，该项工作仍可正常进行，不需为此再作什么调整;当一项工作拖延的时间已超过其自由时差时，这种拖延对其后续工作必有影响;然而，由于其拖延的时间尚未超过总时差，其后续工作还有相应的自由时差来弥补这个拖延，所以，它对进度计划总工期并无影响，但延误后续工作的开始时间会带来一系列问题和损失，如设计工作拖延造成施工延迟，从而产生人员、机具的窝工浪费并由此引起索赔和合同纠纷。因此，寻求合理的调整方案，把进度拖延对后续工作的影响减少到最低程度，是咨询工程师的一项重要工作。

【例 6-8】 某工程项目双代号时标网络计划如图 6-49 所示，该计划执行到第 4 周下班时刻检查时，其实际进度如图中前锋线所示。试分析目前实际进度对后续工作和总工期的影响，并提出相应的进度调整措施。

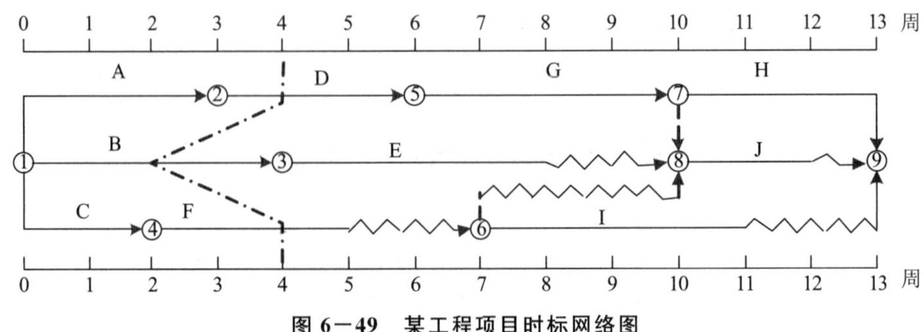

图 6-49 某工程项目时标网络图

解： 从图中可以看出，目前只有工作 B 的开始时间拖后 2 周，而影响其后续工作 E 的最早开始时间，其他工作的实际进度均正常。由于工作 E 的总时差为 3 周，故此时工作 B 的实际进度不影响总工期。

该进度计划是否需要调整，取决于工作 B 和 E 的限制条件：

①后续工作拖延的时间无限制

如果后续工作拖延的时间完全被允许时，可将拖后的时间参数带入原计划，并化简网络图（即去掉已执行部分，以进度检查日期为起点，将实际数据带入，绘制出未实施部分的进度计划），即可得调整方案。例如在本例中，以检查时刻第 4 周为起点，将工作 B 的实际进度数据及 E 被拖延后的时间参数带入原计划（此时工作 B、E 的开始时间分别为第 4 周和第 6 周），可得如图 6－50 所示的调整方案。

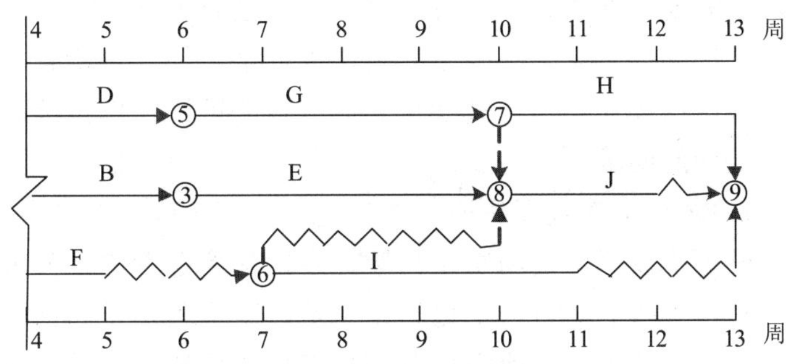

图 6－50　后续工作拖延时间无限制时的网络计划

②后续工作拖延的时间有限制

如果后续工作不允许拖延或拖延的时间有限制时，需要根据限制条件对网络计划进行调整，寻求最优方案。例如在本例中，如果工作 E 的开始时间不允许超过第 5 周，则只能将其紧前工作 B 的持续时间压缩为 3 周，调整后的网络计划如图 6－51 所示。如果在工作 B、E 之间还有多项工作，则可以利用工期优化的原理确定应压缩的工作，得到满足 E 工作限制条件的最优调整方案。

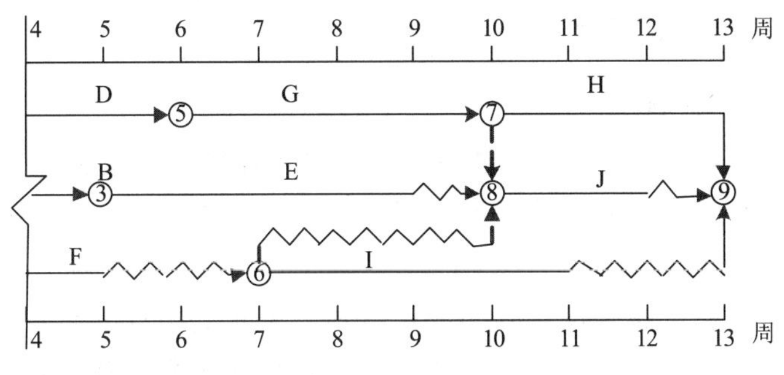

图 6－51　后续工作拖延时间有限制时的网络计划

2）网络计划中某项工作进度拖延的时间超过其总时差

如果网络计划中某项工作进度拖延的时间超过其总时差，则无论该工作是否为关键工作，其实际进度都将对后续工作和总工期产生影响。此时，进度计划的调整方法又可分为以下三种情况：

①项目总工期不允许拖延

如果工程项目必须按照原计划工期完成，则只能采取缩短关键线路上后续工作持续时间的方法来达到调整计划的目的。这种方法实质上就是前面所述的工期优化方法。

②项目总工期允许拖延

如果项目总工期允许拖延，则此时只需以实际数据取代原计划数据，并重新绘制实际进度检查日期之后的简化网络计划即可。

③项目总工期允许拖延的时间有限

如果项目总工期允许拖延，但允许拖延的时间有限。则当实际进度拖延的时间超过此限制时，也需要对网络计划进行调整，以满足要求。

具体的调整方法是以总工期的限制时间作为规定工期，对检查日期之后尚未实施的网络计划进行工期优化，即通过缩短关键线路上后续工作持续时间的方法来使总工期满足规定工期的要求。

3）网络计划中某项工作进度超前

在建设工程设计阶段所确定的工期目标，往往是综合考虑了各方面因素而确定的合理工期。因此，时间上的任何变化，无论是进度拖延还是超前，都可能造成其他目标的失控。如果这项工作超前完成对后续工作的协调不会带来什么影响，这时无须对其进行调整。但当该工作提前完成，会打乱对人、材、物等资源的合理安排，造成协调工作的困难和项目实施费用的增加时，即应通过减少资源投入量或改变资源分配的方法对其进度进行调整，使其进度减慢，以使不利影响减少到最低程度。

（三）项目管理软件

项目管理软件能够跟踪和比较计划日期和实际日期的完成程度，预测实际的或潜在的进度变更的后果，因此是进度计划控制的有力工具。

三、项目进度控制的工作成果

（一）工作绩效信息

针对 WBS 组件，特别是工作包和控制账户，计算出进度偏差（SV）与进度绩效指数（SPI），并记录在案，传达给项目干系人。

（二）进度预测

进度预测是根据已有的信息和知识，对项目未来的情况和事件进行的估算或预计。随着项目执行，应该基于工作绩效信息，更新和重新发布预测。这些信息包括项目的过去绩效和期望的未来绩效，以及可能影响项目未来绩效的挣值绩效指数。

（三）变更请求

通过分析进度偏差，审查进展报告、绩效测量结果和项目范围或进度调整情况，可能会对进度基准、范围基准和项目管理计划的其他组成部分提出变更请求。

应该把变更请求提交给实施整体变更控制过程审查和处理。预防措施可包括推荐的变更，以消除或降低不利进度偏差的发生概率。

（四）项目管理计划更新

项目管理计划中需要更新的内容包括进度基准、进度管理计划以及成本基准等。

（五）项目文件更新

需要更新的项目文件包括进度数据、项目进度计划和风险登记册等。

（六）组织过程资产更新

需要更新的组织过程资产包括偏差的原因、采取的纠正措施及其理由以及从项目进度控制中得到的其他经验教训。

第七章　工程项目投资控制

第一节　工程项目总投资组成与计算

一、工程项目总投资组成

（一）工程项目总投资的概念

工程项目总投资是指为完成工程项目建设并达到使用要求或生产条件，在建设期内预计或实际投入的总费用。生产性工程项目总投资包括建设投资和铺底流动资金两部分；非生产性工程项目总投资则只包括建设投资。

建设投资由设备及工器具购置费、建筑工程费、安装工程费、工程建设其他费用、预备费和资金筹措费组成。

设备购置费是指购置或自制的达到固定资产标准的设备、工器具及生产家具等所需的费用。设备及工器具购置费由设备原价、工器具原价和运杂费（包括设备成套公司服务费）组成。

建筑工程费是指建筑物、构筑物及与其配套的线路、管道等的建造、装饰费用。安装工程费是指设备、工艺设施及其附属物的组合、装配、调试等费用。

工程费用是指建设期内直接用于工程建造、设备购置及其安装的费用，包括建筑工程费、设备购置费和安装工程费。

工程建设其他费用是指建设期发生的与土地使用权取得、整个工程项目建设以及未来生产经营有关的费用。工程建设其他费用可分为三类：第一类是土地使用费，包括土地征用及迁移补偿费和土地使用权出让金；第二类是与项目建设有关的费用，包括建设管理费、勘察设计费、研究试验费等；第三类是与未来企业生产经营有关的费用，包括联合试运转费、生产准备费、办公和生活家具购置费等。

预备费是指在建设期内因各种不可预见因素的变化而预留的可能增加的费用，包括基本预备费和价差预备费。基本预备费是指投资估算或工程概算阶段预留的，由于工程实施中不可预见的工程变更及洽商、一般自然灾害处理、地下障碍物处理、超规超限设备运输等可能增加的费用。价差预备费是指为在建设期内利率、汇率或价格等因素的变化而预留的可能增加的费用，亦称为价格变动不可预见费。价差预备费的内容包括：人工、设备、材料、施工机具的价差费，建筑安装工程费及工程建设其他费用调整，利率、汇率调整等增加的费用。

资金筹措费是指在建设期内应计的利息和在建设期内为筹集项目资金发生的费用。包括各类借款利息、债券利息、贷款评估费、国外借款手续费及承诺费、汇兑损益、债券发行费用及其他债务利息支出或融资费用。

铺底流动资金是指生产性工程项目为保证生产和经营正常进行，按规定应列入工程项目总投资的铺底流动资金，一般按流动资金的30%计算。

建设投资可以分为静态投资部分和动态投资部分。静态投资部分由建筑工程费、安装工程费、设备及工器具购置费、工程建设其他费和基本预备费构成。动态投资部分，是指在建设期内，因建设期利息和国家新批准的税费、汇率、利率变动以及建设期价格变动引起的建设投资增加额，包括价差预备费、建设期利息等。

工程造价是指工程项目在建设期预计或实际支出的建设费用，包括工程费用、工程建设其他费用和预备费。

（二）工程项目总投资组成表

工程项目总投资组成见表7—1。

表7—1 工程项目总投资组成表

<table>
<tr><th colspan="4">费用项目名称</th></tr>
<tr><td rowspan="25">工程项目总投资</td><td rowspan="24">建设投资</td><td rowspan="3">第一部分
工程费用</td><td>设备及工器具购置费</td></tr>
<tr><td>建筑工程费</td></tr>
<tr><td>安装工程费</td></tr>
<tr><td rowspan="16">第二部分
工程建设其他费用</td><td>土地使用费和其他补偿费</td></tr>
<tr><td>建设管理费</td></tr>
<tr><td>可行性研究费</td></tr>
<tr><td>专项评价费</td></tr>
<tr><td>研究试验费</td></tr>
<tr><td>勘察设计费</td></tr>
<tr><td>场地准备费和临时设施费</td></tr>
<tr><td>引进技术和进口设备材料其他费</td></tr>
<tr><td>特殊设备安全监督检验费</td></tr>
<tr><td>市政公用配套设施费</td></tr>
<tr><td>工程保险费</td></tr>
<tr><td>专利及专有技术使用费</td></tr>
<tr><td>联合试运转费</td></tr>
<tr><td>生产准备费</td></tr>
<tr><td>办公和生活家具购置费</td></tr>
<tr><td>其他</td></tr>
<tr><td rowspan="2">第三部分
预备费</td><td>基本预备费</td></tr>
<tr><td>价差预备费</td></tr>
<tr><td colspan="2">资金筹措费</td></tr>
<tr><td colspan="3">流动资产投资——铺底流动资金</td></tr>
</table>

二、建筑安装工程费用项目的组成与计算

（一）按费用构成要素划分的建筑安装工程费用项目组成

按照费用构成要素划分，建筑安装工程费由人工费、材料（包含工程设备，下同）费、施工机具使用费、企业管理费、利润、规费和税金。其中人工费、材料费、施工机具使用费、企业管理费和利润包含在分部分项工程费、措施项目费、其他项目费中（见图7—1）。

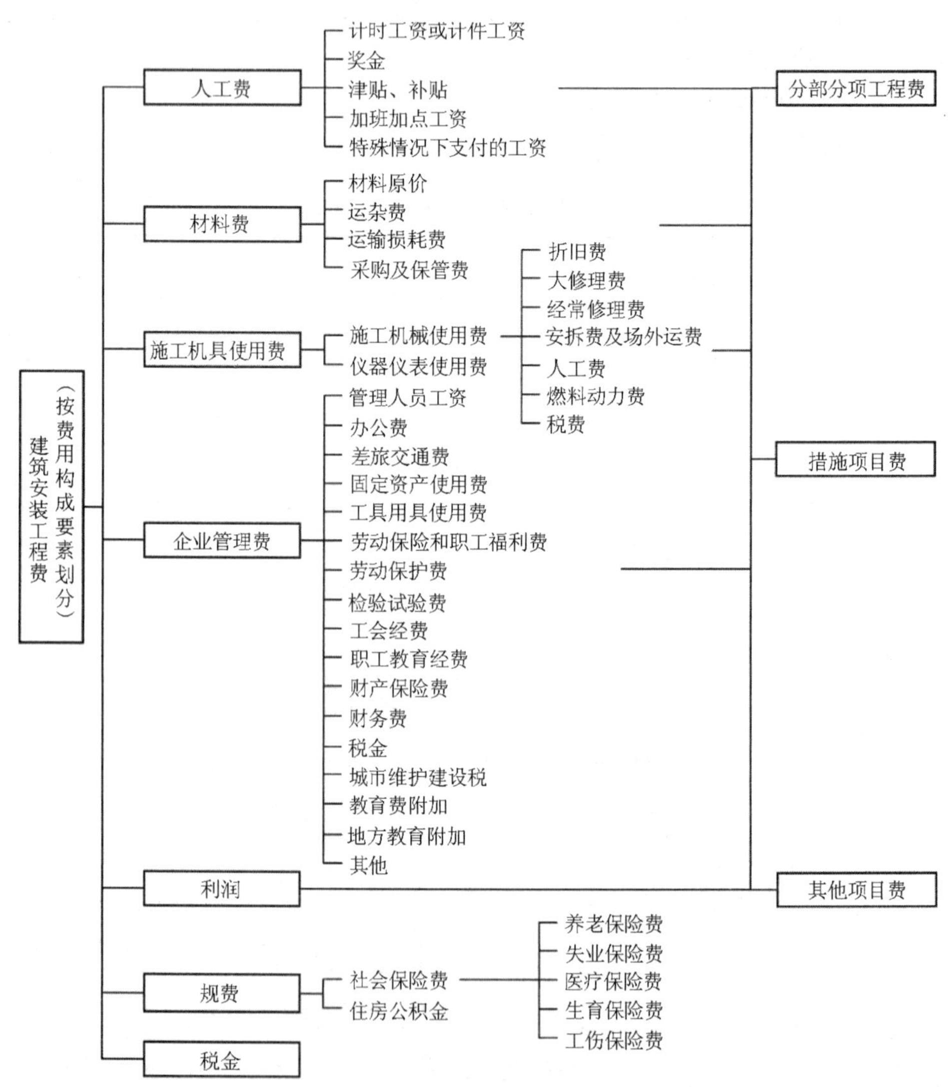

图7—1 按费用构成要素划分的建筑安装工程费用项目组成

1. 人工费

人工费是指按工资总额构成规定，支付给从事建筑安装工程施工的生产工人和附属生产单位工人的各项费用。内容包括：

（1）计时工资或计件工资：是指按计时工资标准和工作时间或对已做工作按计

件单价支付给个人的劳动报酬。

(2) 奖金：是指对超额劳动和增收节支支付给个人的劳动报酬。如节约奖、劳动竞赛奖等。

(3) 津贴补贴：是指为了补偿职工特殊或额外的劳动消耗和因其他特殊原因支付给个人的津贴，以及为了保证职工工资水平不受物价影响支付给个人的物价补贴。如流动施工津贴、特殊地区施工津贴、高温（寒）作业临时津贴、高空津贴等。

(4) 加班加点工资：是指按规定支付的在法定节假日工作的加班工资和在法定日工作时间外延时工作的加点工资。

(5) 特殊情况下支付的工资：是指根据国家法律、法规和政策规定，因病、工伤、产假、计划生育假、婚丧假、事假、探亲假、定期休假、停工学习、执行国家或社会义务等原因按计时工资标准或计时工资标准的一定比例支付的工资。

2. 材料费

材料费是指工程施工过程中耗费的各种原材料、半成品、构配件的费用，以及周转材料等的摊销、租赁费用。内容包括：

(1) 材料原价：是指材料、工程设备的出厂价格或商家供应价格。

(2) 运杂费：是指材料、工程设备自来源地运至工地仓库或指定堆放地点所发生的全部费用。

(3) 运输损耗费：是指材料在运输装卸过程中不可避免的损耗。

(4) 采购及保管费：是指为组织采购、供应和保管材料、工程设备的过程中所需要的各项费用。包括采购费、仓储费、工地保管费、仓储损耗。

工程设备是指构成或计划构成永久工程一部分的机电设备、金属结构设备、仪器装置及其他类似的设备和装置。

3. 施工机具使用费

施工机具使用费是指施工作业所发生的施工机械、仪器仪表使用费或其租赁费，包括施工机械使用费和施工仪器仪表使用费。

(1) 施工机械使用费是指施工机械作业发生的使用费或租赁费。以施工机械台班耗用量乘以施工机械台班单价表示，施工机械台班单价应由下列七项费用组成：

1) 折旧费：是指施工机械在规定的使用年限内，陆续收回其原值的费用。

2) 大修理费：是指施工机械按规定的大修理间隔台班进行必要的大修理，以恢复其正常功能所需的费用。

3) 经常修理费：是指施工机械除大修理以外的各级保养和临时故障排除所需的费用。包括为保障机械正常运转所需替换设备与随机配备工具附具的摊销和维护费用，机械运转中日常保养所需润滑与擦拭的材料费用及机械停滞期间的维护和保养费用等。

4) 安拆费及场外运费：安拆费指施工机械（大型机械除外）在现场进行安装与拆卸所需的人工、材料、机械和试运转费用以及机械辅助设施的折旧、搭设、拆除等费用；场外运费指施工机械整体或分体自停放地点运至施工现场或由一施工地点运至另一施工地点的运输、装卸、辅助材料及架线等费用。

5）人工费：是指机上司机（司炉）和其他操作人员的人工费。

6）燃料动力费：是指施工机械在运转作业中所消耗的各种燃料及水、电等产生的费用。

7）税费：是指施工机械按照国家规定应缴纳的车船使用税、保险费及年检费等。

（2）施工仪器仪表使用费：是指工程施工所需使用的仪器仪表的摊销及维修费用。

4. 企业管理费

企业管理费是指建筑安装企业组织施工生产和经营管理所需的费用。内容包括：

（1）管理人员工资：是指按规定支付给管理人员的计时工资、奖金、津贴补贴、加班加点工资及特殊情况下支付的工资等。

（2）办公费：是指企业管理办公用的文具、纸张、账表、印刷、邮电、书报、办公软件、现场监控、会议、水电、烧水和集体取暖降温（包括现场临时宿舍取暖降温）等费用。

（3）差旅交通费：是指职工因公出差调动工作的差旅费、住勤补助费，市内交通费和误餐补助费，职工探亲路费，劳动力招募费，职工退休、退职一次性路费，工伤人员就医路费，工地转移费以及管理部门使用的交通工具的油料、燃料等费用。

（4）固定资产使用费：是指管理和试验部门及附属生产单位使用的属于固定资产的房屋、设备、仪器等的折旧、大修、维修或租赁费。

（5）工具用具使用费：是指企业施工生产和管理使用的不属于固定资产的工具、器具、家具、交通工具和检验、试验、测绘、消防用具等的购置、维修和摊销费。

（6）劳动保险和职工福利费：是指由企业支付的职工退职金、按规定支付给离休干部的经费，集体福利费、夏季防暑降温费、冬季取暖补贴、上下班交通补贴等。

（7）劳动保护费：是企业按规定发放的劳动保护用品的支出。如工作服、手套、防暑降温饮料以及在有碍身体健康的环境中施工的保健费用等。

（8）检验试验费：是指施工企业按照有关标准规定，对建筑以及材料、构件和建筑安装物进行一般鉴定、检查所发生的费用，包括自设试验室进行试验所耗用的材料等费用。不包括新结构、新材料的试验费，对构件做破坏性试验及其他特殊要求检验试验的费用和发包人委托检测机构进行检测的费用，对此类检测发生的费用，由发包人在工程建设其他费用中列支。但对施工企业提供的具有合格证明的材料进行检测其结果不合格的，该检测费用由施工企业支付。

(9) 工会经费：是指企业按《工会法》规定的全部职工工资总额比例计提的工会经费。

(10) 职工教育经费：是指按职工工资总额的规定比例计提，企业为职工进行专业技术和职业技能培训，专业技术人员继续教育、职工职业技能鉴定、职业资格认定以及根据需要对职工进行各类文化教育所发生的费用。

(11) 财产保险费：是指施工管理用财产、车辆等的保险费用。

(12) 财务费：是指企业为施工生产筹集资金或提供预付款担保、履约担保、职工工资支付担保等所发生的各种费用。

(13) 税金：是指企业按规定缴纳的房产税、车船使用税、土地使用税、印花税等。

(14) 城市维护建设税：是指为了加强城市的维护建设，扩大和稳定城市维护建设资金的来源，规定凡缴纳消费税、增值税的单位和个人，都应当依照规定缴纳城市维护建设税。城市维护建设税税率如下：1) 纳税人所在地在市区的，税率为7%；2) 纳税人所在地在县城、镇的，税率为5%；3) 纳税人所在地不在市区、县城或镇的，税率为1%。

(15) 教育费附加：是对缴纳增值税、消费税的单位和个人征收的一种附加费。其作用是为了发展地方性教育事业，扩大地方教育经费的资金来源。以纳税人实际缴纳的增值税、消费税的税额为计费依据，教育费附加的征收率为3%。

(16) 地方教育附加：按照《关于统一地方教育附加政策有关问题的通知》(财综〔2010〕98号) 要求，各地统一征收地方教育附加，地方教育附加征收标准为单位和个人实际缴纳的增值税和消费税税额的2%。

(17) 其他：包括技术转让费、技术开发费、投标费、业务招待费、绿化费、广告费、公证费、法律顾问费、审计费、咨询费、保险费等。

5. 利润

利润是指企业完成承包工程所获得的盈利。

6. 规费

规费是指按国家法律、法规规定，由省级政府和省级有关权力部门规定必须缴纳或计取的费用。包括：

(1) 社会保险费

1) 养老保险费：是指企业按照规定标准为职工缴纳的基本养老保险费。

2) 失业保险费：是指企业按照规定标准为职工缴纳的失业保险费。

3) 医疗保险费：是指企业按照规定标准为职工缴纳的基本医疗保险费。

4) 生育保险费：是指企业按照规定标准为职工缴纳的生育保险费。

5) 工伤保险费：是指企业按照规定标准为职工缴纳的工伤保险费。

(2) 住房公积金：是指企业按规定标准为职工缴纳的住房公积金。

其他应列而未列入的规费，按实际发生计取。

7. 税金

建筑安装工程费用的税金是指国家税法规定应计入建筑安装工程造价内的增值

税销项税额。根据财政部、国家税务总局《关于全面推开营业税改征增值税试点的通知》(财税〔2016〕36号)要求，建筑业自2016年5月1日起纳入营业税改征增值税试点范围。

(二)按造价形成划分的建筑安装工程费用项目组成

建筑安装工程费按照工程造价形成由分部分项工程费、措施项目费、其他项目费、规费、增值税组成，其中，分部分项工程费、措施项目费、其他项目费包含人工费、材料费、施工机具使用费、企业管理费和利润(见图7—2)。

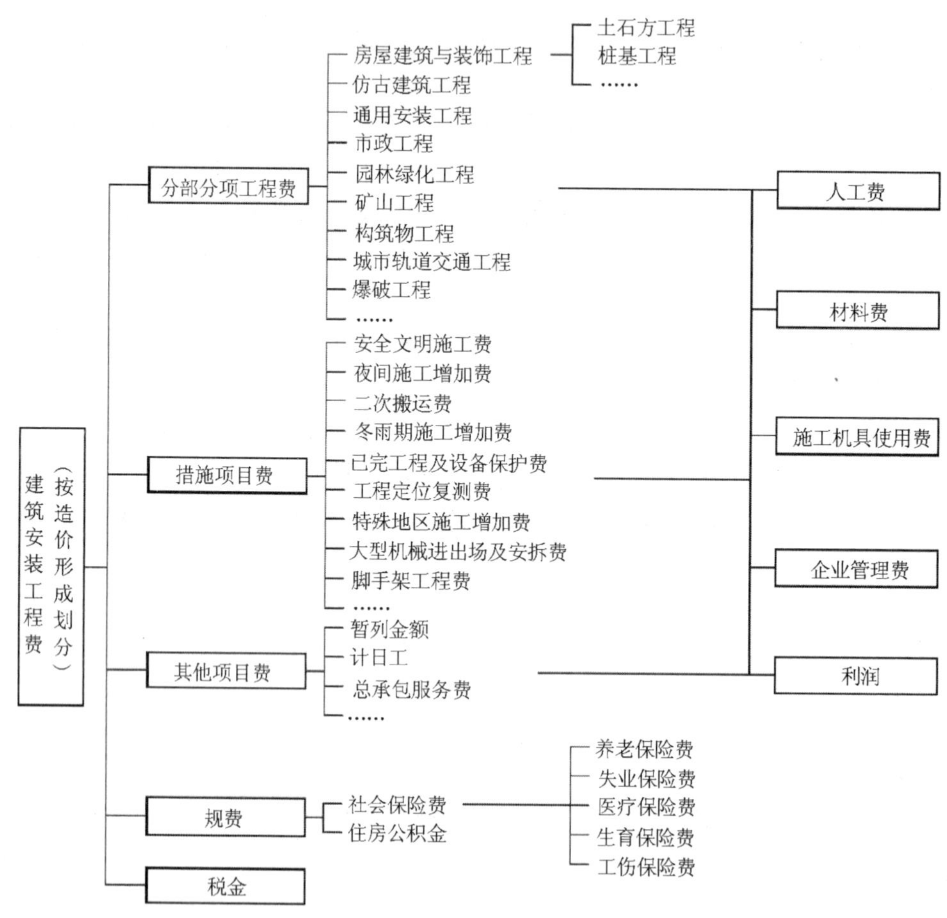

图7—2 按造价形成划分的建筑安装工程费用项目组成

1. 分部分项工程费

分部分项工程费是指各专业工程的分部分项工程应予列支的各项费用。

(1) 专业工程：是指按现行国家计量规范划分的房屋建筑与装饰工程、仿古建筑工程、通用安装工程、市政工程、园林绿化工程、矿山工程、构筑物工程、城市轨道交通工程、爆破工程等各类工程。

(2) 分部分项工程：指按现行国家计量规范对各专业工程划分的项目。如房屋建筑与装饰工程划分的土石方工程、地基处理与桩基工程、砌筑工程、钢筋及钢筋混凝土工程等。

各类专业工程的分部分项工程划分见现行国家或行业计量规范。

2. 措施项目费

措施项目费是指为完成建设工程施工，发生于该工程施工前和施工过程中的技术、生活、安全、环境保护等方面的费用。内容包括：

（1）安全文明施工费

1）环境保护费：是指施工现场为达到环保部门要求所需要的各项费用。

2）文明施工费：是指施工现场文明施工所需要的各项费用。

3）安全施工费：是指施工现场安全施工所需要的各项费用。

4）临时设施费：是指施工企业为进行建设工程施工所必须搭设的生活和生产用的临时建筑物、构筑物和其他临时设施费用。包括临时设施的搭设、维修、拆除、清理费或摊销费等。

（2）夜间施工增加费：是指因夜间施工所发生的夜班补助费、夜间施工降效、夜间施工照明设备摊销及照明用电等费用。

（3）二次搬运费：是指因施工场地条件限制而发生的材料、构配件、半成品等一次运输不能到达堆放地点，必须进行二次或多次搬运所发生的费用。

（4）冬雨季施工增加费：是指在冬季或雨季施工需增加的临时设施、防滑、排除雨雪，人工及施工机械效率降低等费用。

（5）已完工程及设备保护费：是指竣工验收前，对已完工程及设备采取的必要保护措施所发生的费用。

（6）工程定位复测费：是指工程施工过程中进行全部施工测量放线和复测工作的费用。

（7）特殊地区施工增加费：是指工程在沙漠或其边缘地区、高海拔、高寒、原始森林等特殊地区施工增加的费用。

（8）大型机械设备进出场及安拆费：是指机械整体或分体自停放场地运至施工现场或由一个施工地点运至另一个施工地点，所发生的机械进出场运输及转移费用及机械在施工现场进行安装、拆卸所需的人工费、材料费、机械费、试运转费和安装所需的辅助设施的费用。

（9）脚手架工程费：是指施工需要的各种脚手架搭、拆、运输费用以及脚手架购置费的摊销（或租赁）费用。

措施项目及其包含的内容详见各类专业工程的现行国家或行业计量规范。

3. 其他项目费

（1）暂列金额：是指发包人在工程量清单中暂定并包括在工程合同价款中的一笔款项。用于施工合同签订时尚未确定或者不可预见的所需材料、工程设备、服务的采购，施工中可能发生的工程变更、合同约定调整因素出现时的工程价款调整以及发生的索赔、现场签证确认等的费用。

（2）计日工：是指在施工过程中，承包人完成发包人提出的施工图纸以外的零星项目或工作所需的费用。

(3) 总承包服务费：是指总承包人为配合、协调发包人进行的专业工程发包，对发包人自行采购的材料、工程设备等进行保管以及施工现场管理、竣工资料汇总整理等服务所需的费用。

4. 规费：定义同上。

5. 税金：定义同上。

(三) 建筑安装工程费用计算方法

1. 各费用构成要素计算方法

(1) 人工费

人工费=Σ（工日消耗量×日工资单价） (7-1)

日工资单价=[生产工人平均月工资（计时、计件）
+平均月（奖金+津贴补贴+特殊情况下支付的工资）]
÷年平均每月法定工作日 (7-2)

注：公式（7-1）主要适用于施工企业投标报价时自主确定人工费，也是工程造价管理机构编制计价定额确定定额人工单价或发布人工成本信息的参考依据。

人工费=Σ（工程工日消耗量×日工资单价） (7-3)

注：公式（7-3）适用于工程造价管理机构编制计价定额时确定定额人工费，是施工企业投标报价的参考依据。

日工资单价是指施工企业平均技术熟练程度的生产工人在每工作日（国家法定工作时间内）按规定从事施工作业应得的日工资总额。

工程造价管理机构确定日工资单价应根据工程项目的技术要求，通过市场调查，参考实物工程量人工单价综合分析确定，最低日工资单价不得低于工程所在地人力资源和社会保障部门所发布的最低工资标准的：普工 1.3 倍；一般技工 2 倍；高级技工 3 倍。

工程计价定额不可只列一个综合工日单价，应根据工程项目技术要求和工种差别适当划分多种日人工单价，确保各分部工程人工费的合理构成。

(2) 材料费

1) 材料费

材料费=Σ（材料消耗量×材料单价） (7-4)

材料单价=(材料原价+运杂费）×[1+运输损耗率（%）]
×[1+采购保管费率（%）] (7-5)

2) 工程设备费

工程设备费=Σ（工程设备量×工程设备单价） (7-6)

工程设备单价=（设备原价+运杂费）×[1+采购保管费率（%）]
(7-7)

(3) 施工机具使用费

1) 施工机械使用费

$$\text{施工机械使用费} = \Sigma(\text{施工机械台班消耗量} \times \text{机械台班单价}) \tag{7-8}$$

$$\begin{aligned}\text{机械台班单价} = &\text{台班折旧费} + \text{台班大修费} + \text{台班经常修理费} \\ &+ \text{台班安拆费及场外运费} + \text{台班人工费} \\ &+ \text{台班燃料动力费} + \text{台班车船税费}\end{aligned} \tag{7-9}$$

折旧费计算公式为：

$$\text{台班折旧费} = \frac{\text{机械预算价格} \times (1 - \text{残值率})}{\text{耐用总台班数}} \tag{7-10}$$

$$\text{耐用总台班数} = \text{折旧年限} \times \text{年工作台班} \tag{7-11}$$

大修理费计算公式如下：

$$\text{台班大修理费} = \frac{\text{一次大修理费} \times \text{大修次数}}{\text{耐用总台班数}} \tag{7-12}$$

注：工程造价管理机构在确定计价定额中的施工机械使用费时，应根据《建筑施工机械台班费用计算规则》结合市场调查编制施工机械台班单价。施工企业可以参考工程造价管理机构发布的台班单价，自主确定施工机械使用费的报价，如租赁施工机械，公式为：

$$\text{施工机械使用费} = \Sigma(\text{施工机械台班消耗量} \times \text{机械台班租赁单价}) \tag{7-13}$$

2) 仪器仪表使用费

$$\text{仪器仪表使用费} = \text{工程使用的仪器仪表摊销费} + \text{维修费} \tag{7-14}$$

【例 7—1】 某施工机械预算价格为 100 万元，折旧年限为 10 年，年平均工作 225 个台班，残值率为 4%，则该机械台班折旧费为多少元？

解：根据计算规则，

$$\begin{aligned}\text{台班折旧费} &= \frac{\text{机械预算价格} \times (1 - \text{残值率})}{\text{耐用总台班数}} \\ &= 100 \times 10000 \times (1-4\%) / (10 \times 225) \\ &= 426.67 \text{ 元}\end{aligned}$$

(4) 企业管理费费率

1) 以分部分项工程费为计算基础

$$\text{企业管理费费率}(\%) = \frac{\text{生产工人年平均管理费}}{\text{年有效施工天数} \times \text{人工单价}} \times \text{人工费占分部分项工程费比例}(\%) \tag{7-15}$$

2) 以人工费和机械费合计为计算基础

$$\text{企业管理费费率（\%）}=\frac{\text{生产工人年平均管理费}}{\text{年有效施工天数}\times\text{（人工单价+每一工日机械使用费）}}\times100\% \quad (7-16)$$

3）以人工费为计算基础

$$\text{企业管理费费率（\%）}=\frac{\text{生产工人年平均管理费}}{\text{年有效施工天数}\times\text{人工单价}}\times100\% \quad (7-17)$$

注：上述公式适用于施工企业投标报价时自主确定管理费，是工程造价管理机构编制计价定额确定企业管理费的参考依据。

工程造价管理机构在确定计价定额中企业管理费时，应以定额人工费或（定额人工费＋定额机械费）作为计算基数，其费率根据历年工程造价积累的资料，辅以调查数据确定，列入分部分项工程和措施项目中。

（5）利润

1）施工企业根据企业自身需求并结合建筑市场实际自主确定，列入报价中。

2）工程造价管理机构在确定计价定额中利润时，应以定额人工费或定额人工费与定额机械费之和作为计算基数，其费率根据历年工程造价积累的资料，并结合建筑市场实际确定，以单位（单项）工程测算，利润在税前建筑安装工程费的比重可按不低于5%且不高于7%的费率计算。利润应列入分部分项工程和措施项目中。

（6）规费

社会保险费和住房公积金应以定额人工费为计算基础，根据工程所在地省、自治区、直辖市或行业建设主管部门规定费率计算。

社会保险费和住房公积金＝Σ（工程定额人工费×社会保险费率和住房公积金费率 （7－18）

式中：社会保险费率和住房公积金费率可按每万元发承包价的生产工人人工费、管理人员工资含量与工程所在地规定的缴纳标准综合分析取定。

规费的计价方法见表7－2。

表7－2　规费项目计价表

工程名称：　　　　　　　　　　　　　标段：

序号	项目名称	计算基础	计算基数	金额（元）
1	规费	定额人工费		
1.1	社会保障费	定额人工费		
(1)	养老保险费	定额人工费		
(2)	失业保险费	定额人工费		
(3)	医疗保险费	定额人工费		
(4)	工伤保险费	定额人工费		
(5)	生育保险费	定额人工费		
1.2	住房公积金	定额人工费		
合计				

（7）税金

建筑安装工程费用的税金是指国家税法规定应计入建筑安装工程造价内的增值税销项税额。增值税的计税方法，包括一般计税方法和简易计税方法。一般纳税人发生应税行为适用一般计税方法计税。小规模纳税人发生应税行为适用简易计税方法计税。

1）一般计税方法

当采用一般计税方法时，建筑业增值税税率为10%。计算公式为：

增值税销项税额＝税前造价×10%　　(7－19)

税前造价为人工费、材料费、施工机具使用费、企业管理费、利润和规费之和，各费用项目均不包含增值税可抵扣进项税额的价格计算。

2）简易计税方法

简易计税方法的应纳税额，是指按照销售额和增值税征收率计算的增值税额，不得抵扣进项税额。当采用简易计税方法时，建筑业增值税征收率为3%。计算公式为：

增值税＝税前造价×3%　　(7－20)

税前造价为人工费、材料费、施工机具使用费、企业管理费、利润和规费之和，各费用项目均以包含增值税进项税额的含税价格计算。

2. **建筑安装工程计价公式**

（1）分部分项工程费

分部分项工程费＝Σ（分部分项工程量×综合单价）　　(7－21)

式中：综合单价包括人工费、材料费、施工机具使用费、企业管理费和利润以及一定范围的风险费用（下同）。

（2）措施项目费

1）国家计量规范规定应予计量的措施项目，其计算公式为：

措施项目费＝Σ（措施项目工程量×综合单价）　　(7－22)

2）国家计量规范规定不宜计量的措施项目计算方法如下：

a. 安全文明施工费

安全文明施工费＝计算基数×安全文明施工费费率（%）　　(7－23)

计算基数应为定额基价（定额分部分项工程费＋定额中可以计量的措施项目费）、定额人工费（或定额人工费＋定额机械费），其费率由工程造价管理机构根据各专业工程的特点综合确定。

b. 夜间施工增加费

夜间施工增加费＝计算基数×夜间施工增加费费率（%）　　(7－24)

c. 二次搬运费

$$二次搬运费=计算基数\times二次搬运费费率（\%） \quad (7-25)$$

d. 冬雨期施工增加费

$$冬雨期施工增加费=计算基数\times冬雨期施工增加费费率（\%） \quad (7-26)$$

e. 已完工程及设备保护费

$$已完工程及设备保护费=计算基数\times已完工程及设备保护费费率（\%） \quad (7-27)$$

上述 a～b 项措施项目的计费基数应为定额人工费或（定额人工费＋定额机械费），其费率由工程造价管理机构根据各专业工程特点和调查资料综合分析后确定。

（3）其他项目费

1）暂列金额由发包人根据工程特点，按有关计价规定估算，施工过程中由发包人掌握使用，扣除合同价款调整后如有余额，归发包人。

2）计日工由发包人和承包人按施工过程中的签证计价。

3）总承包服务费由发包人在招标控制价中根据总包服务范围和有关计价规定编制，承包人投标时自主报价，施工过程中按签约合同价执行。

（4）规费和税金

发包人和承包人均应按照省、自治区、直辖市或行业建设主管部门发布的标准计算规费和税金，不得作为竞争性费用。

3. 建筑安装工程计价程序

发包人工程招标控制价计价程序见表 7—3，承包人工程投标报价计价程序见表 7—4，竣工结算计价程序见表 7—5。

表 7—3　发包人工程招标控制价计价程序

工程名称：　　　　　　　　　标段：

序号	内　　容	计算方法	金额（元）
1	分部分项工程费	按计价规定计算	
1.1			
1.2			
1.3			
……			
2	措施项目费	按计价规定计算	
2.1	其中：安全文明施工费	按规定标准计算	
3	其他项目费		
3.1	其中：暂列金额	按计价规定估算	
3.2	其中：专业工程暂估价	按计价规定估算	
3.3	其中：计日工	按计价规定估算	

续表

序号	内　　容	计算方法	金额（元）
3.4	其中：总承包服务费	按计价规定估算	
4	规费	按规定标准计算	
5	税金	税前工程造价×税率（或征收率）	
招标控制价合计=1+2+3+4+5			

表7—4　承包人工程投标报价计价程序

工程名称：　　　　　　　　标段：

序号	内　　容	计算方法	金额（元）
1	分部分项工程费	自主报价	
1.1			
1.2			
1.3			
……			
2	措施项目费	自主报价	
2.1	其中：安全文明施工费	按规定标准计算	
3	其他项目费		
3.1	其中：暂列金额	按招标文件提供金额计列	
3.2	其中：专业工程暂估价	按招标文件提供金额计列	
3.3	其中：计日工	自主报价	
3.4	其中：总承包服务费	自主报价	
4	规费	按规定标准计算	
5	税金	税前工程造价×税率（或征收率）	
投标报价合计=1+2+3+4+5			

表7—5　竣工结算计价程序

工程名称：　　　　　　　　标段：

序号	汇总内容	计算方法	金额（元）
1	分部分项工程费	按合同约定计算	
1.1			
1.2			
1.3			
……			
2	措施项目	按合同约定计算	
2.1	其中：安全文明施工费	按规定标准计算	
3	其他项目		
3.1	其中：专业工程结算价	按合同约定计算	
3.2	其中：计日工	按计日工签证计算	

续表

序号	汇总内容	计算方法	金额（元）
3.3	其中：总承包服务费	按合同约定计算	
3.4	索赔与现场签证	按发承包双方确认数额计算	
4	规费	按规定标准计算	
5	税金	税前工程造价×税率（或征收率）	
竣工结算总价合计＝1＋2＋3＋4＋5			

【例 7－2】 某高层商业办公综合楼工程建筑面积为 90586m^2。根据计算，建筑工程造价为 2300 元/m^2（不含增值税进项税额），安装工程造价为 1200 元/m^2（不含增值税进项税额），装饰装修工程造价为 1000 元/m^2（不含增值税进项税额），其中定额人工费占分部分项工程造价的 15％。措施费以分部分项工程费为计费基础，其中安全文明施工费费率为 1.5％，其他措施费费率合计 1％。其他项目费合计 800 万（不含增值税进项税额），规费费率为 8％，增值税税率为 10％，计算招标控制价。

解： 招标控制价计价程序见表 7－6。

表 7－6　招标控制价计价程序

序号	内　　容	计算方法	金额（万元）
1	分部分项工程费	(1.1＋1.2＋1.3)	40763.7
1.1	建筑工程	90586×2300	20834.78
1.2	安装工程	90586×1200	10870.32
1.3	装饰装修工程	90586×1000	9058.6
2	措施项目费	分部分项工程费×2.5％	1019.0925
2.1	其中：安全文明施工费	分部分项工程费×1.5％	611.4555
3	其他项目费		800
4	规费	分部分项工程费×15％×8％	489.16
5	税金	(1＋2＋3＋4) ×10％	4307.20
招标控制价合计＝（1＋2＋3＋4＋5）＝47379.15 万元			

第二节　工程项目设计阶段投资控制

一、设计概算的编制与审查

设计概算是以初步设计文件为依据，按照规定的程序、方法和依据，对工程项目总投资及其构成进行的概略计算。具体而言，设计概算是在投资估算的控制下由设计单位根据初步设计或扩大初步设计的图纸及说明，利用国家或地区颁发的概算指标、概算定额、综合指标预算定额、各项费用定额或取费标准（指标）、建设地区自然、技术经济条件和设备、材料预算价格等资料，按照设计要求，对工程项目从筹建至竣工交付使用所需全部费用进行的概略计算。设计概算的成果文件称作设计概算书，也简称设计概算。设计概算书是初步设计文件的重要组成部分，其特点是编制工作相对简略，无需达到施工图预算的准确程度。采用两阶段设计的工程项目，初步设计阶段必须编制设计概算；采用三阶段设计的，扩大初步设计阶段必须编制修正概算。

（一）设计概算的内容

设计概算是设计文件的重要组成部分，是由设计单位根据初步设计（或技术设计）图纸及说明、概算定额（或概算指标）、各项费用定额或取费标准（指标）、设备、材料预算价格等资料或参照类似工程预决算文件，编制和确定的工程项目从筹建至竣工交付使用所需全部费用的文件。

设计概算可分为单位工程概算、单项工程综合概算和工程项目总概算三级组成。

1. 单位工程概算

单位工程概算是确定各单位工程建设费用的文件，它是根据初步设计或扩大初步设计图纸和概算定额或概算指标以及市场价格信息等资料编制而成的。

对于一般工业与民用建筑工程而言，单位工程概算按其工程性质分为建筑工程概算和设备及安装工程概算两大类。建筑工程概算包括土建工程概算、给排水采暖工程概算、通风空调工程概算、电气照明工程概算、弱电工程概算、特殊构筑物工程概算等；设备及安装工程概算包括机械设备及安装工程概算、电气设备及安装工程概算、热力设备及安装工程概算以及工器具及生产家具购置费概算等。

单位工程概算只包括单位工程的工程费用，由人、料、机费用和企业管理费、利润、规费、税金组成。

2. 单项工程综合概算

单项工程综合概算是确定一个单项工程所需建设费用的文件，是由单项工程中的各单位工程概算汇总编制而成的，是工程项目总概算的组成部分。

3. 工程项目总概算

工程项目总概算是确定整个工程项目从筹建开始到竣工验收、交付使用所需的全部费用的文件，它由各单项工程综合概算、工程建设其他费用概算、预备费、资金筹措费概算和经营性项目铺底流动资金概算等汇总编制而成。

（二）设计概算的编制依据

设计概算编制依据主要包括以下方面：

1. 国家、行业和地方有关规定；
2. 相应工程造价管理机构发布的概算定额（或指标）；
3. 工程勘察与设计文件；
4. 拟定或常规的施工组织设计和施工方案；

5. 工程项目资金筹措方案；

6. 工程所在地编制同期的人工、材料、机械台班市场价格，以及设备供应方式及供应价格；

7. 工程项目的技术复杂程度，新技术、新材料、新工艺以及专利使用情况等；

8. 工程项目批准的相关文件、合同、协议等；

9. 政府有关部门、金融机构等发布的价格指数、利率、汇率、税率以及工程建设其他费用等；

10. 委托单位提供的其他技术经济资料等。

（三）设计概算的编制方法

设计概算包括单位工程概算、单项工程综合概算和工程项目总概算三级。首先编制单位工程概算，然后逐级汇总编制综合概算和总概算。

1. *单位工程概算的编制方法*

单位工程概算分建筑工程概算和设备及安装工程概算两大类。建筑工程概算的编制方法有概算定额法、概算指标法、类似工程预算法；设备及安装工程概算的编制方法有预算单价法、扩大单价法、设备价值百分比法和综合吨位指标法等。

(1) 建筑工程单位工程概算编制方法

1) 概算定额法

概算定额法又叫扩大单价法或扩大结构定额法。它与利用预算定额编制单位建筑工程施工图预算的方法基本相同。其不同之处在于编制概算所采用的依据是概算定额，所采用的工程量计算规则是概算工程量计算规则。该方法要求初步设计达到一定深度，建筑结构比较明确时方可采用。

利用概算定额法编制设计概算的具体步骤如下。

①按照概算定额分部分项顺序，列出各分项工程的名称。工程量计算应按概算定额中规定的工程量计算规则进行，并将计算所得各分项工程量按概算定额编号顺序，填入工程概算表内。

②确定各分部分项工程项目的概算定额单价（基价）。工程量计算完毕后，逐项套用相应概算定额单价和人工、材料消耗指标，然后分别将其填入工程概算表和工料分析表中。如遇设计图中的分项工程项目名称、内容与采用的概算定额手册中相应的项目有某些不相符时，则按规定对定额进行换算后方可套用。

有些地区根据地区人工工资、物价水平和概算定额编制了与概算定额配合使用的扩大单位估价表，该表确定了概算定额中各扩大分部分项工程或扩大结构构件所需的全部人工费、材料费、机械台班使用费之和，即概算定额单价。在采用概算定额法编制概算时，可以将计算出的扩大分部分项工程的工程量，乘以扩大单位估价表中的概算定额单价进行人、料、机费用的计算。概算定额单价的计算公式为：

概算定额单价＝概算定额人工费＋概算定额材料费＋概算定额机械台班使用费
＝Σ（概算定额中人工消耗量×人工单价）
＋Σ（概算定额中材料消耗量×材料预算单价）

$+\Sigma$（概算定额中机械台班消耗量×机械台班单价）　(7—28)

③计算单位工程的人、料、机费用。将已算出的各分部分项工程项目的工程量分别乘以概算定额单价、单位人工、材料消耗指标，即可得出各分项工程的人、料、机费用和人工、材料消耗量。再汇总各分项工程的人、料、机费用及人工、材料消耗量，即可得到该单位工程的人、料、机费用和工料总消耗量。如果规定有地区的人工、材料价差调整指标，计算人、料、机费用时，按规定的调整系数或其他调整方法进行调整计算。

④根据人、料、机费用，结合其他各项取费标准，分别计算企业管理费、利润、规费和税金。

⑤计算单位工程概算造价，其计算公式为：

单位工程概算造价＝人、料、机费用＋企业管理费＋利润＋规费＋税金　(7—29)

采用概算定额法编制的某中心医院急救中心病原实验楼土建单位工程概算书具体参见表 7—7 所示。

表 7—7　某中心医院急救中心病原实验楼土建单位工程概算书

工程定额编号	工程费用名称	计量单位	工程量	金额（元）	
				概算定额基价	合价
3—1	实心砖基础（含土方工程）	$10m^3$	19.60	1722.55	33761.98
3—27	多孔砖外墙	$100m^2$	20.78	4048.42	84126.17
3—29	多孔砖内墙	$100m^2$	21.45	5021.47	107710.53
4—21	无筋混凝土带基	m^3	521.16	566.74	295362.22
4—33	现浇混凝土矩形梁	m^3	637.23	984.22	627174.51
……	……	……	……	……	
（一）	项目人、料、机费用小计	元			7893244.79
（二）	项目定额人工费	元			1973311.20
（三）	企业管理费（一）×5％	元			394662.24
（四）	利润［（一）＋（三）］×8％	元			663032.56
（五）	规费［（二）×38％］				749858.26
（六）	税金［（一）＋（三）＋（四）＋（五）］×10％	元			970079.79
（七）	造价总计［（一）＋（三）＋（四）＋（五）＋（六）］	元			10670877.64

2）概算指标法

当初步设计深度不够，不能准确地计算工程量，但工程设计采用的技术比较成熟而又有类似工程概算指标可以利用时，可以采用概算指标法编制工程概算。概算指标法将拟建厂房、住宅的建筑面积或体积乘以技术条件相同或基本相同的概算指标而得出人、料、机费用，然后按规定计算出企业管理费、利润、规费和税金等。概算指标法计算精度较低，但由于其编制速度快，因此对一般附属、辅助和服务工程等项目，以及住宅和文化福利工程项目或投资比较小、比较简单的工程项目投资概算有一定实用价值。

(2) 设备及安装工程概算编制方法

设备及安装工程概算费用由设备购置费和安装工程费组成。

1) 设备购置费概算

设备购置费是指为项目建设而购置或自制的达到固定资产标准的设备、工器具、交通运输设备、生产家具等本身及其运杂费用。

设备购置费由设备原价和运杂费两项组成。设备购置费是根据初步设计的设备清单计算出设备原价，并汇总求出设备总价，然后按有关规定的设备运杂费率乘以设备总价，两项相加即为设备购置费概算，计算公式为：

$$设备购置费概算=\Sigma（设备清单中的设备数量\times设备原价）\times（1+运杂费率） \quad (7-30)$$

或：
$$设备购置费概算=\Sigma（设备清单中的设备数量\times设备预算价格） \quad (7-31)$$

国产标准设备原价可根据设备型号、规格、性能、材质、数量及附带的配件，向制造厂家询价或向设备、材料信息部门查询或按主管部门规定的现行价格逐项计算。

国产非标准设备原价在编制设计概算时可以根据非标准设备的类别、重量、性能、材质等情况，以每台设备规定的估价指标计算原价，也可以某类设备所规定吨重估价指标计算。

工具、器具及生产家具购置费一般以设备购置费为计算基数，按照部门或行业规定的工具、器具及生产家具费率计算。

2) 设备安装工程单位工程概算的编制方法

设备安装工程费包括用于设备、工器具、交通运输设备、生产家具等的组装和安装，以及配套工程安装而发生的全部费用。

①预算单价法。当初步设计有详细设备清单时，可直接按预算单价（预算定额单价）编制设备安装工程概算。根据计算的设备安装工程量，乘以安装工程预算单价，经汇总求得。

用预算单价法编制概算，计算比较具体，精确性较高。

②扩大单价法。当初步设计的设备清单不完备，或仅有成套设备的重量时，可采用主体设备、成套设备或工艺线的综合扩大安装单价编制概算。

③概算指标法。当初步设计的设备清单不完备，或安装预算单价及扩大综合单价不全，无法采用预算单价法和扩大单价法时，可采用概算指标编制概算。概算指标形式较多，概括起来主要可按以下几种指标进行计算。

a 按占设备价值的百分比（安装费率）的概算指标计算。

设备安装费＝设备原价×设备安装费率　　(7—32)

b 按每吨设备安装费的概算指标计算。

设备安装费＝设备总吨数×每吨设备安装费（元/吨）　　(7—33)

c 按座、台、套、组、根或功率等为计量单位的概算指标计算。如工业炉，按每台安装费指标计算；冷水箱，按每组安装费指标计算安装费等。

d 按设备安装工程每平方米建筑面积的概算指标计算。设备安装工程有时可按不同的专业内容（如通风、动力、管道等）采用每平方米建筑面积的安装费用概算指标计算安装费。

2. 单项工程综合概算的编制方法

单项工程综合概算是以其所包含的建筑工程概算表和设备及安装工程概算表为基础汇总编制的。当工程项目只有一个单项工程时，单项工程综合概算（实为总概算）还应包括工程建设其他费用概算（含资金筹措费、预备费）。

单项工程综合概算文件一般包括编制说明和综合概算表两部分。

（1）编制说明

主要包括编制依据、编制方法、主要设备和材料的数量及其他有关问题。

（2）综合概算表

综合概算表是根据单项工程所辖范围内的各单位工程概算等基础资料，按照国家规定的统一表格进行编制。综合概算表如表 7—8 所示。

表 7—8　单项工程综合概算表

综合概算编号：　　工程名称：　　单位：万元　　共　页　第　页

序号	概算编号	工程项目或费用名称	设计规模或主要工程量	建筑工程费	设备购置费	安装工程费	合计	其中：引进部分		主要技术经济指标		
								美元	折合人民币	单位	数量	单位价值
一		主要工程										
1	×	×××××										
2	×	×××××										
二		辅助工程										
1	×	×××××										
2	×	×××××										
三		配套工程										
1	×	×××××										
2	×	×××××										
		单项工程概算费用合计										

编制人：　　审核人：　　审定人：

3. 工程项目总概算的编制方法

总概算是以整个工程项目为对象，确定项目从立项开始，到竣工交付使用整个过程的全部建设费用的文件。

（1）总概算书的内容

工程项目总概算是设计文件的重要组成部分。它由各单项工程综合概算、工程建设其他费用、资金筹措费、预备费和经营性项目的铺底流动资金组成，并按主管部门规定的统一表格编制而成。

设计概算文件一般应包括以下七部分：

1）封面、签署页及目录

2）编制说明

编制说明应包括下列内容：

工程概况。简述工程项目性质、特点、生产规模、建设周期、建设地点等主要情况。对于引进项目要说明引进内容及与国内配套工程等主要情况。

资金来源及投资方式。

编制依据及编制原则。

编制方法。说明设计概算是采用概算定额法，还是采用概算指标法等。

投资分析。主要分析各项投资的比重、各专业投资的比重等经济指标。

其他需要说明的问题。

3）总概算表

总概算表应反映静态投资和动态投资两个部分。静态投资是按设计概算编制期价格、费率、利率、汇率等因素确定的投资；动态投资则是指概算编制期到竣工验收前的工程和价格变化等多种因素所需的投资。

4）工程建设其他费用概算表

工程建设其他费用概算按国家或地区或部委所规定的项目和标准确定，并按统一表式编制。

5）单项工程综合概算表

6）单位工程概算表

7）附录：补充估价表

（2）总概算表的编制方法

将各单项工程综合概算及其他工程和费用概算等汇总即为工程项目总概算。总概算由以下四部分组成：1）工程费用；2）其他费用；3）预备费；4）应列入项目概算总投资的其他费用，包括资金筹措费和铺底流动资金。工程项目总概算表如表7—9所示。

表 7—9　工程项目总概算表

工程项目：×××

总概算价值：×××　　其中回收金额：×××××

序号	综合概算编号	工程或费用名称	概算价值（万元）						技术经济指标			占投资总额（%）	备注
			建筑工程费	安装工程费	设备购置费	工器具及生产家具购置费	其他费用	合计	单位	数量	单位价值（元）		
1	2	3	4	5	6	7	8	9	10	11	12	13	14
		第一部分工程费用											
		一、主要生产工程项目											
1		×××厂房	×	×	×	×		×	×	×	×	×	
2		×××厂房	×	×	×	×		×	×	×	×	×	
		………											
		小 计	×	×	×	×		×	×	×	×	×	
		二、辅助生产项目											
3		机修车间	×	×	×	×		×	×	×	×	×	
4		木工车间	×	×	×	×		×	×	×	×	×	
		……											
		小计	×	×	×	×		×	×	×	×	×	
		三、公用设施工程项目											
5		变电所	×	×	×			×	×	×	×	×	
6		锅炉房	×	×	×			×	×	×	×	×	
		……											
		小 计	×	×	×			×	×	×	×	×	
		四、生活、福利、文化教育及服务项目											
7		职工住宅	×					×	×	×	×	×	
8		办公楼	×			×		×	×	×	×	×	
		……											
		小计	×			×		×	×	×	×	×	
		第一部分工程费用合计	×	×	×	×		×					
		第二部分其他工程和费用项目											
9		土地使用费					×	×					
10		勘察设计费					×	×					
		……											
		第二部分其他工程和费用合计					×	×					
		第一、二部分工程费用总计	×	×	×	×	×	×					
11		预备费				×	×	×					
12		资金筹措费	×	×	×	×	×	×					
13		铺底流动资金	×	×	×	×	×	×					
14		总概算价值											
15		其中：回收金额											
16		投资比例（%）											

审核：　　　　核对：　　　　编制：　　　　年　月　日

（四）设计概算的审查

1. 设计概算编制依据的审查

（1）合法性审查。采用的各种编制依据必须经过国家或授权机关的批准，符合国家的编制规定。未经过批准的不得采用，不得强调特殊理由擅自提高费用标准。

（2）时效性审查。对定额、指标、价格、取费标准等各种依据，都应根据国家有关部门的现行规定执行。对颁发时间较长、已不能全部适用的应按有关部门规定的调整系数执行。

（3）适用范围审查。各主管部门、各地区规定的各种定额及其取费标准均有其各自的适用范围，特别是各地区间的材料预算价格区域性差别较大，在审查时应给予高度重视。

2. 建筑工程概算的审查

（1）工程量审查。根据初步设计图纸、概算定额、工程量计算规则的要求进行审查。

（2）采用的定额或指标的审查。审查定额或指标的使用范围、定额基价、指标的调整、定额或指标缺项的补充等。其中，审查补充的定额或指标时，其项目划分、内容组成、编制原则等须与现行定额水平相一致。

（3）材料预算价格的审查。以耗用量最大的主要材料作为审查的重点，同时着重审查材料原价、运输费用及节约材料运输费用的措施。

（4）各项费用的审查。审查各项费用所包含的具体内容是否重复计算或遗漏、取费标准是否符合国家有关部门或地方规定的标准。

3. 设备及安装工程概算的审查

设备及安装工程概算审查的重点是设备清单与安装费用的计算。

（1）标准设备原价，应根据设备被管辖的范围，审查各级规定的价格标准。

（2）非标准设备原价，除审查价格的估算依据、估算方法外还要分析研究非标准设备估价准确度的有关因素及价格变动规律。

（3）设备运杂费审查，需注意：1）设备运杂费率应按主管部门或省、自治区、直辖市规定的标准执行；2）若设备价格中已包括包装费和供销部门手续费时不应重复计算，应相应降低设备运杂费率。

（4）进口设备费用的审查，应根据设备费用各组成部分及国家设备进口、外汇管理、海关、税务等有关部门不同时期的规定进行。

（5）设备安装工程概算的审查，除编制方法、编制依据外，还应注意审查：1）采用预算单价或扩大综合单价计算安装费时的各种单价是否合适、工程量计算是否符合规则要求、是否准确无误；2）当采用概算指标计算安装费时采用的概算指标是否合理、计算结果是否达到精度要求；3）审查所需计算安装费的设备数量及种类是否符合设计要求，避免某些不需安装的设备安装费计入在内。

4. 综合概算和总概算的审查

（1）审查概算的编制是否符合国家经济建设方针、政策的要求，根据当地自然条件、施工条件和影响造价的各种因素，实事求是地确定项目总投资。

(2) 审查概算的投资规模、生产能力、设计标准、建设用地、建筑面积、主要设备、配套工程、设计定员等是否符合原批准可行性研究报告或立项批文的标准。如概算总投资超过原批准投资估算10%以上，应进一步审查超估算的原因。

(3) 审查其他具体项目：1) 审查各项技术经济指标是否经济合理；2) 审查费用项目是否按国家统一规定计列，具体费率或计取标准是否按国家、行业或有关部门规定计算，有无随意列项，有无多列、交叉计列和漏项等。

5. 设计概算审查的方法

(1) 对比分析法

对比分析法主要是指通过建设规模、标准与立项批文对比，工程数量与设计图纸对比，综合范围、内容与编制方法、规定对比，各项取费与规定标准对比，材料、人工单价与统一信息对比，技术经济指标与同类工程对比等等。通过以上对比分析，容易发现设计概算存在的主要问题和偏差。

(2) 查询核实法

查询核实法是对一些关键设备和设施、重要装置、引进工程图纸不全、难以核算的较大投资进行多方查询核对，逐项落实的方法。主要设备的市场价向设备供应部门或招标公司查询核实；重要生产装置、设施向同类企业（工程）查询了解；进口设备价格及有关费税向进出口公司调查落实；复杂的建安工程向同类工程的建设、承包、施工单位征求意见；深度不够或不清楚的问题直接向原概算编制人员、设计者询问。

(3) 联合会审法

联合会审前，可先采取多种形式分头审查，包括：设计单位自审，主管、建设、承包单位初审，工程造价咨询公司评审，邀请同行专家预审，审批部门复审等，经层层审查把关后，由有关单位和专家进行联合会审。在会审大会上，由设计单位介绍概算编制情况及有关问题，各有关单位、专家汇报初审及预审意见。然后进行认真分析、讨论，结合对各专业技术方案的审查意见所产生的投资增减，逐一核实原概算出现的问题。经过充分协商，认真听取设计单位意见后，实事求是地处理、调整。

二、施工图预算的编制与审查

施工图预算是以施工图设计文件为依据，按照规定的程序、方法和依据，在工程施工前对工程项目的工程费用进行的预测与计算。施工图预算的成果文件称作施工图预算书，简称施工图预算，它是在施工图设计阶段对工程建设所需资金作出较精确计算的设计文件。

(一) 施工图预算的编制内容

1. 施工图预算文件的组成

施工图预算由工程项目总预算、单项工程综合预算和单位工程预算组成。工程项目总预算由单项工程综合预算汇总而成，单项工程综合预算由组成本单项工程的各单位工程预算汇总而成，单位工程预算包括建筑工程预算和设备及安装工程预算。

施工图预算根据工程项目实际情况可采用三级预算编制或二级预算编制形式。当工程项目有多个单项工程时，应采用三级预算编制形式，三级预算编制形式由工程项目总预算、单项工程综合预算、单位工程预算组成。当工程项目只有一个单项工程时，应采用二级预算编制形式，二级预算编制形式由工程项目总预算和单位工程预算组成。

采用三级预算编制形式的工程预算文件包括：封面、签署页及目录、编制说明，总预算表、综合预算表、单位工程预算表、附件等内容。采用二级预算编制形式的工程预算文件包括：封面、签署页及目录、编制说明，总预算表、单位工程预算表、附件等内容。

2. 施工图预算的内容

按照预算文件的不同，施工图预算的内容有所不同。工程项目总预算是反映施工图设计阶段工程项目投资总额的造价文件，是施工图预算文件的主要组成部分。由组成该工程项目的各个单项工程综合预算和相关费用组成。具体包括：建筑安装工程费、设备及工器具购置费、工程建设其他费用、预备费、资金筹措费及铺底流动资金。施工图总预算应控制在已批准的设计总概算投资范围以内。

单项工程综合预算是反映施工图设计阶段一个单项工程（设计单元）造价的文件，是总预算的组成部分，由构成该单项工程的各个单位工程施工图预算组成。其编制的费用项目是各单项工程的建筑安装工程费和设备及工器具购置费总和。

单位工程预算是依据单位工程施工图设计文件、现行预算定额以及人工、材料和施工机械台班价格等，按照规定的计价方法编制的工程造价文件。包括单位建筑工程预算和单位设备及安装工程预算。单位建筑工程预算是建筑工程各专业单位工程施工图预算的总称，按其工程性质分为一般土建工程预算，给排水工程预算，采暖通风工程预算，煤气工程预算，电气照明工程预算，弱电工程预算，特殊构筑物如烟窗、水塔等工程预算以及工业管道工程预算等。安装工程预算是安装工程各专业单位工程预算的总称，安装工程预算按其工程性质分为机械设备安装工程预算、电气设备安装工程预算、工业管道工程预算和热力设备安装工程预算等。

（二）施工图预算的编制依据

施工图预算的编制依据应包括下列内容：

1. 国家、行业和地方有关规定；

2. 相应工程造价管理机构发布的预算定额；

3. 施工图设计文件及相关标准图集和规范；

4. 项目相关文件、合同、协议等；

5. 工程所在地的人工、材料、设备、施工机械市场价格；

6. 施工组织设计和施工方案；

7. 项目的管理模式、发包模式及施工条件；

8. 其他应提供的资料。

（三）施工图预算的编制方法

主要介绍单位工程预算的编制方法。单位工程预算包括建筑工程预算和设备及安装工程预算。

单位工程预算的编制方法主要有定额单价法和工程量清单单价法。

1. 定额单价法

定额单价法是用事先编制好的分项工程的定额单价来编制施工图预算的方法。根据施工图设计文件和预算定额，按分部分项工程顺序先计算出分项工程量，然后乘以对应的定额单价，求出分项工程人、料、机费用；将分项工程人、料、机费用汇总为单位工程人、料、机费用；汇总后另加企业管理费、利润、规费和税金生成单位工程的施工图预算。

定额单价法编制施工图预算的基本步骤如下。

（1）准备资料，熟悉施工图纸

准备施工图纸、施工组织设计、施工方案、现行建筑安装定额、取费标准、统一工程量计算规则和地区材料预算价格等各种资料。在此基础上详细了解施工图纸，全面分析工程各分部分项工程，充分了解施工组织设计和施工方案，注意影响费用的关键因素。

（2）计算工程量

工程量计算一般按如下步骤进行：

1）根据工程内容和定额项目，列出需计算工程量的分部分项工程；

2）根据一定的计算顺序和计算规则，列出分部分项工程量的计算式；

3）根据施工图纸上的设计尺寸及有关数据，代入计算式进行数值计算；

4）对计算结果的计量单位进行调整，使之与定额中相应的分部分项工程的计量单位保持一致。

（3）套用定额单价，计算人、料、机费用

核对工程量计算结果后，利用地区统一的分项工程定额单价，计算出各分项工程合价，汇总求出单位工程人、料、机费用。

单位工程人、料、机费用计算公式如下：

$$\text{单位工程人、料、机费用}=\Sigma（\text{分项工程量}\times\text{定额单价}） \tag{7-34}$$

计算人、料、机费用时需注意以下几项内容：

1）分项工程的名称、规格、计量单位与定额单价中所列内容完全一致时，可以直接套用定额单价；

2）分项工程的主要材料品种与定额单价中规定材料不一致时，不可以直接套用定额单价，需要按实际使用材料价格换算定额单价；

3）分项工程施工工艺条件与定额单价或单位估价表不一致而造成人工、机械的数量增减时，一般调量不换价；

4）分项工程不能直接套用定额、不能换算和调整时，应编制补充定额单价。

（4）编制工料分析表

根据各分部分项工程项目实物工程量和预算定额项目中所列的用工及材料数量，计算各分部分项工程所需人工及材料数量，汇总后算出该单位工程所需各类人工、材料的数量。

（5）按计价程序计取其他费用，并汇总造价

根据规定的税率、费率和相应的计取基础，分别计算企业管理费、利润、规费、税金。将上述费用累计后与人、料、机费用进行汇总，求出单位工程预算造价。企业管理费、利润、规费、税金的计取程序见第一节第二部分建筑安装工程费用计算。

（6）复核

对项目填列、工程量计算公式、计算结果、套用的单价、采用的取费费率、数字计算、数据精确度等进行全面复核，以便及时发现差错，及时修改，提高预算的准确性。

（7）编制说明、填写封面

编制说明主要应写明预算所包括的工程内容范围、依据的图纸编号、承包方式、有关部门现行的调价文件号、套用单价需要补充说明的问题及其他需说明的问题等。封面应写明工程编号、工程名称、预算总造价和单方造价、编制单位名称、负责人和编制日期以及审核单位的名称、负责人和审核日期等。

定额单价法的编制步骤可参见图7—3所示。

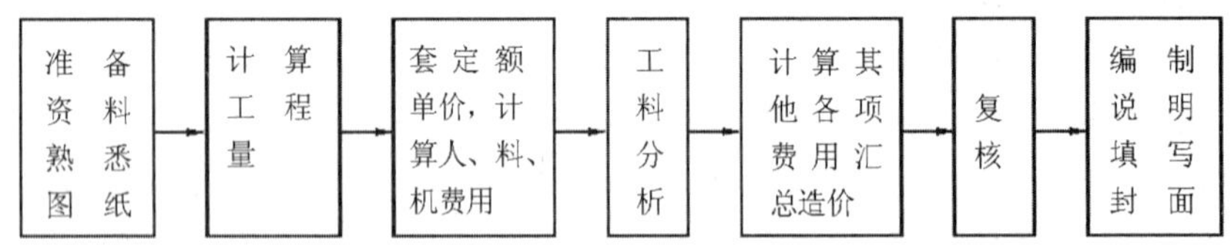

图7—3 定额单价法的编制步骤

2. 工程量清单单价法

工程量清单单价法是根据国家统一的工程量计算规则计算工程量，采用综合单价的形式计算工程造价的方法。

综合单价是指分部分项工程单价综合了人、料、机费用及其以外的多项费用内容。按照单价综合内容的不同，综合单价可分为全费用综合单价和部分费用综合单价。

（1）全费用综合单价

全费用综合单价即单价中综合了人、料、机费用，企业管理费，规费，利润和税金等，以各分项工程量乘以综合单价的合价汇总后，就生成工程承发包价。

（2）部分费用综合单价

我国目前实行的工程量清单计价采用的综合单价是部分费用综合单价，分部分项工程、措施项目、其他项目单价中综合了人、料、机费用、管理费、利润，以及一定范围内的风险费用，单价中未包括规费和税金，是不完全费用综合单价。以各

分项工程量乘以部分费用综合单价的合价汇总，再加上项目措施费、其他项目费、规费和税金后，生成工程承发包价。

（四）施工图预算案例

某住宅楼项目主体设计采用七层轻型框架结构，基础形式为钢筋混凝土筏式基础。

采用定额单价法编制某住宅楼基础工程预算书具体参见表7—10所示。

表7—10 采用定额单价法编制某住宅楼基础工程预算书

工程定额编号	工程费用名称	计量单位	工程量	金额（元）	
				单价	合价
1—48	平整场地	$100m^2$	15.21	112.55	1711.89
1—149	机械挖土	$1000m^3$	2.78	1848.42	5138.61
8—15	碎石掺土垫层	$10m^3$	31.45	1004.47	31590.58
8—25	C10混凝土垫层	$10m^3$	21.1	2286.4	48243.04
5—14	C20带形钢筋混凝土基础（筋模）	$10m^3$	37.23	2698.22	100454.73
5—479	C20带形钢筋混凝土筋模	$10m^3$	37.23	2379.69	88595.86
5—25	C20独立式混凝土筋模	$10m^3$	4.33	2014.47	8722.66
5—481	独立式混凝土	$10m^3$	4.33	2404.48	10411.40
5—110	矩形柱筋模（1.8m）	$10m^3$	0.92	5377.06	4946.90
5—489	矩形柱混凝土	$10m^3$	0.92	3029.82	2787.43
5—8	带形无筋混凝土基础模板（C10）	$10m^3$	5.43	604.38	3281.78
5—479	带形无筋混凝土	$10m^3$	5.43	2379.69	12921.72
4—1	砖基础M5砂浆	$10m^3$	3.5	1306.9	4574.15
9—128	基础防潮层平面	$100m^2$	0.32	925.08	296.03
3—23	满堂红脚手架	$100m^2$	10.3	416.16	4286.45
1—51	回填土	$100m^3$	12.61	720.45	9084.87
16—36	挖土机场外运输				0.00
16—38	推土机场外运输				0.00
	C10混凝土差价		265.3	84.9	22523.97
	C20混凝土差价		424.8	101.14	42964.27
	商品混凝土运费		690.1	50	34505.00
（一）	项目人、料、机费用小计	元			437041.33
（二）	工程定额人工费小计				109260.33
（三）	企业管理费［（一）×10%］	元			43704.13
（四）	利润［（一）＋（三）］×5%	元			24037.27
（五）	规费［（二）×38%］	元			41518.93
（六）	税金［（一）＋（三）＋（四）＋（五）］×10%	元			54630.17
（七）	造价总计［（一）＋（三）＋（四）＋（五）＋（六）］	元			600931.83

（五）施工图预算的审查

1. 施工图预算审查的内容

施工图预算审查的重点是工程量计算是否准确，定额套用、各项取费标准是否符合现行规定或单价计算是否合理等方面。审查的主要内容如下：

（1）审查施工图预算的编制是否符合现行国家、行业、地方政府有关法律、法规和规定要求。

（2）审查工程量计算的准确性、工程量计算规则与计价规范规则或定额规则的一致性。

（3）审查在施工图预算的编制过程中，各种计价依据使用是否恰当，各项费率计取是否正确；审查依据主要有施工图设计资料、有关定额、施工组织设计、有关造价文件规定和技术规范、规程等。

（4）审查各种要素市场价格选用是否合理。

（5）审查施工图预算是否超过设计概算以及进行偏差分析。

2. 施工图预算审查的步骤

（1）审查前准备工作

1）熟悉施工图纸。施工图纸是编制与审查预算的重要依据，必须全面熟悉了解。

2）根据预算编制说明，了解预算包括的工程范围。如配套设施、室外管线、道路以及会审图纸后的设计变更等。

3）弄清所用单位估价表的适用范围，搜集并熟悉相应的单价、定额资料。

（2）选择审查方法、审查相应内容

工程规模、繁简程度不同，编制施工图预算的繁简和质量就不同，应选择适当的审查方法进行审查。

（3）整理审查资料并调整定案

综合整理审查资料，同编制单位交换意见，定案后编制调整预算。经审查若发现差错，应与编制单位协商，统一意见后进行相应增加或核减的修正。

3. 施工图预算审查的方法

施工图预算的审查可采用全面审查法、标准预算审查法、分组计算审查法、对比审查法、筛选审查法、重点审查法、分解对比审查法等。

（1）全面审查法

全面审查法又称逐项审查法，即按定额顺序或施工顺序，对各项工程细目逐项全面详细审查的一种方法。其优点是全面、细致，审查质量高、效果好。缺点是工作量大，时间较长。这种方法适合于一些工程量较小、工艺比较简单的工程。

（2）标准预算审查法

标准预算审查法就是对利用标准图纸或通用图纸施工的工程，先集中力量编制标准预算，以此为准来审查工程预算的一种方法。按标准设计图纸施工的工程，一般上部结构和做法相同，只是根据现场施工条件或地质情况不同，仅对基础部分做局部改变。凡这样的工程，以标准预算为准，对局部修改部分单独审查即可，不需逐一详细审查。该方法的优点是时间短、效果好、易定案。其缺点是适用范围小，仅适用于采用标准图纸的工程。

（3）分组计算审查法

分组计算审查法就是把预算中有关项目按类别划分若干组，利用同组中的一组数据审查分项工程量的一种方法。这种方法首先将若干分部分项工程按相邻且有一定内在联系的项目进行编组，利用同组分项工程间具有相同或相近计算基数的关系，审查一个分项工程数据，由此判断同组中其他几个分项工程的准确程度。如一般的建筑工程中将底层建筑面积可编为一组。先计算底层建筑面积或楼（地）面面积，从而得知楼面找平层、天棚抹灰的工程量等，依次类推。该方法特点是审查速度快、工作量小。

（4）对比审查法

对比审查法是当工程条件相同时，用已完工程的预算或未完但已经过审查修正的工程预算对比审查拟建工程的同类工程预算的一种方法。采用该方法一般须符合下列条件：

1）拟建工程与已完或在建工程预算采用同一施工图，但基础部分和现场施工条件不同，则相同部分可采用对比审查法。

2）工程设计相同，但建筑面积不同，两工程的建筑面积之比与两工程各分部分项工程量之比大体一致。此时可按分项工程量的比例，审查拟建工程各分部分项工程的工程量，或用两工程每平方米建筑面积造价、每平方米建筑面积的各分部分项工程量对比进行审查。

3）两工程面积相同，但设计图纸不完全相同，则相同的部分，如厂房中的柱子、屋架、屋面、砖墙等，可进行工程量的对照审查。对不能对比的分部分项工程可按图纸计算。

（5）筛选审查法

“筛选”是能较快发现问题的一种方法。建筑工程虽面积和高度不同，但其各分部分项工程的单位建筑面积指标变化却不大。将这样的分部分项工程加以汇集、优选，找出其单位建筑面积工程量、单价、用工的基本数值，归纳为工程量、价格、用工三个单方基本指标，并注明基本指标的适用范围。这些基本指标用来筛选各分部分项工程，对不符合条件的应进行详细审查，若审查对象的预算标准与基本指标的标准不符，就应对其进行调整。

“筛选法”的优点是简单易懂，便于掌握，审查速度快，便于发现问题。但问题出现的原因尚需继续审查。该方法适用于审查住宅工程或不具备全面审查条件的工程。

（6）重点审查法

重点审查法就是抓住施工图预算中的重点进行审核的方法。审查的重点一般是工程量大或者造价较高的各种工程、补充定额、计取的各项费用（计费基础、取费标准）等。重点审查法的优点是突出重点，审查时间短、效果好。

4. 财政部对预算评审的要求

根据财政部办公厅财办建〔2002〕619号文件《财政投资项目评审操作规程（试行）》的规定，对工程项目预算的评审包括以下内容：

（1）项目预算评审包括对项目建设程序、建筑安装工程预算、设备投资预算、待摊投资预算和其他投资预算等的评审。

（2）项目预算应由项目建设单位提供，项目建设单位委托其他单位编制项目预算的，由项目单位确认后报送评审机构进行评审。项目建设单位没有编制项目预算的，评审机构应督促项目建设单位尽快编制。

（3）项目建设程序评审包括对项目立项、项目可行性研究报告、项目初步设计概算、项目征地拆迁及开工报告等批准文件的程序性评审。

（4）建筑安装工程预算评审包括对工程量计算、预算定额选用、取费及材料价格等进行评审。

1）工程量计算的评审包括：

①审查工程量计算规则的选用是否正确；

②审查工程量的计算是否存在重复计算现象；

③审查工程量汇总计算是否正确；

④审查施工图设计中是否存在擅自扩大建设规模、提高建设标准等现象。

2）定额套用、取费和材料价格的评审包括：

①审查是否存在高套、错套定额现象；

②审查是否按照有关规定计取企业管理费、规费及税金；

③审查材料价格的计取是否正确。

（5）设备投资预算评审，主要对设备型号、规格、数量及价格进行评审。

（6）待摊投资预算和其他投资预算的评审，主要对项目预算中除建筑安装工程预算、设备投资预算之外的项目预算投资进行评审。评审内容包括：

1）建设单位管理费、勘察设计费、监理费、研究试验费、招投标费、贷款利息等待摊投资预算，按国家规定的标准和范围等进行评审；对土地使用权费用预算进行评审时，应在核定用地数量的基础上，区别土地使用权的不同取得方式进行评审。

2）其他投资的评审，主要评审项目建设单位按预算内容发生并构成基本建设实际支出的房屋购置和基本禽畜、林木等购置、饲养、培育支出以及取得各种无形资产和其他资产等发生的支出。

（7）部分项目发生的特殊费用，应视项目建设的具体情况和有关部门的批复意见进行评审。

（8）对已招投标或已签订相关合同的项目进行预算评审时，应对招投标文件、过程和相关合同的合法性进行评审，并据此核定项目预算。对已开工的项目进行预算评审时，应对截止评审日的项目建设实施情况，分别按已完、在建和未建工程进行评审。

(9) 预算评审时需要对项目投资细化、分类的，按财政细化基本建设投资项目预算的有关规定进行评审。

第三节 工程项目招标阶段的投资控制

一、工程量清单编制

(一) 工程量清单计价规范概述

工程量清单计价是一种主要由市场定价的计价模式。为适应我国工程投资体制改革和建设管理体制改革的需要，加快我国建筑工程计价模式与国际接轨的步伐，自 2003 年起开始在全国范围内逐步推广工程量清单计价方法。使用国有资金投资的建设工程发承包，必须采用工程量清单计价；非国有资金投资的建设工程，宜采用工程量清单计价；不采用工程量清单计价的建设工程，应执行《建设工程工程量清单计价规范》除工程量清单等专门性规定外的其他规定。

《建设工程工程量清单计价规范》GB 50500—2013 包括规范条文和附录两部分。规范条文共 16 章：总则、术语、一般规定、工程量清单编制、招标控制价、投标报价、合同价款约定、工程计量、合同价款调整、合同价款期中支付、竣工结算与支付、合同解除的价款结算与支付、合同价款争议的解决、工程造价鉴定、工程计价资料与档案、工程计价表格，具体内容涵盖了从工程招投标开始到工程竣工结算办理完毕的全过程。附录共有十一个，附录 A 规定了物价变化合同价款调整办法，附录 B～附录 K 是在计价表格基础上编写形成的，分别为：工程计价文件封面、工程计价文件扉页、工程计价总说明、工程计价汇总表、分部分项工程和单价措施项目清单与计价表、其他项目计价表、规费和税金项目计价表、工程量申请（核准）表、合同价款支付申请（核准）表、主要材料和工程设备一览表。

(二) 工程量清单编制的方法

招标工程量清单必须作为招标文件的组成部分，由招标人提供，并对其准确性和完整性负责。招标工程量清单是工程量清单计价的基础，应作为编制招标控制价、投标报价、计算或调整工程量、索赔等的依据之一，一经中标签订合同，招标工程量清单即为合同的组成部分。招标工程量清单应由具有编制能力的招标人或受其委托、具有相应资质的工程造价咨询人进行编制。

招标工程量清单应以单位（项）工程为单位编制，应由分部分项工程量清单、措施项目清单、其他项目清单、规费和税金项目清单组成。招标工程量清单编制的依据有：

(1)《建设工程工程量清单计价规范》GB 50500—2013 和相关工程的国家计量规范；

(2) 国家或省级、行业建设主管部门颁发的计价定额和办法；

(3) 建设工程设计文件及相关材料；

（4）与建设工程有关的标准、规范、技术资料；

（5）拟定的招标文件；

（6）施工现场情况、地勘水文资料、工程特点及常规施工方案；

（7）其他相关资料。

1. 分部分项工程项目清单的编制

分部分项工程量清单所反映的是拟建工程分部分项工程项目名称和相应数量的明细清单，招标人负责编制，包括项目编码、项目名称、项目特征、计量单位、工程量和工作内容。

（1）项目编码的设置

项目编码是分部分项工程和措施项目清单名称的阿拉伯数字标识。分部分项工程量清单项目编码分五级设置，用 12 位阿拉伯数字表示。

（2）项目名称的确定

分部分项工程量清单的项目名称应根据《计量规范》的项目名称结合拟建工程的实际确定。《计量规范》中规定的“项目名称”为分项工程项目名称，一般以工程实体命名。编制工程量清单时，应以附录中的项目名称为基础，考虑该项目的规格、型号、材质等特征要求，并结合拟建工程的实际情况，对其进行适当的调整或细化，使其能够反映影响工程造价的主要因素。如《房屋建筑与装饰工程工程量计算规范》GB 50854—2013 中编号为“010502001”的项目名称为“矩形柱”，可根据拟建工程的实际情况写成“C30 现浇混凝土矩形柱 400×400”。

（3）项目特征的描述

项目特征是指构成分部分项工程量清单项目、措施项目自身价值的本质特征。分部分项工程量清单项目特征应按《计量规范》的项目特征，结合拟建工程项目的实际予以描述。分部分项工程量清单的项目特征是确定一个清单项目综合单价的重要依据，在编制的工程量清单中必须对其项目特征进行准确和全面的描述。

（4）计量单位的选择

分部分项工程量清单的计量单位应按《计量规范》的计量单位确定。当计量单位有两个或两个以上时，应根据所编工程量清单项目的特征要求，选择最适宜表述该项目特征并方便计量的单位。

（5）工程量的计算

分部分项工程量清单中所列工程量应按《计量规范》的工程量计算规则计算。工程量计算规则是指对清单项目工程量计算的规定。除另有说明外，所有清单项目的工程量以实体工程量为准，并以完成后的净值来计算。因此，在计算综合单价时应考虑施工中的各种损耗和需要增加的工程量，或在措施费清单中列入相应的措施费用。采用工程量清单计算规则，工程实体的工程量是唯一的。统一的清单工程量为各投标人提供了一个公平竞争的平台，也方便招标人对各投标人的报价进行对比。

(6) 补充项目

编制工程量清单时如果出现《计量规范》附录中未包括的项目，编制人应做补充，并报省级或行业工程造价管理机构备案。补充项目的编码由对应计量规范的代码X（即01～09）与B和三位阿拉伯数字组成，并应从×B001起顺序编制，同一招标工程的项目不得重码。工程量清单中需附有补充项目的名称、项目特征、计量单位、工程量计算规则、工作内容。

2. 措施项目清单的编制

措施项目清单是指为完成工程项目施工，发生于该工程施工准备和施工过程中的技术、生活、安全、环境保护等方面的项目清单。鉴于已将“08规范”中“通用措施项目一览表”中的内容列入相关工程国家计量规范，因此《建设工程工程量清单计价规范》GB 50500—2013规定：措施项目清单必须根据相关工程现行国家计量规范的规定编制。规范中将措施项目分为能计量和不能计量的两类。对能计量的措施项目（即单价措施项目），同分部分项工程量一样，编制措施项目清单时应列出项目编码、项目名称、项目特征、计量单位，并按现行计量规范规定，采用对应的工程量计算规则计算其工程量。对不能计量的措施项目（即总价措施项目），措施项目清单中仅列出了项目编码、项目名称，但未列出项目特征、计量单位的项目，编制措施项目清单时，应按现行计量规范附录（措施项目）的规定执行。由于工程建设施工特点和承包人组织施工生产的施工装备水平、施工方案及其管理水平的差异，同一工程、不同承包人组织施工采用的施工措施有时并不完全一致，因此，《建设工程工程量清单计价规范》GB 50500—2013规定：措施项目清单应根据拟建工程的实际情况列项。

措施项目清单的编制应考虑多种因素，除了工程本身的因素外，还要考虑水文、气象、环境、安全和施工企业的实际情况。措施项目清单的设置，需要：

(1) 参考拟建工程的常规施工组织设计，以确定环境保护、安全文明施工、临时设施、材料的二次搬运等项目；

(2) 参考拟建工程的常规施工技术方案，以确定大型机械设备进出场及安拆、混凝土模板及支架、脚手架、施工排水、施工降水、垂直运输机械、组装平台等项目；

(3) 参阅相关的施工规范与工程验收规范，以确定施工方案没有表述的但为实现施工规范与工程验收规范要求而必须发生的技术措施；

(4) 确定设计文件中不足以写进施工方案，但要通过一定的技术措施才能实现的内容；

(5) 确定招标文件中提出的某些需要通过一定的技术措施才能实现的要求。

3. 其他项目清单的编制

其他项目清单是指分部分项工程量清单、措施项目清单所包含的内容以外，因招标人的特殊要求而发生的与拟建工程有关的其他费用项目和相应数量的清单。工程建设标准的高低、工程的复杂程度、工程的工期长短、工程的组成内容、发包人对工程管理的要求等都直接影响其他项目清单的具体内容。因此，其他项目清单应根据拟建工程的具体情况，参照《建设工程工程量清单计价规范》GB 50500—2013提供的下列四项内容列项：

（1）暂列金额；

（2）暂估价：包括材料暂估单价、工程设备暂估价、专业工程暂估价；

（3）计日工；

（4）总承包服务。

出现《建设工程工程量清单计价规范》GB 50500—2013未列的项目，可根据工程实际情况补充。

（1）暂列金额

暂列金额是招标人暂定并包括在合同中的一笔款项。用于施工合同签订时尚未确定或者不可预见的所需材料、设备、服务的采购，施工中可能发生的工程变更、合同约定调整因素出现时的工程价款调整以及发生的索赔、现场签证确认等的费用。

（2）暂估价

暂估价是指招标人在工程量清单中提供的用于支付必然发生但暂时不能确定价格的材料价款、工程设备价款以及专业工程金额。暂估价是在招标阶段预见肯定要发生，但是由于标准尚不明确或者需要由专业承包人来完成，暂时无法确定具体价格时所采用的一种价格形式。

（3）计日工

计日工是为了解决现场发生的零星工作的计价而设立的。计日工以完成零星工作所消耗的人工工时、材料数量、机械台班进行计量，并按照计日工表中填报的适用项目的单价进行计价支付。计日工适用的所谓零星工作一般是指合同约定之外的或者因变更而产生的、工程量清单中没有相应项目的额外工作，尤其是那些时间不允许事先商定价格的额外工作。

编制工程量清单时，计日工表中的人工应按工种，材料和机械应按规格、型号详细列项。其中人工、材料、机械数量，应由招标人根据工程的复杂程度，工程设计质量的优劣及设计深度等因素，按照经验来估算一个比较贴近实际的数量，并作为暂定量写到计日工表中，纳入有效投标竞争，以期获得合理的计日工单价。

（4）总承包服务费

总承包服务费是为了解决招标人在法律、法规允许的条件下进行专业工程发包以及自行采购供应材料、设备时，要求总承包人对发包的专业工程提供协调和配合服务（如分包人使用总包人的脚手架、水电接驳等）；对供应的材料、设备提供收、发和保管服务以及对施工现场进行统一管理；对竣工资料进行统一汇总整理等发生并向总承包人支付的费用。招标人应当预计该项费用并按投标人的投标报价向投标人支付该项费用。

4. 规费项目清单的编制

规费是指按国家法律、法规规定，由省级政府和省级有关权力部门规定必须缴纳或计取的费用，应计入建筑安装工程造价的费用。规费项目清单应按照下列内容列项：

（1）社会保险费：包括养老保险费、失业保险费、医疗保险费、工伤保险费、生育保险费；

（2）住房公积金。

出现《建设工程工程量清单计价规范》GB 50500—2013 未列的项目，应根据省级政府或省级有关部门的规定列项。

5. 税金项目清单的编制

税金是指国家税法规定的应计入建筑安装工程造价的增值税销项税额。

出现《建设工程工程量清单计价规范》GB 50500—2013 未列的项目，应根据税务部门的规定列项。

6. 工程量清单总说明的编制

工程量清单编制总说明包括以下内容：

（1）工程概况。工程概况中要对建设规模、工程特征、计划工期、施工现场实际情况、自然地理条件、环境保护要求等做出描述。其中建设规模是指建筑面积；工程特征应说明基础及结构类型、建筑层数、高度、门窗类型及各部位装饰、装修做法；计划工期是指按工期定额计算的施工天数；施工现场实际情况是指施工场地的地表状况；自然地理条件，是指建筑场地所处地理位置的气候及交通运输条件；环境保护要求，是针对施工噪音及材料运输可能对周围环境造成的影响和污染所提出的防护要求。

（2）工程招标及分包范围。招标范围是指单位工程的招标范围，如建筑工程招标范围为“全部建筑工程”，装饰装修工程招标范围为“全部装饰装修工程”，或招标范围不含桩基础、幕墙、门窗等。工程分包是指特殊工程项目的分包，如招标人自行采购安装“铝合金门窗”等。

（3）工程量清单编制依据。包括建设工程工程量清单计价规范、设计文件、招标文件、施工现场情况、工程特点及常规施工方案等。

（4）工程质量、材料、施工等的特殊要求。工程质量的要求，是指招标人要求拟建工程的质量应达到合格或优良标准；对材料的要求，是指招标人根据工程的重要性、使用功能及装饰装修标准提出，诸如对水泥的品牌、钢材的生产厂家、花岗石的出产地、品牌等的要求；施工要求，一般是指建设项目中对单项工程的施工顺序等的要求。

（5）其他需要说明的事项。

7. 招标工程量清单汇总

在分部分项工程量清单、措施项目清单、其他项目清单、规费和税金项目清单编制完成以后，经审查复核，与工程量清单封面及总说明汇总并装订，由相关责任人签字和盖章，形成完整的招标工程量清单文件。

二、工程量清单计价

（一）工程量清单计价的基本过程

工程量清单计价过程可以分为两个阶段：工程量清单编制和工程量清单应用。工程量清单的编制程序如图 7－4 所示，工程量清单应用过程如图 7－5 所示。

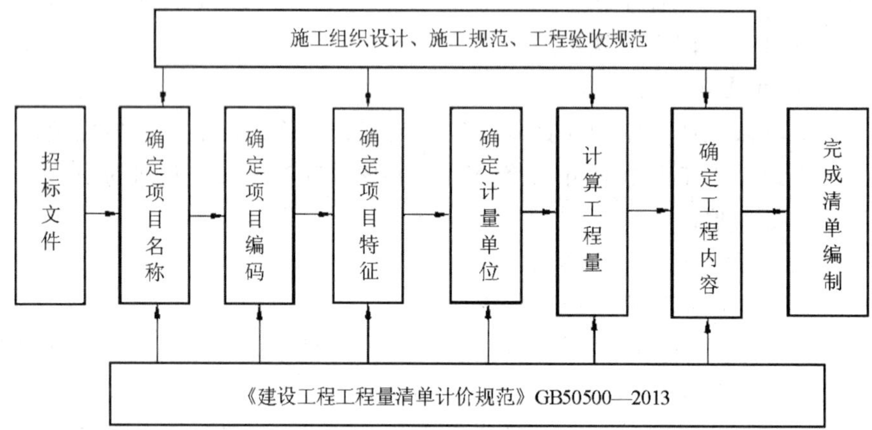

图 7－4　工程量清单编制程序

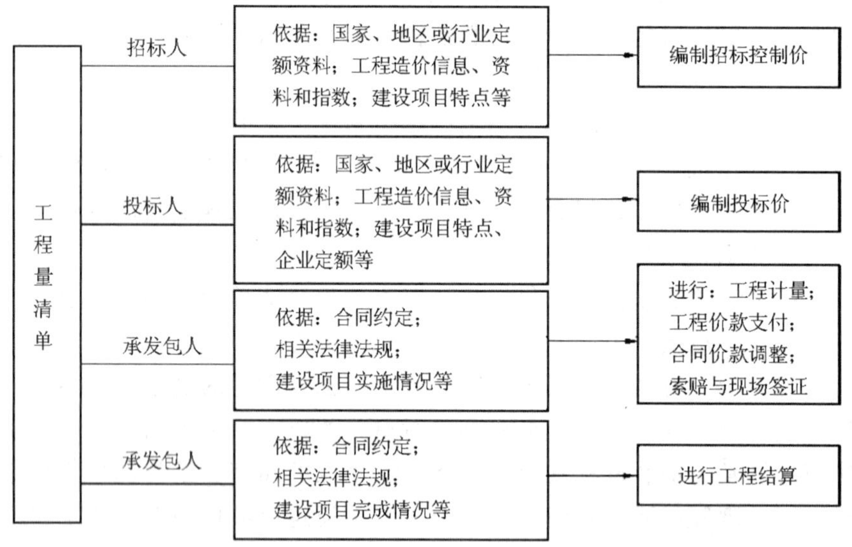

图 7－5　工程量清单计价应用过程

（二）工程量清单计价的方法

1. 工程造价的计算

采用工程量清单计价，建筑安装工程造价由分部分项工程费、措施项目费、其他项目费、规费和税金组成。在工程量清单计价中，如按分部分项工程单价组成来分，工程量清单计价主要有三种形式：（1）工料单价法；（2）综合单价法；（3）全费用综合单价法。

$$工料单价=人工费+材料费+施工机具使用费 \quad (7-35)$$

$$综合单价=人工费+材料费+施工机具使用费+管理费+利润 \quad (7-36)$$

$$全费用综合单价=人工费+材料费+施工机具使用费+管理费+利润+规费+税金 \quad (7-37)$$

《计价规范》规定，分部分项工程量清单应采用综合单价计价。但在 2015 年发布实施的《建设工程造价咨询规范》GB/T 51095—2015 中，为了贯彻工程计价的全费用单价，强调最高投标限价、投标报价的单价应采用全费用综合单价。本教材主要依据《计价规范》编写，即采用综合单价法计价。利用综合单价法计价需分项计算清单项目，再汇总得到工程总造价。

$$分部分项工程费=\Sigma 分部分项工程量\times 分部分项工程综合单价 \quad (7-38)$$

$$措施项目费=\Sigma 措施项目工程量\times 措施项目综合单价+\Sigma 单项措施费 \quad (7-39)$$

$$其他项目费=暂列金额+暂估价+计日工+总承包服务费+其他 \quad (7-40)$$

$$单位工程报价=分部分项工程费+措施项目费+其他项目费+规费+税金 \quad (7-41)$$

$$单项工程报价=\Sigma 单位工程报价 \quad (7-42)$$

$$总造价=\Sigma 单项工程报价 \quad (7-43)$$

2. 分部分项工程费计算

根据公式（7—38），利用综合单价法计算分部分项工程费需要解决两个核心问题，即确定各分部分项工程的工程量及其综合单价。

（1）分部分项工程量的确定

招标文件中的工程量清单标明的工程量是招标人编制招标控制价和投标人投标报价的共同基础，它是工程量清单编制人按施工图图示尺寸和工程量清单计算规则计算得到的工程净量。但该工程量不能作为承包人在履行合同义务中应予完成的实际和准确的工程量，发承包双方进行工程竣工结算时的工程量应按发承包双方在合同中约定应予计量且实际完成的工程量确定，当然该工程量的计算也应严格遵照工程量清单计算规则，以实体工程量为准。

（2）综合单价的编制

《建设工程工程量清单计价规范》GB 50500—2013 中的工程量清单综合单价是指完成一个规定清单项目所需的人工费、材料和工程设备费、施工机具使用费和企业管理费、利润以及一定范围内的风险费用。该定义并不是真正意义上的全费用综合单价，而是一种狭义上的综合单价，规费和税金等不可竞争的费用并不包括在项目单价中。

综合单价的计算通常采用定额组价的方法，即以计价定额为基础进行组合计算。由于“计价规范”与“定额”中的工程量计算规则、计量单位、工程内容不尽相同，综合单价的计算不是简单的将其所含的各项费用进行汇总，而是要通过具体计算后综合而成。综合单价的计算可以概括为以下步骤：

1）确定组合定额子目

清单项目一般以一个“综合实体”考虑，包括了较多的工程内容，计价时，可能出现一个清单项目对应多个定额子目的情况。因此计算综合单价的第一步就是将清单项目的工程内容与定额项目的工程内容进行比较，结合清单项目的特征描述，确定拟组价清单项目应该由哪几个定额子目来组合。如“预制预应力C20混凝土空心板”项目，计量规范规定此项目包括制作、运输、吊装及接头灌浆，若定额分别列有制作、安装、吊装及接头灌浆，则应用这4个定额子目来组合综合单价；又如“M5水泥砂浆砌砖基础”项目，按计量规范不仅包括主项“砖基础”子目，还包括附项“混凝土基础垫层”子目。

2）计算定额子目工程量

由于一个清单项目可能对应几个定额子目，而清单工程量计算的是主项工程量，与各定额子目的工程量可能并不一致；即便一个清单项目对应一个定额子目，也可能由于清单工程量计算规则与所采用的定额工程量计算规则之间的差异，而导致二者的计价单位和计算出来的工程量不一致。因此，清单工程量不能直接用于计价，在计价时必须考虑施工方案等各种影响因素，根据所采用的计价定额及相应的工程量计算规则重新计算各定额子目的施工工程量。定额子目工程量的具体计算方法，应严格按照与所采用的定额相对应的工程量计算规则计算。

3）测算人、料、机消耗量

人、料、机的消耗量一般参照定额进行确定。在编制招标控制价时一般参照政府颁发的消耗量定额；编制投标报价时一般采用反映企业水平的企业定额，投标企业没有企业定额时可参照消耗量定额进行调整。

4）确定人、料、机单价

人工单价、材料价格和施工机械台班单价，应根据工程项目的具体情况及市场资源的供求状况进行确定，采用市场价格作为参考，并考虑一定的调价系数。

5）计算清单项目的人、料、机总费用

按确定的分项工程人工、材料和机械的消耗量及询价获得的人工单价、材料单价、施工机械台班单价，与相应的计价工程量相乘得到各定额子目的人、料、机总费用，将各定额子目的人、料、机总费用汇总后算出清单项目的人、料、机总费用。

$$\begin{aligned}\text{人、料、机总费用}=&\Sigma\text{计价工程量}\times(\Sigma\text{人工消耗量}\times\text{人工单价}\\&+\Sigma\text{材料消耗量}\times\text{材料单价}\\&+\Sigma\text{台班消耗量}\times\text{台班单价})\end{aligned} \tag{7-44}$$

6）计算清单项目的管理费和利润

企业管理费及利润通常根据各地区规定的费率乘以规定的计价基础得出。通常情况下，计算公式如下：

管理费＝人、料、机总费用×管理费费率 （7－45）

利润＝（人、料、机总费用＋管理费）×利润率 （7－46）

7）计算清单项目的综合单价

将清单项目的人、料、机总费用、管理费及利润汇总得到该清单项目合价，将该清单项目合价除以清单项目的工程量即可得到该清单项目的综合单价。

综合单价＝（人、料、机总费用＋管理费＋利润）/清单工程量 （7－47）

如果采用全费用综合单价计价，则还需计算清单项目的规费和税金。

3. 措施项目费计算

措施项目费是指为完成工程项目施工，而用于发生在该工程施工准备和施工过程中的技术、生活、安全、环境保护等方面的非工程实体项目所支出的费用。措施项目清单计价应根据建设工程的施工组织设计，可以计算工程量的措施项目，应按分部分项工程量清单的方式采用综合单价计价；其余的不能算出工程量的措施项目，则采用总价项目的方式，以“项”为单位的方式计价，应包括除规费、税金外的全部费用。措施项目清单中的安全文明施工费应按照国家或省级、行业建设主管部门的规定计价，不得作为竞争性费用。

措施项目费的计算方法一般有以下几种：

（1）综合单价法

这种方法与分部分项工程综合单价的计算方法一样，就是根据需要消耗的实物工程量与实物单价计算措施费，适用于可以计算工程量的措施项目，主要是指一些与工程实体有紧密联系的项目，如混凝土模板、脚手架、垂直运输等。与分部分项工程不同，并不要求每个措施项目的综合单价必须包含人工费、材料费、机具费、管理费和利润中的每一项。计算可参考公式（7－48）。

措施项目费＝Σ（单价措施项目工程量×单价措施项目综合单价）（7－48）

（2）参数法计价

参数法计价是指按一定的基数乘系数的方法或自定义公式进行计算。这种方法简单明了，但最大的难点是公式的科学性、准确性难以把握。这种方法主要适用于施工过程中必须发生，但在投标时很难具体分项预测，又无法单独列出项目内容的措施项目。如夜间施工费、二次搬运费、冬雨期施工的计价均可以采用该方法。

（3）分包法计价

在分包价格的基础上增加投标人的管理费及风险费进行计价的方法，这种方法适合可以分包的独立项目，如室内空气污染测试等。

有时招标人要求对措施项目费进行明细分析，这时采用参数法组价和分包法组价都是先计算该措施项目的总费用，这就需人为用系数或比例的办法分摊人工费、材料费、机械费、管理费及利润。

4. 其他项目费计算

其他项目费由暂列金额、暂估价、计日工、总承包服务费等内容构成。

暂列金额和暂估价由招标人按估算金额确定。招标人在工程量清单中提供的暂估价的材料、工程设备和专业工程，若属于依法必须招标的，由承包人和招标人共同通过招标确定材料、工程设备单价与专业工程分包价；若材料、工程设备不属于依法必须招标的，经发承包双方协商确认单价后计价；若专业工程不属于依法必须招标的，由发包人、总承包人与分包人按有关计价依据进行计价。

计日工和总承包服务费由承包人根据招标人提出的要求，按估算的费用确定。

5. 规费与税金的计算

规费和税金应按国家或省级、行业建设主管部门的规定计算，不得作为竞争性费用。每一项规费和税金的规定文件中，对其计算方法都有明确的说明，故可以按各项法规和规定的计算方式计取。

6. 风险费用的确定

风险是一种客观存在的、可能会带来损失的、不确定的状态，工程风险是指一项工程在设计、施工、设备调试以及移交运行等项目全寿命周期全过程可能发生的风险。这里的风险具体指工程建设施工阶段承发包双方在招投标活动和合同履约及施工中所面临的涉及工程计价方面的风险。建设工程发承包，必须在招标文件、合同中明确计价中的风险内容及其范围，不得采用无限风险、所有风险或类似语句规定计价中的风险内容及范围。

三、招标控制价的编制

招标控制价是招标人根据国家以及当地有关规定的计价依据和计价办法、招标文件、市场行情，并按工程项目设计施工图纸等具体条件调整编制的，对招标工程项目限定的最高工程造价，也可称其为拦标价、预算控制价或最高报价等。

（一）招标控制价的计价依据

招标控制价的计价依据有：

(1)《建设工程工程量清单计价规范》GB 50500—2013；

(2) 国家或省级、行业建设主管部门颁发的计价定额和计价办法；

(3) 建设工程设计文件及相关资料；

(4) 拟定的招标文件及招标工程量清单；

(5) 与建设项目相关的标准、规范、技术资料；

(6) 施工现场情况、工程特点及常规施工方案；

(7) 工程造价管理机构发布的工程造价信息，当工程造价信息没有发布时，参照市场价；

(8) 其他的相关资料。

（二）招标控制价的编制内容

采用工程量清单计价时，招标控制价的编制内容包括：分部分项工程费、措施项目费、其他项目费、规费和税金。

1. 分部分项工程费的编制

分部分项工程费采用综合单价的方法编制。采用的分部分项工程量应是招标文件中工程量清单提供的工程量：综合单价应根据招标文件中的分部分项工程量清单的特征描述及有关要求、行业建设主管部门颁发的计价定额和计价办法等编制依据进行编制。

为使招标控制价与投标报价所包含的内容一致，综合单价中应包括招标文件中招标人要求投标人承担的风险内容及其范围（幅度）产生的风险费用，可以风险费率的形式进行计算。招标文件提供了暂估单价的材料，应按暂估单价计入综合单价。

2. 措施项目费的编制

措施项目费应依据招标文件中提供的措施项目清单和拟建工程项目的施工组织设计进行确定。可以计算工程量的措施项目，应按分部分项工程量清单的方式采用综合单价计价；其余的措施项目可以以“项”为单位的方式计价，应包括除规费、税金外的全部费用。措施项目费中的安全文明施工费应当按照国家或地方行业建设主管部门的规定标准计价。

3. 其他项目费

（1）暂列金额

应按招标工程量清单中列出的金额填写。

（2）暂估价

暂估价中的材料、工程设备单价、控制价应按招标工程量清单列出的单价计入综合单价；暂估价专业工程金额应按招标工程量清单中列出的金额填写。

（3）计日工

编制招标控制价时，对计日工中的人工单价和施工机械台班单价应按省级、行业建设主管部门或其授权的工程造价管理机构公布的单价计算；材料应按工程造价管理机构发布的工程造价信息中的材料单价计算，工程造价信息未发布材料单价的材料，其价格应按市场调查确定的单价计算。

（4）总承包服务费

编制招标控制价时，总承包服务费应按照省级或行业建设主管部门的规定，并根据招标文件列出的内容和要求估算。

4. 规费和税金

规费和税金必须按国家或省级、行业建设主管部门规定的标准计算，不得作为竞争性费用。

（三）招标控制价的编制程序

编制招标控制价时应当遵循如下程序：

（1）了解编制要求与范围；

（2）熟悉工程图纸及有关设计文件；

（3）熟悉与建设工程项目有关的标准、规范、技术资料；

（4）熟悉拟订的招标文件及其补充通知、答疑纪要等；

（5）了解施工现场情况、工程特点；

(6) 熟悉工程量清单；

(7) 掌握工程量清单涉及计价要素的信息价格和市场价格，依据招标文件确定其价格；

(8) 进行分部分项工程量清单计价；

(9) 论证并拟定常规的施工组织设计或施工方案；

(10) 进行措施项目工程量清单计价；

(11) 进行其他项目、规费项目、税金项目清单计价；

(12) 工程造价汇总、分析、审核；

(13) 成果文件签认、盖章；

(14) 提交成果文件。

第四节　工程项目施工阶段的投资控制

咨询工程师在施工阶段进行投资控制的基本原理是把计划投资额作为投资控制的目标值，在工程施工过程中定期地进行投资实际值与目标值的比较，通过比较发现并找出实际支出额与投资控制目标值之间的偏差，分析产生偏差的原因，并采取有效措施加以控制，以保证投资控制目标的实现。

一、资金使用计划的编制

投资控制的目的是为了确保投资目标的实现。因此，咨询工程师必须编制资金使用计划，合理地确定投资控制目标值，包括建设工程投资的总目标值、分目标值、各详细目标值。如果没有明确的投资控制目标，就无法进行项目投资实际支出值与目标值的比较，不能进行比较也就不能找出偏差，不知道偏差程度，就会使控制措施缺乏针对性。在确定投资控制目标时，应有科学的依据。如果投资目标值与人工单价、材料预算价格、设备价格及各项有关费用和各种取费标准不相适应，那么投资控制目标便没有实现的可能，则控制也是徒劳的。

由于人们对客观事物的认识有个过程，也由于人们在一定时间内所占有的经验和知识有限，因此，对工程项目的投资控制目标应辩证地对待，既要维护投资控制目标的严肃性，也要允许对脱离实际的既定投资控制目标进行必要的调整，调整并不意味着可以随意改变项目投资目标值，而必须按照有关的规定和程序进行。

(一) 投资目标的分解

编制资金使用计划过程中最重要的步骤，就是项目投资目标的分解。根据投资控制目标和要求的不同，投资目标的分解可以分为按投资构成、按子项目、按时间分解三种类型。

1. 按投资构成分解的资金使用计划

工程项目的投资主要分为建筑安装工程投资、设备及工器具购置投资及工程建设其他投资。由于建筑工程和安装工程在性质上存在着较大差异，投资的计算方法和标准也不尽相同。因此，在实际操作中往往将建筑工程投资和安装工程投资分解开来。这样，工程项目投资的总目标就可以按图 7—6 分解。

图 7—6 中的建筑工程投资、安装工程投资、工器具购置投资可以进一步分解。另外，在按项目投资构成分解时，可以根据以往的经验和建立的数据库来确定适当的比例。必要时也可以作一些适当的调整。例如：如果估计所购置的设备大多包括安装费，则可将安装工程投资和设备购置投资作为一个整体来确定它们所占的比例，然后再根据具体情况决定细分或不细分。按投资的构成来分解的方法比较适合于有大量经验数据的工程项目。

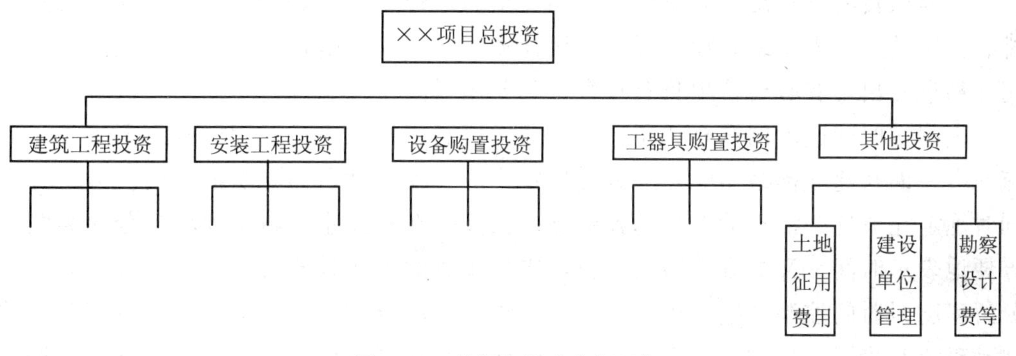

图 7—6　按投资构成分解目标

2. 按子项目分解的资金使用计划

大中型的工程项目通常是由若干单项工程构成的，而每个单项工程包括了多个单位工程，每个单位工程又是由若干个分部分项工程构成的，因此，首先要把项目总投资分解到单项工程和单位工程中，如图 7—7 所示。

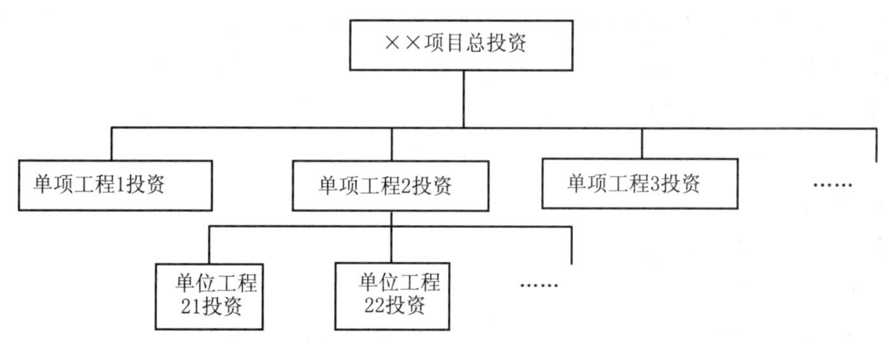

图 7—7　按子项目分解投资目标

一般来说，由于概算和预算大都是按照单项工程和单位工程来编制的，所以将项目总投资分解到各单项工程和单位工程是比较容易的。需要注意的是，按照这种方法分解项目总投资，不能只是分解建筑工程投资、安装工程投资和设备工器具购置投资，还应该分解项目的其他投资。但项目其他投资所包含的内容既与具体单项工程或单位工程直接有关，也与整个项目建设有关，因此必须采取适当的方法将项目其他投资合理分解到各个单项工程和单位工程中。最常用的也是最简单的方法就是按照单项工程的建筑安装工程投资和设备工器具购置投资之和的比例分摊。但其结果可能与实际支出的投资相差甚远。因此实践中一般应对工程项目的其他投资的具体内容进行分析，将其中确实与各单项工程和单位工程有关的投资分离出来，按照一定比例分解到相应的工程内容上。其他与整个项目有关的投资则不分解到各单项工程和单位工程上。

另外，对各单位工程的建筑安装工程投资还需要进一步分解，在施工阶段一般可分解到分部分项工程。

3．按时间进度分解的资金使用计划

工程项目的投资总是分阶段、分期支出的，资金应用是否合理与资金的时间安排有密切关系。为了编制项目资金使用计划，并据此筹措资金，尽可能减少资金占用和利息支出，有必要将项目总投资按其使用时间进行分解。

编制按时间进度的资金使用计划，通常可利用控制项目进度的网络图进一步扩充而得。即在建立网络图时，一方面确定完成各项活动所需花费的时间，另一方面同时确定完成这一活动的合适的投资支出预算。在实践中，将工程项目分解为既能方便地表示时间，又能方便地表示投资支出预算的工作是不容易的，通常如果项目分解程度对时间控制合适，则对投资支出预算可能分配过细，以致于不可能对每项活动确定其投资支出预算。反之亦然。因此，在编制网络计划时应在充分考虑进度控制对项目划分要求的同时，还要考虑确定投资支出预算对项目划分的要求，做到二者兼顾。

以上三种编制资金使用计划的方法并不是相互独立的。在实践中，往往是将这几种方法结合起来使用，从而达到扬长避短的效果。例如，将按子项目分解项目总投资与按投资构成分解项目总投资两种方法相结合，横向按子项目分解，纵向按投资构成分解，或相反。这种分解方法有助于检查各单项工程和单位工程投资构成是否完整，有无重复计算或缺项；同时还有助于检查各项具体的投资支出的对象是否明确或落实，并且可以从数字上校核分解的结果有无错误。或者还可将按子项目分解项目总投资目标与按时间分解项目总投资目标结合起来，一般是纵向按子项目分解，横向按时间分解。

（二）资金使用计划的形式

1．按子项目分解得到的资金使用计划表

在完成工程项目投资目标分解之后，接下来就要具体地分配投资，编制工程分项的投资支出计划，从而得到详细的资金使用计划表。其内容一般包括：

（1）工程分项编码；

（2）工程内容；

（3）计量单位；

（4）工程数量；

（5）计划综合单价；

（6）本分项总计。

在编制投资支出计划时，要在项目总的方面考虑总的预备费，也要在主要的工程分项中安排适当的不可预见费，避免在具体编制资金使用计划时，可能发现个别单位工程或工程量表中某项内容的工程量计算有较大出入，使原来的投资预算失实，并在项目实施过程中对其尽可能地采取一些措施。

2. 时间——投资累计曲线

通过对项目投资目标按时间进行分解，在网络计划基础上，可获得项目进度计划的横道图，并在此基础上编制资金使用计划。其表示方式有两种：一种是在总体控制时标网络图上表示，见图 7—8；另一种是利用时间——投资曲线（S 形曲线）表示，见图 7—9。

时间——投资累计曲线的绘制步骤如下：

（1）确定工程项目进度计划，编制进度计划的横道图；

（2）根据每单位时间内完成的实物工程量或投入的人力、物力和财力，计算单位时间（月或旬）的投资，在时标网络图上按时间编制投资支出计划，如图 7—8 所示。

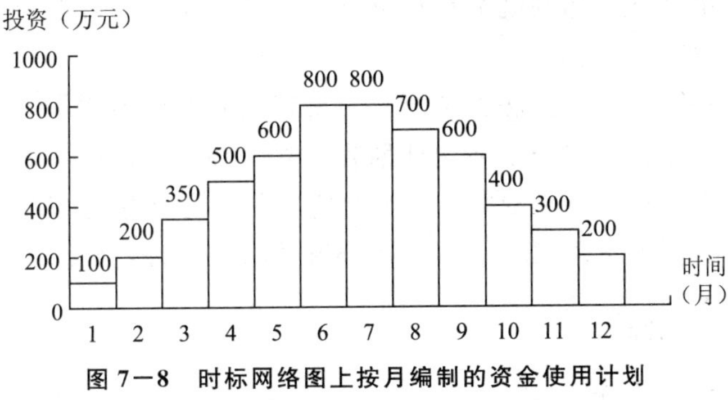

图 7—8　时标网络图上按月编制的资金使用计划

（3）计算规定时间 t 计划累计完成的投资额。其计算方法为：各单位时间计划完成的投资额累加求和，可按下式计算：

$$Q_t = \sum_{n=1}^{t} q_n \tag{7—49}$$

式中：Q_t ——某时间 t 计划累计完成投资额；

q_n ——单位时间 n 的计划完成投资额；

t ——某规定计划时刻。

（4）按各规定时间的 Q_t 值，绘制 S 形曲线，如图 7—9 所示。

每一条 S 形曲线都对应某一特定的工程进度计划。因为在进度计划的非关键路线中存在许多有时差的工序或工作，因而 S 形曲线（时间——投资曲线）必然包络在由全部工作都按最早开始时间开始和全部工作都按最迟必须开始时间开始的曲线所组成的“香蕉图”内。发包人可根据编制的投资支出预算合理安排资金，同时发包人也可以根据筹措的建设资金调整 S 形曲线，即通过调整非关键路线上的工序项目的最早或最迟开工时间，力争将实际的投资支出控制在计划的范围内。

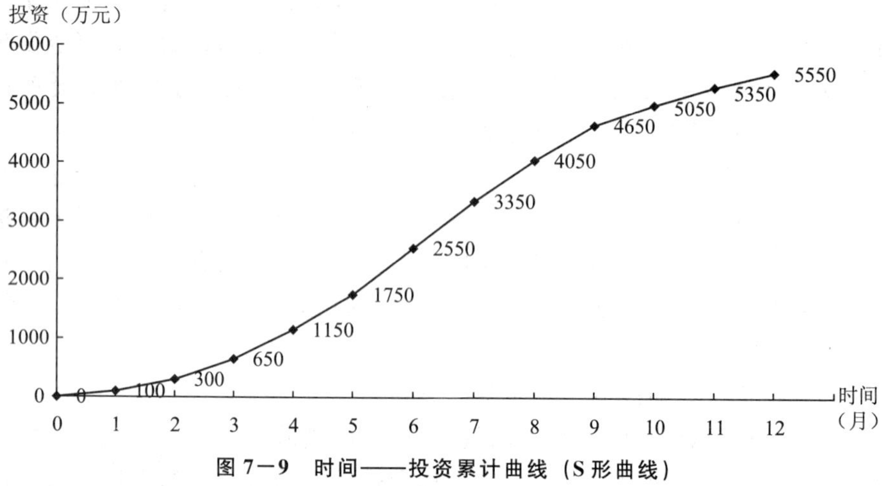

图 7—9　时间——投资累计曲线（S 形曲线）

一般而言，所有工作都按最迟开始时间开始，对节约发包人的建设资金贷款利息是有利的，但同时，也降低了项目按期竣工的保证率。因此，咨询工程师必须合理地确定投资支出计划，达到既节约投资支出，又能控制项目工期的目的。

3. 综合分解资金使用计划表

将投资目标的不同分解方法相结合，会得到比前者更为详尽、有效的综合分解资金使用计划表。综合分解资金使用计划表一方面有助于检查各单项工程和单位工程的投资构成是否合理，有无缺陷或重复计算；另一方面也可以检查各项具体的投资支出的对象是否明确和落实，并可校核分解的结果是否正确。

二、合同价款调整

《建设工程工程量清单计价规范》（GB 50500—2013）中规定了建设工程合同价款的调整因素与调整原则，本文以此为例进行介绍。

（一）合同价款应当调整的事项

以下事项发生，发承包双方应当按照合同约定调整合同价款：

（1）法律法规变化；

（2）工程变更；

（3）项目特征不符；

（4）工程量清单缺项；

（5）工程量偏差；

（6）计日工；

（7）市场价格波动；

（8）暂估价；

（9）不可抗力；

（10）提前竣工（赶工补偿）；

（11）误期赔偿；

(12) 索赔;

(13) 现场签证;

(14) 暂列金额;

(15) 发承包双方约定的其他调整事项。

(二) 法律法规变化

施工合同履行过程中经常出现法律法规变化引起的合同价款调整问题。

招标工程以投标截止日前 28 天,非招标工程以合同签订前 28 天为基准日。基准日期后,法律变化导致承包人在合同履行过程中所需要的费用发生“市场价格波动引起的调整”条款约定以外的增加时,由发包人承担由此增加的费用;减少时,应从合同价格中予以扣减。基准日期后,因法律变化造成工期延误时,工期应予以顺延。

因法律变化引起的合同价格和工期调整,合同当事人无法达成一致的,由总监理工程师按“商定或确定”条款的约定处理。

因承包人原因造成工期延误,在工期延误期间出现法律变化的,由此增加的费用和(或)延误的工期由承包人承担。

但因承包人原因导致工期延误的,且上述规定的调整时间在合同工程原定竣工时间之后,合同价款调增的不予调整,合同价款调减的予以调整。

(三) 项目特征不符

《建设工程工程量清单计价规范》GB 50500—2013 中规定:

(1) 发包人在招标工程量清单中对项目特征的描述,应被认为是准确的和全面的,并且与实际施工要求相符合。承包人应按照发包人提供的招标工程量清单,根据其项目特征描述的内容及有关要求实施合同工程,直到项目被改变为止。

(2) 承包人应按照发包人提供的设计图纸实施工程合同,若在合同履行期间出现设计图纸(含设计变更)与招标工程量清单任一项目的特征描述不符,且该变化引起该项目工程造价增减变化的,应按照实际施工的项目特征,按规范中工程变更相关条款的规定重新确定相应工程量清单项目的综合单价,并调整合同价款。

其中第一条规定了项目特征描述的要求。项目特征是构成清单项目价值的本质特征,单价的高低与其具有必然联系。因此,发包人在招标工程量清单中对项目特征的描述应被认为是准确的和全面的,并且与实际施工要求相符合,否则,承包人无法报价。

而当项目特征变化后,发承包双方应按实际施工的项目特征重新确定综合单价。例如:招标时,某现浇混凝土构件项目特征描述中描述混凝土强度等级为 C25,但施工图纸本来就表明(或在施工过程中发包人变更)混凝土强度等级为 C30,很显然,这时应该重新确定综合单价,因为 C25 与 C30 的混凝土,其价格是不一样的。

(四) 工程量清单缺项

施工过程中,工程量清单项目的增减变化必然带来合同价款的增减变化。而导致工程量清单缺项的原因，一是设计变更，二是施工条件改变，三是工程量清单编制错误。

《建设工程工程量清单计价规范》GB 50500—2013 对这部分的规定如下：

（1）合同履行期间，由于招标工程量清单中缺项，新增分部分项工程量清单项目的，应按照规范中工程变更相关条款确定单价，并调整合同价款。

（2）新增分部分项工程量清单项目后，引起措施项目发生变化的，应按照规范中工程变更相关规定，在承包人提交的实施方案被发包人批准后调整合同价款。

（3）由于招标工程量清单中措施项目缺项，承包人应将新增措施项目实施方案提交发包人批准后，按照规范相关规定调整合同价款。

（五）工程量偏差

施工合同履行期间，若应予计算的实际工程量与招标工程量清单列出的工程量出现偏差，或者因工程变更等非承包人原因导致工程量偏差，该偏差对工程量清单项目的综合单价将产生影响，是否调整综合单价以及如何调整，发承包双方应当在施工合同中约定。如果合同中没有约定或约定不明的，可以按以下原则办理：

（1）综合单价的调整原则。当应予计算的实际工程量与招标工程量清单出现偏差（包括因工程变更等原因导致的工程量偏差）超过 15％时，对综合单价的调整原则为：当工程量增加 15％以上时，其增加部分的工程量的综合单价应予调低；当工程量减少 15％以上时，减少后剩余部分的工程量的综合单价应予调高。至于具体的调整方法，可参见公式（7－50）和（7－51）。

1）当 $Q_1>1.15Q_0$ 时：

$$S=1.15Q_0\times P_0+(Q_1-1.15Q_0)\times P_1 \tag{7－50}$$

2）当 $Q_1<0.85Q_0$ 时：

$$S=Q_1\times P_1 \tag{7－51}$$

式中：S——调整后的某一分部分项工程费结算价；

Q_1——最终完成的工程量；

Q_0——招标工程量清单列出的工程量；

P_1——按照最终完成工程量重新调整后的综合单价；

P_0——承包人在工程量清单中填报的综合单价。

（2）如果工程量出现超过 15％的变化，且该变化引起相关措施项目相应发生变化时，按系数或单一总价方式计价的，工程量增加的措施项目费调增，工程量减少的措施项目费调减。

【例 7－3】 某独立土方工程，招标文件中估计工程量为 100 万 m^3，合同中规定：土方工程单价为 10 元/m^3，当实际工程量超过估计工程量 15％时，调整单价，单价调为 9 元/m^3。工程结束时实际完成土方工程量为 130 万 m^3，则土方工程款为多少万元？

解： 合同约定范围内（15％以内）的工程款为：

100×（1+15%）×10=115×10=1150 万元

超过 15%之后部分工程量的工程款为：(130-115）×9=135 万元

则土方工程款合计=1150+135=1285 万元

（六）计日工

计日工是指在施工过程中，承包人完成发包人提出的工程合同范围以外的零星项目或工作，按合同中约定的综合单价计价。发包人通知承包人以计日工方式实施的零星工作，承包人应予执行。

需要采用计日工方式的，经发包人同意后，由监理人通知承包人以计日工计价方式实施相应的工作，其价款按列入已标价工程量清单或预算书中的计日工计价项目及其单价进行计算；已标价工程量清单或预算书中无相应的计日工单价的，按照合理的成本与利润构成的原则，由合同当事人确定计日工的单价。

采用计日工计价的任何一项工作，承包人应在该项工作实施过程中，每天提交以下报表和有关凭证报送监理人审查：

(1) 工作名称、内容和数量；

(2) 投入该工作的所有人员的姓名、专业、工种、级别和耗用工时；

(3) 投入该工作的材料类别和数量；

(4) 投入该工作的施工设备型号、台数和耗用台时；

(5) 其他有关资料和凭证。

计日工由承包人汇总后，列入最近一期进度付款申请单，由监理人审查并经发包人批准后列入进度付款。

（七）市场价格波动引起的调整

施工合同履行时间往往较长，合同履行过程中经常出现人工、材料、工程设备和机械台班等市场价格起伏引起价格波动的现象，该种变化一般会造成承包人施工成本的增加或减少，进而影响到合同价格调整，最终影响到合同当事人的权益。

除专用合同条款另有约定外，市场价格波动超过合同当事人约定的范围，合同价格应当调整。合同当事人可以在专用合同条款中约定选择以下一种方式对合同价格进行调整：

第 1 种方式：采用价格指数进行价格调整。

(1) 价格调整公式

因人工、材料和设备等价格波动影响合同价格时，根据专用合同条款中约定的数据，按以下公式计算差额并调整合同价格：

$$\Delta P = P_0\left[A + \left(B_1 \times \frac{F_{t1}}{F_{01}} + B_2 \times \frac{F_{t2}}{F_{02}} + B_3 \times \frac{F_{t3}}{F_{03}} + \cdots + B_n \times \frac{F_{tn}}{F_{0n}}\right) - 1\right] \tag{7-52}$$

式中：ΔP——需调整的价格差额；

P_0—— 约定的付款证书中承包人应得到的已完成工程量的金额。此项金额应不包括价格调整、不计质量保证金的扣留和支付、预付款的支付和扣回。约定的变更及其他金额已按现行价格计价的，也不计在内；

A—— 定值权重(即不调部分的权重)；

B_1；B_2；B_3……B_n ——各可调因子的变值权重（即可调部分的权重），为各可调因子在签约合同价中所占的比例；

F_{t1}；F_{t2}；F_{t3}……F_{tn} ——各可调因子的现行价格指数，指约定的付款证书相关周期最后一天的前 42 天的各可调因子的价格指数；

F_{01}；F_{02}；F_{03}……F_{0n} ——各可调因子的基本价格指数，指基准日期的各可调因子的价格指数。

以上价格调整公式中的各可调因子、定值和变值权重，以及基本价格指数及其来源在投标函附录价格指数和权重表中约定，非招标订立的合同，由合同当事人在专用合同条款中约定。价格指数应首先采用工程造价管理机构发布的价格指数，无前述价格指数时，可采用工程造价管理机构发布的价格代替。

（2）暂时确定调整差额

在计算调整差额时无现行价格指数的，合同当事人同意暂用前次价格指数计算。实际价格指数有调整的，合同当事人进行相应调整。

（3）权重的调整

因变更导致合同约定的权重不合理时，按照“商定或确定”条款约定执行。

（4）因承包人原因工期延误后的价格调整

因承包人原因未按期竣工的，对合同约定的竣工日期后继续施工的工程，在使用价格调整公式时，应采用计划竣工日期与实际竣工日期的两个价格指数中较低的一个作为现行价格指数。

第 2 种方式：采用造价信息进行价格调整。

合同履行期间，因人工、材料、工程设备和机械台班价格波动影响合同价格时，人工、机械使用费按照国家或省、自治区、直辖市建设行政管理部门、行业建设管理部门或其授权的工程造价管理机构发布的人工、机械使用费系数进行调整；需要进行价格调整的材料，其单价和采购数量应由发包人审批，发包人确认需调整的材料单价及数量，作为调整合同价格的依据。

（1）人工单价发生变化且符合省级或行业建设主管部门发布的人工费调整规定，合同当事人应按省级或行业建设主管部门或其授权的工程造价管理机构发布的人工费等文件调整合同价格，但承包人对人工费或人工单价的报价高于发布价格的除外。

（2）材料、工程设备价格变化的价款调整按照发包人提供的基准价格，按以下风险范围规定执行：

①承包人在已标价工程量清单或预算书中载明材料单价低于基准价格的：除专用合同条款另有约定外，合同履行期间材料单价涨幅以基准价格为基础超过 5%时，

或材料单价跌幅以在已标价工程量清单或预算书中载明材料单价为基础超过5%时，其超过部分据实调整。

②承包人在已标价工程量清单或预算书中载明材料单价高于基准价格的：除专用合同条款另有约定外，合同履行期间材料单价跌幅以基准价格为基础超过5%时，材料单价涨幅以在已标价工程量清单或预算书中载明材料单价为基础超过5%时，其超过部分据实调整。

③承包人在已标价工程量清单或预算书中载明材料单价等于基准价格的：除专用合同条款另有约定外，合同履行期间材料单价涨跌幅以基准价格为基础超过±5%时，其超过部分据实调整。

④承包人应在采购材料前将采购数量和新的材料单价报发包人核对，发包人确认用于工程时，发包人应确认采购材料的数量和单价。发包人在收到承包人报送的确认资料后5天内不予答复的视为认可，作为调整合同价格的依据。未经发包人事先核对，承包人自行采购材料的，发包人有权不予调整合同价格。发包人同意的，可以调整合同价格。

前述基准价格是指由发包人在招标文件或专用合同条款中给定的材料、工程设备的价格，该价格原则上应当按照省级或行业建设主管部门或其授权的工程造价管理机构发布的信息价编制。

(3) 施工机械台班单价或施工机械使用费发生变化超过省级或行业建设主管部门或其授权的工程造价管理机构规定的范围时，按规定调整合同价格。

第3种方式：专用合同条款约定的其他方式。

【例7—4】 ××工程在施工期间，省工程造价管理机构发布了人工费调增10%的文件，适用时间为××年×月×日，该工程本期完成合同价款1576893.50元，其中人工费283840.83元，与定额人工费持平，本期人工费应否调整，调增多少？

解：因为人工费与定额人工费持平，则低于发布价格，应予调增：

$$283840.83\times10\%=28384.08\text{ 元}$$

【例7—5】 ××工程约定采用价格指数法调整合同价款，具体约定见表7—11数据，本期完成合同价款为：1584629.37元，其中：已按现行价格计算的计日工价款为5600元，发承包双方确认应增加的索赔金额2135.87元，请计算应调整的合同价款差额。

解：(1) 本期完成合同价款应扣除已按现行价格计算的计日工价款和确认的索赔金额。

$$1584629.37-5600-2135.87=1576893.50\text{ 元}$$

表 7—11　承包人提供材料和工程设备一览表（适用于价格指数调整方法）

工程名称：××工程　　　　　　　　　　　　　　标段：　　　　　　　　　第 1 页　共 1 页

序号	名称、规格、型号	变值权重 B	基本价格指数或价格 F_0	现行价格指数或价格 F_t	备　注
1	人工费	0.18	110%	121%	
2	钢材	0.11	4000 元/t	4320 元/t	
3	预拌混凝土 C30	0.16	340 元/m^3	353 元/m^3	
4	页岩砖	0.05	300 元/千匹	318 元/千匹	
5	机械费	0.08	100%	100%	
	定值权重 A	0.42	—	—	
	合计	1	—	—	

（2）用公式（7—3）计算：

$$\Delta P = 1576893.50\times\left[0.42+\left(0.18\times\frac{121}{110}+0.11\times\frac{4320}{4000}+0.16\times\frac{353}{340}+0.05\times\frac{318}{300}+0.08\times\frac{100}{100}\right)-1\right]$$

$$=1576893.50\times[0.42+(0.18\times1.1+0.11\times1.08+0.16\times1.04+0.05\times1.06+0.08\times1)-1]$$

$$=1576893.50\times[0.42+(0.198+0.1188+0.166+0.053+0.08)-1]$$

$$=1576893.50\times0.0358$$

$$=56452.79 \text{ 元}$$

本期应增加合同价款 56452.79 元。

【例 7—6】 某工程采用的预拌混凝土由承包人提供，所需品种见表 7—12，在施工期间，在采购预拌混凝土时，其单价分别为 C_{20}：327 元/m^3，C_{25}：335 元/m^3，C_{30}：345 元/m^3，合同约定的材料单价如何调整？

表 7—12　承包人提供材料和工程设备一览表（适用于造价信息差额调整方法）

工程名称：××中学教学楼工程　　　　　　　　　标段：　　　　　　　　　第 1 页　共 1 页

序号	名称、规格、型号	单位	数量	风险系数（%）	基准单价（元）	投标单价（元）	发包人确认单价（元）	备　注
1	预拌混凝土 C_{20}	m^3	25	≤5	310	308	309.50	
2	预拌混凝土 C_{25}	m^3	560	≤5	323	325	325	
3	预拌混凝土 C_{30}	m^3	3120	≤5	340	340	340	

解：（1）C_{20}：327÷310－1＝5.45%

投标单价低于基准价，按基准价算，已超过约定的风险系数，应予调整。

$$308+310\times0.45\%=308+1.395=309.40 \text{ 元}$$

（2）C_{25}：335÷325－1＝3.08%

投标单价高于基准价，按报价算，未超过约定的风险系数，不予调整。

（3）C_{30}：345÷340－1＝1.47%

投标单价等于基准价，按基准价算，未超过约定的风险系数，不予调整。

（八）暂估价

暂估价专业分包工程、服务、材料和工程设备的明细由合同当事人在专用合同条款中约定。

1. 依法必须招标的暂估价项目

对于依法必须招标的暂估价项目，采取以下第 1 种方式确定。合同当事人也可以在专用合同条款中选择其他招标方式。

第 1 种方式：对于依法必须招标的暂估价项目，由承包人招标，对该暂估价项目的确认和批准按照以下约定执行：

（1）承包人应当根据施工进度计划，在招标工作启动前 14 天将招标方案通过监理人报送发包人审查，发包人应当在收到承包人报送的招标方案后 7 天内批准或提出修改意见。承包人应当按照经过发包人批准的招标方案开展招标工作。

（2）承包人应当根据施工进度计划，提前 14 天将招标文件通过监理人报送发包人审批，发包人应当在收到承包人报送的相关文件后 7 天内完成审批或提出修改意见；发包人有权确定招标控制价并按照法律规定参加评标。

（3）承包人与供应商、分包人在签订暂估价合同前，应当提前 7 天将确定的中标候选供应商或中标候选分包人的资料报送发包人，发包人应在收到资料后 3 天内与承包人共同确定中标人；承包人应当在签订合同后 7 天内，将暂估价合同副本报送发包人留存。

第 2 种方式：对于依法必须招标的暂估价项目，由发包人和承包人共同招标确定暂估价供应商或分包人的，承包人应按照施工进度计划，在招标工作启动前 14 天通知发包人，并提交暂估价招标方案和工作分工。发包人应在收到后 7 天内确认。确定中标人后，由发包人、承包人与中标人共同签订暂估价合同。

2. 不属于依法必须招标的暂估价项目

除专用合同条款另有约定外，对于不属于依法必须招标的暂估价项目，采取以下第 1 种方式确定：

第 1 种方式：对于不属于依法必须招标的暂估价项目，按本项约定确认和批准：

（1）承包人应根据施工进度计划，在签订暂估价项目的采购合同、分包合同前 28 天向监理人提出书面申请。监理人应当在收到申请后 3 天内报送发包人，发包人应当在收到申请后 14 天内给予批准或提出修改意见，发包人逾期未予批准或提出修改意见的，视为该书面申请已获得同意。

（2）发包人认为承包人确定的供应商、分包人无法满足工程质量或合同要求的，发包人可以要求承包人重新确定暂估价项目的供应商、分包人。

（3）承包人应当在签订暂估价合同后 7 天内，将暂估价合同副本报送发包人留存。

第 2 种方式：承包人按照“依法必须招标的暂估价项目”约定的第 1 种方式确

定暂估价项目。

第 3 种方式：承包人直接实施的暂估价项目。

承包人具备实施暂估价项目的资格和条件的，经发包人和承包人协商一致后，可由承包人自行实施暂估价项目，合同当事人可以在专用合同条款约定具体事项。

因发包人原因导致暂估价合同订立和履行迟延的，由此增加的费用和（或）延误的工期由发包人承担，并支付承包人合理的利润。因承包人原因导致暂估价合同订立和履行迟延的，由此增加的费用和（或）延误的工期由承包人承担。

例如：某工程招标，将现浇混凝土构件钢筋作为暂估价，为 4000 元/t，工程实施后，根据市场价格变动，将各规格现浇钢筋加权平均认定为 4295 元/t，此时，应在综合单价中以 4295 元取代 4000 元。

暂估材料或工程设备的单价确定后，在综合单价中只应取代原暂估单价，不应再在综合单价中涉及企业管理费或利润等其他费的变动。

（九）不可抗力

1. 不可抗力的确认

不可抗力是指承包人和发包人在订立合同时不可预见，在工程施工过程中不可避免发生并不能克服的自然灾害和社会性突发事件，如地震、海啸、瘟疫、水灾、骚乱、暴动、战争和专用合同条款约定的其他情形。

不可抗力发生后，发包人和承包人应及时认真统计所造成的损失，收集不可抗力造成损失的证据。合同双方对是否属于不可抗力或其损失的意见不一致的，由监理人商定或确定。

2. 不可抗力的通知

合同一方当事人遇到不可抗力事件，使其履行合同义务受到阻碍时，应立即通知合同另一方当事人和监理人，书面说明不可抗力和受阻碍的详细情况，并提供必要的证明。

如不可抗力持续发生，合同一方当事人应及时向合同另一方当事人和监理人提交中间报告，说明不可抗力和履行合同受阻的情况，并于不可抗力事件结束后 28 天内提交最终报告及有关资料。

3. 不可抗力后果及其处理

除专用合同条款另有约定外，不可抗力导致的人员伤亡、财产损失、费用增加和（或）工期延误等后果，由合同双方按以下原则承担：

（1）永久工程，包括已运至施工场地的材料和工程设备的损害，以及因工程损害造成的第三者人员伤亡和财产损失由发包人承担。

（2）承包人设备的损坏由承包人承担。

（3）发包人和承包人各自承担其人员伤亡和其他财产损失及其相关费用。

（4）承包人的停工损失由承包人承担，但停工期间应监理人要求照管工程和清理、修复工程的金额由发包人承担。

（5）不能按期竣工的，应合理延长工期，承包人不需支付逾期竣工违约金。发包人要求赶工的，承包人应采取赶工措施，赶工费用由发包人承担。

【例 7—7】 某工程在施工过程中，因不可抗力造成损失。承包人及时向项目监理机构提出了索赔申请，并附有相关证明材料，要求补偿的经济损失如下：

(1) 在建工程损失 26 万元；

(2) 承包人受伤人员医药费、补偿金 4.5 万元；

(3) 施工机具损坏损失 12 万元；

(4) 施工机具闲置、施工人员窝工损失 5.6 万元；

(5) 工程清理、修复费用 3.5 万元。

逐项分析以上的经济损失是否补偿给承包人，分别说明理由。项目监理机构应批准的补偿金额为多少元？

解：(1) 在建工程损失 26 万元的经济损失应补偿给承包人。理由：不可抗力造成工程本身的损失，由发包人承担。

(2) 承包人受伤人员医药费、补偿费 4.5 万元的经济损失不应补偿给承包人。理由：不可抗力造成承发包双方的人员伤亡，分别各自承担。

(3) 施工机具损坏损失 12 万元的经济损失不应补偿给承包人。理由：不可抗力造成施工机械设备损坏，由承包人承担。

(4) 施工机具闲置、施工人员窝工损失 5.6 万元的经济损失不应补偿给承包人。理由：不可抗力造成承包人机械设备的停工损失，由承包人承担。

(5) 工程清理、修复费用 3.5 万元的经济损失应补偿给承包人。理由：不可抗力造成工程所需清理、修复费用，由发包人承担。

项目监理机构应批准的补偿金额：26＋3.5＝29.5 万元

(十) 提前竣工（赶工补偿）

为了保证工程质量，承包人除了根据标准规范、施工图纸进行施工外，还应当按照科学合理的施工组织设计，按部就班地进行施工作业。因为有些施工流程必须有一定的时间间隔，例如，现浇混凝土必须有一定时间的养护才能进行下一个工序，刷油漆必须等上道工序所刮腻子干燥后方可进行等。所以，《建设工程质量管理条例》第十条规定："建设工程发包单位不得迫使承包方以低于成本的价格竞标，不得任意压缩合理工期"，据此，《建设工程工程量清单计价规范》GB50500—2013 作了以下规定：

(1) 工程发包时，招标人应当依据相关工程的工期定额合理计算工期，压缩的工期天数不得超过定额工期的 20%，将其量化。超过者，应在招标文件中明示增加赶工费用。

(2) 工程实施过程中，发包人要求合同工程提前竣工的，应征得承包人同意后与承包人商定采取加快工程进度的措施，并应修订合同工程进度计划。发包人应承担承包人由此增加的提前竣工（赶工补偿）费用。

(3) 发承包双方应在合同中约定提前竣工每日历天应补偿额度，此项费用应作为增加合同价款列入竣工结算文件中，应与结算款一并支付。

赶工费用主要包括：①人工费的增加，例如新增加投入人工的报酬，不经济使用人工的补贴等；②材料费的增加，例如可能造成不经济使用材料而损耗过大，材料提前交货可能增加的费用以及材料运输费的增加等；③机械费的增加，例如可能增加机械设备投入，不经济使用机械等。

（十一）暂列金额

暂列金额是指招标人在工程量清单中暂定并包括在合同价款中的一笔款项。用于工程合同签订时尚未确定或者不可预见的所需材料、工程设备、服务的采购，施工中可能发生的工程变更、合同约定调整因素出现时的合同价款调整以及发生的索赔、现场签证等确认的费用。

已签约合同价中的暂列金额由发包人掌握使用。发包人按照合同的规定作出支付后，如有剩余，则暂列金额余额归发包人所有。

（十二）工程变更和索赔

《建设工程工程量清单计价规范》GB50500—2013 中的工程变更和索赔条款与国家九部委《标准施工招标文件》（2007 年版）规定类似，不再赘述，详见第五章。

三、合同价款支付

（一）预付款

按《标准施工招标文件》（2007 年版）约定，预付款用于承包人为合同工程施工购置材料、工程设备、施工设备、修建临时设施以及组织施工队伍进场等。预付款的额度和预付办法在专用合同条款中约定。预付款必须专用于合同工程。

1. 预付款保函

除专用合同条款另有约定外，承包人应在收到预付款的同时向发包人提交预付款保函，预付款保函的担保金额应与预付款金额相同。保函的担保金额可根据预付款扣回的金额相应递减。

2. 预付款的扣回与还清

预付款在进度付款中扣回，扣回办法在专用合同条款中约定。在颁发工程接收证书前，由于不可抗力或其他原因解除合同时，预付款尚未扣清的，尚未扣清的预付款余额应作为承包人的到期应付款。

（二）工程进度付款

1. 付款周期

付款周期同计量周期。

2. 进度付款申请单

承包人应在每个付款周期末，按监理人批准的格式和专用合同条款约定的份数，向监理人提交进度付款申请单，并附相应的支持性证明文件。除专用合同条款另有约定外，进度付款申请单应包括下列内容：

（1）截至本次付款周期末已实施工程的价款；

（2）应增加和扣减的变更金额；

（3）应增加和扣减的索赔金额；

（4）应支付的预付款和扣减的返还预付款；

（5）应扣减的质量保证金；

（6）根据合同应增加和扣减的其他金额。

3. 进度付款证书和支付时间

（1）监理人在收到承包人进度付款申请单以及相应的支持性证明文件后的 14 天内完成核查，提出发包人到期应支付给承包人的金额以及相应的支持性材料，经发包人审查同意后，由监理人向承包人出具经发包人签认的进度付款证书。监理人有权扣发承包人未能按照合同要求履行任何工作或义务的相应金额。

（2）发包人应在监理人收到进度付款申请单后的 28 天内，将进度应付款支付给承包人。发包人不按期支付的，按专用合同条款的约定支付逾期付款违约金。

（3）监理人出具进度付款证书，不应视为监理人已同意、批准或接受了承包人完成的该部分工作。

（三）质量保证金

1. 监理人应从第一个付款周期开始，在发包人的进度付款中，按专用合同条款的约定扣留质量保证金，直至扣留的质量保证金总额达到专用合同条款约定的金额或比例为止。质量保证金的计算额度不包括预付款的支付、扣回以及价格调整的金额。

2. 在约定的缺陷责任期满时，承包人向发包人申请到期应返还承包人剩余的质量保证金金额，发包人应在 14 天内会同承包人按照合同约定的内容核实承包人是否完成缺陷责任。如无异议，发包人应当在核实后将剩余保证金返还承包人。

3. 在约定的缺陷责任期满时，承包人没有完成缺陷责任的，发包人有权扣留与未履行责任剩余工作所需金额相应的质量保证金余额，并有权根据约定要求延长缺陷责任期，直至完成剩余工作为止。

（四）竣工结算

1. 竣工付款申请单

（1）工程接收证书颁发后，承包人应按专用合同条款约定的份数和期限向监理人提交竣工付款申请单，并提供相关证明材料。除专用合同条款另有约定外，竣工付款申请单应包括下列内容：竣工结算合同总价、发包人已支付承包人的工程价款、应扣留的质量保证金、应支付的竣工付款金额。

（2）监理人对竣工付款申请单有异议的，有权要求承包人进行修正和提供补充资料。经监理人和承包人协商后，由承包人向监理人提交修正后的竣工付款申请单。

2. 竣工付款证书及支付时间

（1）监理人在收到承包人提交的竣工付款申请单后的 14 天内完成核查，提出发包人到期应支付给承包人的价款送发包人审核并抄送承包人。发包人应在收到后 14 天内审核完毕，由监理人向承包人出具经发包人签认的竣工付款证书。监理人未在约定时间内核查，又未提出具体意见的，视为承包人提交的竣工付款申请单已经监理人核查同意；发包人未在约定时间内审核又未提出具体意见的，监理人提出发包人到期应支付给承包人的价款视为已经发包人同意。

（2）发包人应在监理人出具竣工付款证书后的 14 天内，将应支付款支付给承包人。发包人不按期支付的，按约定将逾期付款违约金支付给承包人。

3. 最终结清证书和支付时间

（1）监理人收到承包人提交的最终结清申请单后的 14 天内，提出发包人应支付给承包人的价款送发包人审核并抄送承包人。发包人应在收到后 14 天内审核完毕，由监理人向承包人出具经发包人签认的最终结清证书。监理人未在约定时间内核查，又未提出具体意见的，视为承包人提交的最终结清申请已经监理人核查同意；发包人未在约定时间内审核又未提出具体意见的，监理人提出应支付给承包人的价款视为已经发包人同意。

（2）发包人应在监理人出具最终结清证书后的 14 天内，将应支付款支付给承包人。

【例 7－8】 某工程项目由 A、B、C、D 四个分项工程组成，采用工程量清单招标确定中标人，合同工期 5 个月。承包人费用部分数据见表 7－13。

表 7－13　承包费用部分数据

分项工程名称	计量单位	数量	综合单价
A	m^3	5000	50 元/m^3
B	m^3	750	400 元/m^3
C	t	100	5000 元/t
D	m^2	1500	350 元/m^2
措施项目费	110000 元		
其中：通用措施项目费用	60000 元		
专业措施项目费用	50000 元		
暂列金额	100000 元		

合同中有关费用支付条款如下：

（1）开工前发包人向承包人支付合同价（扣除措施费和暂列金额）的 15％作为材料预付款。预付款从工程开工后的第 2 个月开始分 3 个月均摊抵扣。

（2）工程进度款按月结算，发包人按每次承包人应得工程款的 90％支付。

（3）通用措施项目工程款在开工前和材料预付款同时支付；专业措施项目在开工后第 1 个月末支付。

（4）分项工程累计实际完成工程量偏差超过计划完成工程量的 10％时，该分项工程超出或减少部分的工程量的综合单价调整系数为 0.95（或 1.05）。

（5）承包人报价管理费率取 10％（以人工费、材料费、机械费之和为基数），利润率取 7％（以人工费、材料费、机械费和管理费之和为基数）。

(6) 规费综合费率7.5%(以分部分项工程费、措施项目费、其他项目费之和为基数),增值税10%。

(7) 竣工结算时,发包人按总造价的3%预留质量保证金。

各月计划和实际完成工程量如表7—14所示。

表7—14 各月计划和完成工程量

		第1月	第2月	第3月	第4月	第5月
A (m^3)	计划	2500	2500			
	实际	2800	2500			
B (m^3)	计划		375	375		
	实际		400	450		
C (t)	计划			50	50	
	实际			50	60	
D (m^2)	计划				750	750
	实际				750	750

施工过程中,4月份发生了如下事件:

(1) 发包人确认某项临时工程计日工50工日,综合单价60元/工日;所需某种材料120m^2,综合单价100元/m^2。

(2) 由于设计变更,经发包人确认的人工费、材料费、机械费共计30000元。

问题:

(1) 工程合同价为多少元?

(2) 材料预付款、开工前发包人应拨付的措施项目工程款为多少元?

(3) 1~4月每月发包人应拨付的工程进度款各为多少元?

(4) 5月份办理竣工结算,工程实际总造价和竣工结算款各为多少元?

解:(1)

分部分项工程费用:5000×50+750×400+100×5000+1500×350=1575000元

措施项目费:110000元

暂列金额:100000元

工程合同价:(1575000+110000+100000)×(1+7.5%)×(1+10%)

=2110763元

(2)

材料预付款:1575000×(1+7.5%)×(1+10%)×15%

=279366元

开工前发包人应拨付的措施项目工程款:

60000×(1+7.5%)×(1+10%)×90%=63855元

(3)

1）第 1 个月承包人完成工程款：

$$(2800\times50+50000)\times(1+7.5\%)\times(1+10\%)=224675 \text{ 元}$$

第 1 个月发包人应拨付的工程款为：224675×90%＝202208 元

2）第 2 个月 A 分项工程累计完成工程量：

$$2800+2500=5300\text{m}^3$$

$$(5300-5000)\div5000=6\%<10\%$$

承包人完成工程款：

$$(2500\times50+400\times400)\times(1+7.5\%)\times(1+10\%)=337013 \text{ 元}$$

第 2 个月发包人应拨付的工程款为：337013×90%－279366÷3＝210190 元

3）第 3 个月 B 分项工程累计完成工程量：

$$400+450=850\text{m}^3$$

$$(850-750)\div750=13.33\%>10\%$$

超过 10%部分的工程量：850－750×（1＋10%）＝25m^3

超过部分的工程量结算综合单价：400 元/m^3×0.95＝380 元/m^3

B 分项工程款：

$$[25\times380+(450-25)\times400]\times(1+7.5\%)\times(1+10\%)=212259 \text{ 元}$$

C 分项工程款：50×5000×（1＋7.5%）×（1＋10%）＝295625 元

承包人完成工程款：212259＋295625＝507884 元

第 3 个月发包人应拨付的工程款为：507884×90%－279366÷3＝363974 元

4）第 4 个月 C 分项工程累计完成工程量：

$$50+60=110，(110-100)\div100=10\%$$

承包人完成分项工程款：

$$(60\times5000+750\times350)\times(1+7.5\%)\times(1+10\%)=665156 \text{ 元}$$

计日工费用：（50×60＋120×100）×（1＋7.5%）×（1＋10%）＝17738 元

变更款：

$$30000\times(1+10\%)\times(1+7\%)\times(1+7.5\%)\times(1+10\%)=41754 \text{ 元}$$

承包人完成工程款：665156＋17738＋41754＝724648 元

第 4 个月发包人应拨付的工程款为：724648×90%－279366÷3＝559061 元

（4）

1）第 5 个月承包人完成工程款：

$$350\times750\times(1+7.5\%)\times(1+10\%)=310406 \text{ 元}$$

2）工程实际造价：

60000×（1+7.5%）×（1+10%）+（224675+337013+507884+724648+310406）=2175576 元

3）竣工结算款：

2175576×（1−3%）−（279366+63855+202208+210190+363974+559061）=431654.72 元

四、投资偏差分析

在确定了投资控制目标之后，为了有效地进行投资控制，咨询工程师就必须定期地进行投资计划值与实际值的比较，当实际值偏离计划值时，分析产生偏差的原因，采取适当的纠偏措施，以使投资超支尽可能小。

（一）挣值法

投资偏差分析的方法很多，这里着重介绍挣值法。

挣值法（Earned Value Management，EVM）作为一项先进的项目管理技术，最初是美国国防部于 1967 年首次确立的。到目前为止国际上先进的工程公司已普遍采用挣值法进行工程项目的投资、进度综合分析控制。用挣值法进行投资、进度综合分析控制，基本参数有三项，即已完工作预算投资、计划工作预算投资和已完工作实际投资。

1. 挣值法的三个基本参数

（1）已完工作预算投资

已完工作预算投资为 BCWP（Budgeted Cost for Work Performed），是指在某一时间已经完成的工作（或部分工作），以批准认可的预算为标准所需要的资金总额，由于发包人正是根据这个值为承包人完成的工作量支付相应的投资，也就是承包人获得（挣得）的金额，故称挣值。

已完工作预算投资（BCWP）=已完成工作量×预算单位　　（7−53）

（2）计划工作预算投资

计划工作预算投资，简称 BCWS（Budgeted Cost for Work Scheduled），即根据进度计划，在某一时刻应当完成的工作（或部分工作），以预算为标准所需要的资金总额。一般来说，除非合同有变更，BCWS 在工程实施过程中应保持不变。

计划工作预算投资（BCWS）=计算工作量×预算单价　　（7−54）

（3）已完工作实际投资

已完工作实际投资，简称 ACWP（Actual Cost for Work Performed），即到某一时刻为止，已完成的工作（或部分工作）所实际花费的总金额。

已完工作实际投资（ACWP）=已完成工作量×实际单价　　（7−55）

2. 挣值法的四个评价指标

在这三个基本参数的基础上，可以确定挣值法的四个评价指标，它们都是时间的函数。

(1) 投资偏差 CV (Cost Variance)

将 BCWP，即已完成或进行中的工作的预算数与 ACWP，即此工作的实际投资比较。

投资偏差 (CV) ＝已完工作预算投资 (BCWP) －已完工作实际投资 (ACWP) (7－56)

负值 CV 意味着完成工作的投资多于计划。即当投资偏差 CV 为负值时，表示项目运行超出预算投资；当投资偏差 CV 为正值时，表示项目运行节支，实际投资没有超出预算投资。

【例 7－9】 某工程施工至 2012 年 9 月底，经统计分析得：已完工作预算投资为 38000 元，已完工作实际投资为 48000 元，计划工作预算投资为 42000 元。

问题：该工程此时的投资偏差为多少?

【解】 BCWS ＝ 42000 元

BCWP ＝ 38000 元

ACWP ＝ 48000 元

CV ＝ BCWP－ACWP ＝ 38000－48000 ＝－10000 (元)

即项目运行超出预算投资 10000 元。

(2) 进度偏差 SV (Schedule Variance)

将 BCWP，即已完成或进行中的工作的预算数与 BCWS，即计划应完成的工作的预算数比较。

进度偏差 (SV) ＝已完工作预算投资 (BCWP) －计划工作预算投资 (BCWS) (7－57)

负值意味着与计划对比，完成的工作少于计划的工作。即当进度偏差 SV 为负值时，表示进度延误，实际进度落后于计划进度；当进度偏差 SV 为正值时，表示进度提前，实际进度快于计划进度。

【例 7－10】 某工程施工至 2012 年 9 月底，经统计分析得：已完工作预算投资为 38000 元，已完工作实际投资为 48000 元，计划工作预算投资为 42000 元。

问题：该工程此时的进度偏差为多少?

【解】

BCWS ＝ 42000 元

BCWP ＝ 38000 元

ACWP ＝ 48000 元

SV ＝ BCWP－BCWS ＝ 38000－42000 ＝－4000 元

即项目进度延误 4000 元。

(3) 投资绩效指数 (CPI)

投资绩效指数（CPI）＝已完工作预算投资（BCWP）/已完工作实际投资（ACWP）（7－58）

当投资绩效指数（CPI）＜1时，表示投资超支，即实际投资高于预算投资；

当投资绩效指数（CPI）＞1时，表示投资节支，即实际投资低于预算投资。

【例7－11】 某工程施工至2012年9月底，经统计分析得：已完工作预算投资为38000元，已完工作实际投资为48000元，计划工作预算投资为42000元。

问题：该工程此时的投资绩效指数为多少？

【解】 BCWS = 42000元

BCWP = 38000元

ACWP = 48000元

CPI = BCWP / ACWP = 38000 / 48000 = 0.79

即每1.00元的花费实际只做了价值为0.79元的工作，即投资超支，实际投资高于预算投资。

（4）进度绩效指数（SPI）

进度绩效指数（SPI）＝已完工作预算投资（BCWP）/计划工作预算投资（BCWS）（7－59）

当进度绩效指数（SPI）＜1时，表示进度延误，即实际进度比计划进度拖后；

当进度绩效指数（SPI）＞1时，表示进度提前，即实际进度比计划进度快。

【例7－12】 某工程施工至2012年9月底，经统计分析得：已完工作预算投资为38000元，已完工作实际投资为48000元，计划工作预算投资为42000元。

问题：该工程此时的进度绩效指数为多少？

【解】 BCWS = 42000元

BCWP = 38000元

ACWP = 48000元

SPI = BCWP /BCWS = 38000 / 42000 = 0.90

即每1.00元计划做的工作价值取得了0.90元的已完工作的价值，即进度延误，实际进度比计划进度拖后。

投资（进度）偏差反映的是绝对偏差，结果很直观，有助于投资管理人员了解项目投资出现偏差的绝对数额，并依此采取一定措施，制定或调整投资支出计划和资金筹措计划。但是，绝对偏差有其不容忽视的局限性。如同样是10万元的投资偏差，对于总投资1000万元的项目和总投资1亿元的项目而言，其严重性显然是不同的。因此，投资（进度）偏差仅适合于对同一项目作偏差分析。投资（进度）绩效指数反映的是相对偏差，它不受项目层次的限制，也不受项目实施时间的限制，因而在同一项目和不同项目比较中均可采用。

在项目的投资、进度综合控制中引入挣值法，可以克服过去进度、投资分开控制的缺点，即当我们发现投资超支时，很难立即知道是由于投资超出预算，还是由于进度提前。相反，当我们发现投资低于预算时，也很难立即知道是由于投资节省，还是由于进度拖延。而引入挣值法即可定量地判断进度、投资的执行效果。

3. *偏差分析的表达方法*

在项目实施过程中，以上三个参数可以形成三条曲线，即计划工作预算投资（BCWS）、已完工作预算投资（BCWP）、已完工作实际投资（ACWP）曲线，如图7—10所示。

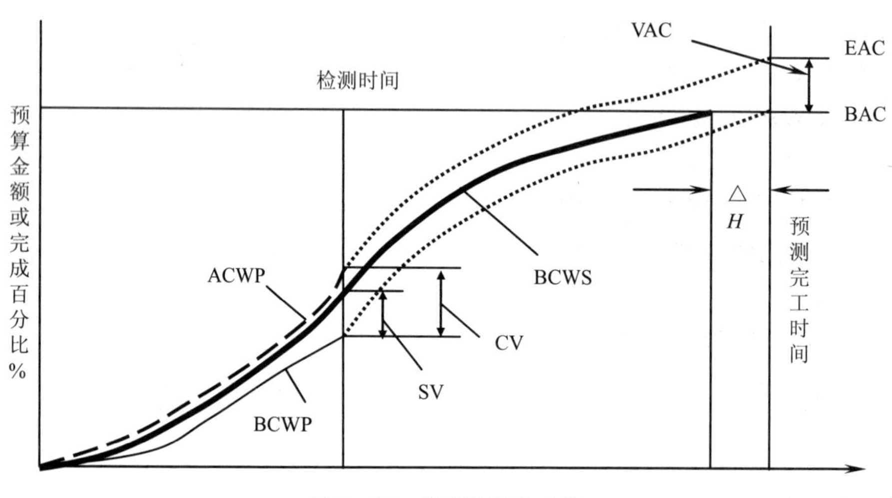

图7—10　挣值法评价曲线

图中：CV＝BCWP－ACWP，由于两项参数均以已完工作为计算基准，所以两项参数之差，反映项目进展的投资偏差。

SV＝BCWP－BCWS，由于两项参数均以预算值（计划值）作为计算基准，所以两者之差，反映项目进展的进度偏差。

采用挣值法进行投资、进度综合控制，还可以根据当前的进度、投资偏差情况，通过原因分析，对趋势进行预测，预测项目结束时的进度、投资情况。图7—10中：

BAC（Budget At Completion）——项目完工预算，指编计划时预计的项目完工投资。

EAC（Estimate At Completion）——预测的项目完工估算，指计划执行过程中根据当前的进度、投资偏差情况预测的项目完工总投资。

VAC（Variance At Completion）——预测项目完工时的投资偏差；

$$VAC = BAC - EAC \tag{7—60}$$

【例7—13】 某工程完工预算为80000元，施工至某月月底的投资绩效指数为0.79。则在该时间节点下该工程项目预测的完工投资为多少？

【解】 EAC的一种估算方法：

EAC ＝ BAC / CPI

BAC ＝ 80000元

CPI = 0.79

EAC = 80000 / 0.79 = 101265（元）

VAC = BAC－EAC = 80000－101265 =－21265（元）

即该时间节点下预测的完工投资为101265元，根据当前的绩效，项目将超计划预算21265元。

（二）偏差原因分析

偏差分析的一个重要目的就是要找出引起偏差的原因，从而有可能采取有针对性的措施，减少或避免相同原因的再次发生。在进行偏差原因分析时，首先应当将已经导致和可能导致偏差的各种原因逐一列举出来。导致不同建设工程产生投资偏差的原因具有一定共性，因而，可以通过对已建项目的投资偏差原因进行归纳、总结，为该项目采用预防措施提供依据。

一般来说，产生投资偏差的原因有几种，见图7－11。

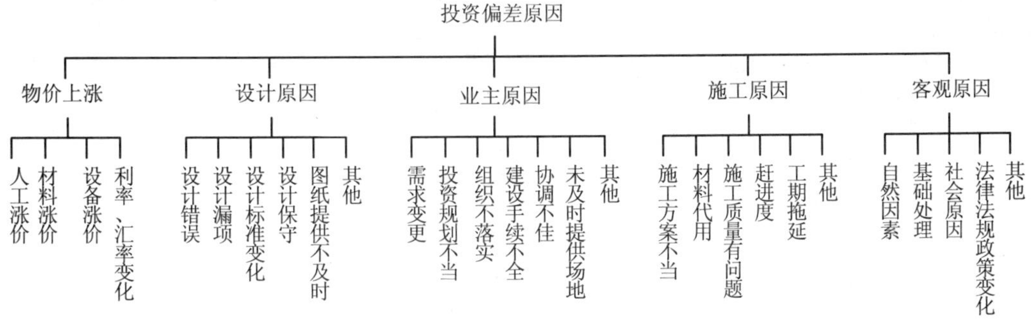

图7—11　投资偏差原因

（三）纠偏措施

1. 修改投资计划

修改投资计划就是对用于管理项目的投资文件进行修正，比如调整设计概算，变更合同价格等等，必要时，必须通知工程项目的利益关系者。

2. 采取纠偏措施

对偏差原因进行分析的目的是为了有针对性地采取纠偏措施，从而实现投资的动态控制和主动控制。纠偏首先要确定纠偏的主要对象，如上面介绍的偏差原因，有些是无法避免和控制的，如客观原因，充其量只能对其中少数原因做到防患于未然，力求减少该原因所产生的经济损失。对于施工原因所导致的经济损失通常是由承包人自己承担的，从投资控制的角度只能加强合同的管理，避免被承包人索赔。所以，这些偏差原因都不是纠偏的主要对象。纠偏的主要对象是发包人原因和设计原因造成的投资偏差。在确定了纠偏的主要对象之后，就需要采取有针对性的纠偏措施。纠偏可采用组织措施、经济措施、技术措施和合同措施等。例如：（1）寻找新的、更好更省的、效率更高的设计方案；（2）购买部分产品，而不是采用完全由自己生产的产品；（3）重新选择供应商，但会产生供应风险，选择需要时间；（4）改变实施过程；（5）变更工程范围；（6）索赔等。

3. 按照完成情况估计完成项目所需的总投资 EAC

按照完成情况估计目前实施情况下完成项目所需的总投资 EAC（Estimate At Completion），有以下三种情况：

（1）EAC＝实际支出＋按照实施情况对剩余预算所作的修改。这种方法通常用于当前的变化可以反映未来的变化时。

（2）EAC＝实际支出＋对未来所有剩余工作的新的估计。这种方法通常用于当过去的执行情况显示了所有的估计假设条件基本失效的情况下或者由于条件的改变原有的假设不再适用。

（3）EAC＝实际支出＋剩余的预算。适用于现在的变化仅是一种特殊情况，项目经理认为未来的实施不会发生类似的变化。

4. 整理纠偏资料，吸取教训

找出产生偏差的原因后，连同所选择的纠偏措施以及从投资控制中吸取的其他方面的教训等都要形成文字材料，作为本工程项目或者其它工程项目的历史资料，以供参考。

第八章　工程项目质量管理

工程项目质量管理贯穿项目的全过程，本章着重讲述工程项目质量管理的特点、质量管理的基础理论、质量管理的标准和咨询工程师在前期阶段、准备阶段、实施阶段和试运行阶段质量管理工作的要点，以保证工程项目质量目标的实现。

第一节　概述

一、工程项目质量

（一）质量的概念

根据《质量管理体系 基础和术语》（GB/T 19000—2016），质量是指实体的若干固有特性满足要求的程度。实体是可感知或想象的任何事物，可能是物质的，如：卷尺、水准仪，也可能是非物质的，如：计划、利率、服务，或想象的，如：趋势、公司未来状态等。“质量”可使用形容词来修饰，如：好、差、高、低等。这些固有特性通过满足要求的程度，确定其好坏、优劣。质量不仅可以指产品的质量，也可以指服务、过程或体系的质量。质量是针对实体的质量，即：质量是包括针对产品、服务、过程、个人、组织、体系、资源等以及非物质形态在内的实体的固有特性满足要求的程度。对质量的要求可以是明示的需求和期望，也可以是通常隐含的需求和期望（即：组织和相关方的惯例或一般做法，所考虑的需求或期望是不言而喻的），或者是必须履行的需求和期望。顾客和其他相关方对产品、服务、体系或过程的质量要求是动态的、发展的和相对的，它将随着时间、地点、环境的变化而变化，所以说质量具有“广义性”、“时效性”和“相对性”。

（二）工程项目质量

工程项目质量是指工程产品满足规定要求的程度。所谓规定要求，通常是指标准规范和工程合同所规定的要求，这些规定要求主要包括以下几个方面：

1. 适用性。包括建筑物平面、空间布局合理，采光、通风、保温、隔音功能完备，使用、操作、维修方便，有利生产、生活等。

2. 可靠性。包括满足强度、刚度、稳定性要求，满足使用寿命要求，满足防火、抗震要求，抗渗、抗冻、耐腐蚀，使用安全等。

3. 经济性。包括工程项目投资效益高，运行和维修费用低等。

4. 协调性。包括工程项目造型美观，与生态环境协调，与社区环境协调，与地区经济环境协调。

（三）工程项目质量的影响因素

工程项目建设过程，就是质量的形成过程。工程项目建设过程通常包括四个阶段，即：前期阶段、准备阶段、实施阶段和投产运营阶段，各阶段对工程项目质量有着不同程度的影响。

影响工程项目质量的因素很多，概况起来主要包括五大因素，即：人、机械、材料、方法（或工艺）和环境。

1. 人对工程项目质量的影响

人是指工程建设的直接参与者，包括工程建设各阶段的决策人员、技术人员、管理人员和操作人员。人的工作质量是工程项目质量的基础，而人的工作质量取决于人的素质和工作成效，人的素质包括：身体条件、知识结构、技术水平、文化修养、心理行为、质量意识和道德品质等，人的工作成效反映出人的工作能力。因此每个工作岗位和每个人的工作都直接或间接地影响着工程项目质量。提高工作质量的关键在于提高人的素质和工作能力。

2. 机械对工程项目质量的影响

机械是指工程建设各种机具设备和检验工程质量所使用的仪器设备。机械是现代工程建设不可缺少的设施，对工程项目质量有直接影响。所以在机械选型及性能参数确定时，都应考虑其对保证工程项目质量的影响，并考虑到经济上的合理性、技术上的先进性和使用操作及维护上的便利性。

3. 材料对工程项目质量的影响

材料是指工程项目所用的原材料、构配件。材料是工程的物质条件，没有这些物质条件就无法建设工程项目，材料质量不合格，工程项目质量不可能符合标准。加强材料的质量控制，是工程质量控制的重要内容。

4. 方法（或工艺）对工程项目质量的影响

方法（或工艺）是指工程建设的方法、方案及工艺。方法（或工艺）的合理性、先进性对工程项目质量都有很大影响。因此，在制定和审核方法（或工艺）时，必须结合工程实际，从技术、经济、组织、管理等方面进行全面分析，综合考虑，确保方法（或工艺）技术上可行，经济上合理，有利于提高工程质量。

5. 环境对工程项目质量的影响

环境是指自然环境、技术环境、建设环境等。自然环境包括水文、地质、气象等因素。技术环境包括工程所用的标准、规范、规程等因素。建设环境包括质量检验、管理制度、工程项目作业环境等因素。控制环境影响的有效办法是加强环境管理、改善作业条件、强化管理制度、完善预控措施。

二、工程项目质量管理

（一）工程项目质量管理的概念

《质量管理体系 基础和术语》（GB/T 19000—2016）对质量管理的定义是：关于质量的管理，即在质量方面指挥和控制组织的协调活动。据此，我们可以确定，工程项目质量管理是指在工程项目质量方面指挥和控制组织的协调活动。通常包括制定质量方针、质量目标和质量计划，以及通过质量策划、质量保证、质量控制和质量改进，组织实现这些质量目标的过程。

工程项目质量管理的目的，是通过管理工作，使建设项目科学决策、精心设计、精心施工、产品合格，保证投资目标的实现。

(二) 工程项目质量管理的特点

与工业产品相比，工程项目质量管理具有如下特点：

(1) 工程项目的质量特性较多。除了项目的物理化学功能特性外，还要考虑可靠性、耐久性（寿命期内功能的持续性，减少维修量）、安全性（人身安全、运行安全）与环境的协调性。

(2) 工程项目形体庞大，高投入，周期长，牵涉面广，风险多。

(3) 工程项目质量影响因素多。工程项目不仅受工程项目决策、勘察设计、工程施工的影响，还要受到材料、机械、设备的影响。工程所在地政治、经济、社会环境以及气候、地理、地质、资源等因素对工程项目质量的影响也不容忽视。

(4) 工程项目质量管理难度较大。一种工业产品，生产工艺技术成熟后，有固定的生产线，建立稳定的质量管理制度，可以连续多年进行批量生产。工程项目则不同，它是一次性成果，每个项目都有各自的特点和区别，质量管理工作需要不断地适应新情况。同时，建设项目的周期长，实施过程中情况不断变化，许多新因素不断加入，这就给工程项目质量管理带来难度。

(5) 工程项目质量具有隐蔽性。工程项目中分项工程交接多，中间产品多，隐蔽工程多，如不及时进行监督检查，事后很难发现内在的质量问题。因此，必须加强过程中的监督检查。

三、工程项目质量管理原则

国家标准《GB/T 19000－2016 质量管理体系》规定了质量管理的 7 项原则，这些原则同样适用工程项目质量管理，其具体内容如表 8－1 所示：

表 8－1　质量管理原则（GB/T 19000－2016）

序号	原则	概述	依据	主要益处	可开展的活动
1	以顾客为关注焦点	质量管理的首要关注点是满足顾客要求并且努力超越顾客期望。	组织只有赢得和保持顾客和其他有关的相关方的信任才能获得持续成功。与顾客相互作用的每个方面，都提供了为顾客创造更多价值的机会。理解顾客和其他相关方当前和未来的需求，有助于组织的持续成功。	◆ 提升顾客价值； ◆ 增强顾客满意； ◆ 增进顾客忠诚； ◆ 增加重复性业务； ◆ 提高组织的声誉； ◆ 扩展顾客群； ◆ 增加收入和市场份额。	◆ 识别从组织获得价值的直接顾客和间接顾客； ◆ 理解顾客当前和未来的需求和期望； ◆ 将组织的目标与顾客的需求和期望联系起来； ◆ 在整个组织内沟通顾客的需求和期望； ◆ 为满足顾客的需求和期望，对产品和服务进行策划、设计、开发、生产、交付和支持； ◆ 测量和监视顾客满意情况，并采取适当的措施； ◆ 在有可能影响到顾客满意的有关相关方的需求和适宜的期望方面，确定并采取措施； ◆ 主动管理与顾客的关系，以实现持续成功。

续表

序号	原则	概述	依据	主要益处	可开展的活动
2	领导作用	各级领导建立统一的宗旨和方向，并创造全员积极参与实现组织的质量目标的条件。	统一的宗旨和方向的建立，以及全员的积极参与，能够使组织将战略、方针、过程和资源协调一致，以实现其目标。	◆ 提高实现组织质量目标的有效性和效率； ◆ 组织的过程更加协调； ◆ 改善组织各层级、各职能间的沟通； ◆ 开发和提高组织及其人员的能力，以获得期望的结果。	◆ 在整个组织内，就其使命、愿景、战略、方针和过程进行沟通； ◆ 在组织的所有层级创建并保持共同的价值观，以及公平和道德的行为模式； ◆ 培育诚信和正直的文化； ◆ 鼓励在整个组织范围内履行对质量的承诺； ◆ 确保各级领导者成为组织人员中的榜样； ◆ 为员工提供履行职责所需的资源、培训和权限； ◆ 激发、鼓励和表彰员工的贡献。
3	全员积极参与	整个组织内各级胜任、经授权并积极参与的人员，是提高组织创造和提供价值能力的必要条件。	为了有效和高效地管理组织，各级人员得到尊重并参与其中是极其重要的。通过表彰、授权和提高能力，促进在实现组织的质量目标过程中的全员积极参与。	◆ 组织内人员对质量目标有更深入的理解，以及更强的加以实现的动力； ◆ 在改进活动中，提高人员的参与程度； ◆ 促进个人发展、主动性和创造力； ◆ 提高人员的满意程度； ◆ 增强整个组织内的相互信任和协作； ◆ 促进整个组织对共同价值观和文化的关注。	◆ 与员工沟通，以增进他们对个人贡献的重要性的认识； ◆ 促进整个组织内部的协作； ◆ 提倡公开讨论，分享知识和经验； ◆ 让员工确定影响执行力的制约因素，并且毫无顾虑地主动参与； ◆ 赞赏和表彰员工的贡献、学识和进步； ◆ 针对个人目标进行绩效的自我评价； ◆ 进行调查以评估人员的满意程度，沟通结果并采取适当的措施。
4	过程方法	将活动作为相互关联、功能连贯的过程组成的体系来理解和管理时，可更加有效和高效地得到一致的、可预知的结果。	质量管理体系是由相互关联的过程所组成。理解体系是如何产生结果的，能够使组织尽可能地完善其体系并优化其绩效。	◆ 提高关注关键过程的结果和改进的机会的能力； ◆ 通过由协调一致的过程所构成的体系，得到一致的、可预知的结果； ◆ 通过过程的有效管理，资源的高效利用及跨职能壁垒的减少，尽可能提升其绩效； ◆ 使组织能够向相关方提供关于其一致性、有效性和效率方面的信任。	◆ 确定体系的目标和实现这些目标所需的过程； ◆ 为管理过程确定职责、权限和义务； ◆ 了解组织的能力，预先确定资源约束条件； ◆ 确定过程相互依赖的关系，分析个别过程的变更对整个体系的影响； ◆ 将过程及其相互关系作为一个体系进行管理，以有效和高效地实现组织的质量目标； ◆ 确保获得必要的信息，以运行和改进过程并监视、分析和评价整个体系的绩效； ◆ 管理可能影响过程输出和质量管理体系整体结果的风险。

续表

序号	原则	概述	依据	主要益处	可开展的活动
5	改进	成功的组织持续关注改进。	改进对于组织保持当前的绩效水平，对其内、外部条件的变化做出反应，并创造新的机会，都是非常必要的。	◆ 提高过程绩效、组织能力和顾客满意； ◆ 增强对调查和确定根本原因及后续的预防和纠正措施的关注； ◆ 提高对内外部风险和机遇的预测和反应能力； ◆ 增加对渐进性和突破性改进的考虑； ◆ 更好地利用学习来改进； ◆ 增强创新的动力。	◆ 促进在组织的所有层级建立改进目标； ◆ 对各层级员工进行教育和培训，使其懂得如何应用基本工具和方法实现改进目标； ◆ 确保员工有能力成功地促进和完成改进项目； ◆ 开发和展开过程，以在整个组织内实施改进项目； ◆ 跟踪、评审和审核改进项目的策划、实施、完成和结果； ◆ 将改进与新的或变更的产品、服务和过程的开发结合在一起予以考虑； ◆ 赞赏和表彰改进。
6	循证决策	基于数据和信息的分析和评价的决策，更有可能产生期望的结果。	决策是一个复杂的过程，并且总是包含某些不确定性。它经常涉及多种类型和来源的输入及其理解，而这些理解可能是主观的。重要的是理解因果关系和潜在的非预期后果。对事实、证据和数据的分析可导致决策更加客观、可信。	◆ 改进决策过程； ◆ 改进对过程绩效和实现目标的能力的评估； ◆ 改进运行的有效性和效率； ◆ 提高评审、挑战和改变观点和决策的能力； ◆ 提高证实以往决策有效性的能力。	◆ 确定、测量和监视关键指标，以证实组织的绩效； ◆ 使相关人员能够获得所需的全部数据； ◆ 确保数据和信息足够准确、可靠和安全； ◆ 使用适宜的方法对数据和信息进行分析和评价； ◆ 确保人员有能力分析和评价所需的数据； ◆ 权衡经验和直觉，基于证据进行决策并采取措施。
7	关系管理	为了持续成功，组织需要管理与有关相关方（如：供方）的关系。	有关相关方影响组织的绩效。当组织管理与所有相关方的关系，以尽可能有效地发挥其在组织绩效方面的作用时，持续成功更有可能实现。对供方及合作伙伴网络的关系管理是尤为重要的。	◆ 通过对每一个与相关方有关的机会和限制的响应，提高组织及其有关相关方的绩效； ◆ 对目标和价值观，与相关方有共同的理解； ◆ 通过共享资源和人员能力，以及管理与质量有关的风险，增强为相关方创造价值的能力； ◆ 具有管理良好、可稳定提供产品和服务的供应链。	◆ 确定有关相关方（如：供方、合作伙伴、顾客、投资者、雇员或整个社会）及其与组织的关系； ◆ 确定和排序需要管理的相关方的关系； ◆ 建立平衡短期利益与长期考虑的关系； ◆ 与有关相关方共同收集和共享信息、专业知识和资源； ◆ 适当时，测量绩效并向相关方报告，以增加改进的主动性； ◆ 与供方、合作伙伴及其他相关方合作开展开发和改进活动； ◆ 鼓励和表彰供方及合作伙伴的改进和成绩。

上述7项质量管理原则，阐述了一个组织在建立质量管理体系时应关注的重点，包括思想方法、工作方法、领导作用以及处理内外各种关系的正确态度，也是工程项目质量管理工作的基础。

四、工程项目质量管理体系

《GB/T 19000—2016 质量管理体系》对质量管理体系的定义可概括为：在质量管理活动中，组织建立方针和目标以及实现这些目标过程的相互关联或相互作用的一组要素。据此，项目管理组织建立和实施质量管理体系的基本方法和步骤是：

（1）根据委托合同及合同附件提出的各项具体质量要求和规定，确定项目管理的质量方针和质量目标。

（2）结合项目工作分解结构（WBS），把质量目标层层分解，使各项工作目标和质量目标结合起来。

（3）结合项目团队职能的分层次分解，把质量管理的职能（包括直接质量活动和间接质量活动）分层次分解到各职能部门、各个作业人员。

（4）在质量目标、质量管理职能分层次分解的基础上，参照企业的质量管理体系文件，制订出适合本工程项目的质量管理体系文件，包括质量手册、质量管理体系程序文件和作业指导书。

（5）制订具体的可操作的质量计划。质量计划应尽可能简明，便于操作，一般采取上下结合的办法进行。

质量计划的内容包括：

1）明确各层次的质量目标和质量管理职能。

2）明确各层次之间的配合和接口。要做到层次清楚、接口明确、结构合理、协调有效。

3）明确实现质量目标的过程顺序，明确过程中进行质量监测的环节和频率以及标准。根据过程控制的原理按过程顺序进行控制，使每个工序都能保证质量。

4）确定和提供实现质量目标必需的资源。

5）明确记录和报告数据的标准表格。制订标准表格是为了对记录进行规范化的整理，既是及时分析质量执行情况采取改进措施的重要工具，也是及时向顾客和有关部门报告进行沟通的重要手段。

（6）按质量计划组织实施。按规定进行监测，做好监测记录。

（7）及时清除不合格工程，并总结经验救训，分析产生不合格的原因，提出改进措施，持续改进质量管理体系。

五、工程项目质量管理责任体系

工程项目具有投资大、规模大、建设周期长、生产环节多、参与主体多、影响因素多等特点，不论是哪个环节出了问题，都会导致质量缺陷、甚至重大质量事故的产生。因此，建设工程质量管理最基本的原则就是建立健全质量责任体系，明确各方主体责任。

国务院于2000年1月发布施行的《建设工程质量管理条例》（以下简称《条例》），对建设单位、勘察单位、设计单位、施工单位和工程监理单位五方主体的质量责任和义务做出了明确规定。

（一）建设单位的质量责任和义务

建设单位作为工程项目的投资人，是工程项目的重要责任主体。建设单位有权选择承包单位，有权对建设过程检查、控制，支付工程款，对工程进行验收，在工程建设各个环节负责综合管理工作，在整个建设活动中居于主导地位。因此，保证工程项目质量，首先要对建设单位的行为进行规范，对其质量责任予以明确。《条例》明确规定，建设单位主要承担以下质量责任和义务：

1. 建设单位应当将工程发包给具有相应资质等级的单位，不得将建设工程肢解发包。

2. 建设单位应当依法对工程建设项目的勘察、设计、施工、监理以及与工程建设有关的重要设备、材料等的采购进行招标，不得迫使承包方以低于成本的价格竞标。

3. 建设单位必须向有关的勘察、设计、施工、监理等单位提供与建设工程有关的原始资料，原始资料必须真实、准确、齐全。

4. 建设单位不得明示或者暗示设计单位或者施工单位违反工程建设强制性标准，降低建设工程质量，不得任意压缩合理工期。

5. 建设单位不得使用未经审查批准的施工图设计文件。

6. 建设单位在领取施工许可证或者开工报告前，应当按照国家有关规定办理工程质量监督手续。

7. 建设单位应当保证由其采购的建筑材料、建筑构配件和设备符合设计文件和合同要求，不得明示或者暗示施工单位使用不合格的建筑材料、建筑构配件和设备。

8. 建设单位收到建设工程竣工报告后，应当组织设计、施工、监理等有关单位进行竣工验收。建设工程经验收合格的，方可交付使用。

9. 建设单位应当严格按照国家有关档案管理的规定，及时收集、整理建设项目各环节的文件资料，建立、健全建设项目档案，并在建设工程竣工验收后，及时向建设行政主管部门或者其他有关部门移交建设项目档案。

（二）勘察、设计单位的质量责任和义务

勘察单位依据建设项目的目标，查明并分析、评价建设场地和有关范围内的地质地理环境特征和岩土工作条件，编制建设项目所需的勘察文件，提供相关服务和咨询。设计单位依据建设项目的目标，对其技术、经济、资源、环境等条件进行综合分析，制定方案，论证比选，编制建设项目所需的设计文件，并提供相关服务和咨询。《条例》规定，勘察、设计单位主要承担以下质量责任和义务：

1. 从事建设工程勘察、设计的单位应当依法取得相应等级的资质证书，并在其资质等级许可的范围内承揽工程。

2. 勘察、设计单位必须按照工程建设强制性标准进行勘察、设计，并对其勘察、设计的质量负责。

3. 勘察单位提供的地质、测量、水文等勘察成果必须真实、准确。

4. 设计单位应当根据勘察成果文件进行建设工程设计。

5. 设计单位在设计文件中选用的建筑材料、建筑构配件和设备，应当注明规格、型号、性能等技术指标，其质量要求必须符合国家规定的标准。

6. 设计单位应当就审查合格的施工图设计文件向施工单位作出详细说明。

7. 设计单位应当参与建设工程质量事故分析，并对因设计造成的质量事故，提出相应的技术处理方案。

（三）施工单位的质量责任和义务

施工单位是从事土木工程、建筑工程、线路管道设备安装、装修工程施工承包的单位。《条例》规定，施工单位主要承担以下质量责任和义务：

1. 施工单位应当依法取得相应等级的资质证书，并在其资质等级许可的范围内承揽工程。

2. 施工单位应当建立质量责任制，确定工程项目的项目经理、技术负责人和施工管理负责人，对建设工程的施工质量负责。

3. 总承包单位依法将建设工程分包给其他单位的，分包单位应当按照分包合同的约定对其分包工程的质量向总承包单位负责，总承包单位与分包单位对分包工程的质量承担连带责任。

4. 施工单位必须按照工程设计图纸和施工技术标准施工，不得擅自修改工程设计，不得偷工减料。

5. 施工单位必须按照工程设计要求、施工技术标准和合同约定，对建筑材料、建筑构配件、设备和商品混凝土进行检验，检验应当有书面记录和专人签字；未经检验或者检验不合格的，不得使用。

6. 施工单位必须建立、健全施工质量的检验制度，严格工序管理，作好隐蔽工程的质量检查和记录。隐蔽工程在隐蔽前，施工单位应当通知建设单位和建设工程质量监督机构。

7. 施工人员对涉及结构安全的试块、试件以及有关材料，应当在建设单位或者工程监理单位监督下现场取样，并送具有相应资质等级的质量检测单位进行检测。

8. 施工单位对施工中出现质量问题的建设工程或者竣工验收不合格的建设工程，应当负责返修。

9. 施工单位应当建立、健全教育培训制度，加强对职工的教育培训；未经教育培训或者考核不合格的人员，不得上岗作业。

（四）工程监理单位的质量责任和义务

工程监理单位是受建设单位委托，依照国家法律规定要求和建设单位要求，在建设单位委托范围内对建设工程进行监督管理的单位。《条例》规定，工程监理单位主要承担以下质量责任和义务：

1. 工程监理单位应当依法取得相应等级的资质证书，并在其资质等级许可的范围内承担工程监理业务。

2. 工程监理单位与被监理工程的施工承包单位以及建筑材料、建筑构配件和设备供应单位有隶属关系或者其他利害关系的，不得承担该项建设工程的监理业务。

3. 工程监理单位应当依照法律、法规以及有关技术标准、设计文件和建设工程承包合同，代表建设单位对施工质量实施监理，并对施工质量承担监理责任。

4. 工程监理单位应当选派具备相应资格的总监理工程师和监理工程师进驻施工现场。

5. 监理工程师应当按照工程监理规范的要求，采取旁站、巡视和平行检验等形式，对建设工程实施监理。

六、工程项目质量管理的基本方法

质量管理的方法很多，这些方法各具特点，在不同的专业领域发挥着不同的作用。其中三阶段控制法、三全控制法和 PDCA 循环管理法三种方法应用比较广泛。

1. 三阶段控制法。即对质量进行事前控制、事中控制和事后控制。事前进行计划预控，事中进行自控和监控，事后进行偏差纠正。上述三阶段控制构成了质量控制的系统过程。

事前控制要求预先进行周密的质量计划。事前控制包括两个方面，一方面强调质量目标的计划预控，另一方面强调按质量计划进行质量活动前的准备工作状态的控制。

事中控制首先是对质量活动的行为约束，即对质量产生过程各项技术作业活动操作者在相关制度的管理下的自我行为约束的同时，充分发挥其技术能力，完成预定质量目标；其次是对质量活动过程和结果，来自他人的监督控制。事中控制虽然包含自控和监控两大环节，但关键还是增强自我控制。

事后控制包括对质量活动结果的评价认定和对质量偏差的纠正。计划预控过程所制订的行动方案考虑得越周密，事中约束监控的能力越强，实现质量预期目标的可能性就越大。因此当出现质量实际值与目标值之间超出允许偏差时，必须分析原因，采取措施纠正偏差，保持质量受控状态。

2. 三全控制法。即实行全面质量控制、全过程质量控制、全员参与质量控制。

全面质量控制是指产品质量和工作质量的全面控制，工作质量是产品质量的保证，工作质量直接影响产品质量的形成。

全过程质量控制是指根据工程质量的形成规律，从源头抓起，进行全过程质量控制。

全员参与质量控制是指每个岗位都承担着相应的质量职能，一旦确定了质量方针目标，就应组织全体员工参与到实施质量方针的系统活动中，发挥每个人的作用。全员参与质量控制的重要手段是目标管理。

3. PDCA 循环管理法。PDCA 循环又叫戴明环，是美国质量管理专家戴明博士提出的。全面质量管理活动的全部过程，就是质量计划的制订和组织实现的过程，这个过程就是按照 PDCA 循环周而复始地运转。

（1）PDCA 的四个阶段

P（计划 PLAN）——从问题的定义到行动计划

D（实施 DO）——实施行动计划

C（检查 CHECK）——评估结果

A（处理 ACT）——标准化和进一步推广

（2）PDCA 的八个步骤

步骤一：分析现状，找出问题。强调的是对现状的把握和发现问题的能力。

步骤二：分析产生问题的原因。运用多种科学方法，找出导致问题产生的各种原因。

步骤三：主因确认。区分主因和次因是有效解决问题的关键。

步骤四：制定计划。重点解决六个问题（简称 5W1H）：为什么制定该计划（Why）、达到什么目标（What）、在何处执行（Where）、由谁负责完成（Who）、什么时间完成（When）和如何完成（How）。

步骤五：执行措施。高效的执行力是组织完成目标的重要环节。

步骤六：检查、验证、评估效果。

步骤七：标准化。标准化是良性循环的基础。

步骤八：处理遗留问题。改进和解决质量问题是一个持续性的活动，所有问题不可能在一个 PDCA 循环中全部解决，遗留的问题在下一个 PDCA 循环中持续改进，如此周而复始地螺旋上升。

上述几种方法从内容实质看，都是相通相容的。

第二节　工程项目前期阶段的质量管理

前期阶段主要是制定工程项目的质量目标。需要注意的是，质量目标的确定受到各种条件限制。一般来说，质量目标定得越高，投资越大，建设工期越长。因此必须综合考虑，确定合理的质量目标。

一、前期阶段质量管理的依据和标准

工程项目前期阶段的工作，主要是在调查研究的基础上编写项目建议书、可行性研究报告、咨询评估报告等。前期工作一般是由业主委托工程咨询单位去做，咨询成果经评审后由业主或报经有关单位决策。工作质量主要体现在可行性研究报告中，报告对工程项目规模、建设内容、产品构成的分析及市场分析、技术水平分

析、风险分析、财务分析、经济效益和社会效益分析、环境效益分析等是否深入全面，计算是否准确可靠，各项数据是否符合实际等，都对工程项目的成败具有重要影响。

（一）前期阶段质量管理依据

为了保证前期工作优质高效，在前期工作开始前，工程咨询单位要制定质量工作目标。制定质量目标的依据包括：国家法律、法规、产业政策和有关部门关于编制可行性研究报告内容和深度的规定。前期阶段的质量管理工作主要围绕质量目标控制而展开，因此，这些依据也是质量管理工作的依据。

对于工业建设项目，前期工作的质量目标至少应包括：贯彻宏观调控政策、市场调查分析、多方案比选、经济分析、风险分析、生态环境影响论证六项目标。在六项目标之下还包含 27 个子目标，主要有：

——贯彻宏观调控政策子目标：建设项目的必要性及利用现有基础的可能性论证、经济规模论证、优化结构论证、提高技术水平论证、合理布局论证等。

——市场调查分析子目标：对产品和原材料供求历史及现状调查，市场影响因素调查分析、市场预测和预测方法选择、产品规模合理性论证、制定营销战略等。

——多方案比选子目标：厂址和外部配套条件论证、技术方案比选，实施方案比选。

——经济分析子目标：投资估算编制的准确性、产品成本估算依据可靠性、销售收入估算可靠性、效益估算可靠性、资金落实论证情况等。

——风险分析子目标：经营风险分析、管理风险分析（包括对主要经营人员的资历和能力的了解分析）、财务及金融风险分析、政策风险分析等。

——生态环境影响论证子目标：环境影响评价、制定环境治理措施、节能、节水、节约土地和安全、消防、职业卫生等论证情况。

（二）前期阶段质量管理标准

质量管理标准是衡量工程咨询成果质量的准绳，应该是科学的、合理的、可操作的。设立标准的基本原则是：凡是能实行定量考核的，尽可能采用定量标准；不能定量考核的，要有明确的定性要求。要把是否坚持科学发展观，坚持“客观、公正、科学、可靠”的原则，能否真实、全面地反映工程项目的有利和不利因素作为评价质量的重要标准。比如工程项目可行性研究报告，必须是一份资料翔实，有深刻分析、有重要价值的科学报告，不一定得出可行的结论才是优秀成果。凡是能客观地、真实地分析项目利弊，只要结论是科学合理的，得出可行或者不可行的结论，都可以评为优秀成果。

但是，对前期工作的工程咨询成果，绝大多数是很难用定量标准来衡量和评价的，这就要求有一套定性的评价标准来进行评价。不同性质、不同类型的工程项目，其目标和评价标准有所不同，但一般应考虑下列四个方面的要求：

1. 工程咨询成果必须符合国家要求

咨询成果首先要符合科学发展观，符合国家宏观经济调控政策、产业发展政策、绿色低碳政策、可持续发展政策的要求，符合国家和部门颁发的法律、法规、规范、标准等要求。

2. 工程咨询成果必须符合国民经济和社会事业发展的根本利益

工程咨询成果质量，将影响工程项目建成后的社会、环境效益。许多工程项目关系到国民经济、社会事业的发展和人民生活的利益。所以，工程咨询成果必须有利于社会公共利益和有利于人民生活利益，有利于保持和改善生态环境。

3. 工程咨询成果必须符合业主的要求

业主是投资主体，投资目的是要获得投资效益。业主的质量要求都明确规定在合同之中。工程咨询单位必须认真执行合同，严格按合同要求办事，按合同规定向业主交付合格的咨询成果，使业主满意。

4. 工程咨询成果要满足建设各相关方的要求

一个大型工程项目有多个参与方参加工作，工程咨询成果必须具有可操作性，并且通过咨询成果的实施，使各参与方都能获得利益，充分发挥和调动各参与方的积极性和创造性，这样才能保证工程咨询成果的质量。

为了推动工程咨询成果的质量评价，中国工程咨询协会制定了《工程咨询成果质量评价办法》，对建设项目可行性研究报告的评价目标、标准和方法作出了具体规定。要求工业建设项目可行性研究报告的质量评价目标至少包括贯彻宏观调控政策、市场调查分析、多方案比选、经济分析、风险分析、生态环境影响论证 6 个方面的 27 个子目标，并对这 27 个子目标按优秀、良好、合格、不合格 4 个质量等级制定了评价标准。其他行业的建设项目可行性研究报告的质量目标、子目标和评价标准，可根据行业情况进行适当增减。

根据中国工程咨询协会编写的《中国工程咨询业质量管理导则》的规定，工业项目可行性研究报告质量标准见表 8－2。

表 8－2 工业项目可行性研究报告质量标准

一、贯彻宏观调控政策情况综合评价　优秀□　良好□　合格□　不合格□
1. 对建设项目的必要性及利用现有基础可能性的论证情况
优秀：论证理由充分□
良好：论证理由较充分□
合格：简明论证□
不合格：没有论证，或提出违反宏观政策要求的建议□
2. 对是否符合规模经济论证情况
优秀：详细论证，提出有较强竞争力的经济规模建议□
良好：论证较详细，提出合理的经济规模建议□
合格：简明论证，提出符合最低经济规模的建议□
不合格：没有论证，或提出不符合规模经济的建议□
3. 对优化结构的论证情况
优秀：详细论证，提出了经济合理的优化产业、产品结构要求的方案□
良好：较详细论证，提出了符合优化产业、产品结构的方案□
合格：简明论证，提出建议不违反优化结构要求□
不合格：没有论证，或提出违反优化结构要求的建议□
4. 对提高技术水平论证情况

续表

优秀：从国际、国内角度全面论证，提出了先进合理的提高技术含量的技术方案□
良好：比较全面论证，提出了较先进的技术方案□
合格：简明论证，提出了合理的技术方案□
不合格：没有论证□
5. 对合理布局论证情况
优秀：从全国、本省、本地区角度全面论证，提出了符合布局政策的方案□
良好：从本省、本地区论证□
合格：从本地区论证□
不合格：没有论证□
二、市场调查分析情况综合评价 优秀□ 良好□ 合格□ 不合格□
1. 对产品和原料供求历史、现状调查情况
优秀：充分调查产品和原料供求历史、现状及未来趋势，调查覆盖产品销售范围（世界、全国、全省），时域在 5 年以上□
良好：产品和原料供求历史、现状调查基本覆盖产品销售范围，时域在 3 年以上□
合格：仅就当前供求情况一般调查□
不合格：没有调查□
2. 今后市场影响因素调查分析情况
优秀：全面调查分析竞争对手发展情况、国际国内市场优势（价格、质量、品种、销售、技术、资源等方面）及动态、有关政策变化情况，并进行论证□
良好：对竞争对手、国内外市场优势、动态和有关政策变化情况大部分作了调查和论证□
合格：调查和论证了主要市场影响因素□
不合格：没有调查和论证□
3. 预测方法选用情况
优秀：选用多种预测方法（回归法、时间序列分析法、弹性系数法、专家调查法等）对比，进行分析论证□
良好：采用了科学合理的预测方法□
合格：简单预测□
不合格：没有预测，或数据来源不准确□
4. 产品结构和规模符合市场需求的论证情况
优秀：全面综合上述调查预测和分析结果，依据确定产品结构、规模的原则进行充分论证□
良好：论证比较全面充分□
合格：简单论证□
不合格：没有论证□
5. 制订营销战略情况
优秀：按产品差异、市场划分、定价、广告、售后服务等全面制订营销战略□
良好：较全面制订营销战略□
合格：简单制订营销战略□
不合格：没有制订□
三、多方案比选情况综合评价 优秀□ 良好□ 合格□ 不合格□
1. 厂址和外部配套条件论证情况
优秀：对两个以上方案各项条件全面论证□
良好：对两个以上方案各项条件较全面论证□
合格；两个方案一般比选□
不合格：没有比选或主要条件没有论证□
2. 技术方案比选
优秀：两个以上方案全面进行技术、经济效益、风险分析等综合比选□
良好：两个方案进行较全面比选□
合格：两个方案进行一般比选□
不合格：没有不同方案比选□

续表

3. 实施方案比选情况
优秀：两个以上方案进行经济效益、风险分析等全面、综合比选□
良好：两个以上方案进行经济效益比选□
合格：两个以上方案简单比选□
不合格：没有不同方案比选□
四、经济分析情况综合评价　优秀□ 良好□ 合格□ 不合格□
1. 投资估算编制的准确性情况
优秀：工程量计算、套用定额、各项费用估算准确、无漏项，分析了投资估算中的重要问题，经评审，误差小于5%□
良好：工程量、定额、取费估算正确，经评审，误差小于10%□
合格：工程量、定额、取费估算基本正确，经评审，误差小于20%□
不合格：经评审，误差20%以上□
2. 产品成本估算依据可靠性情况
优秀：全面论述原材料、价格、折旧、各种费用等各项计算依据和成本估算中的重要问题□
良好：比较全面的进行论证□
合格：简明论证□
不合格：对成品估算依据没有进行论证□
3. 销售收入估算的可靠性情况
优秀：对生产负荷、销售价格等影响因素论证充分、预测可靠□
良好：对生产负荷、销售价格等影响因素论证比较充分□
合格：简明论证□
不合格：没有论证□
4. 效益估算的可靠性情况
优秀：论述的各种税费、损益计算和借款偿还等全面可靠，对效益估算的重要问题进行充分论证□
良好：论述的各种税费、损益计算和借款偿还等全面可靠，对效益估算的重要问题论证较充分□
合格：论述的各种税费、损益计算和借款偿还等全面可靠，对效益估算的重要问题进行简明论证□
不合格：计算不全，对问题没有论证□
5. 资金落实论证情况
优秀：项目融资方案论述具体，并对落实的可能性进行充分分析论证□
良好：比较全面论证融资方案及其落实可能性□
合格：简述资金筹措和落实情况□
不合格：没有论述资金筹措和落实情况□
五、风险分析情况综合评价　优秀□　良好□　合格□　不合格□
1. 经营风险分析情况
优秀：对市场营销风险（含市场容量、产品价格、竞争风险）全面进行论证，并提出应对措施□
良好：论证和应对措施比较全面□
合格：进行了部分论证□
不合格：论证很不全面□
2. 管理风险分析情况
优秀：对经营人员素质，以及原材料、能源供应、生产管理、成本控制等风险全面进行论证，并提出应对措施□
良好：论证和应对措施比较全面□
合格：进行部分论证□
不合格：论证很不全面□
3. 财务及金融风险分析情况
优秀：对通货膨胀、利率风险、汇率风险进行全面预测分析论证□
良好：比较全面预测分析论证□
合格：进行简明分析论证□
不合格：没有分析论证□

续表

<table><tr><td>4. 政策风险分析情况
优秀：对有关市场、进出口等国内外可能的政策变化进行全面预测分析□
良好：较全面预测分析□
合格：简明预测分析□
不合格：没有预测分析□
六、生态环境影响论证情况综合评价　优秀□　良好□　合格□　不合格□
1. 环境影响论证情况
优秀：对项目有关的废气、废水、废渣、噪声等环境影响进行全面评价□
良好：比较全面评价□
合格：简明评价□
不合格：评价严重漏项或没有评价□
2. 制订环境治理措施情况
优秀：同时提出符合国家治理污染政策的措施，方案全面，经济可行□
良好：治理方案比较全面可行□
合格：制订了治理方案□
不合格：制订措施不具体或没有措施□
3. 节能、节水论证情况
优秀：根据国家有关规定，对本项目节能、节水情况进行全面论证□
良好：对本项目节能、节水情况进行一般论证□
合格：进行了简明论证□
不合格：没有论证□
4. 节约土地论证情况
优秀：根据国家有关规定，对本项目节约土地措施进行全面论证□
良好：进行了较全面论证□
合格：简单进行了论证□
不合格：没有论证□
5. 安全、消防、职业卫生论证情况
优秀：根据国家有关规定，对本项目安全、消防、职业卫生进行了全面论证□
良好：对几个重要方面进行了全面论证，有的进行了一般论证□
合格：对各方面进行了一般论证□
不合格：没有论证□
七、对可研报告总评价
1. 按各质量目标评价加权综合结果：优秀□良好□合格□不合格□
2. 按个别子目标质量影响程度调整评价结果：
(1) 没有调整：不合格□
(2) 质量子目标（填写子目标序号，如二、2，三、1……）质量不合格，使可研报告未全面反映项目的不利因素，支持了不可行项目，可研报告总评价一律降为：不合格□
3. 最终总评价：优秀□ 良好□ 合格□ 不合格□</td></tr></table>

二、工程项目前期阶段质量管理的方法

（一）建立咨询工作成果的质量评审制度

建立质量评审制度是保证咨询成果质量合格和改进质量的重要手段。前期工作的咨询成果是一种软产品，通过评审可以吸取更多专家的知识和智慧，不但可以及时发现不合理、不科学的地方，而且可以优化咨询成果，提高咨询质量。

（二）开展工程咨询成果质量评审

1. 内部评审

（1）项目团队组织的内部评审。项目经理是项目质量管理的负责人，项目咨询工作完成以后，项目经理要组织本项目的参加人员对项目咨询成果进行自我评审。依据项目质量要求，逐项进行自我检查，发现不符合质量要求的地方，要进行加工修正，达到标准要求。

（2）工程咨询单位领导组织的内部评审。由工程咨询单位行政、技术、业务主管领导参加，也可邀请委托方各有关部门参加，由项目经理作汇报。根据需要，还可以邀请社会上的专家参加。评审中发现的问题，应在企业业务技术领导的直接指导下进行修改完善，使其达到或超过质量标准。

2. 外部评审

（1）业主组织评审。业主邀请社会上的专家、学者、各有关单位的行政领导，对工程咨询单位提供的咨询成果进行评审。特殊情况下，还可以邀请国外专家参加评审。评审的主要内容就是根据合同文件和国家一系列规定，审查咨询成果是否满足国家和投资业主的要求。如果不满足，业主要求工程咨询单位进一步改进，使其达到要求。如果满足要求，业主就要接收咨询成果，工程咨询单位也就完成了咨询任务。

（2）委托第三方评审。委托另外一家咨询单位进行评审，主要目的是审查咨询报告是否存在问题并进行相应优化，以进一步提高投资效益。

三、工程项目前期阶段质量管理的工作内容

（一）建立并落实质量管理责任制

项目经理或项目负责人是工程项目前期工作质量的全权责任人，必须亲自抓质量工作。必要时可设质量经理协助工作，其职责是：

（1）在编制项目前期工作计划的同时，明确各项前期工作的质量目标要求，制订分层次的质量职责，制订质量计划并组织实施；

（2）按质量计划规定，督促、检查项目质量计划执行情况，特别是主要质量控制点的验证、检查和评审活动；

（3）发现调查研究不细，数据不实，分析方法不科学、不合理，不符合有关规定时，要认真组织补做有关工作，需要进行科学实验的要进行科学实验。

（二）制订并执行质量管理计划

（1）识别顾客和相关方的要求和期望，明确咨询成果的质量目标和质量标准。

（2）根据工程咨询单位的质量管理体系文件和项目团队组织结构的特点，研究如何在质量计划中应用工程咨询单位的质量管理体系文件。如果项目团队隶属于工程咨询单位的职能部门，就可以直接引用工程咨询单位的质量管理体系文件。如果是独立的项目团队，就应对工程咨询单位的质量管理体系文件进行适当调整。

（3）把质量目标要求层层分解，按质量计划和实施步骤层层落实，一直落实到

个人。使每一层次的职责、权限、资源分配以及保证质量的措施都予以明确。

（4）在质量计划中，要明确影响质量的控制节点，以及如何进行质量检查、控制。

（5）质量管理计划繁简程度应与业主要求及项目组织的运作方式相适应。

（6）在计划执行中，要不断反馈执行信息，及时解决执行中出现的问题。

第三节　工程项目准备阶段的质量管理

工程项目准备阶段的质量管理工作重点是勘察设计工作。工程项目的质量目标与水平，是通过设计使其具体化，据此作为施工的依据，而勘察是设计的重要依据，同时对施工有重要的指导作用。勘察设计质量的优劣，直接影响工程项目的功能、使用价值和投资的经济效益，关系着国家和人民的生命财产安全。勘察设计质量就是在严格遵守法律法规、技术标准的基础上，对工程地质条件做出及时、准确的评价，正确处理和协调经济、资源、技术、环境条件的制约，使设计项目能更好地满足业主所需功能和使用价值，充分发挥投资效益。国家标准《建设工程项目管理规范》（GB/T 50326—2017）对勘察设计质量管理工作提出了明确要求。

一、勘察设计质量管理的依据

国家法律法规对工程项目勘察设计文件的编制依据有明确要求。国务院2015年6月修订发布的《建设工程勘察设计管理条例》第二十五条规定："编制建设工程勘察、设计文件，应当以下列规定为依据：

1. 项目批准文件；
2. 城乡规划；
3. 工程建设强制性标准；
4. 国家规定的建设工程勘察、设计深度要求。

铁路、交通、水利等专业建设工程，还应当以专业规划的要求为依据。"

同时，对勘察设计文件的阶段性成果提出了明确要求。该《条例》第二十六条规定："编制建设工程勘察文件，应当真实、准确，满足建设工程规划、选址、设计、岩土治理和施工的需要。编制方案设计文件，应当满足编制初步设计文件和控制概算的需要。编制初步设计文件，应当满足编制施工招标文件、主要设备材料订货和编制施工图设计文件的需要。编制施工图设计文件，应当满足设备材料采购、非标准设备制作和施工的需要，并注明建设工程合理使用年限。"

除上述法规要求外，标准规范对勘察设计质量还有其特殊的要求。例如，《岩土工程勘察规范》（GB 50021—2001）对岩土工程勘察质量作出规定：房屋建筑的岩土工程勘察工作应提供满足设计、施工所需的岩土参数，并提出对建筑物有影响的不良地质作用的防治方案建议等。

二、勘察阶段质量管理的工作内容

工程勘察的主要任务是按勘察阶段的要求，正确反映工程地质条件，提出岩土工程评价，为设计、施工提供依据。按照《岩土工程勘察规范》(GB 50021—2001)的规定，工程勘察工作一般分为三个阶段，即可行性研究勘察、初步勘察、详细勘察。场地条件复杂或有特殊要求的工程，还要进行施工勘察。

在工程勘察阶段，咨询工程师应重点对人、机、料、法、环五大质量影响因素进行检查和过程管理，以保证勘察工作符合整个工程建设的质量要求。

1. 协助建设单位选定勘察单位

在选择勘察单位时，重点考察其企业资质条件、质量管理体系、技术管理制度、专职技术队伍、企业业绩和服务意识等情况。

2. 审查勘察纲要编制情况

勘察单位在实施勘察工作之前，应结合勘察工作内容和深度要求，按照有关规范、规程的规定，结合工程的特点编制勘察纲要（工作方案)。勘察纲要应体现规划、设计意图，如实反映现场的地形和地质状况，满足合同要求，工程勘察等级明确、勘察方案合理，人员、机具配备满足需要，项目技术管理制度健全，各项工作质量责任明确。勘察纲要应由项目负责人主持编写，由勘察单位技术负责人审批、签字并加盖公章。

3. 勘察现场作业的质量管理

勘察现场作业质量管理的要点包括：

(1) 现场作业人员应进行专业培训，重要岗位要实施持证上岗制度。

(2) 原始资料取得的方法、手段及使用的仪器设备应当正确、合理，勘察仪器、设备、试验室应有明确的管理程序，现场机具、钻探、取样应通过质量认证。

(3) 原始记录表格应按要求认真填写清楚，并经有关作业人员检查、签字。

(4) 项目负责人应始终在作业现场进行指导、督促检查。

4. 勘察文件的质量管理

(1) 工程勘察成果检查。重点应检查勘察成果是否满足以下条件：勘察资料、图标、报告等文件要依据工程类别按有关规定执行各级审核、审批程序，并由负责人签字；勘察成果应齐全、可靠，满足国家有关法规及技术标准和合同规定的要求；勘察成果必须严格按照质量管理有关程序进行检查和验收，质量合格方能提供使用。对工程勘察成果的检查验收和质量评定应当执行国家、行业和地方有关工程勘察成果检查验收评定的规定。

(2) 工程勘察报告审查。工程勘察报告中要提出勘察场地的地质条件和存在的地质问题，还要结合工程设计、施工条件以及地基处理、开挖、支护、降水等工程的具体要求，进行技术论证和评价，提出岩土工程问题及解决问题的具体建议，并提出基础、边坡等工程的设计准则和岩土工程施工的指导性意见，为设计、施工提供依据。

5. 后期服务质量保证

勘察文件交付后，根据工程建设的进展情况，咨询工程师要督促勘察单位做好施工阶段的勘察配合及验收工作，对施工过程中出现的地质问题进行跟踪服务，做好监测，及时参加验槽、基础工程验收和工程竣工验收及与地基基础有关的工程事故处理工作，保证工程建设的总体目标得以实现。

6. 勘察技术档案管理

工程项目完成后，咨询工程师应检查勘察单位技术档案管理情况，要求将全部资料，特别是质量审查、监督主要依据的原始资料，分类编目，归档保存。

三、设计阶段质量管理的工作内容

工程咨询单位对设计质量的管理工作分阶段进行。国家标准《建设工程项目管理规范》根据项目实施过程，将设计管理工作划分为六个阶段，即：项目方案设计、项目初步设计、项目施工图设计、项目施工、项目竣工验收与竣工图和项目后评价阶段。其中，项目方案设计、项目初步设计和项目施工图设计属于设计阶段的工作内容。

（一）设计阶段质量管理方法

工程咨询单位对设计质量管理的方法主要有：

1. 加强设计标准化工作。标准是对设计中的重复性事物和概念所做的统一规定，是以科学技术和先进经验的综合成果为基础，由主管部门批准，通过制定、发布和实施，为设计提供共同遵守的技术准则和依据。标准化在促进技术进步、科技创新，保证设计质量方面起着重要作用。

2. 加强设计质量流程管理。《建设工程项目管理规范》对设计质量控制规定了5个具体流程，包括：按照设计合同要求进行设计策划、根据设计需求确定设计输入、实施设计活动并进行设计评审、验证和确认设计输出和实施设计变更控制。

其中，设计策划是指根据合同建立质量目标、规定质量控制要求、安排开展各项设计活动的计划；设计评审是指对设计能力和结果的充分性和适宜性进行评价的活动；设计验证是指为确保设计输出满足输入的要求，依据所策划的安排对工程设计进行的认可活动；设计确认是指为确保产品能够满足规定的使用要求或已知用途的要求，依据所策划的安排对工程设计进行的认可活动；设计变更是指设计单位依据建设单位要求对原设计内容进行的修改、完善和优化。

3. 加强设计接口管理。设计接口是为了使设计过程中设计部门以及设计各专业之间能做到协调和统一，必须明确规定并切实做好设计部门与其他部门的设计接口。设计的组织接口和技术接口应制订相应的设计接口管理程序，由技术管理部门组织评审后实施。设计过程中要严格按照规定的程序进行设计接口管理，以保证设计的质量。

4. 加强设计文件会签管理。设计文件的会签是保证各专业设计相互正确衔接的必要手段。通过会签，可以消除专业设计人员对设计条件或相互联系中的误解、错误或遗漏，是保证设计质量的重要环节。

5. 加强设计文件报批管理。工程咨询单位应组织设计单位在各设计阶段申报相应技术审批文件，通过审查并取得政府许可。设计各阶段需要报政府审批的主要技术文件如表8－3所示：

表8－3 设计各阶段需报政府审批的主要技术文件

项目阶段	主要技术文件
方案设计阶段	1. 规划意见书 2. 规划设计方案 3. 绿地规划方案 4. 人防规划设计 5. 交通设计
初步设计阶段	6. 建筑工程初步设计 7. 建设工程规划许可证
施工图设计阶段	8. 人防设计 9. 消防设计 10. 施工图设计

（二）设计阶段质量管理工作

《建设工程项目管理规范》对各阶段设计质量管理工作提出了具体要求。

1. 项目方案设计阶段

工程咨询单位应配合建设单位明确设计范围、划分设计界面、设计招标工作，确定项目设计方案，做出投资估算，完成项目方案设计任务。具体工作有：

（1）根据建设单位确定的项目定位、投资规模等，组织进行项目概念设计方案比选或招标，并组织对概念设计方案进行优化。

（2）组织设计单位完成项目设计范围、主要设计参数及指标、使用功能的方案设计，并组织设计方案审查和报批。

（3）根据建设单位需求，组织编制详细的设计任务书，明确涉及范围、设计标准与功能等要求。根据设计任务书内容，协助建设单位进行设计招标工作，完成项目设计方案的比选，确定设计承包人，起草设计合同，组织合同谈判直至合同签订。

（4）按照确定的设计方案，针对项目设计内容和参数，编制整体项目设计管理规划，初步划分各设计承包人或部门工作界面和分类，制定相应管理工作制度。

（5）与设计单位或部门建立有效的沟通渠道，保证设计相关信息及时、准确地确认和传递。

2. 项目初步设计阶段

工程咨询单位应组织完成项目初步设计任务，做出设计概算，对初步设计内容组织实施评审工作，并提出勘察工作需求，完成地勘报告申报管理工作。具体工作有：

（1）根据立项批复文件及项目建设规划条件，组织落实项目主要设计参数与项目使用功能的实现，达到相应设计深度，确保项目设计符合规划要求，并根据建设单位需求组织对项目初步设计进行优化。

（2）实施或协助建设单位完成勘察单位的招标工作，根据初步设计内容与规范要求，监督指导勘察单位或部门完成项目的初勘与详勘工作，审查勘察单位或部门提交的地勘报告，并负责地勘报告的申报管理工作。

3. 项目施工图设计阶段

工程咨询单位应根据初步设计要求，组织完成施工图设计或审查工作，确定施工图预算，并建立设计文件收发管理制度和流程。具体工作有：

（1）实施项目设计进度、设计质量管理工作，开展限额设计。

（2）组织协调外部配套报建与设计接口及各独立设计承包人间的设计界面衔接和接口吻合，对设计成果进行初步设计审查。

（3）组织委托施工图审查工作，并组织设计承包人按照审查意见修改完善设计文件。

（4）制定设计文件（图纸）收发管理制度和流程，确保设计图纸的及时性、有效性，宜将设计文件（图纸）的原件和电子版分别标识并保存，防止丢失或损毁。

（5）组织施工图设计交底。施工图经审查合格后，在设计文件交付施工时，为了让施工单位和监理单位能够正确贯彻设计意图，加深对设计文件特点、难点、疑点的理解，掌握工程关键部位的技术质量要求，保证工程质量，设计单位应当按照法律规定，对提交的施工图设计文件向施工单位和监理单位做出详细的说明，进行系统的设计技术交底。

第四节　工程项目实施阶段的质量管理

实施阶段是将质量目标和质量计划付诸实施的过程，通过施工及相应的质量控制，将设计意图变成工程实体。这一阶段是保证工程项目质量的关键环节。

一、实施阶段质量管理的程序和依据

《建设工程项目管理规范》规定，项目质量管理应按下列程序实施：

1. 确定质量计划；
2. 实施质量控制；
3. 开展质量检查与处置；
4. 落实质量改进。

其中，质量计划对外是质量保证文件，对内是质量控制文件。其内容有：质量目标和质量要求、质量管理体系和管理职责、质量管理与协调的程序、法律法规和标准规范、质量控制点的设置与管理、项目生产要素的质量控制、实施质量目标与质量要求所采取的措施、项目质量文件管理。

《建设工程项目管理规范》规定，质量计划编制依据包括五方面内容：合同中有关产品质量要求、项目管理规划大纲（项目管理规划大纲是指导项目管理工作的纲领性文件）、项目设计文件、相关法律法规和标准规范以及质量管理其他要求。

因此，工程项目在实施阶段的质量管理依据主要包括：

1. 工程施工承包合同。工程施工承包合同规定了参与建设的各方在质量控制方面的权利和义务，有关各方必须履行合同中规定的有关质量的承诺。咨询工程师要督促有关单位履行有关的质量控制条款。

2. 设计文件。工程设计规定了工程质量的固有特性，“按图施工”是施工阶段工作的重要原则，因此，经过批准的设计图纸和技术说明书等设计文件，是质量控制的重要依据。施工单位和咨询工程师要全面熟悉图纸，掌握设计意图和质量要求。

3. 法律法规。包括国家及政府有关部门颁布的有关质量管理方面的法律、法规文件，以及各行业主管部门颁发的有关规章等。

4. 技术标准规范。主要是有关部门针对不同行业、不同质量控制对象而制定的技术规范文件，包括各种有关的标准、规范、规程等。

二、实施阶段质量管理的工作内容

《建设工程项目管理规范》规定，施工质量控制应包括下列流程：

1. 施工质量目标分解；

2. 施工技术交底与工序控制；

3. 施工质量偏差控制；

4. 产品或服务的验证、评价和防护。

按照这个流程，工程咨询单位在实施阶段的质量管理工作主要包括：

（一）项目质量策划。在质量策划中确定质量目标以及实施质量管理体系的过程和资源，编制质量计划。

（二）审查施工组织设计和质量计划。施工组织设计，包括施工方案、施工方法、进度计划、施工措施、平面图布置等。施工组织设计是施工准备和施工全过程的指导性文件。为了确保工程质量，承包单位编制了专门的质量计划，其中包括质量目标、质量管理、质量保证措施等内容。

（三）实施 PDCA 循环控制。坚持预防为主的原则，按照策划、实施、检查、处置的循环方式开展质量管理工作。

（四）加强五要素过程管理。通过对人员、机具、材料、方法、环境等要素的过程管理，实现过程、产品和服务的质量目标。根据项目管理策划要求实施检验和监测，并按照规定配备检验和监测设备。对项目质量计划设置的质量控制点，工程咨询单位应按规定进行检验和监测。质量控制点包括下列内容：

1. 对施工质量有重要影响的关键质量特性、关键部位或重要影响因素；

2. 工艺上有严格要求，对下道工序的活动有重要影响的关键质量特性、部位；

3. 严重影响项目质量的材料质量和性能；

4. 影响下道工序质量的技术间歇时间；

5. 与施工质量密切相关的技术参数；

6. 容易出现质量通病的部位；

7. 紧缺工程材料、构配件和工程设备或可能对生产安排有严重影响的关键项目；

8. 隐蔽工程验收。

（五）做好施工过程中的检查验收工作。对于各工序的产出品和重要的部位，先由施工单位按规定自检，自检合格后，向咨询工程师提交“质量验收通知单”，经咨询工程师检验确认合格后，才能进入下一道工序施工。

（六）纠正偏差。跟踪收集实际数据并进行整理，将项目的实际数据与质量标准和目标进行比较分析，对出现的偏差采取措施予以纠正和处置，必要时对处置效果和影响进行复查。对检验和监测中发现的不合格品，按规定进行标识、记录、评价、隔离，防止非预期的使用或交付；采用返修、加固、返工、让步接受和报废措施，对不合格品进行处置。

（七）处理工程质量问题和质量事故。当施工出现质量问题时，咨询工程师应立即向施工单位发出通知，要求其对质量问题进行补救处理。当出现不合格产品时，咨询工程师应要求施工单位采取措施予以整改，并跟踪检查。交工后在质量责任期内出现质量问题时，咨询工程师应要求施工单位进行修补或返工。对出现的工程质量事故，咨询工程师应要求施工单位报送质量事故调查报告和经设计等相关单位认可的处理方案，并应对质量事故处理记录整理归档。

（八）总结改进。总结项目质量管理工作，审核质量管理体系，提出持续改进要求。工程咨询单位应定期对项目质量状况进行检查、分析，向建设单位提出质量报告，明确质量状况、发包人及其他相关方满意程度、产品要求的符合性以及工程咨询单位的质量改进措施。

三、施工质量验收管理的工作内容

施工质量验收是施工质量管理的重要环节，是从输出把关方面进行质量管理。其内容包括施工过程的质量验收和施工项目竣工质量验收。施工过程的工程质量验收是在施工过程中、在施工单位自行质量检查评定的基础上，参与建设活动的有关单位共同对检验批、分项、分部、单位工程的质量进行抽样复验，根据相关标准以书面形式对工程质量达到合格与否做出确认。施工项目竣工质量验收是工程质量管理的最后一个环节，是对施工过程质量管理成果的全面检验。

（一）竣工验收条件

《建设工程质量管理条例》第十六条明确规定：“建设单位收到建设工程竣工报告后，应当组织设计、施工、工程监理等有关单位进行竣工验收。”

建设工程竣工验收应当具备下列条件：

1. 完成建设工程设计和合同约定的各项内容。主要是指设计文件所确定的、在承包合同“承包人承揽工程项目一览表”中载明的工作范围。承包单位必须按合同约定，按质、按量、按时完成上述工作内容，使工程具有正常的使用功能。

2. 有完整的技术档案和施工管理资料。工程技术档案和施工管理资料是工程竣工验收和质量保证的重要依据之一，主要包括以下档案和资料：

（1）工程项目竣工报告；

（2）分项、分部工程和单位工程技术人员名单；

（3）图纸会审和设计交底记录；

（4）设计变更通知单，技术变更核实单；

（5）工程质量事故发生后调查和处理资料；

（6）隐蔽工程验收记录及施工日志；

（7）竣工图；

（8）质量检验评定资料等；

（9）合同约定的其他资料。

3. 有工程使用的主要建筑材料、建筑构配件和设备的进场试验报告；

4. 有勘察、设计、施工、工程监理等单位分别签署的质量合格文件；

5. 有施工单位签署的工程保修书。工程质量保修是指建设工程在办理竣工验收手续后，在规定的保修期限内，因勘察设计、施工、材料等原因造成的质量缺陷，由施工单位负责维修，由责任方承担维修费用并赔偿损失。施工单位与建设单位应在竣工验收前签署工程质量保修书，保修书是施工合同的附件。

建设工程经竣工验收合格的，方可交付使用。

（二）施工质量验收的标准

关于工程项目质量的验收，国家根据不同专业，分别发布了相应的验收标准。2013 年 11 月，住房和城乡建设部与国家质量监督检验检疫总局联合发布了国家标准《建筑工程施工质量验收统一标准》（GB50300－2013），该标准适用于建筑工程施工质量的验收，并作为建筑工程各专业验收规范编制的统一准则。所谓建筑工程，是指通过对各类房屋建筑及其附属设施的建造和与其配套线路、管道、设备等的安装所形成的工程实体。该标准对建筑工程施工质量验收的规定主要有：

1. 检验批质量验收。合格标准是：

（1）主控项目和一般项目的质量经抽样检验合格；

（2）具有完整的施工操作依据、质量检查记录。

检验批是工程验收的最小单位，是整个建筑工程质量验收的基础。检验批是施工工程中条件相同并具有一定数量的材料、构配件或安装项目，由于其质量基本均匀一致，因此可以作为检验的基础单位，并按批验收。检验批验收包括两个方面：资料检查、主控项目和一般项目检验。

资料反映了检验批从原材料到最终验收的各施工工序的操作依据、检查情况记录以及保证质量所必须的管理制度等。对其完整性的检查，实际是对过程控制的确认，这是检验批合格的前提。

检验批的合格质量主要取决于对主控项目和一般项目的检验结果。主控项目是对检验批的基本质量起决定性影响的检验项目，因此，必须全部符合有关专业验收规范的规定。这意味着主控项目不允许有不符合要求的检验结果。鉴于主控项目对基本质量的决定性影响，必须从严要求。

2. 分项工程质量验收。合格标准是：

（1）所含检验批的质量均应验收合格；

（2）所含检验批的质量验收记录应完整。

分项工程质量验收在检验批验收的基础上进行。一般情况下，两者具有相同或者相近的性质，只是批量的大小不同而已，将有关的检验批验收汇集起来就构成分项工程验收。分项工程质量验收合格的条件比较简单，只要构成分项工程的各检验批的验收资料文件完整，并且均已验收合格，则分项工程验收合格。

3. 分部工程质量验收。合格标准是：

（1）所含分项工程的质量均应验收合格；

（2）质量控制资料应完整；

（3）有关安全、节能、环境保护和主要使用功能的抽样检验结果应符合相应规定；

（4）观感质量应符合要求。

分部工程质量验收是在所含分项工程验收的基础上进行。分部工程验收合格的条件是：首先，分部工程的各分项工程必须已验收合格且相应的质量控制资料文件必须完整，这是验收的基本条件。此外，由于各分项工程的性质不尽相同，因此分部工程不能简单地将各分项工程组合进行验收，尚须增加两类检测项目。

4. 单位工程质量验收。合格标准是：

（1）所含分部工程的质量均应验收合格；

（2）质量控制资料应完整：

（3）所含分部工程中有关安全、节能、环境保护和主要使用功能的检验资料应完整；

（4）主要使用功能的抽查结果应符合相关专业验收规范的规定；

（5）观感质量应符合要求。

单位工程质量验收也称质量竣工验收，是建筑工程投入使用前的最后一次验收，也是最重要的验收。

5. 检验批、分项、分部、单位工程质量验收合格均应符合下列规定：

（1）符合工程勘察、设计文件的要求；

（2）符合 GB50300－2013 标准和相关专业验收规范的规定。

6. 通过返修或加固处理仍不能满足安全使用要求的分部工程、单位工程，严禁验收。

（三）施工质量验收的程序和组织

《建筑工程施工质量验收统一标准》对建筑工程质量验收的程序和组织作了具

体规定。

1. 施工质量验收的程序

（1）检验批由专业监理工程师组织施工单位项目专业质量检查员、专业工长等进行验收。

（2）分项工程由专业监理工程师组织施工单位项目专业技术负责人等进行验收。

（3）分部工程应由总监理工程师组织施工单位项目负责人和项目技术负责人等进行验收。勘察、设计单位项目负责人和施工单位技术、质量部门负责人应参加地基与基础分部工程的验收；设计单位项目负责人和施工单位技术、质量部门负责人应参加主体结构、节能分部工程的验收。

（4）单位工程中的分包工程完工后，分包单位应对所承包的工程项目进行自检，并应按本标准规定的程序进行验收。验收时，总包单位应派人参加。分包单位应将所分包工程的质量控制资料整理完整，并移交给总包单位。

（5）单位工程完工后，施工单位应组织有关人员进行自检。总监理工程师应组织各专业监理工程师对工程质量进行竣工预验收。存在施工质量问题时，应由施工单位整改。整改完毕后，由施工单位向建设单位提交工程竣工报告，申请工程竣工验收。

（6）建设单位收到工程竣工报告后，应由建设单位项目负责人组织监理、施工、设计、勘察等单位项目负责人进行单位工程验收。

2. 施工质量验收的工作要求

《建筑工程施工质量验收统一标准》规定，建筑工程质量验收应按下列要求进行：

（1）工程质量验收均应在施工单位自检合格的基础上进行；

（2）参加工程施工质量验收的各方人员应具备相应的资格；

（3）检验批的质量应按主控项目和一般项目验收；

（4）对涉及结构安全、节能、环境保护和主要使用功能的试块、试件及材料，应在进场时或施工中按规定进行见证检验；

（5）隐蔽工程在隐蔽前应由施工单位通知监理单位进行验收，并应形成验收文件，验收合格后方可继续施工；

（6）对涉及结构安全、节能、环境保护和使用功能的重要分部工程应在验收前按规定进行抽样检验；

（7）工程的观感质量应由验收人员现场检查，并应共同确认。

四、质量保修期管理的工作内容

（一）质量保修制度

工程项目质量保修制度是指建设工程在办理竣工验收手续后，在规定的保修期限内，因勘察、设计、施工、材料等原因造成的质量缺陷，应当由施工承包单位负责维修、返工或更换，由责任单位负责赔偿损失。质量缺陷是指工程不符合国家或行业现行的有关技术标准、设计文件以及合同中对质量的要求等。

《建设工程质量管理条例》规定："建设工程实行质量保修制度。建设工程承包单位在向建设单位提交工程竣工验收报告时，应当向建设单位出具质量保修书。质量保修书中应当明确建设工程的保修范围、保修期限和保修责任等。"并规定："建设工程在保修范围和保修期限内发生质量问题的，施工单位应当履行保修义务，并对造成的损失承担赔偿责任。"

我国质量保修制度分为两种，一种称为工程保修期，是根据《建设工程质量管理条例》实施的质量保修制度，一般规定保修期在 5 年以上。另一种称为缺陷责任期，是根据《建设工程施工合同示范文本》实施的工程质量保修制度，其保修期一般为 1 年，最长不超过 2 年，缺陷责任期结束，发包方应把工程保修金返还给承包商。从保修期限来看，工程保修期涵盖了缺陷责任期。

（二）质量保修期限

《建设工程质量管理条例》规定："在正常使用条件下，建设工程的最低保修期限为：基础设施工程、房屋建筑的地基基础工程和主体结构工程，为设计文件规定的该工程的合理使用年限；屋面防水工程、有防水要求的卫生间、房间和外墙面的防渗漏，为 5 年；供热与供冷系统，为 2 个采暖期、供冷期；电气管线、给排水管道、设备安装和装修工程，为 2 年。其他项目的保修期限由发包方与承包方约定。建设工程的保修期，自竣工验收合格之日起计算。"

（三）质量保修期管理工作内容

《建设工程项目管理规范》规定，发包人与承包人应签订工程保修期保修合同，确定质量保修范围、期限、责任与费用的计算方法。承包人在工程保修期内应承担质量保修责任，实施相关服务工作。

在质量保修期内，工程咨询单位应督促承包人编制保修工作计划，履行保修义务。保修工作计划应包括：主管保修的部门；执行保修工作的责任者；保修与回访时间；保修工作内容。

第五节　工程项目试运行阶段的质量管理

试运行是指根据合同规定，在工程完成竣工试验，工程管理权移交给业主后，由业主组织进行的包括合同目标考核验收在内的全部试验。试运行是对设计、采购、施工等工作质量的综合考核，是对项目质量的最终检验和试验。试运行质量管理的目的是要确保试运行成功，达到合同规定和设计要求。

一、试运行阶段的工作内容

试运行是业主方和承包方的交接考核过程，因此，试运行工作由业主方（包括作为业主代表的咨询工程师）和承包方合作进行，各方职责在合同中约定。一般由业主方全面负责组织和指挥，承包方负责指导和技术服务，包括编制试运行计划、操作手册、收集整理试运行质量记录及编写试运行总结等。

试运行一般分为无负荷试车和投料试运行两个阶段。无负荷试车必须在机械竣工完成并达到规定要求后进行，也称为竣工试验。无负荷试车成功后，经业主和承包方检查确认具备投料试车条件后方能进入投料试车运行阶段。

在各单项装置试车合格以后，进行联合投料试车。联合投料试车的合格标准是打通流程，生产出合格产品，并达到设计要求。投料试运行达到规定要求并稳定生产一段时间后开始生产考核。生产考核是对项目质量特性全面进行考核，合格后方能进行验收。

二、试运行阶段工程咨询单位质量管理的工作内容

工程咨询单位在试运行阶段的质量管理工作主要包括：

1. 督促承包方编制试运行管理计划。试运行管理计划的主要内容应包括：试运行的总说明、组织及人员、进度计划、费用计划、试运行文件编制要求、试运行准备工作要求、培训计划和业主及相关方的责任分工等内容。试运行管理计划应按项目特点，合理安排试运行程序和周期，并与施工及辅助配套设施试运行相协调。

2. 督促承包方编制培训计划。培训计划应根据合同约定和项目特点进行编制。培训计划一般包括：培训目标、培训的岗位和人员、时间安排、培训与考核方式、培训地点、培训设备、培训费用以及培训教材等内容。

3. 协助建设单位编制试运行方案。试运行方案的主要内容应包括：工程概况、编制依据和原则、目标与采用标准、试运行应具备的条件、组织指挥系统、试运行进度安排、试运行资源配置、环境保护设施投运安排、安全及职业健康要求、试运行预计的技术难点和采取的应对措施等。

4. 考核合同目标。合同目标考核的时间和周期应按合同约定或商定执行。在考核期内当全部保证值达标时，合同双方及相关方代表应按规定签署合同目标考核合格证书。

三、试运行阶段业主和承包方质量管理的工作内容

（一）试运行准备阶段质量管理工作

1. 编制试运行计划和方案。承包方负责编制试运行计划和操作手册，明确试运行过程的质量控制点和合格标准，业主方负责提供试运行所需各种资源。业主方根据承包方的试运行计划和各种资源的供应落实情况编制试运行方案，并取得承包方试运行经理的确认后发布实施。对于采用专利技术或邀请有关单位参与试运行时，试运行方案还应征求专利权人或邀请单位的意见。

2. 落实准备工作。承包方负责试运行现场的各项准备工作，包括现场清理、设备、管道内外部的清理以及电气、仪表等调试。确认各项准备工作已经完成，并达到规定的标准。业主方负责落实供应的资源，包括原材料、备品配件、燃料、

水、电的供应。承包方要检查其质量和供应情况，以确认符合设计文件和试运行进度的要求。

3. 做好安全保障工作。试运行范围内的安全设施（如禁区的设置、系统之间的隔离、防毒、防火设施以及应急措施等）由业主方组织实施，承包方应指导、检查、确认其符合安全和其他规定。

4. 组织培训考核工作。试运行人员培训工作由业主方在承包方技术指导下组织。业主应会同承包方对参加培训的人员进行考核，并颁发证书。操作人员应持证上岗，承包方在运行前要予以检查和验证。

（二）试运行质量管理工作

1. 组织实施试运行工作。每项试运行工作都由业主方组织和指挥操作人员进行。承包方应予指导、监督并确认试运行结果。承包方协助处理试运行出现的施工安装问题。其中重要设备的试运行应在制造厂专家指导和监护下进行，其成员编入主要岗位，负责指导并协助排除故障。使用专利技术时，专利权人也参加指导。

2. 严格执行试运行方案。试运行操作和合格标准应遵循和符合试运行方案的规定。

3. 严格控制风险。试运行中风险较大，必须将安全工作置于首位，循序渐进，不具备条件不得试运行，前一试运行工序的事故原因未查明，缺陷未清除，不得进行下一工序的试运行，决不能使风险后移。

在试运行过程中，当发生不正常情况时，试运行指导人员应根据现场情况进行判断，相应做出调整工艺条件、减负荷、停止试运的决定。处理后应及时向业主报告。在紧急情况下，岗位人员具有紧急停止试运的权力。发生事故后，试运行指导人员应果断处理，切断事故源，防止事故扩大，并由责任方按国家规定及时提出事故报告。

4. 做好试运行记录。所有试运行项目均需填写试运行质量记录，并需承包方、业主的授权人员签字确认。试运行记录的格式、内容和份数按国家现行规定执行。业主应收集和保管试运行质量记录。承包方保存的试运行质量记录由项目试运行经理组织收集、整理、编目和归档。

5. 编写试运行总结报告。试运行总结报告由承包方试运行项目经理组织编制，经承包方、业主的授权人员共同签署确认。试运行总结报告内容应包括试运行项目、日期、参加人员、简要过程、试运行结论和存在的问题。报告的文字应简明扼要和准确。总结报告的格式和份数由承包方提出，业主确认。

第九章　工程项目健康、安全与环境管理

随着人类社会进步以及科技经济的发展，职业健康安全与环境的问题越来越受关注。为了保证工程项目生产人员在施工过程中的健康安全和保护生态环境，防止和减少安全事故发生，促进能源节约和避免资源浪费，必须对工程项目实行健康、安全、环保的全方位管理，从而使项目建设本身的危险，项目对社会的危害、对环境的破坏降到最低点。它是工程项目管理领域贯彻落实科学发展观的重要环节。本章参照国际惯例和国内的有关规定，着重讲述工程项目职业健康安全管理制度、安全管理和环境管理的实施要点以及工程项目职业健康安全与环境管理体系的建立。

第一节　概述

一、工程项目健康、安全与环境管理的含义

健康（Health）、安全（Safety）和环境（Environment）管理简称“HSE管理”，是指对健康、安全与环境进行全面综合管理，由于三者多与职业行为相关，因此又被称为职业健康、安全与环境管理。其中，健康是指人身体上没有疾病，在心理上（精神上）保持一种完好的状态；安全是指在劳动生产过程中，努力改善劳动条件、克服不安全因素，使劳动生产在保证劳动者健康安全、企业财产不受损失、人民生命安全的前提下顺利进行；环境是指与人类密切相关的、影响人类生活和生产活动的各种自然力量或作用的总和，不仅包括各种自然因素的组合，还包括人类与自然因素间相互形成的生态关系的组合。由于三者在实际工作过程中有着密不可分的联系，因此一般对健康、安全和环境实行综合管理。

HSE管理源于石油、石化等高风险的行业，主要经历了三个发展阶段，开端期、开创发展期和蓬勃发展期。

1985年，壳牌石油公司首次在石油勘探开发领域提出了强化安全管理(Enhance Safety Management)的构想和方法。1986年，在强化安全管理的基础上，形成手册以文件的形式确定下来，HSE管理体系初现端倪。

80年代后期，国际上的几次重大事故对安全工作的深化发展与完善起了巨大的推动作用。如1987年的瑞士SANDEZ大火，1988年英国北海油田的帕玻尔·阿尔法平台事故，以及1989年的EXXON公司VALDEZ泄油等引起了国际工业界的普遍关注，大家都深刻认识到，石油石化作业是高风险的作业，必须进一步采取更有效更完善的HSE管理系统以避免重大事故的发生。1991年，在荷兰海牙召开了第一届油气勘探、开发的健康、安全、环保国际会议，HSE这一概念逐步为大家

所接受。许多大石油公司相继提出了自己的 HSE 管理体系。如壳牌公司在 1990 年制定出自己的安全管理体系（SMS）；1991 年，壳牌公司委员会颁布健康、安全与环境（HSE）方针指南；1992 年，正式出版安全管理体系标准 EP92－01100；1994 年，正式颁布健康、安全与环境管理体系导则。

1994 年油气开发的安全、环保国际会议在印度尼西亚的雅加达召开，由于这次会议由 SPE（Society of Petroleum Engineers）发起，并得到 IPIECA（The International Petroleum Industry Environment Conservation Association 国际石油工业环境保护协会）和 AAPG（American Association of Petroleum Geologists）的支持，影响面很大，全球各大石油公司和服务厂商积极参与，HSE 的活动在全球范围内迅速展开。1996 年 1 月，ISO/TC67 的 SC6 分委会发布 ISO/CD14690《石油和天然气工业健康、安全与环境管理体系》，成为 HSE 管理体系在国际石油业普遍推行的里程碑，HSE 管理体系在全球范围内进入了一个蓬勃发展时期。

工程项目 HSE 管理是指在项目投资建设周期的各阶段中，通过采取组织、计划、控制、领导和协调等一系列活动，实现项目的健康、安全与环境目标，从而减少由项目所引起的人员伤害、财产损失和环境污染，使工程活动与人类自身以及生态环境相协调。工程项目 HSE 管理目标一般包括意外事故发生率，对人员和环境产生危害的影响程度等。工程项目 HSE 管理的任务包括建立完善的 HSE 管理体系，并保持其持续有效性；按照 HSE 管理体系要求对项目进行持续的 HSE 管理；加强对 HSE 管理必需资源的管理等。上级组织（公司）的健康、安全与环境管理的制度体系和文化建设是工程项目 HSE 管理的重要依据。作为项目建设主体的施工承包商的 HSE 体系建设和运行效果是关键，也是业主方的管理的重点和难点。

二、工程项目职业健康安全管理相关规定

（一）建设工程安全生产管理条例

《建设工程安全生产管理条例》已于 2003 年 11 月 12 日经国务院第 28 次常务会议通过，自 2004 年 2 月 1 日起施行。《建设工程安全生产管理条例》的发布与施行，对于加强建设工程安全生产监督管理，保障人民群众生命和财产安全，具有十分重要的意义。

《建设工程安全生产管理条例》以建设单位、勘察单位、设计单位、施工单位、工程监理单位及其他与建设工程安全生产有关的单位为主体，规定了各主体在安全生产中的安全管理责任与义务，并对监督管理、生产安全事故的应急救援和调查处理、法律责任等做了相应的规定。

1. 建设单位的安全责任

《建设工程安全生产管理条例》中规定建设单位的主要安全责任包括：

（1）建设单位应向施工单位提供施工现场及毗邻区域内地下管线及其他有关的真实、准确、完整资料。

（2）建设单位不得对勘察、设计、施工、工程监理等单位提出不符合工程项目

安全生产法律、法规和强制性标准规定的要求，不得压缩合同约定的工期。

（3）建设单位在编制工程概算时，应确定工程项目安全作业环境及安全施工措施所需费用。

（4）建设单位在申请领取施工许可证时，应提供工程项目有关安全施工措施的资料。在规定期内，将保证安全施工的措施报送工程项目所在地的县级以上地方人民政府建设行政主管部门或者其他有关部门备案。

（5）建设单位应将拆除工程发包给具有相应资质等级的施工单位。应在拆除工程施工 15 日前，将有关资料报送有关主管部门或者其他有关部门备案。

2. 勘察、设计、工程监理单位的安全责任

（1）勘察单位的安全责任

《建设工程安全生产管理条例》中规定勘察单位的主要安全责任是：

①勘察单位应按规定进行勘察，提供真实、准确的勘察文件。

②勘察单位应严格执行操作规程，采取措施保证各类管线、设施和周边建筑物、构筑物的安全。

（2）设计单位的安全责任

《建设工程安全生产管理条例》中规定设计单位的主要安全责任是：

①设计单位应当按照法律、法规和工程建设强制性标准进行设计。

②设计单位应对涉及施工安全的重点部位和环节在设计文件中注明，并对防范生产安全事故提出指导意见。

③设计单位和注册建筑师等注册执业人员应对其设计负责。

（3）工程监理单位的安全责任

《建设工程安全生产管理条例》中规定工程监理单位的主要安全责任是：

①工程监理单位应当审查施工组织设计中的安全技术措施或者专项施工方案是否符合工程建设强制性标准。

②工程监理单位在实施监理的过程中，发现存在安全事故隐患的，应当要求施工单位整改；情况严重的，应当要求施工单位暂时停止施工，并及时报告建设单位。施工单位拒不整改或者不停止施工的，工程监理单位应当及时向有关主管部门报告。

③工程监理单位和监理工程师应当按照法律、法规和工程建设强制性标准实施监理，并对工程项目安全生产承担监理责任。

3. 施工单位的安全责任

根据《建设工程安全生产管理条例》第 20 条至第 38 条的规定，施工单位的安全责任主要包括：

（1）施工单位应当具备相应的资质条件

施工单位应当具备国家规定的注册资本、专业技术人员、技术装备和安全生产等条件，依法取得相应等级的资质证书，并在其资质等级许可的范围内承揽工程。

（2）施工单位应当建立有关安全的制度和制定有关安全的规章

施工单位应当建立健全安全生产责任制度和安全生产教育培训制度，制定安全生产规章制度和操作规程，对所承担的工程项目进行定期和专项安全检查，并做好安全检查记录。

（3）施工单位应保证安全生产所需资金的投入

施工单位应保证本单位安全生产所需资金的投入，对列入工程项目概算的安全作业环境及安全施工措施所需费用，应当用于施工安全防护用具及设施的采购和更新、安全施工措施的落实、安全生产条件的改善，不得挪作他用。

（4）施工单位应设安全生产管理机构和配备专职安全管理人员

施工单位应当设立安全生产管理机构，配备专职安全生产管理人员。专职安全生产管理人员负责对安全生产进行现场监督检查。发现安全事故隐患，应当及时向项目负责人和安全生产管理机构报告；对违章指挥、违章操作的，应当立即制止；工程项目实行施工总承包的，由总承包单位对施工现场的安全生产负总责。

（5）施工单位应编制安全技术措施和施工现场临时用电方案

施工单位应当在施工组织设计中编制安全技术措施和施工现场临时用电方案，对下列达到一定规模的危险性较大的分部分项工程编制专项施工方案，并附具安全验算结果，经施工单位技术负责人、总监理工程师签字后实施，由专职安全生产管理人员进行现场监督：基坑支护与降水工程；土方开挖工程；模板工程；起重吊装工程；脚手架工程；拆除、爆破工程；国务院建设行政主管部门或者其他有关部门规定的其他危险性较大的工程。

（6）施工单位应建立消防安全责任制度

施工单位应当在施工现场建立消防安全责任制度，确定消防安全责任人，制定用火、用电、使用易燃易爆材料等各项消防安全管理制度和操作规程，设置消防通道、消防水源，配备消防设施和灭火器材，并在施工现场入口处设置明显标志；施工单位应当向作业人员提供安全防护用具和安全防护服装，并书面告知危险岗位的操作规程和违章操作的危害；作业人员有权对施工现场的作业条件、作业程序和作业方式中存在的安全问题提出批评、检举和控告，有权拒绝违章指挥和强令冒险作业。

（7）施工单位的负责人的任职条件

施工单位的主要负责人、项目负责人、专职安全生产管理人员应当经建设行政主管部门或者其他有关部门考核合格后方可任职。施工单位应当对管理人员和作业人员每年至少进行一次安全生产教育培训，其教育培训情况记入个人工作档案。安全生产教育培训考核不合格的人员，不得上岗。

（二）工程项目职业健康安全管理制度

自1963年国务院颁布的《关于加强企业生产中安全工作的几项规定》中规定了安全生产责任制、安全技术措施计划、安全生产教育、安全生产的定期检查与伤亡事故的调查和处理等制度以来，我国逐步充实和完善了职业健康安全管理制度。其中包括：安全生产责任制度、“三同时”制度、职业健康安全教育制度、职业健康安全检查制度、职业健康安全预评价制度、职业健康安全措施计划制度、伤亡事故与职业病统计报告和处理制度。

1. 安全生产责任制

(1) 安全生产责任制的含义

安全生产责任制是各项安全生产规章制度的核心，是一个组织的岗位责任制度和经济责任制度的重要组成部分，也是基本的职业健康安全管理制度。安全生产责任制是按照职业健康安全方针和“管生产的同时必须管安全”的原则，将各级负责人员、各职能部门及其工作人员和各岗位生产工人，在职业健康安全方面应做的事情及应负的责任加以明确规定的一种制度。

(2) 建立安全生产责任制的要求

①建立安全生产责任制必须符合国家安全生产法律法规、政策和方针的要求，并要适时修订。

②建立安全生产责任制体系要与企业单位管理体制协调一致。安全生产责任制的制定是一项科学的工作，必须结合本行业、本单位的实际，并在实践中不断完善。

③制定安全生产责任制要根据本单位、部门、班组、岗位的实际情况，明确具体地制定，要具有可操作性，防止形式主义，不能停留在条条框框上。避免不系统、不配套、不科学，致使发生事故要进行责任追究时，缺乏相应的可操作性。

④制定、落实安全生产责任制要有专门的人员与机构来保障。绝不能用会议贯彻会议，用文件落实文件，追求形式主义，要真正地把安全生产责任制变成各级干部、各个岗位的实际行动。

⑤形成规范性的工作机制，在建立安全生产责任制的同时建立安全生产责任制的监督、检查等制度。特别要注意发挥职工群众的监督作用，以保证安全生产责任制得到落实，真正做到安全生产责任制落实到位。

2. “三同时”制度

(1) “三同时”制度的含义

“三同时”制度是指凡在我国境内新建、改建、扩建的基本建设项目、技术改建项目和引进的建设项目，其职业健康安全设施必须符合国家规定的标准，必须与主体工程同时设计、同时施工、同时投入生产和使用。

职业安全卫生设施，主要指安全技术方面的设施、职业健康的设施、生产辅助性设施。《中华人民共和国劳动法》、《中华人民共和国矿山安全法》、《尘肺病防治条例》、国务院《关于加强防尘防毒工作的决定》及原劳动部颁发的《建设项目(工程)劳动安全卫生监察规定》，对“三同时”制度做了具体规定。

新建、改建、扩建工程的初步设计要经过行业主管部门、安全生产管理行政部门、卫生部门和工会的审查，同意后方可进行施工；工程项目完成后，必须经过主管部门，安全生产管理行政部门、卫生部门和工会的竣工验收，方可投产和使用。

(2) “三同时”制度的具体内容

①工程项目在进行可行性研究论证时，必须进行职业健康安全的论证，明确项目可能对职工造成危害的防范措施，并将论证结果载入可行性论证文件。

②设计单位在编制工程项目的初步设计文件时，应当同时编制《劳动安全卫生专篇》，职业健康安全的设计，必须符合国家标准或者行业标准。

③施工单位必须按照审查批准的设计文件进行施工，不得擅自更改职业健康安全设施的设计，并对施工质量负责。

④工程项目的竣工验收必须按照国家有关工程项目职业健康安全验收规定进行，不符合职业健康安全规程和行业技术规范的，不得验收和投产使用。

⑤工程项目验收合格，正式投入运行后，不得将职业健康安全设施闲置不用，生产设施和职业健康安全设施必须同时使用。

3. **安全教育制度**

（1）安全教育制度的含义

安全教育也叫安全生产教育，是企业为提高职工安全技术水平和防范事故能力而进行的教育培训工作。安全教育是企业安全管理的重要内容，与消除事故隐患、创造良好劳动条件相辅相成，缺一不可。

（2）安全教育制度的内容

安全教育的内容主要包括安全生产思想教育、职业健康安全技术知识教育和典型事故教育。

①安全生产思想教育

思想教育包括思想认识教育和劳动纪律教育。思想认识教育主要是通过职业健康安全政策、法规方面的教育，提高各级领导和广大职工的政策水平，正确理解职业健康安全方针，严肃认真地执行职业健康安全法规，做到不违章指挥，不违章作业；劳动纪律教育主要是使管理人员和职工懂得严格遵守劳动纪律对实现安全生产的重要性，提高遵守劳动纪律的自觉性，保障安全生产。

②职业健康安全技术知识教育

职业健康安全技术知识教育包括生产技术知识、基本职业健康安全技术知识和专业职业健康安全技术知识。生产技术知识是指企业的基本生产概况、生产技术过程、作业方法或工艺流程、产品的结构性能，所使用的各种机具设备的性能和知识，以及装配、包装、运输、检验等知识。基本职业健康安全技术知识是指企业内特别危险的设备和区域及其安全防护的基本知识和注意事项，有关电器设备的基本安全知识，有毒、有害的作业防护；一般消防规则，个人防护用品的正确使用，以及伤亡事故的报告办法等。

专业职业健康安全技术知识是指某一特殊工种的职工必须具备的专业职业健康安全技术知识，包括锅炉、压力容器、电气、焊接、起重机械、防爆、防尘、防毒、瓦斯检验、机动车辆驾驶等专业的安全技术及工业卫生技术知识。

③典型事故教育

典型事故教育是结合本企业或外企业的事故教训进行教育。通过典型事故教育可以使各级领导和职工看到违章行为、违章指挥给人民生命和国家财产造成的损失，提高安全意识，从事故中吸取教训，防止类似事故发生。

4. 安全检查制度

（1）安全检查制度的含义

安全检查制度是清除隐患、防止事故、改善劳动条件的重要手段，是职业健康安全管理工作的一项重要内容。通过职业健康安全检查可以发现企业及生产过程中的危险因素，以便有计划地采取措施，保证安全生产。

（2）安全生产检查的内容

安全生产检查的内容主要包括查思想、查管理、查隐患、查整改和查事故处理。查思想主要是检查单位领导和职工对安全生产工作的认识；查管理是检查单位是否建立安全生产管理体系并正常工作；查隐患是检查生产作业现场是否符合安全生产、文明生产的要求；查整改是检查单位对过去提出的问题的整改情况；查事故处理主要是检查对伤亡事故是否及时报告、认真调查、严肃处理。

安全生产检查时要深入现场、班组，检查生产过程中的劳动条件、生产设备以及相应的安全健康设施和工人的操作行为是否符合安全生产的要求。为保证检查的效果，必须成立一个适应安全生产检查工作需要的检查组，配备适当的力量。安全生产检查的组织形式，可根据检查的目的和内容来确定。

5. 安全预评价制度

预评价制度是根据工程项目可行性研究报告的内容，运用科学的评价方法，依据国家法律、法规及行业标准，分析、预测该工程项目存在的危险、有害因素的种类和危险、危害程度，提出科学、合理和可行的职业安全卫生技术措施和管理的制度。它是该工程项目初步设计中劳动安全卫生设计和工程项目劳动安全卫生管理的主要依据，供国家安全生产综合管理部门进行监察时作为参考。

《建设项目（工程）劳动安全卫生预评价管理办法》规定下列项目必须进行劳动安全卫生预评价：

（1）属于《国家计划委员会、国家基本建设委员会、财政部关于基本建设项目和大中型划分标准的规定》中规定的大中型建设项目。

（2）属于《建筑设计防火规范》中规定的火灾危险性生产类别为甲类的工程项目。

（3）属于劳动部颁布的《爆炸危险场所安全规定》中规定的爆炸危险场所等级为特别危险场所和高度危险场所的工程项目。

（4）大量生产或使用《职业性接触毒物危害程度分级》（GB5044）规定的Ⅰ级、Ⅱ级危害程度的职业性接触毒物的工程项目。

（5）大量生产或使用石棉粉料或含有10%以上的游离二氧化硅粉料的工程项目。

（6）其他由安全生产监督管理行政部门确认的危险、危害因素大的工程项目。

6. 安全措施计划制度

安全措施计划制度是安全管理制度的一个重要组成部分，是有计划地改善劳动条件和安全卫生设施，防止工伤事故和职业病的重要措施之一。这种制度对加强劳动保护，改善劳动条件，保障职工的安全和健康起着积极作用。

（1）安全措施计划编制的主要内容

①单位或工作场所；

②措施名称；

③措施内容和目的；

④经费预算及其来源；

⑤负责设计、施工的单位或负责人；

⑥开工日期及竣工日期；

⑦措施执行情况及其效果。

（2）安全措施计划的范围

安全措施计划的范围包含改善劳动条件、防止伤亡事故、预防职业病和职业中毒等内容，具体有以下几种：

①安全技术措施，即预防劳动者在劳动过程中发生工伤事故的各项措施，包括防护装置、保险装置、信号装置、防爆炸设施等措施。

②职业健康措施，即预防职业病和改善职业健康环境的必要措施，包括防尘、防毒、防噪声、通风、照明、取暖、降温等措施。

③辅助用室及设施，即以保证生产过程安全卫生为目的所必须的用室及一切措施，包括更衣室、沐浴室、消毒室、妇女卫生室、厕所等。

④安全宣传教育措施，即为宣传普及职业健康安全法律、法规、基本知识所需要的措施。

（3）编制职业健康安全措施计划的主要依据

①国家发布的有关职业健康安全的政策、法规和标准；

②在职业健康安全检查中发现而尚未解决的问题；

③造成伤亡事故和职业病的主要原因和所应采取的措施；

④生产发展需要所应采取的安全技术和工业卫生技术措施；

⑤安全技术革新项目和职工提出的合理化建议。

7. 伤亡事故与职业病统计报告和处理制度

伤亡事故与职业病统计报告和处理制度是我国职业健康安全的一项重要制度。《生产安全事故报告和调查处理条例》的第三条规定，根据生产安全事故造成的人员伤亡或者直接经济损失，事故一般分为以下等级：

（1）特别重大事故是指造成 30 人以上死亡，或者 100 人以上重伤（包括急性工业中毒，下同），或者 1 亿元以上直接经济损失的事故；

（2）重大事故是指造成 10 人以上 30 人以下死亡，或者 50 人以上 100 人以下重伤，或者 5000 万元以上 1 亿元以下直接经济损失的事故；

（3）较大事故是指造成 3 人以上 10 人以下死亡，或者 10 人以上 50 人以下重伤，或者 1000 万元以上 5000 万元以下直接经济损失的事故；

（4）一般事故是指造成 3 人以下死亡，或者 10 人以下重伤，或者 1000 万元以下直接经济损失的事故。

上述等级中所称的“以上”包括本数，所称的“以下”不包括本数。

事故报告应当及时、准确、完整，任何单位和个人对事故不得迟报、漏报、谎报或者瞒报。事故调查处理应当坚持实事求是、尊重科学的原则，及时、准确地查清事故经过、事故原因和事故损失，查明事故性质，认定事故责任，总结事故教训，提出整改措施，并对事故责任者依法追究责任。任何单位和个人不得阻挠和干涉对事故的报告和依法调查处理。事故发生后，事故现场有关人员应当立即向本单位负责人报告；单位负责人接到报告后，应当于 1 小时内向事故发生地县级以上人民政府安全生产监督管理部门和负有安全生产监督管理职责的有关部门报告。情况紧急时，事故现场有关人员可以直接向事故发生地县级以上人民政府安全生产监督管理部门和负有安全生产监督管理职责的有关部门报告。报告事故应当包括下列内容：

（1）事故发生单位概况；

（2）事故发生的时间、地点以及事故现场情况；

（3）事故的简要经过；

（4）事故已经造成或者可能造成的伤亡人数（包括下落不明的人数）和初步估计的直接经济损失；

（5）已经采取的措施；

（6）其他应当报告的情况。

特别重大事故由国务院或者国务院授权有关部门组织事故调查组进行调查。重大事故、较大事故、一般事故分别由事故发生地省级人民政府、设区的市级人民政府、县级人民政府负责调查。省级人民政府、设区的市级人民政府、县级人民政府可以直接组织事故调查组进行调查，也可以授权或者委托有关部门组织事故调查组进行调查。未造成人员伤亡的一般事故，县级人民政府也可以委托事故发生单位组织事故调查组进行调查。

事故调查组应履行下列职责：

（1）查明事故发生的经过、原因、人员伤亡情况及直接经济损失；

（2）认定事故的性质和事故责任；

（3）提出对事故责任者的处理建议；

（4）总结事故教训，提出防范和整改措施；

（5）提交事故调查报告。

事故调查报告应当包括下列内容：

（1）事故发生单位概况；

（2）事故发生经过和事故救援情况；

（3）事故造成的人员伤亡和直接经济损失；

（4）事故发生的原因和事故性质；

（5）事故责任的认定以及对事故责任者的处理建议；

（6）事故防范和整改措施。

重大事故、较大事故、一般事故，负责事故调查的人民政府应当自收到事故调查报告之日起15日内做出批复；特别重大事故，30日内做出批复，特殊情况下，批复时间可以适当延长，但延长的时间最长不超过30日。有关机关应当按照人民政府的批复，依照法律、行政法规规定的权限和程序，对事故发生单位和有关人员进行行政处罚，对负有事故责任的国家工作人员进行处分。事故发生单位应当按照负责事故调查的人民政府的批复，对本单位负有事故责任的人员进行处理。负有事故责任的人员涉嫌犯罪的，依法追究刑事责任。

职业病报告必须是国家现行职业病范围内所列举的病种，2005年11月原卫生部发布了《卫生部关于进一步加强职业病报告工作的通知》，就职业病报告工作提出了具体要求。根据此通知，各级卫生行政部门负责本行政区域内的职业病报告统计管理工作，并指定同级的职业病防治机构或疾病预防控制机构具体承办常规职业病报告统计工作。职业病报告实行以地方为主，逐级上报的办法。一切企业、事业单位发生的职业病，都应报告当地卫生监督机构，由卫生监督机构统一汇总上报。有职业病防治机构的地区，职业病诊断机构将诊断的职业病向职业病防治机构报告；没有职业病防治机构的地区，职业病诊断机构将诊断的职业病向疾病预防控制机构报告。职业病防治机构或疾病预防控制机构汇总后报送同级卫生行政部门，并同时报上一级职业病防治机构或疾病预防控制机构；省级职业病防治机构或疾病预防控制机构在汇总报送省级卫生行政部门的同时报中国疾病预防控制中心。

有关职业病的处理，是政策性很强的一项工作，涉及职业病防治及妥善安置职业病患者、患者的劳保福利待遇、劳动能力鉴定及职业康复等工作，目前可按2013年12月修订颁发的《职业病范围和职业病患者处理办法的规定》执行。

根据此规定，职工被确诊患有职业病后，其所在单位应根据职业病诊断机构的意见，安排其医疗或疗养。在医治或疗养后被确认不宜继续从事原有害作业或工作的，应自确认之日起两个月内将其调离原工作岗位，另行安排工作；对于因工作需要暂不能调离的生产、工作的技术骨干，调离期限最长不得超过半年。患有职业病的职工变动工作单位时，其职业病待遇应由原单位负责或两个单位协调处理，双方商妥后方可办理调转手续，并将其健康档案、职业病诊断证明及职业病处理情况等材料全部移交新单位。调出、调入单位都应将情况报告所在地的劳动卫生职业病防治机构备案。职工到新单位后，新发生的职业病不论与现工作有无关系，其职业病待遇由新单位负责。

第二节 工程项目安全管理

一、工程项目前期阶段的安全管理

安全是工程项目的基本性能要求之一，应贯穿于工程项目管理的全过程。在项目前期的策划决策过程中，应做好建设方案研究阶段的职业危害因素分析并制定安全保障措施，在可行性研究阶段做好项目的安全预评价工作，从项目初始就对工程项目的安全问题予以重视。

（一）建设方案研究阶段的安全管理

建设方案研究是指对项目各种建设方案进行分析研究，比选和优化，拟采用最佳方案的全过程，是进行项目经济评价、环境评价和社会评价的基础。在此阶段应对拟建的工程项目生产过程中的安全隐患进行分析，提出相应的安全生产保障措施，并将建设方案的安全性作为比选项目的一个重要方面。

1. 工程项目中安全隐患因素分析的主要内容

（1）主要物料的理化性能指标；

（2）工程项目的危险、有害因素和危险、有害程度；

（3）工程项目的安全条件；

（4）主要技术、工艺或者方式和装置、设备、设施的安全可靠性；

（5）工程项目的重大危险源分析，根据国家和行业相关规定确定拟建项目的重大危险源。

2. 安全生产保障措施

针对安全隐患因素的场所、范围以及危害程度，研究提出相应的安全措施方案。主要有：

（1）选择工艺技术方案时，应尽可能选用安全生产和无危害的生产工艺和设备；

（2）对危险部位和危险作业应提出安全防护措施方案；

（3）对危险场所，按劳动安全规范提出合理的生产工艺方案和设置安全间距；

（4）对易产生职业病的场所，应提出防护和卫生保健措施方案；

（5）生产过程中设置自动报警、紧急事故处理等安全设施；

（6）对高温、噪声、震动等工作环境，采用保护性防护措施，如隔热、降温、消音、防震等，定期对设备性能进行测试；

（7）对有可能产生危害的生产过程，尽量采用自动化作业，减少体力劳动，保护职工健康。

（二）安全预评价

安全预评价是根据项目的建设方案分析预测工程项目可能存在的危险、有害因素的种类和程度，提出合理可行的安全对策措施及建议。安全预评价目的是贯彻“安全第一、预防为主”方针，为工程项目前期工作决策分析研究和初步设计提供科学依据，以利于提高工程项目本身安全程度。工程项目的安全预评价工作应在工程可行性研究阶段进行。在工程项目初步设计会审前完成，并通过安全监督管理部门的审批。

1. 安全预评价的内容

根据《安全预评价导则》要求，安全预评价主要包括危险、有害因素识别，危险度评价和安全对策措施及建议等方面的内容。

2. **安全预评价的程序**

根据《安全预评价导则》，安全预评价程序一般包括：准备阶段，危险、有害因素识别与分析，确定安全预评价单元，选择安全预评价方法，定性、定量评价，安全对策措施及建议，安全预评价结论，编制安全预评价报告。安全预评价程序如图 9—1 所示。

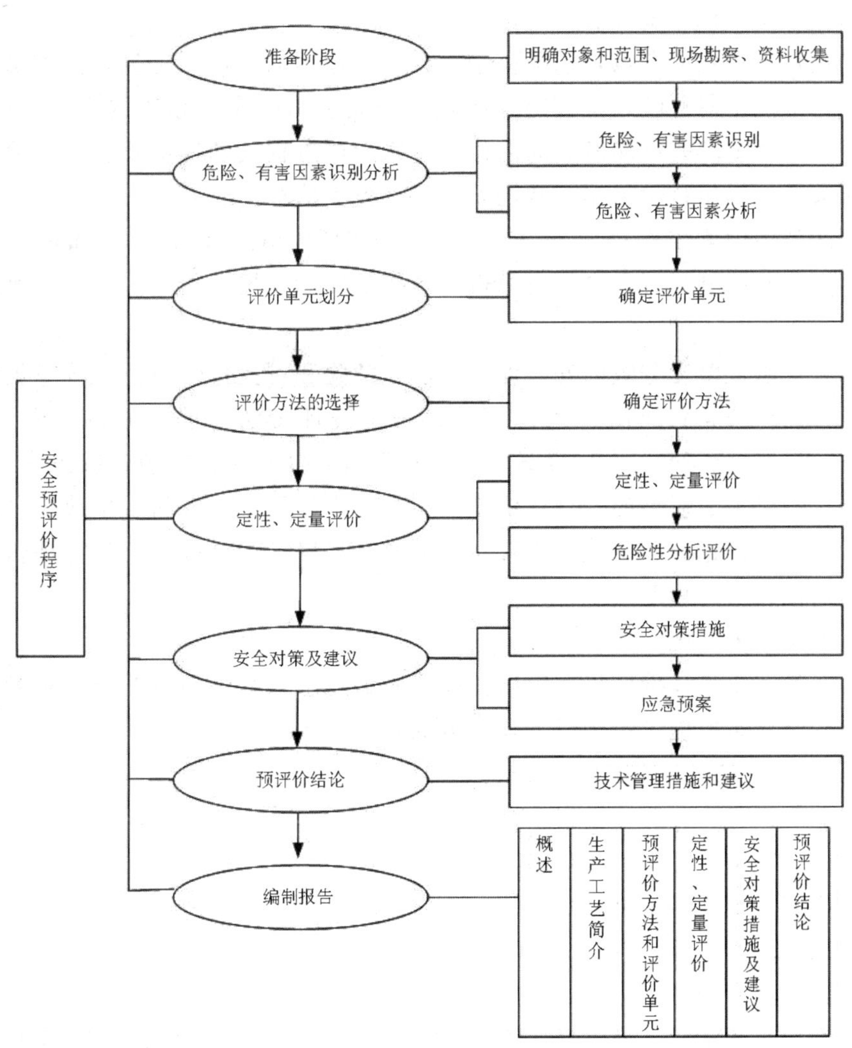

图 9—1　安全预评价程序图

（1）准备阶段

明确被评价对象和范围，进行现场调查和收集国内外相关法律法规、技术标准及工程项目资料。

（2）危险、有害因素识别与分析

根据工程项目周边环境、生产工艺流程或场所的特点，识别和分析其潜在的危险、有害因素。

(3) 确定安全预评价单元

在危险、有害因素识别和分析基础上，根据评价的需要，将工程项目分成若干个评价单元。评价单元是为了安全评价需要，按照工程项目生产工艺或场所的特点，将生产工艺或场所划分成若干相对独立的部分。划分评价单元的一般性原则：按生产工艺功能、生产设施设备相对空间位置、危险有害因素类别及事故范围划分评价单元，使评价单元相对独立，具有明显的特征界限。

(4) 选择安全预评价方法

根据被评价对象的特点，选择科学、合理、适用的定性、定量评价方法。采用选择的评价方法，对危险、有害因素导致事故发生的可能性和严重程度进行定性、定量评价，以确定事故可能发生的部位、频次、严重程度的等级及相关结果，为制订安全对策措施提供科学依据。常用安全预评价方法有：

①事故致因因素安全评价方法：专家现场询问、观察法；危险和可操作性研究；故障类型及影响分析；事故树分析；事故引发和发展分析；因果（鱼刺）图分析法等。

②能够提供危险度分级的安全评价方法：危险和可操作性研究；故障类型及影响分析；事故树分析；风险矩阵评价法；安全度评价法；重大危险源辨识方法；“安全检查表—危险指数评价—系统安全分析”评价法；统计图表分析法等。

③可以提供事故后果的安全评价方法：故障类型及影响分析；事故树分析；逻辑树分析；概率理论分析；模糊矩阵法；易燃、易爆、有毒重大危险源评价法；统计图表分析法；事故模型法。

(5) 安全对策措施及建议

根据定性、定量评价结果，提出消除或减弱危险、有害因素的技术和管理措施及建议。安全对策措施应包括以下几个方面：

①总图布置和建筑方面安全措施；

②工艺和设备、装置方面安全措施；

③安全工程设计方面对策措施；

④安全管理方面对策措施；

⑤应采取的其他综合措施。

(6) 安全预评价结论

简要列出主要危险、有害因素评价结果，指出工程项目应重点防范的重大危险、有害因素，明确应重视的重要安全对策措施，给出工程项目从安全生产角度是否符合国家有关法律、法规、技术标准的结论。

(7) 编制安全预评价报告

安全预评价报告应当包括以下重点内容：

①编制说明；

②项目概况；

③工程职业危险有害因素分析；

④评价单元划分和预评价方法的选用；
⑤安全状况初步评价；
⑥定性、定量评价；
⑦安全卫生健康对策措施；
⑧安全预评价结论。

二、工程项目设计阶段的安全管理

按照国家的有关规定，一般工程项目按两个阶段进行设计，即初步设计和施工图设计。对于技术上复杂而又缺乏设计经验的工程项目，经主管部门批准，可增加技术设计阶段。对于一些大型联合企业、矿山、水利水电枢纽和房地产小区，为解决总体部署和开发问题，在进行初步设计以前，还需进行总体设计。

设计阶段是工程项目中的一个非常重要的环节，设计安全对于工程项目的安全具有决定性的影响，如果在设计过程中疏忽项目的安全性，有时会对工程项目造成不可弥补的损失。

（一）初步设计阶段的安全管理

对于一般工程项目，初步设计阶段是设计的第一阶段，主要任务是提出设计方案，把可行性研究报告中提出的安全措施和设施，以及安全预评价报告中建议的安全措施和设施，在初步设计中加以体现，并编写安全报告加以说明。初步设计中的安全报告主要包括以下内容：

1. 设计依据

（1）工程项目依据的批准文件和相关的合法证明；
（2）国家、地方政府和主管部门的有关规定；
（3）采用的主要技术标准、规范和规程；
（4）其他设计依据，如地质勘探报告、可行性研究报告和安全预评价报告等。

2. 工程概述

（1）本工程的基本情况；
（2）工程中涉及安全问题的新研究成果、新工艺、新技术和新设备等；
（3）影响安全的主要因素及防范措施；
（4）对项目安全及周边影响的总体评价；
（5）存在问题及建议。

3. 地质安全影响因素

（1）区域地质特点、主要构造带的分布、发生地质灾害的可能性；
（2）地表水系和地下水赋存状况及对项目实施的影响。

4. 工程项目安全评述

（1）选用的施工技术方法的安全性；
（2）项目作业对周边建筑物安全的分析；
（3）应急设施的功能和可靠性。

5. 总平面布置

6. 机电及其他

(1) 机械设备的安全性；

(2) 供配电系统的安全性；

(3) 供排水系统可靠性。

7. 卫生保健设施

(二) 施工图设计阶段的安全管理

施工图设计根据已批准的初步设计（或技术设计）文件编制，是把初步设计中确定的设计原则和技术设计方案，根据建筑安装工程或非标准设备制作的需要，进一步具体化、明确化，通过详细地计算和安排，绘制出正确、完整的建筑、安装图纸，并编制施工图预算。施工图设计的内容以施工图纸为主，还包括设计说明、材料及设备明细表、施工图预算等。

施工图设计是工程项目实施的依据。如果图纸中存有不安全的因素，则实施过程中或工程竣工后，先天性的隐患就会包含其中，工程项目的安全危险性就会变大，这些隐患如果不加以排除，将会造成施工过程中或工程完成后发生安全事故，造成人员的伤亡及财产的损失。因此，必须做好图纸设计中的安全管理工作，应对图纸中的设计是否符合有关的标准、规范、规定和条例进行复查，确保工程项目的安全。

施工图设计中的安全报告应包括以下内容：

1. 全项目性文件

(1) 设计总说明中的相关的安全法律规定；

(2) 总平面设计的安全性说明；

(3) 室外管线图设计的安全性；

(4) 编制工程总概算时应考虑安全管理经费。

2. 各建筑物、构筑物的设计文件

(1) 协调建筑设计与结构安全的方案；

(2) 构造设计的安全性；

(3) 水暖、电气、卫生、热机等设备安排的安全性；

(4) 非标准设备的制造的安全性；

(5) 材料安排的安全性；

(6) 设备安装的安全性；

(7) 设备运行维修维护的安全性；

(8) 单项工程预算中应考虑安全管理经费。

3. 各专业工程计算书、计算机辅助设计软件及资料的安全性

4. 工程施工中的安全性要求

三、工程项目实施阶段的安全管理

工程项目实施阶段的安全管理包括施工安全策划、编制施工安全计划、安全计

划的实施、安全检查、安全计划验证与持续改进，直到工程竣工交付，其具体步骤见图 9—2 所示：

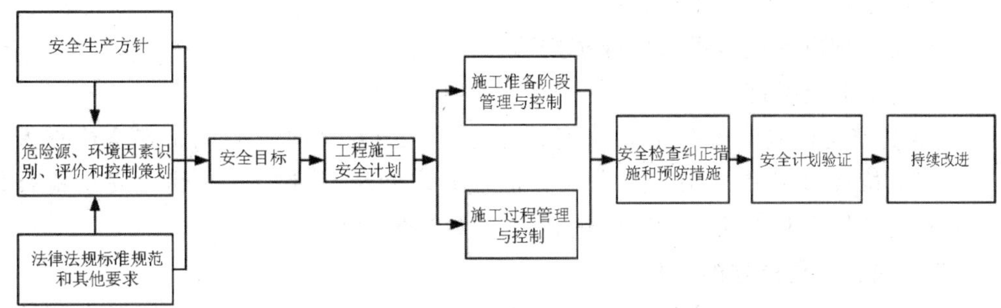

图 9—2　工程项目施工安全管理程序图

（一）施工安全策划

针对项目的规模、结构、环境、技术特点、危险源与环境因素的识别、评价和控制策划结果、适用法律法规和其他管理要求、资源配置等因素进行工程项目的施工安全策划。

（二）编制施工安全计划

根据项目施工安全策划的结果，编制工程项目施工安全计划。工程项目施工安全计划的内容主要是规划、确定安全目标，确定过程控制要求，制定安全技术措施，配备必要资源，确保安全目标的实现。

施工安全计划应针对项目特点、项目实施方案及程序，依据安全法规和标准等加以编制，主要内容包括：

1. 项目概况。包括工程项目的性质和作用，建筑结构特征，建造地点特征，施工特征，以及可能存在的主要的不安全因素等。

2. 明确安全控制和管理目标。应明确项目安全控制和管理的总目标和子目标，目标要具体化。

3. 确定安全控制和管理程序。确定施工安全目标，编制施工安全计划，安全计划实施，安全计划验证，以及安全持续改进和兑现合同承诺。

4. 确定安全组织机构。包括项目的安全组织机构形式，安全组织管理层次，安全职责和权限，安全管理人员组成，以及建立安全管理规章制度。

5. 确定安全管理组织结构和职责权限。根据组织机构状况明确不同组织层次各相关人员的职责和权限，进行责任分配。包括安全管理组织机构形式，安全组织管理层次，制定职责和权限，确定安全管理人员，建立健全安全管理的规章制度等。

6. 确保安全资源配置。针对项目特点，提出安全管理和控制所必需的材料设施等资源要求和具体的配置方案，并列入资源需要量计划。

7. 制定安全技术措施。针对不安全因素确定相应措施，特别是要制订应急计划以应付可能出现的紧急情况以及发生危险情况时的联络方式。主要包括：

（1）新工艺、新材料、新技术和新结构的安全技术措施。

（2）预防自然灾害，如防雷击、防滑等措施。

（3）高空作业的防护和保护措施。

（4）安全用电和机电设备的保护措施。

（5）防火防爆措施。

8. 落实安全检查评价和奖惩制度。确定项目的安全检查时间、安全检查人员组成、安全检查事项和方法、安全检查记录要求和结果评价，并编写安全检查报告。明确奖惩标准和方法，制定安全施工优胜者的奖励制度。

（三）施工安全计划的实施

项目的施工安全计划应经上级机构审批后实施。施工安全计划的实施包括建立和执行安全生产管理制度、开展安全教育培训、进行安全技术交底等工作。

1. 建立安全生产责任制

安全生产责任制以制度的形式明确各级领导、各职能部门、各类人员在施工生产活动中应负的责任，是最基本的一项安全管理制度。

2. 开展安全教育培训

安全培训是安全计划的核心内容之一，是让所有现场人员都明确安全计划和掌握安全生产知识的前提和保证。应界定不同层次的施工人员安全培训所要求的范围，公司对员工安全培训的要求应该高于国家或者当地政府所要求的最低限度。安全培训应包括四个基本步骤：培训前的准备、信息与知识的传授、培训效果评价和监督执行。

3. 安全技术交底

（1）总承包项目的安全技术交底应逐级进行，总承包项目部向分包商交底，分包商向施工人员交底。交底应采用书面文本，以通俗易懂的文字说明进行交底，交底与被交底人双方应签字认可。

（2）单位工程开工前，单位工程技术负责人必须将工程概况、施工方法、安全技术交底的内容、交底时间和参加人员、施工工艺、施工程序、安全技术措施，向承担施工的作业队负责人、工长、班组长和相关人员进行交底。

（3）结构复杂的分部分项工程施工前，应有针对性地进行全面详细的安全技术交底，使执行者了解安全技术及措施的具体内容和施工要求，确保安全措施落到实处。

（4）应保存双方签字确认的安全技术交底的内容、时间和参加人员的记录。

（四）安全检查

对施工现场安全生产的安全检查应贯穿工程项目施工的全过程，以及时发现施工过程中存在的安全问题，并落实人员进行整改、消除隐患。同时，安全检查还包括对施工现场安全生产管理制度、安全管理资料等进行检查。安全检查的具体要求如下：

1. 项目经理部应以施工安全计划为依据，定期对计划的执行情况进行考核评价，验证计划的实施效果。

2. 项目经理部应通过安全检查了解安全生产状态，发现施工中的不安全行为和隐患，分析原因制定相应防范措施。

3. 安全检查的内容应根据施工过程的特点和计划目标的要求确定阶段性的安全检查内容，包括安全生产责任制、安全计划、安全组织机构、安全保证措施；安全技术交底、安全教育、安全持证上岗、安全设施、安全标识、操作行为、违规处理、安全记录等。

4. 各种安全检查都应配备必要的资源，确定检查负责人。抽调专业检查人员明确检查内容及要求。

5. 安全检查可采取随机抽样，现场观察、实地检测相结合的方法。应大量采用检测机械、仪表或工具，用数据说话，应检查现场管理人员和操作人员的违章指挥和违章作业行为，检查安全施工的常识，综合评价其安全素质。

6. 必须实事求是地记录安全检查结果，如实反映隐患部位、危险程度、形成的原因及处理意见。

7. 应根据安全记录进行全面的定性和定量分析，编制安全检查报告。检查报告的内容应包括：已达标项目、未达标项目所存在问题、原因分析、纠正措施、预防措施。

（五）工程项目施工安全计划验证与持续改进

项目负责人应定期组织具有资格的安全生产管理人员验证工程项目施工安全计划的实施效果。当工程项目施工安全管理中存在安全问题或安全隐患时，应提出解决措施，每次验证应做出记录，并予以保存。对重复出现的安全隐患问题，不仅要分析原因、采取措施、给予纠正，而且要追究责任，给予处罚。同时，应持续改进工程项目的安全管理方式和方法，不断提高安全管理的有效性和效率。

四、应急预案和事故处理

（一）生产安全事故应急预案的编制

应急预案是对特定的潜在事件和紧急情况发生时所采取措施的计划安排，是应急响应的行动指南。编制应急预案的目的，是防止一旦紧急情况发生时出现混乱，按照合理的响应流程采取适当的救援措施，预防和减少可能随之引发职业健康安全和环境影响。应急预案的编制应当遵循以人为本、依法依规、符合实际、注重实效的原则，以应急处置为核心，明确应急职责、规范应急程序、细化保障措施。

应急预案应形成体系，针对各级各类可能发生的事故和所有危险源制订综合应急预案、专项应急预案和现场处置方案，并明确事前、事发、事中、事后的各个过程中相关部门和有关人员的职责。

（二）生产安全事故应急预案的评审、公布和备案

地方各级安全生产监督管理部门负责组织有关专家对本部门编制的部门应急预案进行审定；必要时，可以召开听证会，听取社会有关方面的意见。应急预案的评

审或者论证应当注重基本要素的完整性、组织体系的合理性、应急处置程序和措施的针对性、应急保障措施的可行性、应急预案的衔接性等内容。

生产经营单位的主要负责人将评审或论证后的应急预案签署公布，并及时发放到本单位有关部门、岗位和相关应急救援队伍。事故风险可能影响周边其他单位、人员的，生产经营单位应当将有关事故风险的性质、影响范围和应急防范措施告知周边的其他单位和人员。

地方各级安全生产监督管理部门负责将应急预案报同级人民政府备案，并抄送上一级安全生产监督管理部门。其他负有安全生产监督管理职责的部门负责将应急预案抄送同级安全生产监督管理部门。生产经营单位应当在应急预案公布之日起20个工作日内，按照分级属地原则，向安全生产监督管理部门和有关部门进行告知性备案。各级安全生产监督管理部门负责建立应急预案备案登记建档制度，指导、督促生产经营单位做好应急预案的备案登记工作。

（三）生产安全事故应急预案的实施

为了提高从业人员和社会公众的安全意识与应急处置技能，各级安全生产监督管理部门、各类生产经营单位应当采取多种形式开展应急预案的宣传教育，普及生产安全事故避险、自救和互救知识。各级安全生产监督管理部门应当将本部门应急预案的培训纳入安全生产培训工作计划，并组织实施本行政区域内重点生产经营单位的应急预案培训工作。生产经营单位应当组织开展本单位的应急预案、应急知识、自救互救和避险逃生技能的培训活动，使有关人员了解应急预案内容，熟悉应急职责、应急处置程序和措施；应急培训的时间、地点、内容、师资、参加人员和考核结果等情况应当如实记入本单位的安全生产教育和培训档案。

为提高本部门、本地区生产安全事故应急处置能力，各级安全生产监督管理部门应定期组织应急预案演练。生产经营单位应当制定本单位的应急预案演练计划，根据本单位的事故风险特点，每年至少组织一次综合应急预案演练或者专项应急预案演练，每半年至少组织一次现场处置方案演练。应急预案演练结束后，应急预案演练组织单位应当对应急预案演练效果进行评估，撰写应急预案演练评估报告，分析存在的问题，并对应急预案提出修订意见。

生产经营单位发生事故时，应当第一时间启动应急响应，组织有关力量进行救援，并按照规定将事故信息及应急响应启动情况报告安全生产监督管理部门和其他负有安全生产监督管理职责的部门。生产安全事故应急处置和应急救援结束后，事故发生单位应当对应急预案实施情况进行总结评估。

（四）生产安全事故应急预案的监督管理

各级安全生产监督管理部门和煤矿安全监察机构负责将生产经营单位应急预案工作纳入年度监督检查计划，明确检查的重点内容和标准，并按照计划开展执法检查。同时每年对应急预案的监督管理工作情况进行总结，并报上一级安全生产监督管理部门。对于在应急预案管理工作中做出显著成绩的单位和人员，安全生产监督管理部门、生产经营单位可以给予表彰和奖励。

第三节　工程项目环境管理

一、工程项目环境管理的含义

自20世纪中叶以来，环境危机被列为全球性问题，而工程项目正逐渐成为环境的重要污染源之一。同时，工程项目对环境有很大的依赖性，环境甚至可以影响到工程项目实施的成败。工程项目与环境之间是相互制约、相互协调的关系，只有保证了环境与工程项目的协调发展，工程项目的实施才能取得真正意义上的成功。所以，对工程项目进行环境管理是必要的。

环境管理按照概念可以划分为广义环境管理和狭义环境管理。广义环境管理是指运用经济、法律、技术、行政及教育等手段，限制或禁止人们损害环境质量的活动，鼓励人们改善环境质量；通过全面规划、综合决策，使经济发展与环境保护相协调，在达到经济发展满足人类基本需求这一目的的同时，又要保证破坏程度不超出环境所容许的极限范围。狭义环境管理是指依据国家和地方环境法律、法规、标准和制度开展的环境监督行为，是政府环境保护主管部门的主要职能。广义环境管理的核心是协调和综合决策，而狭义环境管理的核心是监督和服务，通常人们所说的环境管理指的是广义环境管理。

工程项目环境管理主要是指在工程的建设和运营过程中对自然环境和生态环境实施的保护，以及按照法律法规、合同和企业的要求，对作业现场环境进行的保护和改善，例如控制和减少现场的各种粉尘、废水、废气、固体废弃物、噪声等对环境的污染和危害。

二、工程项目环境影响评价

工程项目环境影响评价在我国已经被纳入法制化轨道，其目的是为项目的布局、选址和确定其发展规模提供决策基础和环境保护措施方面的服务，即在造成环境损害之前尽可能多地提供环境信息，以求把不利环境影响降低到最小程度。

工程项目环境影响评价的工作内容主要有三部分，即工程分析、清洁生产评价和工程项目环境影响识别与预测。

（一）工程分析

工程分析是从有可能对环境产生影响的角度对工程项目的性质、生产规模、原料、能源、工艺、土地利用和污染特征等方面进行全面、系统的分析，以确定主要影响因子，并对其影响的过程及危害特性进行分析。工程分析是环境影响评价工作的基础，为项目决策提供了基础资料，为环境保护设计提供了优化建议，为项目的环境管理提供了建议指标和科学数据。

（二）清洁生产评价

清洁生产在不同的发展阶段、不同的国家有不同的叫法，如“废物最小化”、“无废物工艺”、“污染预防”等，但其基本内涵是一致的，即通过对产品和产品的生产过程采用预防污染的策略来尽可能地减少污染。

清洁生产已被证明是优于传统污染控制方法且需优先考虑的一种环境战略。在环境影响评价中引入清洁生产的思想，将大大提高环境影响评价的质量，减轻工程项目末端处理的负担，提高工程项目的环境可靠性，并且能够提高工程项目的经济效益和市场竞争力。

（三）工程项目环境影响识别与预测

工程项目环境影响识别的目的，就是要明确工程项目给环境带来的影响，包括影响的种类、时间、空间范围和程度。而影响的预测是在影响识别确定可能是重大环境影响后，预测工程项目对环境产生影响、导致环境质量或环境质量价值的变化量、空间变化范围、时间变化阶段等。

三、绿色设计

（一）绿色设计的含义

绿色设计也称为生态设计、环境设计等，是 20 世纪 80 年代末出现的一股国际设计潮流。绿色设计是指针对工程项目的全生命周期，充分考虑对资源和环境的影响，以减轻环境污染或减少原材料、自然资源的利用为目的，所使用的技术、工艺或产品的总称。绿色设计的原则是“3R”原则，即 Reduce，Reuse，Recycle，减少环境污染、减小能源消耗，产品和零部件的回收再生循环或者重新利用。绿色设计的目的是要克服传统设计的不足，使所设计的产品满足绿色产品的要求。

（二）绿色设计的内容

绿色设计的主要内容包括：绿色材料选择与管理；产品的可回收性设计；产品的可拆卸性设计。

1. 绿色材料选择与管理

在设计中应首选环境兼容性好的材料及零部件，避免选用有毒、有害和辐射特性的材料。所用材料应易于再利用、回收、再制造或易于降解提高资源利用率，实现可持续发展。另外，还要尽量减少材料的种类，以便减少产品废弃后的回收成本。

2. 产品的可回收性设计

可回收性设计是指在产品设计时要充分考虑到该产品报废后回收和再利用的问题。综合考虑材料的回收可能性，回收价值的大小，回收的处理方法等。

3. 产品的可拆卸性设计

为了降低产品的装配和拆卸成本，设计师在满足功能要求和使用要求的前提下，要使所设计的结构易于拆卸，维护方便，并在产品报废后能够重新回收利用。

（三）绿色设计的方法

1. 模块化设计

模块化设计是指在对一定范围内的不同功能或相同功能不同性能、不同规格的产品进行功能分析的基础上，划分并设计出一系列功能模块，通过模块的选择和组合可以构成不同的方案，从而满足不同的需求。模块化设计的应用不仅可以提高质量、便于后期维护，同时还有利于废弃后的拆解与回收。

2. 循环设计

循环设计也称回收设计，即在进行设计时，充分考虑产品部件及材料的可回收性，回收价值的大小，回收处理方法，回收处理结构工艺等与回收相关的一系列问题，以达到资源和能源的充分有效利用，是实现环境污染最小的一种设计思想和方法。

3. 并行工程设计

并行工程是以集成、并行的方式进行设计，力求在设计阶段就考虑生命周期的全过程的所有因素，包括质量、成本、进度计划和用户要求等。要实施并行工程，首先需要设计人员组成绿色工作小组模式进行分工合作，其次要进行相关信息和技术的集成，同时需要一定的支撑环境，从而实现绿色设计。

(四) 绿色设计的发展趋势

产品的组合设计、循环设计以及产品与服务的非物质化设计已成为“绿色设计”的一种趋势，这样的设计能更好地体现节能与环保。“绿色设计”的主题和发展趋势大致体现在以下四个方面：

1. 使用天然的材料。以“未经加工”形式在家具产品、建筑材料和织物中得到运用。直接使用天然材料在产品中的设计不但节省了能源，而且缩短了生产环节，提高了生产效率。

2. 强调使用材料的经济性。摒弃无用功能和纯装饰的样式，创造形象生动的造型、回归经典的简洁。同时，在简洁中精心融入“高科技”、“高情感”的因素。在使用产品时使人感受到时尚、亲近和温暖。

3. 多种用途的产品设计。可以使用增加乐趣的设计方法，避免因厌烦而替换的需求。这种产品还能够升级更新，通过尽可能少地使用其他材料来更新换代，以便达到实用且节能的目的。

4. 利用回收材料的产品设计。我们不可以简单地认为采用可回收材料的产品就一定是绿色产品，因为产品可回收性有可能加快产品废弃速度；人们对可回收材料的外观认可程度也可能会对产品的销售产生影响。

四、绿色施工

(一) 绿色施工的含义

施工过程是建筑全生命周期中的一个重要环节。2003 年，英国拉夫堡大学、伦敦经济学院和斯坦福大学联合创建了 C－SanD 计划，即关于可持续性施工体系的建立、维持和宣传工具、方法和艺术。其中指出，绿色施工到目前为止做得还比较少，而且也需要更全面更深入地掌握绿色施工知识。

绿色施工是指工程建设过程中，在保证质量、安全等基本要求的前提下，通过科学管理和技术进步，最大限度地节约资源并减少对环境负面影响的施工活动，从而实现节能、节地、节水、节材和环境保护。

（二）绿色施工的原则

绿色施工是可持续发展理念在工程施工中应用的主要体现，是绿色施工技术的综合应用。绿色施工并不仅仅是在工程施工中实时封闭施工，没有尘土飞扬，没有噪声扰民，工地四周栽花、种草，实施定时洒水等这些内容，还包括了其他大量的内容。它同绿色设计一样，涉及可持续发展的各个方面，如生态与环境保护、资源与能源的利用、社会经济的发展等。绿色施工应遵循以下原则。

1. 尊重基地环境，减少施工干扰

工程施工过程会严重扰乱场地环境，如场地平整、土方开挖、施工降水、永久及临时设施在建和场地废物处理等均会对场地现场的动植物资源、地形地貌和地下水位等造成影响，还会给场地内现存的文物、地方特色资源等带来破坏，影响当地文脉的继承和发扬。因此，施工中建设场地干扰、注重现场环境对于保护生态环境，维持地方文脉具有重要的意义。

业主、设计单位和承包商应当识别施工场地内现有的自然、文化和构筑物特征，并通过合理的设计、施工和管理将这些特征保存下来。可持续的场地设计是减少这种干扰的有效措施。

2. 注重环境品质，减少施工造成的环境污染

工程施工中产生的大量灰尘、噪音、有毒有害气体、废物等，不仅会对环境品质造成严重的影响，也将有损于现场工作人员、使用者以及公众的健康。因此，应尽量减少环境污染，提高环境品质。

3. 结合气候、气象条件，合理安排施工计划

承包商在选择施工方法、施工机械，安排施工顺序，布置施工场地时应尽量结合项目所在地的气候特征。这不仅可以减少因为气候原因而带来施工措施、资源和能源用量的增加，还可以减少施工成本和因额外措施对施工现场及环境造成的干扰。

承包商要能做到施工结合气候、气象条件，首先要了解现场所在地区的气象资料及特征，主要包括降雨、降雪资料，如全年降雨量、降雪量、雨季起止日期、一日最大降雨量等；气温资料，如年平均气温、最高、最低气温及持续时间等；风的资料，如风速、风向和风的频率等。

4. 关注工程项目的可持续发展，合理利用资源、能源

工程项目通常需要使用大量的材料和能源，而减少资源的消耗，节约能源，保护水资源，提高效益是可持续发展的基本观点。因此，在施工中应尽量做到节约利用水资源、电能、减少材料损害和其他资源的节约利用。

（三）绿色施工的管理

绿色施工管理主要包括组织管理、规划管理、实施管理、评价管理和人员安全与健康管理五个方面。

1. 组织管理

（1）建立绿色施工管理体系，制定相应的管理制度与目标。

（2）项目经理为绿色施工第一责任人，负责绿色施工的组织实施及目标实现，并指定绿色施工管理人员和监督人员。

2. 规划管理

规划管理要求编制绿色施工方案，并应包括环境保护措施、节材措施、节水措施、节能措施、节地与施工用地保护措施等。

3. 实施管理

（1）实现对施工全过程的动态管理，加强对各个阶段的管理和监督。

（2）有针对性地宣传绿色施工，营造良好的氛围。

4. 评价管理

（1）对照指标体系，结合工程特点，对绿色施工采用的新技术、新设备、新材料与新工艺和实施后的效果进行自评估。

（2）成立专家评估小组，对施工方案、实施过程直至项目竣工，进行综合评估。

5. 人员安全与健康管理

（1）制定施工防尘、防毒、防辐射等职业危害的措施，保障施工人员的长期职业健康。

（2）合理布置施工场地，保护生活及办公区不受施工活动的有害影响。建立卫生急救、保健防疫制度，在安全事故和疾病疫情出现时提供及时救助。

（3）提供卫生、健康的工作与生活环境，加强对施工人员的住宿、膳食、饮用水等生活环境卫生等进行管理，明显改善施工人员的生活条件。

第四节　职业健康安全与环境管理体系

一、职业健康安全与环境管理体系标准和理解要点

（一）职业健康安全与环境管理体系标准

1. 职业健康安全体系标准

1999 年 10 月，原国家经贸委颁布了《职业健康安全管理体系试行标准》；2001 年 11 月 12 日，国家质量监督检验检疫总局正式颁布了《职业健康安全管理体系规范》（GB/T28001—2001），自 2002 年 1 月 1 日起实施，属推荐性国家标准，该标准与 OHSAS18001 内容基本一致；2012 年 2 月 1 日，《职业健康安全管理体系规范》（GB/T28001－2011）已正式发布并实施，修订后的国家标准等同采用 OHSAS 18001：2007《职业健康安全管理体系要求》。最新标准为国际标准化组织（ISO）于 2018 年 3 月 12 日发布的《职业健康安全管理体系要求及使用指南》（ISO45001—2018），中国合格评定国家认可委员会随之发布了《关于认证标准由 GB/T28001－2011 转换为 ISO45001：2018 的认可转换说明》文件，要求于 2021 年 3 月 12 日前完成 OHSMS 相关领域认证标准的转换。

ISO 45001《职业健康安全管理体系要求及使用指南》旨在使组织能够提供健康安全的工作以预防与工作相关的伤害和健康损害，同时主动改进职业健康安全绩

效。该标准覆盖了 OHSAS 18001 的所有技术内容，并考虑了国际上有关职业健康安全管理体系的现有文件的技术内容。其体系结构如图 9—3：

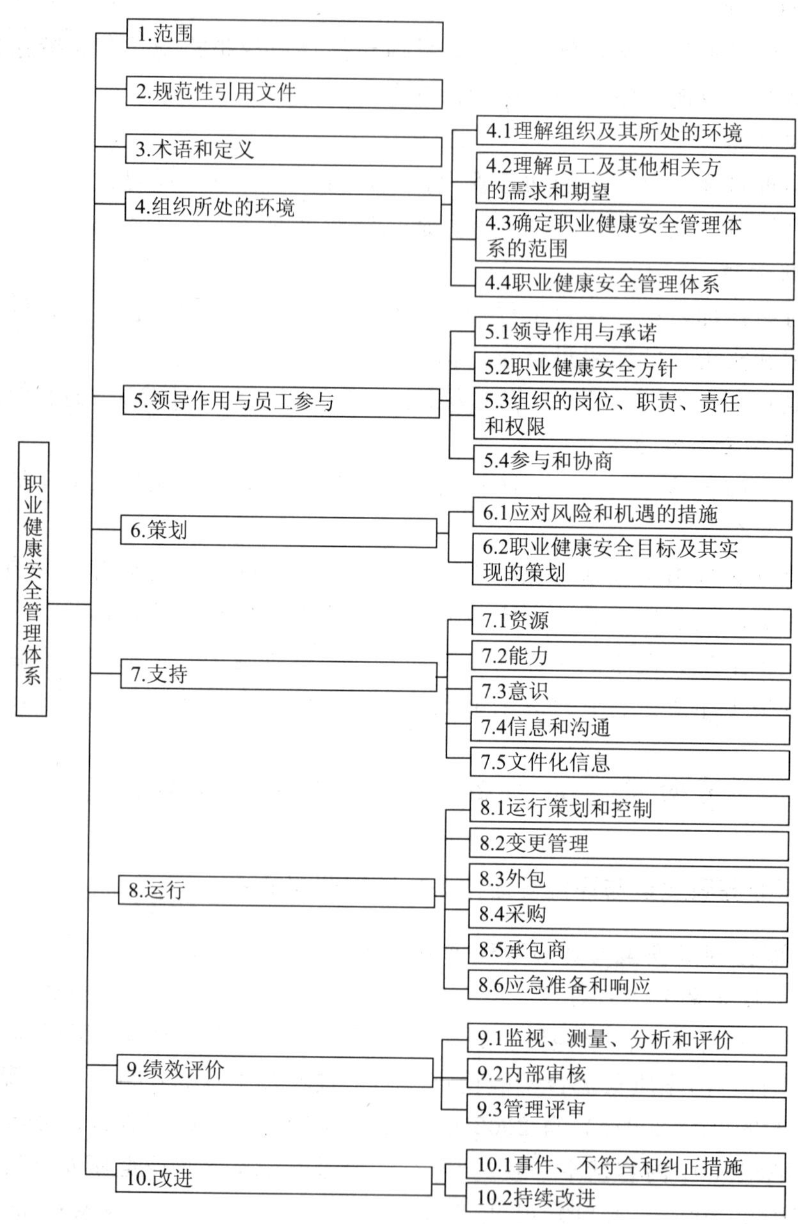

图 9—3 职业健康安全管理体系结构

2. 环境管理体系标准

1996 年，国家质量监督检验检疫总局和国家标准化管理委员会颁布了《环境管理体系规范及使用指南》（GB/T 24001—1996），2004 年修订为《环境管理体系要求及使用指南》（GB/T 24001—2004），后来修订为《环境管理体系要求及使用指南》（GB/T 24001—2015），属推荐性国家标准，等同于采用 ISO14001：2015。GB/T 24001《环境管理体系》标准体系，旨在为组织提供一种框架用于保护环境、响应不断变化的环境条件并与社会经济需要保持平衡。该标准体系适用于任何类型、性质与规模的组织，并适用于各种地理、文化和社会条件。其体系结构如图9－4：

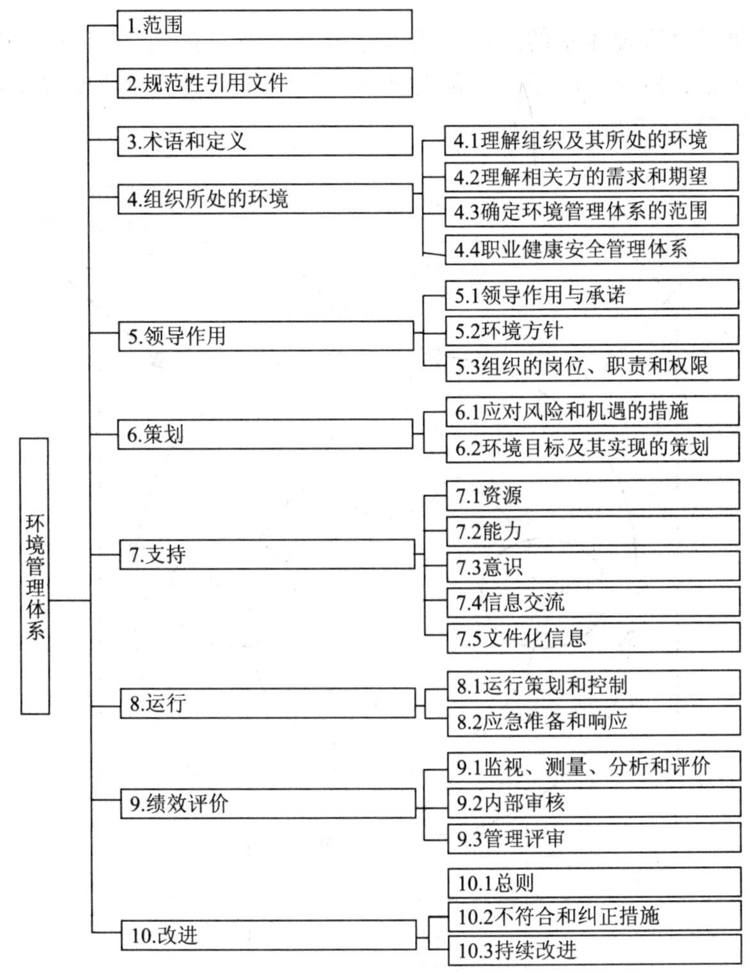

图9－4　环境管理体系结构

（二）职业健康安全与环境管理体系的理解要点

1. 职业健康安全管理体系理解要点

（1）适用对象

职业健康安全管理体系适用于任何有下列愿望的组织：

1）建立、实施和保持职业健康安全管理体系，以提高职业健康安全，消除或尽可能降低职业健康安全风险（包括体系缺陷），利用职业健康安全机遇，应对与组织活动相关的职业健康安全体系的不符问题；

2）持续改进组织的职业健康安全绩效和目标实现程度；

3）确保组织自身符合其所阐明的职业健康安全方针；

4）对符合本标准的情况进行自我鉴定和自我声明。

职业健康安全管理体系标准适用于不同规模、各种类型和活动的组织，并适用于组织控制下的职业健康安全风险，该风险考虑了组织运行所处的环境以及员工和其他相关方的需求和期望。

（2）运行模式

职业健康安全管理体系的运行模式遵守由查理斯·戴明（Charles Deming）提供的计划、实施、检查与改进（简称 PDCA）的管理模式。职业健康安全管理体系的运行模式如图 9—5。

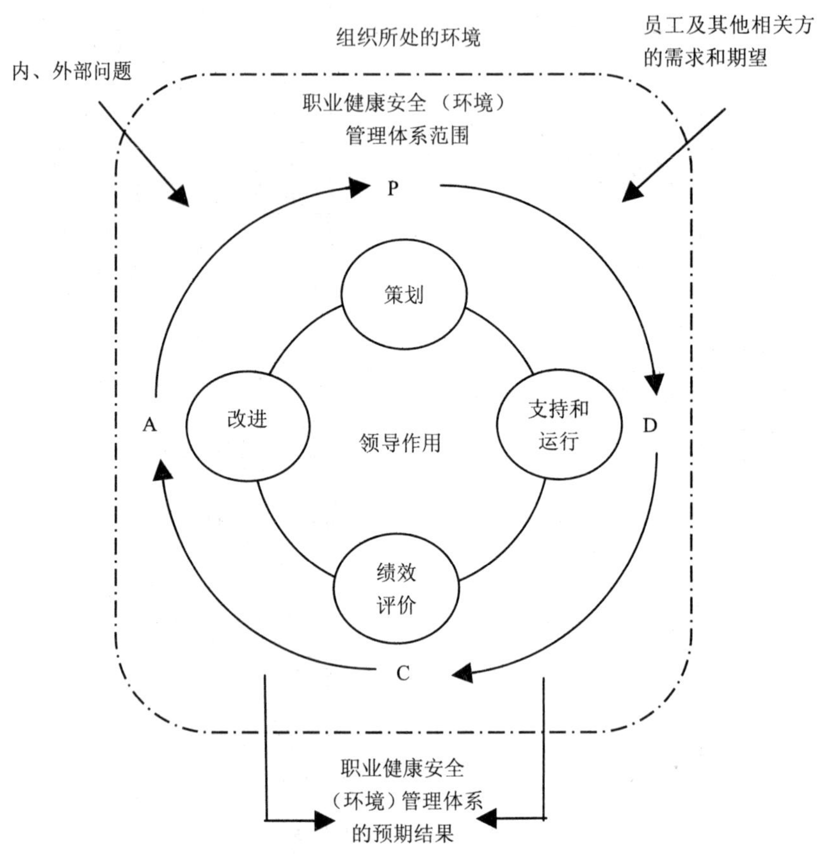

图 9—5 职业健康安全（环境）管理体系运行模式图

2. 环境管理体系理解要点

（1）适用对象

本标准规定了组织能够用来提升其环境绩效的环境管理体系要求：

1）寻求以系统的方式管理其环境责任的组织；

2）寻求提升环境绩效的组织；

3）寻求履行合规义务的组织；

4）寻求实现环境目标的组织。

环境管理标准适用于任何组织，不管其规模、类型和性质，并且适用于在整个生命周期中组织确定能够控制或施加影响的活动、产品和服务的环境因素。

（2）运行模式

环境管理体系的运行模式与职业健康安全相似，共同遵守由查理斯·戴明（Charles Deming）提供的计划、实施、检查与改进（简称PDCA）的管理模式。环境管理体系的运行模式如图9—5。

3. 职业健康安全管理体系和环境管理体系的要素

PDCA模式将职业健康安全与环境管理体系要素分为以下六个部分：

（1）组织所处的环境。在建立职业健康安全与环境管理体系时，组织应理解其所处的环境，确定与其宗旨相关并影响其实现体系预期结果的能力的内外部问题；理解员工及其他相关方的需求和期望，明确这些需求和期望中哪些将成为适用的法律法规要求和其他要求；确定职业健康安全和环境管理体系的边界和适用性，以界定其范围。

（2）领导作用。包括领导者作用与承诺、职业健康安全与环境方针、组织的岗位、职责和权限及参与和协商4个要素。标准强调最高管理者领导以及员工参与，以使工作场所更安全更健康。最高管理者应证实其在职业健康安全和环境管理体系方面的领导作用与承诺；与组织各层次的员工协商后建立、实施并保持职业健康安全和环境管理方针，以文件的方式表述出职业健康安全与环境管理的意图与原则；确保在组织内部各层次分配并沟通体系内相关岗位的职责、责任和权限。

（3）策划。包括应对风险和机遇的措施、职业健康安全和环境目标及其实现的策划等管理体系要素。组织可通过确定其需要应对的风险和机遇，策划措施进行处理来确保实现其预期结果，这些风险和机遇可能与环境因素、合规义务、其他问题，或其他相关方的需求和期望有关；确定组织的职业健康安全与环境目标，并确定实现职业健康安全和环境目标的策划以及可用来评价可测量的目标实现情况的参数。

（4）支持和运行。包括资源、能力、意识、信息交流、文件化信息、运行策划和控制、应急准备和响应等管理体系要素。在支持与运行阶段要确定并提供建立、实施、保持和持续改进职业健康安全和环境管理体系所需的资源；要实施必要的培训，提高员工的职业健康安全与环境保护意识和工作技能；及时有效地沟通和交流有关职业健康安全与环境因素和管理体系的信息，注重相关方所关注的环境问题；形成管理体系文件并纳入严格的文件管理；确保与职业健康安全和环境管理有关的措施均已按策划进行，使组织的各类因素得到有效控制；对于潜在的紧急情况采取有效的预防措施和应急响应。

（5）绩效评价。包括监视、测量、分析和评价，内部审核，管理评审3个要素。在绩效评价阶段要对影响职业健康安全与环境状况的重大活动与运行中的控制措施进行监视和测量，适时分析、评价和沟通监视和测量的结果，以及对法律要求和其他要求进行合规性评价；定期进行管理体系的内部审核，从整体上了解组织管理体系的实施情况，判断其有效性和对本体系的符合性；按计划的时间间隔对职业健康安全与环境管理体系进行评审，以确保在组织内外部变化条件下体系的持续适宜性、有效性和充分性，支持组织实现持续改进。

(6) 改进。包括采取纠正措施以管理事件和不符合、持续改进等 2 个要素。组织应策划、建立、实施和保持一个过程，以管理事件和不符合，包括报告、调查和采取措施；应持续改进职业健康安全与环境管理体系的适宜性、充分性与有效性，确定支持持续改进的措施的等级、程度与时间表。

二、职业健康安全与环境管理体系的建立步骤

(一) 领导决策

职业健康安全（环境）管理体系的建立，需要最高管理者做出遵守有关法律、法规和其他要求的承诺及实现持续改进的承诺，以便获得各方面的支持及所需的资源保证。

(二) 成立工作小组

职业健康安全（环境）管理体系的建立，首先要成立一个工作小组，从组织上给予落实和保证。工作小组的规模大小可视组织规模、管理水平和人员素质等因素来决定，其成员来自组织内部各个部门，工作小组的成员将成为组织今后职业健康安全（环境）管理体系运行的骨干力量。工作小组组长最好是将来的管理者代表，或者是管理者代表之一。

(三) 人员培训

要对全体人员进行有针对性的培训，根据不同的培训对象，可能采取不同的培训方式，而培训内容和侧重点也可能会有所不同。

(四) 初始评审

初始评审的目的是了解组织的职业健康安全与环境的管理现状，为组织建立管理体系搜集信息并提供依据。评审小组应对组织过去和现在的职业健康安全和环境的信息、状态进行收集、调查与分析，识别和获取现有的适用于组织的职业健康安全和环境的法律、法规、标准和其他要求，为职业健康安全管理体系的持续改进建立基础。

初始状态评审的主要内容包括：

1. 明确适用的有关职业健康安全与环境的法律、法规及其他要求，并对组织的遵守情况进行调查和评价；
2. 辨识工作场所中的危险因素和环境因素；
3. 评价现有措施或计划采取的措施消除危害或控制风险的有效性；
4. 评审现有的规定、过程和程序，分析其有效性和实用性；
5. 评审以往的事故，进行分析评价，并检查组织是否建立了相应的措施；
6. 评价现行组织机构、资源配备和职责分工等情况。

(五) 体系策划与设计

组织实施初始状态评审之后，根据评审结果，结合组织现有的资源以及现有的技术水平，进行管理体系的整体策划和设计。这一过程的主要工作有：

1. 制定职业健康安全（环境）管理方针；

2. 制定职业健康安全（环境）目标、指标和管理方案；

3. 确定组织机构和职责；

4. 确定职业健康安全管理体系文件结构和各层次文件清单；

5. 为建立和实施职业健康安全（环境）管理体系准备必要的资源。

（六）管理体系文件编制

编制体系文件是组织实施职业健康安全与环境管理体系标准的重要基础工作，也是组织达到预定的目标，评价与改进体系，实现持续改进和风险控制必不可少的依据。

（七）文件发布和体系试运行

试运行的目的是要在实践中检验体系的充分性、适用性和有效性。一个健全的职业健康安全（环境）管理体系通过试运行应做到：安全事务事事有人管、人人有专责、办事有程序、检查有标准和问题有处理。

（八）管理体系的完善

为了保持管理体系实施的有效性，应对管理体系的实施进行主动型或被动型的监视和测量。在体系经过一段时间的试运行后，组织应对涉及职业健康安全（环境）方针和相应目标要求的活动、产品、服务、设施和设备，以及体系的各个要素和各个部门进行全面系统的内部审查，并持续收集、统计、分析有关职业健康安全（环境）管理目标的信息和数据，通过管理评审发现体系的问题，从而对管理体系进行优化或再造。

主要参考文献

[1] 全国咨询工程师（投资）职业资格考试参考教材编写委员会，工程项目组织与管理［M］. 北京：中国计划出版社，2016.

[2] 中国工程咨询协会. 工程项目管理导则（试行）［M］. 天津：天津大学出版社，2010.

[3] 中国工程咨询协会. 工程项目管理指南［M］. 天津：天津大学出版社，2013.

[4] 王雪青主编. 建设工程经济［M］. 北京：中国建筑工业出版社，2018.

[5] 王雪青主编. 建设工程投资控制［M］. 北京：知识产权出版社，2016.

[6]（美）美国项目管理协会. 项目管理知识体系指南（第5版）［M］. 许江林等译. 北京：电子工业出版社，2013.

[7] 王雪青，杨秋波. 工程项目管理［M］. 北京：高等教育出版社，2011.

[8]（英）戴维·亨德著，问静园，段凯胜，刘雪峰译. PRINCE2学习指南［M］. 北京：电力出版社，2015.

[9] 王雪青主编. 国际工程项目管理［M］. 北京：中国建筑工业出版社，2000.

[10] 全国造价工程师执业资格考试培训教材编审委员会. 建设工程计价［M］. 北京：中国计划出版社，2017.

[11] 中华人民共和国住房和城乡建设部，中华人民共和国国家质量监督检验检疫总局联合发布. 建设工程工程量清单计价规范 GB 50500—2013. 北京：中国计划出版社，2013.

[12] 中华人民共和国住房和城乡建设部，中华人民共和国国家质量监督检验检疫总局联合发布. 建设工程造价咨询规范 GB 51095—2015. 北京：中国计划出版社，2015.

[13] 王雪青主编. 工程估价［M］. 北京：中国建筑工业出版社，2011.

[14] Jack Gido，James P. Clement. 成功的项目管理［M］. 张金成译. 北京：机械工业出版社，2004.

[15] 余志峰，胡文发，陈建国编著. 项目组织［M］. 北京：清华大学出版社，2001.

[16] 芮明杰编著. 管理学［M］. 上海：上海财经大学出版社，2005.

[17]（美）James P. Lewis 著. 王增东，任志忠，胡永庆译. 项目经理案头手册（The Project Manager’s Desk Reference，2 nd Edition）［M］. 北京：机械工业出版

社，2000.

［18］（美）Gary Dessler 著. 刘昕，吴雯芳等译. 人力资源管理（第六版）［M］. 北京：中国人民大学出版社，1999.

［19］姚裕群主编，许晓青副主编. 团队建设与管理［M］. 北京：首都经济贸易大学出版社，2015.

［20］中华人民共和国标准施工招标文件（2007 年版）中国计划出版社.

［21］中华人民共和国标准勘察招标文件（2017 年版）机械工业出版社.

［22］中华人民共和国标准设计招标文件（2017 年版）机械工业出版社.

［23］中华人民共和国标准监理招标文件（2017 年版）机械工业出版社.

［24］中华人民共和国标准设备采购招标文件（2017 年版）机械工业出版社.

［25］中华人民共和国标准材料采购招标文件（2017 年版）机械工业出版社.

［26］陈勇强，张水波等著，FIDIC 2017 版系列合同条件主要修订分析，《国际经济合作》，2018 年第 5 期.

［27］国际咨询工程师联合会，中国工程咨询协会编译，《菲迪克（FIDIC）合同指南》. 北京：机械工业出版社，2003.

［28］徐崇禄，董红梅等.《建设工程施工系列合同应用指南》. 北京：中国计划出版社，2003.

［29］工程网络计划技术规程［S］. 北京：中国建筑工业出版社，2015.

［30］阴成林. 项目时间管理［M］. 北京：清华大学出版社，2014.

［31］李跃宇. 项目时间管理［M］. 北京：经济管理出版社，2008.

［32］李建平，王书平，宋娟等. 现代项目进度管理［M］. 北京：机械工业出版社，2008.

［33］苗胜军. 土木工程项目管理［M］. 北京：清华大学出版社，2015.

［34］刘伊生等. 建设工程进度控制［M］. 北京：中国建筑工业出版社，2010.

［35］建筑工程施工质量验收统一标准［GB 50300－2013］. 北京：中国建筑工业出版社，2013.

［36］International Standards Organization. ISO 21500：2012 Guidance on Project Management［M］. Geneva，Switzerland：ISO. 2012.

［37］张连营. 职业健康安全与环境管理［M］. 天津：天津大学出版社，2006.

［38］周忠元，陈桂琴. 化工安全技术与管理 2 版［M］. 北京：化学工业出版社，2002.

［39］那宝魁. 钢铁企业安全生产管理［M］. 北京：冶金工业出版社，2008.

［40］徐德蜀，王起全. 健康、安全、环境管理体系［M］. 北京：化学工业出版社，2006.

［41］张亚圭等. 建设工程项目职业健康安全与环境管理［M］. 北京：中国计划出版社，2007.